国家出版基金项目
NATIONAL PUBLICATION FOUNDATION

智能网联
汽车人机交互理论与技术

Theory and Technology of Human-Machine
Interaction for Intelligent Connected Vehicles

郭 钢 等著

重庆大学出版社

内容提要

本书主要围绕智能网联汽车安全、高效、舒适的出行需求,针对智能网联汽车人机交互概念、原理、方法和先进技术进行了较为全面、深入、系统的论述,力图为读者建立起一个较为完整的智能网联汽车人机交互理论与方法体系,并介绍一系列先进实用技术。本书论述的理论知识和技术体系力图帮助读者在从事智能网联汽车人机交互理论研究与工程实践中建立自己的理论方法和技术体系。本书是作者团队多年从事智能网联汽车人机交互理论与技术研究成果的归纳、总结和提炼,在智能网联汽车人机交互定义、交互行为、人机功能分配、人机交互测试评价、人机交互需求挖掘、驾驶次任务分心与安全防控、驾驶疲劳机理—识别—唤醒与防控、驾驶情绪识别—干预与防控、驾驶风格识别与风险防控等理论与技术方面给出了较为详尽的论述,还结合合作者团队的理论和技术研究成果,给出了若干应用案例,在此与读者共同分享。

本书可作为从事智能网联汽车人机交互系统的企业产品策划、设计研发、工程技术、高校科研、第三方测试评价机构、用户体验机构等人员的参考书,也可供高校智能网联汽车、工业设计、用户体验、交互设计及相关专业师生参考。

图书在版编目(CIP)数据

智能网联汽车人机交互理论与技术／郭钢等著. --
重庆:重庆大学出版社,2022.3
(自主品牌汽车实践创新丛书)
ISBN 978-7-5689-3222-6

Ⅰ.①智… Ⅱ.①郭… Ⅲ.①汽车—智能通信网—人
—机系统 Ⅳ.①U463.67
中国版本图书馆 CIP 数据核字(2022)第 060452 号

智能网联汽车人机交互理论与技术
ZHINENG WANGLIAN QICHE RENJI JIAOHU LILUN YU JISHU
郭 钢 等著
策划编辑:杨粮菊 张慧梓
责任编辑:姜 凤 版式设计:杨粮菊
责任校对:邹 忌 责任印制:张 策
*
重庆大学出版社出版发行
出版人:饶帮华
社址:重庆市沙坪坝区大学城西路 21 号
邮编:401331
电话:(023)88617190 88617185(中小学)
传真:(023)88617186 88617166
网址:http://www.cqup.com.cn
邮箱:fxk@ cqup.com.cn(营销中心)
全国新华书店经销
重庆升光电力印务有限公司印刷
*
开本:787mm×1092mm 1/16 印张:26.25 字数:531千
2022 年 3 月第 1 版 2022 年 3 月第 1 次印刷
ISBN 978-7-5689-3222-6 定价:199.00 元

自主品牌汽车创新实践丛书

编委会

李克强(中国工程院院士,清华大学教授)

潘复生(中国工程院院士,重庆大学教授,国家镁合金材料工程技术
　　　　研究中心主任)

李开国(中国汽车工程研究院股份有限公司董事长,研高工)

刘　波(重庆长安汽车股份有限公司原副总裁,研高工)

曹东璞(清华大学教授)

秦大同(长江学者,重庆大学教授)

郭　钢(重庆大学原汽车工程学院院长,重庆自主品牌汽车协同创新
　　　　中心原执行副主任,教授)

赵　会(重庆长安汽车工程研究院总院副院长、博士)

朱习加(中国汽车工程研究院股份有限公司首席专家,博士)

江永瑞(重庆大学原外籍教授)

刘永刚(重庆大学教授)

付江华(重庆理工大学副教授)

总　序

　　汽车产业是各国科技、经济的"主战场"。汽车产业是国家和区域经济发展中的支柱产业，具有科技含量高、经济产值大、产业链长、影响面广等诸多特征。特别是当今，随着信息技术、人工智能、新材料等高科技的广泛运用，电动化、智能化、网联化、共享化等"新四化"已成为全球汽车产业发展大趋势。当今的汽车产品也已经超出了交通工具的范畴，成为智能移动空间，是智能交通和智慧城市的重要组成部分，在国民经济与社会发展中扮演着更加重要的角色。汽车产业不仅是未来人们消费的热点，也是供给侧改革的重点。党的十九大报告指出，"深化供给侧结构性改革……把提高供给体系质量作为主攻方向"。作为 GDP 总量世界第二的中国，汽车产业不可缺席，中国自主品牌汽车企业必须参与到全球竞争中去，在竞争中不断崛起和创新发展。

　　自主品牌汽车的发展是加快建设创新型国家、实施"创新驱动"国家战略的一个重要方面。党的十九大报告提出"加快建设创新型国家""建立以企业为主体、市场为导向、产学研深度融合的技术创新体系"。2016 年 5 月，中共中央、国务院发布的《国家创新驱动发展战略纲要》指出，推动产业技术体系创新、创造发展新优势，强化原始创新、增强源头供给，优化区域创新布局，打造区域经济增长极，从而明确企业、科研院所、高校、社会组织等各类创新主体功能定位，构建开放、高效的创新网络。发展新能源汽车是我国从汽车大国迈向汽车强国的必由之路，是应对气候变化、推动绿色发展的战略举措。2012 年国务院发布《节能与新能源汽车产业发展规划（2012—2020 年）》。为深入贯彻落实党中央、国务院重要部署，顺应新一轮科技革命和产业变革趋势，抓住产业智能化发展战略机遇，加快推进智能汽车创新发展，国家发改委 2020 年 2 月发布的《智能汽车创新发展战略》请各省、自治区、直辖市、计划单列市结合实际制定促进智能汽车创新发展的政策措施，着力推动各项战略任务有效落实。可见，我国汽车产业的发展，尤其是自主品牌汽车企业的发展是加快建设创新型国家、实现中国制造向中国创造转型的重要一环。

　　重庆自主品牌汽车协同创新中心由重庆大学牵头，联合重庆长安汽车股份有限公司、中国汽车工程研究院股份有限公司、青山工业、超力高科、西南铝业、重庆理工大学、重庆邮电大学等核心企业、零部件供应商及院校共同组建。2014年10月，教育部、财政部联合发文，认定"重庆自主品牌汽车协同创新中心"为国家级"2011协同创新中心"，成为三个国家级"2011汽车协同创新中心"之一。"2011计划"是继"211工程""985工程"之后，国家在高等教育系统又一项体现国家意志的重大创新战略举措，其建设以协同创新中心为基本载体，服务国家、行业、区域重大创新战略需求。汽车领域有3个国家级的"2011协同创新中心"，其中重庆自主品牌汽车协同创新中心面向区域汽车产业发展的前沿技术研发与创新人才培养共性需求，围绕汽车节能环保、安全舒适、智能网联三大方向开展协同创新和前沿技术研发，取得系列重要协同创新成果。其支撑长安汽车成为中国自主品牌汽车领头羊和自主研发技术标杆，支撑中国汽研成为国内一流汽车科技研发与行业服务机构，支撑重庆大学等高校成为汽车领域高层次创新人才培养基地。

重庆自主品牌汽车协同创新中心联合重庆大学出版社共同策划组织了大型、持续性出版项目"自主品牌汽车实践创新丛书"，丛书选题涵盖节能环保、安全舒适、智能网联、可靠耐久4个大方向和15个子方向。3个主要协同单位的首席专家担任总主编，分别是刘庆（重庆自主品牌汽车协同创新中心第一任主任）、刘波（重庆长安汽车股份有限公司原副总裁）、任晓常（中国汽车工程研究院股份有限公司原董事长）。系列丛书集中体现了重庆自主品牌汽车协同创新中心的核心专家、学者在多个领域的前沿技术水平，属汽车领域系列学术著作，这些著作主题从实际问题中来，成果也已应用到设计和生产实际中，能够帮助和指导中国汽车企业建设和提升自主研发技术体系，具有现实指导意义。

本系列著作的第一辑，包括8本著作（6本中文著作，2本英文著作），选题涉及智能网联汽车人机交互理论与技术、汽车产品寿命预测、汽车可靠性及可持续性设计、高塑性镁合金材料及其在汽车中的应用、动力总成悬置系统工程设计、汽车风洞测试、碰撞与安全等。中文著作分别是中国工程院院士、重庆大学潘复生教授团队撰写的《高塑性镁合金材料》、长安汽车赵会博士团队撰写的《汽车安全性能设计》、重庆大学郭钢教授团队撰写的《智能网联汽车人机交互理论与技术》、中国汽车工程研究院朱习加博士团队撰写的《汽车风洞测试技术》、重庆大学刘永刚教授团队撰写的《新能源汽车能量管理与优化控制》、重庆理工大学付江华副教授团队撰写的《动力总成悬置系统工程设计及实例详解》。

本系列著作具有以下特点：

1.知识产权的自主性。本系列著作是自主品牌汽车协同创新中心专家团队研究开发的技术成果,且由专家团队亲自撰写,具有鲜明的知识产权自主性。其中,一些著作以英文写作,出版社已与国际知名出版企业合作出版,拟通过版权输出的形式向全世界推介相关成果,这将有利于我国汽车行业自主技术的国际交流,提升我国汽车行业的国际影响力。

2.技术的前沿性。本系列著作立足于我国自主品牌汽车企业的创新实践,在各自领域反映了我国汽车自主技术的前沿水平,是专家团队多年科研的结晶。

3.立足于产学研的融合创新。本系列著作脱胎于"2011协同创新平台",这就决定了其具有"产学研融合"的特点。著作主题从工程问题中来,其成果已应用到整车及零部件设计和生产的实际中去,相关成果在进行理论梳理和技术提炼的同时,更突出体现在实践上的应用创新。

4.服务目标明确。本系列著作不过分追求技术上的"高精尖",而更注重服务于我国自主品牌汽车研发创新知识与技术体系的形成,对于相关行业的工程研究人员以及相关专业高层次人才的培养具有非常高的参考价值。

本系列著作若有不妥或具争议之处,愿与读者商榷。

《自主品牌汽车实践创新丛书》编委会
2021年9月

要内容。智能网联汽车人机交互界面(如仪表屏、中控屏、座椅、内饰材质、氛围灯、提示音、香氛、语音交互、手势交互界面等)设计得如何,将直接影响驾驶员和乘客的体验感受,甚至会影响驾驶安全。智能网联汽车的发展与互联网应用的接入,会带来大量与驾驶无关的次任务,如车载社交平台、移动办公、商务洽谈、车载娱乐、出行服务等的交互,这些次任务交互一方面可以满足车载信息交互的需求,另一方面也会分散驾驶员的注意力,增加驾驶员的认知负荷,降低车辆驾驶安全绩效,成为影响交通安全的潜在因素。因此,智能网联汽车人机交互技术的发展既要保证主任务驾驶安全,又要兼顾次任务交互功能的可用性。为此,智能网联汽车人机交互技术需解决的关键问题是:①驾驶员行为特征识别、阈值标定与交互需求挖掘;②智能座舱人机交互体验设计,根据车辆驾驶主任务、次任务人机交互需求和生理、心理行为特征,在保证安全驾驶的前提下,从形态、功能、交互3个可感知维度综合设计智能座舱人机交互界面,达到人机和谐与驾乘体验愉悦;③智能座舱人机交互主、客观联合测试评价,通过同步实时采集驾乘人员在完成主任务、次任务交互过程中的生理、心理和车辆行驶状态的测试数据(如眼动、脑电、表情、手指运动轨迹、体压分布、驾驶姿态、车道偏离、行驶速度、避障、道路/中控屏注视比、主观问卷等),通过数据分析,提取特征值,并进行主—客观测试数据的相关性计算,交叉验证主—客观测试数据的有效性,再利用有效的主—客观测试数据对智能座舱人机交互界面的交互绩效、交互负荷、交互愉悦、交互安全进行科学、客观、准确的用户体验评价,验证智能座舱人机交互界面设计的安全性与可用性。

　　智能网联汽车人机交互涉及车辆工程、道路交通、网联通信、智能终端、人工智能、认知科学、行为科学、用户体验、环境科学、交通安全等学科知识和技术的交叉融合,跨学科交叉研究涉及的学科多、难度大,而国内在智能网联汽车人机交互方面的学术和技术研究起步较晚,缺少对理论基础、系统方法、关键技术的支撑,与国内快速发展的智能网联汽车人机交互行业需求极不相称,成为智能网联汽车与智能座舱发展亟待解决的关键问题之一。作者团队自2012年开始至今一直从事用户体验与智能网联汽车多模态人机交互理论与关键技术研究工作,包括智能网联汽车人机交互脑认知机理、智能网联汽车人机交互需求挖掘、驾驶员行为特征识别(分心、疲劳、情绪)与阈值标定和风险预警、驾驶疲劳/消极情绪多模态衰减调节、智能座舱多模态人机交互测试评价技术和规程、驾驶员多模态感知融合增效、舒适驾驶姿态与座椅舒适性评估、智能座舱氛围灯颜色、香氛香调、内饰材质CMF(颜色、质感、工艺)的用户满意度/认知偏好等理论和关键技术研究。经过多年的研究和工程应用验证,逐步形成了智能网联汽车人机交互理论和关键技术体系。在国家出版基金资助下,作者团队将多年的研究成果进行归纳整理,学术提炼成本专著内容,分享给从事智能网联汽车人机交互的企业专家、技术骨干、研发人员、第三方汽车检测机构测评人员、用户体验从业者、交互设计从业者、高校学者、研究生等。本书共分为7章,主要内容如下:

第1章　智能网联汽车人机交互概论

第2章　智能网联汽车多模态人机交互测试评价

第3章　智能网联汽车人机交互需求挖掘与映射方法

第4章　汽车驾驶次任务分心机理与安全防控

第5章　汽车驾驶疲劳机理、识别、唤醒与安全防控

第6章　汽车驾驶员消极情绪影响、识别与干预

第7章　汽车驾驶风格识别与风险防控

本专著由郭钢教授提出写作思想、学术要点和章节大纲,李国法副教授、唐帮备副教授、许娜讲师、李文博博士、唐秋阳博士参与编写。其中:第1章由郭钢主笔,李文博、李国法、唐帮备、许娜、唐秋阳等人参与编写;第2章由郭钢教授编写,第3章由唐帮备副教授编写,第4章由许娜讲师编写,第5章由唐秋阳博士、郭钢教授、曾令秋副教授、韩庆文副教授、吴盈章、张洁等编写,第6章由李文博博士、肖华飞、刘羽婧编写,第7章由李国法副教授编写。在作者团队研究和本专著编写的过程中,曾梦瑾、林颖、李浩、周婧、杨芳燕、林立、胡乾静、张子健、王培至、张兵兵、曾冠中、夏德华、王颖杰、刘艺等对本专著的编写做出了实质性贡献,在此一并表示衷心感谢。

本专著若存在不妥或具有争议之处,愿意与读者商榷。

作　者

2022 年 1 月

第1章　智能网联汽车人机交互概论

1.1　智能网联汽车与人机交互概述

1.1.1　智能网联汽车与人机交互

智能网联汽车(Intelligent Connected Vehicle, ICV)的定义:搭载先进的车载传感器、控制器、执行器等装置,并融合现代通信与网络技术,实现车与 X(人、路、云等)智能信息交换共享,具备复杂的道路环境感知、智能决策、协同控制与执行等功能,可实现安全、舒适、节能、高效行驶,最终可实现完全自动驾驶的新一代汽车。

智能网联原本指汽车技术发展的两个技术路线,即智能汽车和网联汽车。智能汽车指通过搭载先进的环境感知、智能决策、自动控制技术和设备,具备半自动或全自动驾驶功能,从简单交通运输工具向智能移动空间变化的新型汽车。网联汽车则借助全新的网络通信技术、导航、高清地图、路径规划来实现车内、车与 X(路、人、云等)的连接,提高车辆的智能化和自动化,打造全新的交通服务模式,提升交通效率,改善驾乘体验,为使用者提供更安全、更便捷的综合服务。可以看出二者相辅相成,不可分割,因此,将智能汽车和网联汽车的集合体称为智能网联汽车。

我国把智能网联汽车发展划分为 5 个阶段,即辅助驾驶阶段(DA)、部分自动驾驶阶段(PA)、有条件自动驾驶阶段(CA)、高度自动驾驶阶段(HA)和完全自动驾驶阶段(FA)。

1)**辅助驾驶阶段(DA)**

该阶段通过环境信息对行驶方向和加减速中的一项操作提供支援,其他驾驶操作都由驾驶员来完成。适用于车道内正常行驶,高速公路无车道干涉路段行驶,无换道操作等。

2)**部分自动驾驶阶段(PA)**

该阶段通过环境信息对行驶方向和加减速中的多项操作提供支援,其他操作都由驾驶员来完成。适用于变道以及泊车、环岛绕行等市区简单工况,还适用于高速公路及市区无车道干涉路段进行换道、泊车、环岛绕行、拥堵跟车等操作。

3）有条件自动驾驶阶段（CA）

该阶段由无人驾驶系统完成所有的驾驶操作，根据系统请求，驾驶员需要提供适当干预。适用于高速公路正常行驶工况，还适用于高速公路及市区无车道干涉路段进行换道、泊车、环岛绕行、拥堵跟车等操作。

4）高度自动驾驶阶段（HA）

该阶段由无人驾驶系统完成驾驶员能够完成的所有驾驶操作，特定环境下系统会向驾驶员提出响应请求，驾驶员可以对系统请求进行响应接管驾驶控制权。适用于有车道干扰路段（交叉路口、车流汇入、拥堵区域、人车混杂交通流等市区复杂工况）进行的全部操作。

5）完全自动驾驶阶段（FA）

该阶段由无人驾驶系统完成驾驶员能够完成的所有道路环境下的操作，不需要驾驶员介入。适用于所有行驶工况下进行的全部操作。

从驾驶员对车辆控制权角度来看，可分为驾驶员拥有车辆全部控制权、驾驶员拥有部分车辆控制权、驾驶员不拥有车辆控制权3种形式。其中，当驾驶员拥有部分车辆控制权时，车辆高级驾驶辅助系统（Advanced Driving Assistance System，ADAS）的配备和技术成熟程度决定驾驶员拥有车辆控制权的多少，ADAS装备越多，技术越成熟，驾驶员拥有车辆控制权越少，车辆自动驾驶程度就越高。

智能网联汽车主要解决的是出行安全、节能、高效、舒适、便利，是"人—车—路—云"协同的路面智慧交通系统。从人与车的关系来看，人驾驶汽车既是控制汽车的行驶状态，达到安全、高效、舒适出行的目的，也有体验驾驶的乐趣，智能网联汽车的自动驾驶程度无论达到第几级，都不能剥夺人驾驶汽车的乐趣和体验，因此，有人驾驶与自动驾驶以及这两种驾驶模式的安全、高效、平稳、自由切换，将伴随智能网联汽车发展而长期并存，只要存在有人驾驶就必然存在人机交互，因此，人机交互就成为智能网联汽车发展不可或缺的重要组成部分（图1.1）。

图 1.1　智能网联汽车人机共驾与人机交互

人机交互（Human-Computer Interaction 或 Human-Machine Interaction, HCI 或 HMI）是一门研究人与机器系统之间交互关系的学科。人机交互研究的目的在于使所设计的机器系统帮助人们更安全、高效和舒适地完成相应任务。这里的机器系统不局限于计算机系统，它可以是各种各样的机器。比如，操作简单的汽车换挡杆或转向灯控制杆，或者复杂的汽车中控台。传统的汽车人机交互指驾驶员通过加速踏板、方向盘、换挡杆等操纵车辆完成一系列驾驶任务，但随着计算机技术、多媒体技术、通信技术以及智能化技术的发展，目前的汽车不仅是一种运载交通工具，还是一个集信息交流、移动办公、娱乐互动的智能座舱，汽车更是以消费电子产品的身份进入了国际消费类电子产品展览会（International Consumer Electronics Show, CES）。

汽车人机交互技术将是 21 世纪汽车发展中亟待研究的重大课题，是智能汽车、车联网进一步发展的重要支撑，是以用户为中心的汽车设计的重要内容。汽车人机交互系统的质量不仅会直接影响消费者的购买选择，还会直接影响驾驶员和乘客的体验感受，甚至会影响驾驶安全。智能网联汽车的发展必定为未来驾驶带来大量与驾驶无关的次任务。这些次任务会引起驾驶员注意力分散，增加驾驶员认知负荷，占用驾驶员认知资源，成为影响交通安全的潜在因素。因此，汽车人机交互技术将要解决的关键问题是如何平衡驾驶安全与交互体验。

人机交互系统是伴随计算机诞生而发展起来的。在现代和未来的社会里，只要有人利用通信、计算机等信息处理技术，为社会、经济、环境和资源进行活动，人机交互就是永恒的主题。鉴于它对科技发展的重要性，因此亟须研究如何实现自然、便利和无所不在的汽车人机交互，它是现代信息技术与汽车技术深度融合的产物。此外，电动化、智能化、网联化、共享化是全球汽车行业发展的新趋势，这些趋势将深刻影响未来的智慧出行与人、车、路、云的交互关系，必然带来人机交互方式和内涵的重大变化，人机交互也将成为智能网联汽车发展和创新的核心要素。

1.1.2 传统汽车人机交互

汽车人机交互可以说是伴随着汽车一起诞生的。1886 年，汽车刚刚被发明出来时，连方向盘都没有，掌控方向的只有一根摇杆，驾驶员与汽车的交互仅限于加减速和转向等简单的交互，汽车也只是一个代步工具（图 1.2）。为了追求更好的驾驶体验，在今天看起来必不可少的设施逐步被运用在汽车中。图 1.3 是汽车发展过程中的里程碑事件。

为了让人更方便地驾驶汽车和控制汽

图 1.2 1886 年的汽车

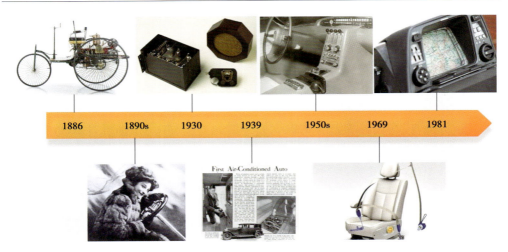

1886	1890s	1930	1939	1950s	1969	1981

图 1.3   汽车人机交互发展里程碑

图 1.4   1894 年出现了方向盘

车行驶方向,1894 年出现了方向盘(图1.4),随之出现了反光镜车灯等今天看起来必不可少的设备。

随着无线电的发展,1930 年收音机首次作为娱乐设备被放到汽车上,摩托罗拉将车载收音机商业化,命名为 5T71(图 1.5)。1965 年磁带播放器出现在了中控台上,随后 CD 代替磁带成为人们收听歌曲的主要载体。21 世纪,MP3 和 iPod 这类小体积存储设备开始出现,越来越多的 AUX 和 USB 接口出现在汽车中控上。通信技术的发展使人们能够在车里在线听歌,车载电话在 1950 年也被应用到汽车上(图 1.6)。

图 1.5   车载收音机

图 1.6   车载电话

随着空调技术的发展,1939 年人们把空调搬上了汽车,如今空调已成为汽车上必不可少的配置(图 1.7)。

随着汽车的性能越来越好,车速越来越快,发生事故的死亡率也逐渐增高。20世纪最伟大的发明之一——安全带也随之出现(图1.8)。

图1.7　空调被搬上汽车的报道　　　　　图1.8　汽车安全带

车载导航也有近百年的历史,1921年,美国明尼苏达州 John J. Bovy 申请了一项手持导航工具专利,即可滚动地图,它可以安装在汽车上,为行驶的汽车导航。1983年,博世旗下公司 Blaupunkt 推出了 Electronic Pilot for Drviers 的导航原型机,由于没有卫星,所以只能以车速来计算位置。比尔·克林顿在1996年建立了跨部门的 GPS 执行委员会。到了2000年前后,美国政府最终停止 GPS 选择性使用限制,将准确的全球定位数据用于全球范围内的民用和商用中。1995年通用推出了一种新的导航辅助服务,名为 OnStar,这项服务能够提供基于手机的通信连接,以获取 OnStar 客服中心帮助,并通过 GPS 追踪汽车的位置(图1.9)。

在2001年左右,基于 HDD 的导航系统到来,这种系统标榜提供了更大的存储空间,并很快从10 GB 增至80 GB。松下 Strada CN-NVD905U 等系统不仅提供了触摸显示屏导航工具,还能支持车载娱乐系统,并集成在一起。随着智能手机的普及,车载信息系统也更加智能化。现在的汽车中控几乎已经可以被当成一台大号的手机来用,仅用数据线连接,通过 CarPlay,Android Auto,Carlife 等系统就能直接在汽车上实现手机上的几乎所有功能。随着 GPS 的开放以及显示技术的发展,车载导航已成为现代汽车的标准配置(图1.10)。

图1.9　20世纪末期的车载导航系统　　　　　图1.10　现行车载导航系统

1.1.3　智能网联汽车人机交互

随着网络、通信、显示、传感、人工智能等技术的快速发展,汽车正快速与互联网、智能技术融合,成为智能网联汽车。智能网联汽车的显著特征是,汽车的环境感知、决策判断、车辆行驶智能控制、车载移动网络通信、大数据与云服务、智能人机交互、人机共驾智能切换等,尤其在智能化人机交互方面,在传统的物理界面交互基础上,出现了语音交互、抬头显示(HUD)、手势交互、嗅觉交互、AR(增强现实)和 MR(混合现实)等多模态交互方式,极大地丰富了智能网联汽车人机交互行为,给用户带来愉悦的体验感和驾驶乐趣。

1)物理交互界面

在传统汽车人机交互中,驾驶者的"视觉+听觉+肢体"与汽车方向盘、离合器踏板、加速踏板、制动踏板、换挡杆、驻车制动杆、转向灯控制杆、前大灯开关按钮、刮水器开关杆、喇叭按钮等物理界面进行交互,眼睛观察道路场景、耳朵感知周边的声音信息,协同控制车辆安全、正常行驶(图 1.11)。

2)多模态增强感知交互

人在与外界进行交互时,最自然的交互方式是,人的各种感觉器官在自然状态下不需要专门的学习和培训就能进行感知和交互,基于人在交互中的生理和心理特征,在传统汽车物理界面交互的基础上,采用新的传感、显示、人工智能、互联网、图像处理、移动通信、用户体验等技术,开发出了车载触摸屏触摸交互、抬头显示、语音交互、手势交互、嗅觉交互(车内香味发生器)、AR(在道路场景中融入虚拟场景)和 MR(融入声、光、嗅、动、热等多种感知信息的复合场景)产品和技术,增强人在驾驶中的环境感知、决策判断、执行控制能力和驾驶乐趣(图 1.12、图 1.13)。

图 1.11　传统汽车驾驶物理界面的人机交互　　图 1.12　智能化、网联化汽车语音交互

图 1.13　智能化、网联化汽车中控屏

图 1.14　智能化、网联化汽车增强现实

另外,各大汽车厂商以及互联网公司已开发出许多互联产品,将手机作为媒介,把汽车接入互联网以实现初步的联网应用,例如,旅程管理、车辆服务、出行服务和生活方式及娱乐四大方面。如福特的 SYNC® 2 车载多媒体通信娱乐互动系统(图 1.15)以及上汽与阿里巴巴合作开发的"斑马智行"系统等(图 1.16)。多媒体娱乐、智能办公以及基于支付功能的汽车生态圈正在蓬勃发展。

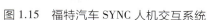
图 1.15　福特汽车 SYNC 人机交互系统

图 1.16　荣威汽车"斑马智行"人机交互系统

1.2　智能网联汽车人机交互定义与多学科交叉知识体系

1.2.1　智能网联汽车人机交互定义

"人机交互"这个词语源于计算机领域,最早是人机工程学的分支,1970—1973 年出版了 4 本与计算机相关的人机工程学专著,奠定了"人机交互"的学科基础。20 世纪 80 年代初期,学术界相继出版了 6 本专著,对最新的人机交互研究成果进行了总结。人机交互学科逐渐形成了自己的理论体系和实践范畴的架构,从人机工程学中独立出来,更加强调认知心理学以及行为学和社会学的某些人文科学的理论指导。

一方面,机械领域人机工程学对"人机交互"的发展起着前期理论支撑作用;另一方面,计算机技术也逐渐应用到机械领域,用于智能控制机器装置,计算机技术的迅速发展带动了机械装备人机界面的革新,从最早的手工作业控制到交互命令语言再到图形用户界面、网络用户界面和多模态交互界面。因此,"人机交互"逐渐在机械工程学、机器人、人机工程学、工程心理学等学科领域被提及,至此,人机交互的概念扩展至机械领域,英文称为 Human Machine Interaction,简称 HMI。

1)HCI 在国内外的定义

(1)HCI 国内定义

人机交互是研究人与计算机之间通过相互理解的交流与通信,在最大限度上为人们完成信息管理、服务和处理等功能,使计算机真正成为人们工作、学习和谐助手的一门技术学科,是伴随计算机诞生而发展起来的。

(2)HCI 国外定义

定义 1:有关交互式计算机系统设计、评估、实现以及与之相关现象的学科(ACM)。

定义 2:研究人、计算机以及他们之间相互作用方式的学科,学习人机交互的目的是使计算机技术更好地为人类服务(Alan Dix)。

定义 3:有关可用性的学习和实践,是关于理解和构建用户乐于使用的软件和技术并能在使用时发现产品有效性的学科(Carroll)。

定义 4:人机交互事实上是信息空间(Cyberspace)的交互。

2)HMI 在国内外的定义

(1)HMI 国内定义

HMI 即人机接口,也称为人机界面。当人们使用某个系统时,人、机器和使用的环境三者是相互联系的,构成一个整体。人和机器要互相通信,也就是告诉机器做什么或者怎么做,机器得到命令后要反馈结果,那么让他们的交流通信、相互作用的这个面,就是人机界面。

(2)HMI 国外定义

定义 1:人与机器之间的行为。

定义 2:人与机器之间的交互。

如果将人机交互的定义迁移到智能网联汽车上,那么从狭义的视角可以将"智能网联汽车人机交互"定义为驾驶人与智能信息终端的交互行为。随着车联网、网络通信等技术的不断发展,智能网联汽车的人机交互将不只局限于驾驶人与智能信息终端之间的交互行为,还将涵盖更多隐式交互,也就是与车载环境或用于完成某种任务的实体或非实体之间的交互。实体包含汽车中的各种信息显示设备(输入),还包含方向盘、踏板、挡位、旋钮、按键等操作设备(输出)。非实体包括各类协助驾驶人进行主任务和各种次任务的非实体人工智能,非实体交互可通过语音、眼动、体感等非接触交互模式减少驾驶人完成任务的实体交互,已成为更加自然的交互方式。

　　本书中智能网联汽车人机交互包含人通过感知系统接收并加工车或环境中的信息,并作出决策和行为的一系列过程。汽车人机交互系统在 3 个层面上实现交互,即感知和信息交互层面、控制层面(对输入交互系统的信息进行识别、判断和决策)和执行层面,3 个层面有机结合,构成了汽车人机交互系统的总体结构。

1.2.2　智能网联汽车人机交互多学科交叉知识体系

　　随着车载环境感知、决策控制、路径规划、5G 通信、GPS/北斗定位、高清地图、智能路侧单元、端—边—云计算等人工智能、通信、导航、控制技术的快速发展,聪明的车与智慧的路正在加快融合,智能网联汽车人机交互也从单一的人—机交互向"人—车—路—云"多物理空间、多感知场景、多交互模态方向发展,催生了新一代智能座舱,与汽车自动驾驶技术、智能交通技术协同发展,其目的仍是以人为中心,解决安全、绿色、快捷、舒适、个性出行的路面交通需求,通过多学科知识和技术的交叉,构建智能网联汽车"人—车—路—云"交互的知识和技术体系,是智能网联汽车发展的关键技术之一,智能网联汽车"人—车—路—云"交互技术体系如图 1.17 所示。

　　智能网联汽车"人—车—路—云"交互是一个复杂的系统工程,涉及人—车—路—云四大方面的若干学科、知识、技术以及这些学科、知识和技术相互融合而诞生的新学科、新知识和新技术,如"人—车—路—云"交互中的人,涉及人体解剖学、生理学、心理学、生物力学、人体测量学、行为学、社会学等学科、知识和技术;"人—车—路—云"交互中的车,涉及汽车原理、汽车构造、汽车动力学、汽车控制理论、人工智能、汽车电子、环境感知/信息融合/3D 显示等,而人与车的知识、技术交叉融合就诞生了人因工程、用户体验、交互设计等新学科、新知识和新技术,采用这些新知识、新技术可设计制造出现代汽车智能座舱人机交互界面,实现车载触摸屏、HUD、AR、语音交互、手势交互、人的驾驶行为(疲劳、分心、情绪)监测等。随着智能交通、智慧道路、5G 通信、云计算、大数据等新技术的融合发展,汽车智能座舱中出现了大量车联网的接入应用,如车载导航、车载信息服务、车载社交、车载娱乐、车载商务、车载健康监管、远程救援、ADAS 高级驾驶辅助系统及人机共驾技术等,更需要"人—车—路—云"多学科交叉知识和技术去解决,从而构成了智能网联汽车"人—车—路—云"多学科交叉知识体系,如图 1.18 和表 1.1 所示。

续表

类别	相关学科知识	学科知识与技术内涵
人	情感交互	①个性偏好:关注和记录用户情绪感知和个性化需求,建立自然的人车伙伴关系; ②人工智能助理:智能社交与娱乐,辅助驾驶伙伴、虚拟车载助手、车载智能机器人、车载信息娱乐助手
	态势感知 (Situational Awareness,SA)	①定义:对时间和空间内的环境元素的感知、理解和预测,影响用户的接管与移交任务绩效、人机交互质量评价和人车信任(系统透明度和情况管理); ②良好的态势感知源于高质量的人车信息交互,设计不良的车载系统会造成实际操作过程与预期的差异
车	人机界面	①交互设计、用户体验; ②车载设备用户界面设计和可用性评估(有效性、效率和满意度、可学习性、记忆性和错误率等); ③人机界面拓展(空间立体交互):3D 显示、增强现实、抬头显示、挡风玻璃显示屏、头戴式显示器等
	高级驾驶辅助系统 ADAS	自适应巡航(Adaptive Cruise Control,ACC)、自动紧急制动(Autonomous Emergency Braking,AEB)、车道偏移报警系统(Lane Departure Warning System,LDWS)、车道保持辅助系统(Lane Keeping Assistance Systems,LKAS)、自动泊车系统(Automatic Parking System,APS)
	多模态交互指令识别	①触摸识别:触摸屏、高性能触觉传感设备; ②手势识别:体感控制器、运动传感器、雷达、TOF 摄像机(识别精度、响应时间、图形内存消耗等); ③凝视识别:眼部追踪器、远红外光线模组; ④头部姿态识别:三维扫描仪、图像采集器、运动捕捉设备、红外摄像头; ⑤语音识别:麦克风、传感器、语音芯片,用于自动导航、语音搜索、命令控制、语音助理(智能语音控制系统)等使用场景; ⑥生物电识别:可穿戴设备、生物电信号传感器; ⑦表情识别:数码摄像头、面部追踪器、体感控制器

续表

类别	相关学科知识	学科知识与技术内涵
车	自动驾驶与驾驶接管	人机共驾:驾驶权转换、认知人的意图,并向人传达车辆运行及交通环境信息,保障驾驶权交接顺利完成,车载交互系统在建立驾驶员接管任务时须充分考虑驾驶员状态、行车场景等因素
	车载人机交互硬件	①中控屏显示、触摸屏(高性能触觉传感器,分辨率、灵敏度); ②感知校准:惯性测量单元、跟踪传感器
路	车路协同路侧设备及技术	包括路侧单元(RSU)、感知单元、边缘计算单元、道路交通路侧设施网联改造等。 ①路侧单元:集成 C-V2X 技术,实现路与车、路与人、路与云全方位连接; ②感知单元:感知设备与处理设备,实现对交通环境和状态的实时感知; ③边缘计算单元:对本区域的数据进行处理、存储及应用、服务的计算与发布; ④道路交通路侧设施网联化改造:交通信号控制、交通诱导信息发布等; ⑤环境感知车载硬件:毫米波雷达、微波雷达、激光雷达、环境传感器、图像采集器
	车路协同决策控制云平台	交通管理平台间信息交互、道路交通环境协同感知管理、行车安全协同控制策略管理、交通运行效率协同管理策略、交通信息服务协同管理策略、智能网联可视化应用分析、数据开放管理
	道路交通工程	道路规划:道路形态(弯道、直道)、道路标识、道路照明、道路信息化、高精度地图
云	现代通信与网络技术	①车联网(LTE-V2X、5G-V2X)、云计算:实现超低延时、超高可靠性和超大带宽的通信,支持智能网联汽车完成"车—路—网—云"信息交互及共享; ②融合多源数据的云端数据中心:将用户数据通过网络传至云端进行储存、管理和分析,如基于用户大数据的人机界面个性化定制和智能化自适应等应用,促进汽车产业向智能制造的"大数据、互联、平台"方向转型

制系统的作用。在我国,贾洪飞等对由人、车、路、环境所构成的交通系统进行建模与分析,在此基础上提出了驾驶员的信息处理结构模型。

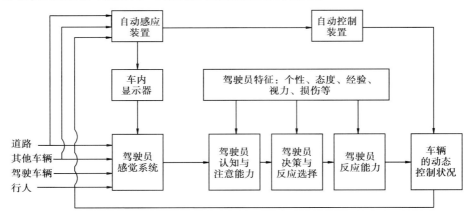

图 1.20　有限能力的驾驶员信息处理过程模型

信息处理模型突出强调了注意资源的有限性对驾驶行为的影响。高速驾驶中,驾驶员要面对大量信息流并且迅速对它们做出反应。然而,由于人的处理能力有限,在多种任务共同争夺有限的注意资源时,某些信息可能被遗漏或错误认知,从而导致事故。因此,该模型常常被用来研究司机由于次要驾驶任务导致的注意力分散等风险行为。

(3)动机模型

从汽车诞生以来,随着人类科技的发展,车辆的安全性有了长足进步,各种交通安全措施也有了显著发展。然而,这些有针对性的安全措施实施以后并没有取得令人满意的效果。面对新的安全措施,驾驶员常会表现出新的危险行为,使得事故率居高不下。早期的学者们敏锐地捕捉到了驾驶员行为的这种自适应特点。于是,描述和预测驾驶员行为调整模式的几种动机模型应运而生,其中比较著名的是风险平衡理论、零风险理论和风险规避模型。这些模型在后来的驾驶员行为研究中得到了较多引用,通常被用来预测、解释和干涉驾驶员风险行为。

2)Wilde 的风险平衡理论

英国的心理学家 Taylor 在 1964 年的实验中,测量了 20 名驾驶员在不同宽度和不同条件的道路上的皮电反应(Galvanic Skin Response,GSR)。由于人的紧张和焦虑会增加人体汗液的排出,从而改变皮肤的电传导率,因此在控制条件下,测量皮电可以了解人们关于紧张和焦虑的反应。这次实验让 Taylor 发现了一些重要的结果:

①驾驶员的皮电水平并不依赖于道路宽度和条件,相反,它保持着一个相对稳定的水平;

②皮电反应分布与交通事故率分布非常相似,那些没有经验的新驾驶员比那些

有丰富经验的驾驶员具有更高水平的皮电反应,正如他们也存在着更高的交通事故率;

③驾驶员通过控制车速来调节他们所愿意承受的皮电反应水平。

Taylor 据此推论说,驾驶员通过控制车速使自身保持着相对稳定的心理紧张程度,这种紧张程度和他们面临的风险成正相关。Wilde 注意到了这个实验,并且在 1982 年用不同方法重复得到了实验结果。另外,他从世界卫生组织的统计数据发现,虽然当时交通事故率在逐年不断增长,可是人类整体的意外死亡概率却始终处在同一水平。他还留意到,在芝加哥大学一位学者的研究建议下,一项新的汽车制造标准带来的矛盾效果:正如该措施的初衷,驾驶员的死亡率明显得到了减少;然而不如所料的是,行人和自行车使用者的死亡率却同时显著上升了,而且比驾驶员死亡率的降低量还要高。基于以上研究和观察,Wilde 提出了他的风险平衡理论(Risk Homeostasis Theory,RHT),又称"风险目标"或"风险补偿"理论。该理论认为,驾驶员倾向于保持一定的风险水平。当驾驶员所感知到的风险和他所愿意接受的风险水平出现差异时,他就会调整自己的行为来减小二者之间的差异。因此,事故率最终取决于驾驶员事先设定的风险接受水平。换言之,当外界的环境变得更安全时,驾驶员会采取更冒险的行为,因此个体卷入事故的概率依然会维持原状。

3)零风险理论

不仅有安全的动机,还存在着希望缩短时间、节省精力、获得驾驶中的舒适感受甚至展示名誉地位等多种动机,而后面的这些动机经常是和安全动机相悖的。由于这些动机存在,驾驶员并非追求最大安全,而是在保证有限的危险的前提下,尽量满足其他动机。因此,驾驶员总在一个安全的边界上行驶。与 RHT 理论不同,边界模型中的驾驶员并非随时用理性来衡量他们所遇到的危险并且调整行为,以便将风险保持在一个水平。相反,只有当所感知到的风险已超过或即将超过一定限度时,驾驶员才会调整他们的行为以降低他们所面临的风险水平,直到风险低于临界值为止。该理论假定了一个感受上的"主观危险"或"恐惧监控器",它会在风险达到边界值时提醒驾驶员调整行为。而在此之前,驾驶员则只需依靠他们熟练的自动化反应来应对驾驶中的种种境况。后来,这个边界值被进一步修订为主观感受的零风险,模型也因此更名为零风险模型——驾驶员在大部分时间里表现得像没有任何风险一样。

4)Fuller 的风险规避(分配)模型

Fuller 提出的风险规避模型,后来又被称为风险分配模型,是把 Wilde 的模型中的以事故概率来衡量的风险目标用任务难度来替代。Fuller 认为,驾驶员试图保持一定任务难度。当任务需求超过驾驶员的能力时,驾驶员通过调整行为(如降低车速)来使任务难度与能力相匹配。反之,当任务难度低于驾驶员的能力时,驾驶员则通过降低自己可分配的能力,如将注意力转移到其他非驾驶任务(如聊天、接电话、听音乐等)中,使得任务难度仍然保持在一定水平。这同时意味着,在车况与路况条件越来越好的同时,驾驶员将越来越少的精力投入驾驶任务中,从而使蕴藏的危险并没有真正下降。在任务难度忽然增加时(如遇到突发状况),驾驶员很容易因为没有足够的时间来调整可分配的能力资源,从而引发事故。与风险平衡理论及零风险理论相比,Fuller 的模型区分了主观的风险感知与客观的风险评价,任务难度也可以通过速度控制,因此具有较好的可验证性。Fuller 发现,驾驶员的主观风险和任务难度是相匹配的,它们都随着速度上升而线性增加;而估计的事故率则只有在任务难度达到一定水平(超过驾驶员的能力)之后才明显上升,之前则几乎保持不变。这说明了在 Wilde 模型中,将个人的危险感与客观事故率等同是不合理的;而情况似乎更接近于 Summala 提出的零风险模型——在任务难度没有达到一定水平时,驾驶员对客观风险的估计保持为零。

动机模型主要描述了在驾驶过程中,驾驶员会在一定范围内主动控制他们所遇到的风险,而且这种控制并非总降低风险。然而,迄今为止,动机模型更多是作为一种定性的模型得到应用,用来指导、检验和预测一些安全干预手段的效果。另外,动机模型由于缺少严谨的数据验证,也受到了一定质疑。但不可否认的是,动机模型的确揭示了驾驶员行为中非常重要的且如今被学界所普遍接受的一个现象,即驾驶员行为的自适应性。动机模型率先描述了驾驶员的行为调整依赖于他们可接受的风险程度。

5)驾驶绩效与工作负荷

驾驶人在行车过程中认知、判断和操作时,环境认知、决策处理和驾驶操作能力是有限的,因此将其称为驾驶负荷与驾驶人自身信息特征、驾驶经验、驾驶安全态度以及行车道路交通环境条件有关。驾驶负荷还与驾驶人感知的环境信息量有关,不同道路线形和行车环境具有不同信息量,同一驾驶人行驶在不同环境条件下,其驾驶负荷也将不同。

(1)Yerkes-Dodson 法则(叶杜二氏法则)

Yerkes-Dodson 法则(叶杜二氏法则)是心理学家叶克斯(Yerkes)与杜德孙(Dodson)经实验研究归纳出的一种法则,用来解释心理压力、工作难度与作业成绩三者之间的关系。他们认为,因为动机而产生的心理压力对作业表现具有促动功能,而其促动功能之大小将因工作难度与压力高低而异。在简单易为的工作情景和较低的心理压力之下,较佳的成绩将产生;复杂的情绪扰乱认知性的心理活动,凡复杂困难的工作,在工作程序上必定含有多种因素的交互配合的关系,如果心理压力过高,思考稍有疏忽,就难免忙中出错。简单工作多属重复性活动,此种活动日久便会形成自动化的连锁功能,至此地步,无须认知思考,若存在一定心理压力,不但不会影响自动化功能,反而有可能提升自动化的速度。根据 Yerkes-Dodson 法则,驾驶负荷与驾驶绩效之间存在着一种倒 U 形关系,适度的驾驶负荷水平能够使绩效达到顶峰状态,过小或过大的驾驶负荷都会降低驾驶绩效(图 1.21)。

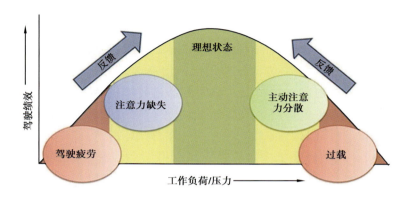

图 1.21　基于 Yerkes-Dodson 法则的驾驶绩效与驾驶负荷关系图

(2)驾驶员状态管理

根据美国高速公路交通安全管理局统计,非驾驶任务导致的驾驶分心和注意力分散是美国交通事故的主要原因。通常情况下,驾驶汽车并不总需要驾驶员在任何时候都投入所有的注意力。大多数情况下,驾驶员并不会把所有注意力投入驾驶任务中,当道路状况不确定性增加的时候驾驶员将会做出调整并投入更多注意力在驾驶任务中。对驾驶员状态实时监测,对驾驶员工作负荷进行实时评价并采取相应的防控策略以提高驾驶绩效和驾驶安全,成为智能网联汽车发展的重点关注内容(图1.22)。驾驶员状态管理可以更好地预警、提升安全。

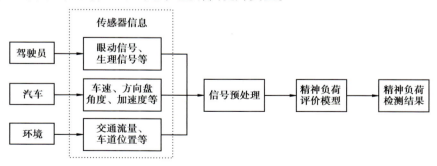

图 1.22　驾驶员状态检测

近年来,心理学和神经科学领域对人类主观感受、情绪的研究日趋深入,取得了许多重要而新鲜的成果,关注相关基础学科的发展,将相关最新理论应用于驾驶员行为领域中并验证,将会成为促进驾驶行为模型不断发展的源头活水。

1.3.2 驾驶分心、预警与安全防控理论及方法

根据神经科学相关研究,人大脑信息加工共分为 3 个阶段:知觉—认知—反应(行为)。智能网联汽车次任务人机交互可感知信息多以视觉和听觉形式呈现。如图 1.23 所示,在知觉阶段,眼睛首先通过感觉记忆获取瞬时视觉信息(一般不超过 1 s),然后根据特有的认知结构(即长时记忆)过滤有用信息,此过程被称为选择性注意。在认知阶段,一方面长时记忆为信息选择(选择性注意)提供依据;另一方面将注意到的信息与长时记忆中的信息进行加工,在车载信息系统中,常见的人机交互认知加工包括信息搜索、信息识别、信息匹配、逻辑推理、思维换算等。在反应阶段,身体的执行系统(眼睛、手、脚、嘴巴等)会对认知加工发出的命令做出反应,在车载信息系统中常见的人机交互行为包括手指操作和发出语音指令。

在次任务人机交互过程中,可感知信息加工不是按这三阶段顺序进行的,在选择性注意与长时记忆之间大多数情况下存在频繁的交互迭代。例如查看车载导航界面任务,在知觉阶段,驾驶人浏览车载导航界面,首先根据当前时刻信息加工的结果进行选择性注意,并将注意到的信息与长时记忆中存储的信息进行匹配,如果当前注意的信息与长时记忆中存储的信息不匹配,将继续选择性注意的过程。由于选择性注意与长时记忆的紧密关联性,研究中不单独考量知觉负荷,将知觉过程和认知过程产生的工作负荷统称为脑力负荷。因此,本书将次任务负荷按照信息加工过程分为两大类:脑力负荷和行为负荷。

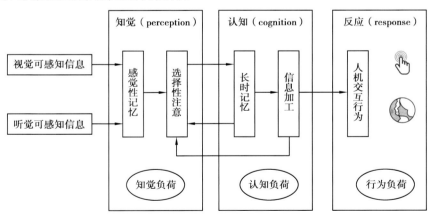

图 1.23　次任务负荷的信息加工分层

人脑在执行信息加工任务时,脑力资源并不都是可以利用的。考虑到驾驶情绪、疲劳等因素,可被利用的资源总量根据驾驶人的生理状态实时波动。假设在一段时间内,驾驶情绪与疲劳状态是稳定的,那么可利用资源总量也处于相对稳定的

状态。可利用资源被分配在主次任务中,因此随着次任务占用资源量增加,主任务占用的资源量就减小,驾驶安全性则降低,如图 1.24 所示。

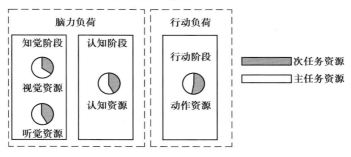

图 1.24 分心驾驶脑力资源分配机制

驾驶次任务是交通事故非常重要的影响因素,因为次任务容易使驾驶人分心。许多研究已经关注到次任务对驾驶行为的严重危害,例如打电话、发信息、使用导航以及与娱乐信息交互。Greenberg 等与 Lee 等分析了车载信息系统使用过程中驾驶员视点变化数据,指出驾驶人长时间注视会在视觉上导致注意力分散,从而产生交通事故。Salvucci 等研究了 iPod 等车载音乐设备对驾驶绩效的不利影响,通过模拟驾驶实验分析了驾驶人使用音乐播放器时车道轨迹偏差率,发现播放车载音乐与打电话对驾驶主任务绩效影响程度相当。

还有一些研究证实了部分次任务对驾驶行为没有明显影响,例如听广播,驾驶次任务对驾驶安全性的干扰程度取决于该次任务为驾驶人带来的额外负荷大小。Lansdown 等对比了双重任务与单任务下驾驶主任务难度不同对驾驶主任务绩效的影响,主任务难度越大,驾驶主任务绩效下降得越快。驾驶主任务绩效最主要的衡量标准是反应时间,具体指在驾驶环境中事件发生时驾驶人的反应速度。

驾驶次任务对驾驶安全性的影响程度还取决于次任务占用的资源通道。Wickens 等在“多重加工资源”概念的基础上总结了多资源理论。如图 1.25 所示,该理论将人的加工资源在知觉通道、编码和阶段 3 个维度上假设为一个立方体结构。其中知觉通道包括视觉和听觉,阶段包括感觉、认知和反应,而编码则分为空间编码和言语编码。此外,视觉通道对信息的注意还可以区分为焦点的(Focal,或称中央的)和外围的(Ambient,或称边缘的),形成第四个维度。图中实线两侧使用不同的资源。一般可以认为 3 个主要维度在某种程度上是相互独立的;区分听觉和视觉资源的垂直维度仅适用于知觉阶段,而区分言语与空间加工的编码维度则对所有阶段都适用。

大量证据表明,使用手机确实会干扰驾驶,这直接导致 2011 年 12 月美国国家交通安全委员会建议颁布关于在驾驶中使用手机的禁令。手机任务导致的听觉资源占用远大于听音乐或听收音机,这是因为除了占用听觉感知通道资源外,还占用

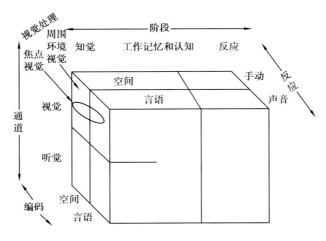

图 1.25　Wickens 的多资源理论模型

了语言加工的资源,这导致与行动资源竞争,从而导致驾驶人刹车、调节方向盘等行动延迟。

1.3.3　驾驶疲劳识别、唤醒与安全防控理论及方法

根据中国公安部交通管理局的统计数据,中国 2008 年因疲劳驾驶导致的道路交通事故共 2 568 起,其中死亡 1 353 人,受伤 3 129 人,造成的直接财产损失约为 5 738万元。2008 年高速公路共发生交通事故 1 203 起,占事故总数的 46.85%。高速公路交通事故的主要原因中疲劳驾驶位列第一,占所有高速公路交通事故起因的 11.09%。

人在重复、机械性地完成某一工作时,会随着时间推移逐渐进入疲劳状态。这一特点对汽车驾驶同样适用。驾驶员在长时间开车而得不到有效休息的情况下,会自发性地进入困倦状态,此时极易导致驾驶事故。为此,世界许多国家也针对驾驶时间做出了相应规定,用以对驾驶员的单次驾驶、累计驾驶和休息时间等进行限制,然而在实际应用中却收效甚微。

尽管我国已经在《中华人民共和国道路交通安全法实施条例》第六十二条中明确规定"连续驾驶机动车超过 4 h 未停车休息或者停车休息时间少于 20 min"。但驾驶人常因各种因素,或追求利益,或着急赶路等,不能自觉遵守相关规定。因此,在实际驾驶环境中对驾驶人疲劳状态检测与预警技术的研究,成为减少当今交通运输事故的关键之一。

迄今为止,国内外诸多学者开展了许多关于疲劳检测与量化的研究,其中主要的理论方法有主观检测方法与基于生理表征的客观检测方法。

（1）主观检测方法

主观检测方法主要利用各类量表和调查表来记录被试当前的主观感受，并对其进行测评和赋值，再利用统计学方法对被试目前的疲劳程度进行评判，其中得到较为广泛应用的有皮尔逊疲劳量表、驾驶人自我记录表、斯坦福嗜睡量表和睡眠习惯调查表等。

（2）驾驶疲劳客观检测方法

驾驶疲劳客观检测方法思路为：首先，确定能表征驾驶员疲劳状态的参数，参数可以是驾驶员的生理信号（如心电图 ECG、脑电图 EEG 等）、肢体语言（如眨眼频率、哈欠程度等）和当前车辆的行驶状态（如方向盘角度、行驶速度、车道偏离等）等，通过对参数的处理得到与疲劳相关的特征指标。其次，确定特征指标与疲劳等级的数值关系或建立特征指标与疲劳等级的映射模型。最后，根据当下驾驶员的特征指标判断其所处的疲劳状态。

在疲劳检测的基础上，实现疲劳预测是更具有实用价值的技术。

根据美国高速公路安全管理局（NHTSA）和美国汽车工程师学会（SAE）推出的分类标准 SAE J3016™《标准道路机动车驾驶自动化系统分类与定义》，自动驾驶汽车根据其智能化、自动化程度可分为 6 个等级：无自动化（L0）、驾驶支援（L1）、部分自动化（L2）、有条件自动化（L3）、高度自动化（L4）和完全自动化（L5）。驾驶员疲劳状态预测主要针对以下两种应用场景。

①面向 L2 及以下的车辆，基于驾驶员昼夜节律（驾驶开始时间）、驾驶前的睡眠时间、开车时间、开车过程中的休息时间等驾驶背景信息及驾驶员生理特征信息，建立驾驶员疲劳等级预测模型。Zhang 等研究了驾驶员的昼夜节律（驾驶开始时间分别是 09:00、14:00、21:00）、驾驶前的睡眠时间（4～7 h）、开车时间以及开车过程中的休息时间等因素对驾驶疲劳的影响，并定量地建立了疲劳程度的线性回归预测模型。同时，结合驾驶员生理特征对疲劳预测有积极作用。Yang 等结合驾驶员背景信息、生理特征信息（脑电、心电、眼动等）以及驾驶绩效信息，应用一阶隐式马尔科夫模型，建立了基于动态贝叶斯网络的疲劳认知模型。此类方法建立的疲劳预测模型是一种基于上下文信息的长时预测模型。

②面向 L3 及 L4 等有条件自动驾驶的车辆，基于驾驶员生理特征与当前驾驶疲劳状态预测下一时刻的疲劳状态。传统的疲劳预测方法旨在实时检测驾驶员疲劳，但在许多危急情况下，如高度自动化驾驶的接管过渡时期，这可能为时已晚。Zhou 等融合生理特征（心率、呼吸率）与眼动指标，对在高度自动驾驶条件下驾驶员从不疲劳状态到疲劳状态的转换进行了预测，疲劳预测提前时间至少为 13.8 s，这对驾驶接管请求时间的改善具有重大意义。此类方法主要针对实时信息对下一时刻疲劳状态进行短时预测。

在未来驾驶疲劳预测的研究中,如何融合生理信息、驾驶行为信息以及驾驶行驶信息等并建立疲劳预测模型和获得更加准确且长时的预测效果,是需要进一步研究的问题。同时,目前研究对驾驶疲劳的预测往往只停留在是否产生疲劳,进一步的研究需要预测更细致的疲劳程度分级,并且找到驾驶疲劳对驾驶风险的影响关系,这将对驾驶安全有着重要意义。以上内容也是本书研究的重点。

在疲劳检测与预测的基础上进行疲劳唤醒,有助于保证驾驶安全、减少事故。

(3)疲劳唤醒理论

人的感知模型是疲劳唤醒的基础理论,人可以通过感受器感受到外界传来的刺激,并把刺激转化为神经冲动的感受神经元周围突起的末梢。通常情况下,刺激可分为物理刺激和化学刺激。物理刺激主要包括光、声音、动能和热能等,如由光带来的色调、明度和饱和度的影响,声音带来的音高、响度和音色的影响等;化学刺激则主要包括口味、气味等。

如图1.26所示,各种刺激以不同方式作用在不同感受器上,引起感受器膜电位变化,这些信号最终会由感觉纤维传入中枢神经引起感觉,进而引起人的行为反应,由此实现驾驶员唤醒。

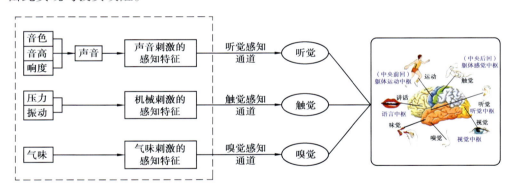

图1.26　人的感知模型

(4)驾驶疲劳安全防控

在驾驶疲劳的研究中,安全防控是必不可少的环节。处于疲劳状态的驾驶员对车辆的操控以及对环境的感知能力都有一定程度降低,在某些极端情况下可能无法准确感知危险,并做出相应避险行为。因此,多模态疲劳唤醒理论是安全防控的主要内容。在人的感知模型基础上,多模态的疲劳唤醒模型通过对多个感官的综合作用使驾驶员恢复到更好觉醒状态,从而安全地完成驾驶任务(图1.27)。

(5)危险感知模型

在车辆端,先通过车辆自带的传感器感知环境态势,再通过建立危险评价模型,对车辆所处环境进行评价。车辆若遇到危险情况则会通过警报、自主操控等方式规避危险。

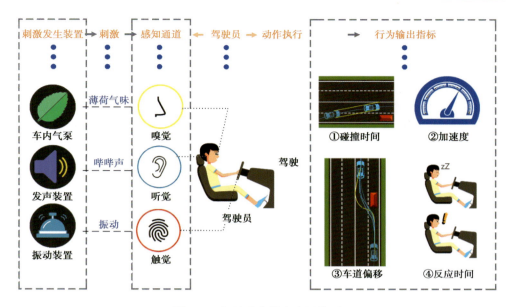

图 1.27　驾驶员多模态唤醒模型

该模型的主要内容是建立完善的危险感知与评价体系,其中主要参考车辆自身运动参数以及车辆与环境的关系参数。车辆自身参数主要有加速度、速度、横向加速度等;环境参数主要有 TTC、车道偏移等。系统通过对典型危险场景进行建模和设定临界参数来实现驾驶安全防控。

1.3.4　驾驶员消极情绪识别、干预与安全防控理论及方法

驾驶汽车是一项复杂的任务,驾驶员必须应对不同任务,如驾驶汽车和操作多个辅助和信息系统。这些任务中每一项都是一个复杂的认知过程,需要驾驶员占用非常多的认知资源,即使最小的干扰也可能带来灾难性的后果。情绪是一个可能影响认知功能的关键因素,因此会增加对驾驶员认知资源的需求(Mesken,2006)。

每年,全球道路上发生了 2 000 万~5 000 万起非致命伤害和 124 万例致命事故(Organization,2015),而驾驶员无法控制情绪已被确定为事故的主要原因之一(James,2000)。研究表明,在负面情绪状态下驾驶是道路交通事故中的重要风险因素,可能导致人员经济损失、严重创伤甚至死亡。极端情绪驾驶,特别是愤怒驾驶,可能像在酒精或疲劳的影响下驾驶一样危险(Roidl et al.,2013;Lajunen,2001)。在最坏的情况下,驾驶员可能做出严重危险行为,不仅会伤害自己,还会伤害车内乘客和其他道路使用者。驾驶员其他负面情绪特别是沮丧,经常和激进的驾驶联系在一起(Berdoulat et al.,2013;Schwebel et al.,2006),而激进驾驶通常会导致最严重的道路交通事故。与此相反,积极的情绪会对驾驶员思考和解决问题的效率产生影响(Murray et al.,1990),也会带来更好的表现和更少的冒险,研

究和经验表明,快乐的司机是更好的驾驶员(Groeger,2013)。

心理学家对情绪有两种分类方法:一种是将情绪分为离散类别;另一种是使用多个维度来标记情绪。在维度上对情绪进行分组,是一种连续的分类方式。目前得到大家广泛认可的是 Ekman(Ekman,1992)提出的离散情绪方法,包括 6 个基本情绪,快乐、悲伤、愤怒、恐惧、惊讶和厌恶,并且有研究表明每种情绪都有其特征,可以用这些特征不同程度地表达情绪。Russell 提出了环形模型(Circumplex Model)来描述维度情绪分类(Russel,1980)(图 1.28)。他定义了所有情绪都可以通过两个维度来解释:效价(valence)与唤醒(arousal)。Mehrabian 进一步提出了 PAD 情绪状态模型,将情绪从 3 个维度进行分区。模型认为情感具有愉悦(pleasure)、唤醒(arousal)和掌控力(dominance)3 个维度(Mehrabian,1996)。在汽车领域,目前主要关注对驾驶员离散情绪类别的研究。

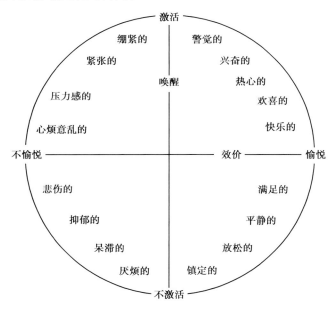

图 1.28　环形模型(Russel,1980)

识别驾驶车辆时引发的人类情绪有助于有效地了解人类行为,以避免因事故造成的损失和伤害,同时,基于识别而进行的情绪调节也会提升驾驶员在驾驶过程中的舒适性。对于高度自动化的车辆,驾驶员仍然具有积极的作用,并且汽车和驾驶员共享控制权,人与车的相互作用非常显著。随着汽车和驾驶员合作,我们需要在情感层面上进行交互以创建成功的控制循环。为了让人们了解情况,汽车必须理解并回应驾驶员的情绪(Shaikh et al.,2013)。在全自动化阶段,驾驶员角色将转变为乘客角色,汽车接管所有过去由人控制的任务。为了让乘客信任他们的自动驾驶汽车,需要有效的乘客与车通信。汽车必须了解人类的情感需求并对情绪做出反应,因此,情绪对未来汽车的安全性和舒适性也至关重要(Eyben et al.,2010)。

为了提高整体安全性和舒适性,驾驶过程中的情绪识别已被广泛研究(图1.29),一些工作已经解决了模拟环境中识别的驾驶员的情绪状态(Katsis,2008;Katsis,2011;Cai et al.,2011),而其他人则分析了驾驶员在现实生活场景中的情绪(Healey et al.,2005;Rigas,2011;Singh,2013)。研究者们使用图像捕获和处理来跟踪面部运动、手势和肢体语言并获得情绪信息(Kapoor,2003);使用热成像跟踪面部表情(Kan,2005);使用从方向盘和座椅/安全带获取的生物测量值来监测生理变化(Healey et al.,2000);分析语音中包含的声学线索(Jones,2004)。然而,在汽车环境下,实时监测人类情绪仍然具有挑战性,实施高成本、集成系统的复杂性以及道路使用者缺乏安全意识已被确定为根本原因。

图 1.29 驾驶员情感识别的潜在测量布置(Zepf et al., 2020)

情绪干预被广泛用于人际交往中,例如用于移情。情绪干预被广泛定义为我们用来增加、维持或减少情绪反应的一个或多个组成部分的所有有意识和无意识策略(Gross,2001)(图1.30)。Gross 描述了情绪干预的过程模型(Gross,2001),情绪干预可以分为情景选择(situation selection)、情景修正(situation modification)、注意分配(attentional deployment)、认知改变(cognitive change)、反应调节(response modulation)。实现这种效果的方法取决于最初的情绪以及是否打算上调或下调。因此,在汽车环境中,我们看到了针对不同情绪状态的不同研究方法。Nasoz 等最初提出了一个简单的警告,以防检测到负面情绪(Nasoz et al.,2002),后来他们的方法被扩展了,例如休息一下(Nasoz et al.,2010),由 Oehl 等提出来用于分散驾驶员对负面情绪的注意力(Oehl et al.,2010)。Johnson 和 McKnight 在一项针对 55 名美国驾驶员的公路研究中研究了警告驾驶员即将发生的交通阻塞以减轻愤怒的想法(Johnson et al., 2010)。检测驾驶员的活动状态并对其做出反应以干预驾驶员情绪的系统具有改善道路安全、提升驾驶舒适的巨大潜力。因此,更全面地了解驾驶员情绪识别及干预在研究和实际应用中都具有重要意义。

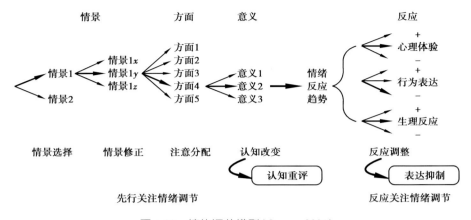

图1.30　情绪调节模型(Gross，2001)

1.3.5　驾驶风格识别、调节与安全防控理论及方法

中国道路交通安全形势严峻,驾驶人普遍存在驾驶风格激进及安全意识淡薄等问题。调查显示,80%以上的道路交通事故致因与驾驶人相关(郭孜政,2009),且我国驾驶人普遍存在驾驶风格激进及安全意识淡薄等问题(Zhang et al.,2006；Huang et al.,2006；Yang et al.,2013)。Lindgren 等的研究显示,频繁换道、近距离跟驰、违规超车等不良驾驶行为充斥于中国道路交通安全文化的现状之中(Lindgren et al.,2008)。现有的关于驾驶行为的研究,多集中于对事故发生前较短时间(1~2 s 量级)内车辆行驶危险状态的监测和预警技术,例如,高级驾驶辅助系统(Advanced Driving Assistance Systems,ADAS)等,而对由驾驶风格导致的潜在于日常驾驶中的不良驾驶行为关注甚少。但驾驶人不良驾驶行为随时间累积,会成为行车安全潜在的巨大隐患,例如,急加速、急减速、近距离跟驰、频繁换道等行为均会增加事故的发生率。因此,对驾驶人日常驾驶中的不良行为进行监测就显得尤为重要。当前世界主要国家开展的道路安全与智能车辆项目均包括对驾驶行为监测技术的研究;例如,美国的 PATH、Safety Pilot 项目和日本的 ASV 项目等,而在我国该领域尚处于起步阶段,急需有针对性的研究,我国驾驶人危险驾驶行为的严峻形势也亟待改善。因此,对潜藏在日常驾驶行为中表现出的驾驶风格进行监测及评测,将极大加快驾驶行为诱导交通事故发生的研究,并改善驾驶人的驾驶习惯,将行车安全保障落实到日常驾驶行为中,提升我国道路行车安全性。

驾驶风格与交通事故发生率之间存在很大相关性。研究表明,驾驶人危险驾驶行为发生得越频繁,驾驶人发生的事故数也就越多(Carsten et al.,2013)。同样的,Summala 对 6 638 辆车的追踪数据记录表明,换道操作越频繁,发生的事故次数就越多(Summala et al.,2014)。Tak 等基于驾驶过程中的加速和制动操作提取出了表征驾驶风格激进程度的特征指标，并验证了其所提指标与交通冲突之间的强相关性（Tak et al.，2015）。Sagberg 对驾驶风格研究的综述指出，经常性的急加速、急减速、换道等行为均会增加交通事故发生的概率（Sagberg et al.，2015）。Simons-Morton 等对 42 名驾驶人的自然驾驶数据进行分析后发现，激进型驾驶人发生追尾事故或冲突的概率是正常型驾驶人的 4 倍以上（Simons-Morton et al.，2015）。Yang 等通过调查问卷的方式评测得到了 224 名驾驶人的驾驶风格与事故发生次数数据，分析发现两者存在显著相关性（Yang et al.，2013）。Toledo 等在较长时间内对不同风格驾驶人的交通事故数据进行跟踪监督，证明了驾驶风格越激进发生的事故数量也就越多（Toledo et al.，2008）。马艳丽和裴玉龙基于实验心理学特性参数指标，采用模糊聚类方法，将驾驶风格分为 5 种类型，并对其与实际交通事故发生次数之间的关系进行了分析（马艳丽 等，2008），结果显示，驾驶风格越激进，发生事故的数量就越多。因此，对驾驶风格深入细致研究，可改善驾驶人的风格习惯，有效提升道路行车安全性。

驾驶风格除了可显著影响行车安全性之外，与车辆的燃油经济性和尾气排放也密切相关。弗吉尼亚理工大学的 Jung 在其博士论文中采用因子分析方法确定了驾驶风格主要影响因子，继而采用 K 均值聚类的方法对驾驶风格进行了分类，并对不同风格驾驶人所驾车辆的燃油经济性进行了分析，结果表明，驾驶风格显著影响车辆的燃油经济性（Jung，2012）。Murphey 等对不同风格驾驶人在高速公路上行驶时的油耗进行比较，结果显示，驾驶人的激进程度越高，车辆的油耗就越高（Murphey et al.，2009）。麻省理工学院的 Berry 在其博士论文中证实了驾驶激进度在总驾驶人群中服从对数正态分布（log-normal distribution），并且驾驶激进度越高，急加速和急减速操作就越多，燃油经济性也就越差（Berry，2010）。此外，曾诚等针对中国的研究也表明，急加速、急减速、鲁莽换道发生频次越高，驾驶风格越激进，燃油消耗量就越大（曾诚 等，2010）。

在当前车辆网联化的大背景下，驾驶风格对于行车安全性的研究就显得更为重要。其研究应用的技术路线主要包括在线交互反馈和离线风格监测两方面，如图 1.31 所示。车辆通过车载的传感器技术获取驾驶人操作信息、交通环境泛在感知信息、GPS 定位信息、车—车（V2V）和车—路（V2I）协同信息等，并对获取到的信息做实时分析，在监测到危险时通过人—车交互反馈技术及时给予预警信息，并在必要时实施主动干预措施，在线保证行车安全性。或可将获取到的信息通过远程数据传输技术、云处理技术等发送给后台终端存储，并设计算法对驾驶人的驾驶风格等信息进行基于传统处理器或云计算技术的分析监测，形成驾驶风格分析报告，实现远程交互式离线反馈，提升行车安全性。其应用领域主要包括智能网联汽车个性化定制（面向驾驶安全辅助 ADAS 等智能系统的个性化设定及拟人化驾驶）、车队运营风

图 1.31　驾驶风格研究应用的技术路线图

险管理（面向运输或公交车队）、风险投保量身定制（面向保险公司的精细化保险对策）、驾驶培训辅助（面向公交和驾校的驾驶培训）等。本书主要关注在获得驾驶人历史行车数据的前提下如何对驾驶风格进行评测。驾驶风格的量化评测既是车辆主动安全领域的瓶颈技术，又是智能网联车辆拟人化驾驶的理论基础及应用前沿。

当前面向驾驶风格研究的数据采集方法主要有问卷调研法和客观驾驶数据分析法两种。其中，问卷调研法多基于自填式调查问卷，由于该方法主观性较强，被调查人可能更倾向于选择对自己有益或更被社会群体所接受的答案而刻意隐瞒真实的情况，问卷的有效性难以控制。Shinar 对 7 200 名驾驶人的调研数据进行分析，结果显示，驾驶人自评激进度显著低于他评激进度，驾驶人在很大程度上低估了自己驾驶行为的危险程度（Shinar，1998）。该方法缺乏客观数据支撑，评测结果的效度有限，故一般在实际的工程应用和研究中并不被采用。而客观驾驶数据分析法因数据可靠性强，可直观反映驾驶风格的表现特性等优点，更容易被研究学者所接受。在与驾驶风格相关的研究中，开展客观驾驶数据采集试验既可基于驾驶模拟器（Taubman-Ben-Ari，2012；Elvik，2013；Cho et al.，2006），也可基于实车道路试验（Paefgen et al.，2012；Johnson et al.，2011；Eren et al.，2012）。

总结驾驶风格的验证方法，主要包括事故绝对数法、事故率法、主观评价法等多种方法。Cohen 采用已发生的事故数量作为验证驾驶风格的标准（Cohen，2005），该方法简单、直观，可有效表征激进驾驶风格的安全风险，但评价周期很长，较难获取事故数量，特别是在我国道路交通事故统计等相关政策与执行不尽完善的前提下，又普遍存在交通违章记录由他人顶替的现象，严重制约了该方法的可实施性，交通事故数据的有效性有待进一步论证。相对地，主观评价法可行性强，有效度高，被广泛应用于驾驶风格的相关研究中。

1.4　智能网联汽车人机交互技术

人类在感知信息的途径中,通过视觉、触觉、嗅觉、听觉和味觉获取外界信息的比例分别是 83%,1.5%,3.5%,11% 和 1%。驾驶员在驾驶状态下,至少需要一只手操作方向盘,眼睛注视前方道路,才能保持汽车正常驾驶。然而,汽车周围信息复杂并且时刻在改变,汽车内部信息过多或复杂会让驾驶人分心,导致驾驶人的注意力长时间离开路面,从而造成危险。如何通过有效且安全的人机交互方式与汽车进行交互,更加直接地获得环境信息的反馈,使驾驶人的注意力不被分散,保障驾驶的安全,是目前智能网联汽车急需解决的重要问题。随着信息技术、车联网等技术的发展,多模态(视觉、听觉、嗅觉、触觉、味觉、躯体感觉等)融合的人机交互已成为智能网联汽车 HMI 技术发展的必然趋势。

1.4.1　视觉+触觉交互技术

随着车载信息系统显示设备与技术的发展,触摸屏已成为智能网联汽车的标配,物理按键逐渐被触摸屏的虚拟按键所取代,触控屏已成为驾驶员与汽车视/触觉交互的接口。信息系统成为人机交互的中枢,汇聚了各种信息源,集成了驾驶辅助、娱乐、商务等功能,不仅涵盖了广播、音乐、导航等传统功能,还增加了车辆控制、车联网、车辆状态信息、路况信息、定速巡航、蓝牙免提、空调及音响设置等功能,通过触摸屏为驾驶者提供了全新的视/触觉交互体验(图 1.32)。

图 1.32　车载信息系统

1.4.2　语音交互技术

随着语音识别和人工智能技术的发展,智能语音交互技术在智能汽车领域迅速崛起,车载智能语音助手成为驾驶员的专职"管家"。驾驶员通过车载语音识别控制系统,可实现对车载多媒体、导航、电话、空调和天窗的控制。语音交互技术通过解放驾驶员的双手,减少驾驶员视线的分散,提高了驾驶的安全性。语音交互技术通过语音控制并反馈,不仅减少了驾驶员对车载信息系统的学习时间,而且提高了驾驶员对汽车各项功能的操控效率;语音交互技术增强了汽车与驾驶员之间的互动,使智能网联汽车变得更加人性化,让驾驶员获得精神享受。当语音交互技术与大数据、人工智能技术相结合,语音交互将从单一模态向多模态(多种交互方式相结合)转变、从被动控制向主动交互(车载信息系统主动与人交互)转变。车载信息系统会基于动态汽车驾驶场景及用户数据为驾驶员提供个性化服务、信息推送,并使用情感化的语言与驾驶员互动,通过无处不在的贴心语音提醒让愉悦的体验直达驾驶员内心(图1.33)。

图1.33　车载语音交互

1.4.3　手势交互技术

手势交互是一种自然且直观的交互方式,是继语音交互之后另一项受到追捧的交互技术,手势识别控制系统可以让用户在驾驶时使用简单的手势或动作控制各项车载功能,与语音控制相比,准确率更高,也更方便。手势控制最大的优势就是可以简化操作,让驾驶员可以更加快捷地实现各种操作。目前许多汽车厂商或科技公司已经在开发车载手势识别控制系统,但是各系统在不同手势功能定义上存在较大差异。手势动作本身一定要符合人的本能反应,考虑不同市场的文化和习惯对不同手势的定义,基本常用功能的通用手势定义以及创新手势定义的易学性将会是手势定义研究的趋势。手势控制面临的另一个问题是反馈,在真实世界里,当我们去摸一个物体时,会习惯物体给出力的反馈,如无反馈则需要通过视觉或听觉来确认,这会占用更多驾驶主任务注意和认知资源。针对这一问题,已经有科技公司研发手势反馈触控技术。捷豹路虎投资的 UltrahapatICs 创业公司拥有一项名为"ULT003 Mid-air Touch"的手势控制技术(图1.34):在触控区域布置超声波发射设备,通过气压变化在某个特定位置汇聚几个声波高压点,生成一个"摸得着、看不见"的界面。只要手在一个有效范围内运动,设备就会追踪到手部位置变化,在合适的位置凭空"捏造"出一个虚拟的三维立体物件,也可以是一个"旋钮"或者"按键"。这项技术最有趣的一点在于,当你进行触控操作时,手可以感受到类似操控物理按钮的触觉反馈。

手势控制正在经历静态手势—动态手势—自然手势识别的发展,随着技术的不断进步和新技术的应用,自然的手势识别将不再局限于识别用户特定的手势或动作,而是对所有手、所有骨骼点进行追踪,以及对所有行为进行捕捉、识别,让手势控制完全成为一种纯自然的交互方式(图 1.35)。

图 1.34　ULT003 Mid-air Touch　　　　　图 1.35　BMW 汽车手势追踪与交互

1.4.4　增强现实技术

增强现实(Augmented Reality, AR)技术是在虚拟现实的基础上发展起来的新技术,将计算机渲染生成的虚拟场景与真实世界中的场景无缝融合,将计算机生成的虚拟物体、场景或系统提示信息叠加到真实场景中,从而实现对现实的“增强”,是一种全新的交互模式。AR 所具有的真实世界和虚拟的信息集成、实时交互性以及在三维尺度空间中增添定位虚拟物体等特点(图 1.36)。随着 AR 日趋成熟,应用产品逐渐扩大,比如 AR 在车载导航上的应用,传统的车载导航由于无法实时更新地图,在实际应用中体验并不是特别好,而手机导航则受限于智能手机尺寸、车内环境(光线)等因素,开车过程中使用手机导航则会产生潜在的安全风险(因分心导致的风险)等。车载 AR 导航技术的应用能够进一步降低导航功能的认知负荷,也能提升导航功能的准确性与便捷性。

车载 AR 显示技术,显示信息的正确展示关乎驾驶安全,这些信息不能遮挡住其他物体,并且必须显示足够久以便于驾驶员阅读理解,但是又不能过久。同时信息显示的量和位置也是需要重点考虑的因素,太多会困扰驾驶员,太少会信息不足。视线追踪技术通过检测追踪驾驶员视线注视点、注视时长等信息来选择最有效的显示方式,成为车载 AR 应用的关键技术。在检测视线追踪数据时,我们通常有两种方法:第一种方法是固定,用在驾驶员停下视线之时,通常是视线停留在一个有趣的地点时,因为驾驶员的注意力被吸引住了。第二种方法是扫视,为了确定凝视对象,眼睛将会扫视现场,从一个地方快速扫视到另一个地方,从同一场景下的不同部分采集多条信息,大脑将这些固定景象的信息拼凑在一起形成虚拟影像,从而为驾驶员或乘客提供更丰富的娱乐和视觉体验(图1.37)。

图1.36　车载AR导航技术

图1.37　智能AR交互系统

1.4.5　智能可穿戴与脑机接口技术

(1)车载智能可穿戴技术

可穿戴设备指可以直接穿戴在驾驶员身上或整合到驾驶员衣服配件上的便携式设备,比如眼镜、手表、耳机、腰带、手环等。智能眼镜结合AR,可将终端信息进行整合,把用户需要了解的信息显示出来,让驾驶员看到物体背后的信息,但不会影响驾驶员的道路前方的视线(图1.38)。智能手表、智能手环与汽车智能车载信息系统关联实现对车辆的控制,包括车辆停放位置导航、远程遥控热车或温度控制等。可穿戴设备还可以对驾驶员的生理状态进行实时监控,从而准确地识别驾驶员的各种生理状态信息,如疲劳和分心等,并对危险状态进行智能干预,可穿戴设备实时获取驾驶员生理数据后,通过车载主机进行安全分析,实现汽车驾驶控制权的切换或通过向驾驶员发出安全驾驶警告以确保驾驶安全。目前可穿戴设备的种类还在不断丰富中,可穿戴设备在汽车上的应用还有很大挖掘空间,未来可穿戴设备将为驾驶员带来更佳的驾驶体验(图1.39)。

图1.38　智能车载眼镜

图1.39　智能车载手环

（2）车载脑机接口技术

脑机接口是一种将大脑与外部设备连接的通信系统,驾驶员不同驾驶意念会产生不同特征的脑电波信号,脑机接口技术通过对脑电波降噪、特征提取并将脑电波信号转换成控制外部设备的控制命令,以实现对外部仪器设备的控制。脑机接口技术与车载控制系统连接,可以实现通过意念对车辆的各项功能进行控制和交互,解放了驾驶员的双手,让驾驶员能够对车辆进行更加高效的控制,提高了驾驶安全性。同时,脑电波含有驾驶员的情绪状态和情感状态信息,脑机接口技术通过算法梳理驾驶员的脑电波数据,可以对驾驶员的情绪状态和情感状态实施监控,当发现驾驶员处于异常情绪状态或情绪低落时,给予多模态的刺激,对驾驶员的情绪或情感进行调节,当调节无效时则触发驾驶辅助系统进一步确保汽车安全驾驶(图 1.40)。目前,车载脑机接口类型分为穿戴式和嵌入式两种。穿戴式的脑机接口为一个简易的脑电帽,采集驾驶员特定脑区的脑电波,检测驾驶员意念、情绪、情感,由于穿戴式脑机接口采集到的脑电波比较微弱,特征识别的精度不够。嵌入式脑机接口能够弥补穿戴式脑机接口的缺点,将类脑芯片通过微创手术直接植入人的大脑里,更加准确地对脑电波进行采集和识别。在过去的 1 年里,脑机接口技术取得了重大突破,马斯克创办的 Neuralink 公司已成功将类脑芯片植入动物大脑,使植入式脑机接口在智能网联汽车上的应用又近了一步。

图 1.40　穿戴式车载脑机接口

1.5　智能网联汽车人机交互发展趋势

1.5.1　虚拟与现实相结合的显示

随着 AR-HUD 技术的不断发展与成熟,各种车辆数据、交通环境数据将以一种更加自然的方式呈现在驾驶员前方。AR-HUD 可以使所显示的信息与真实世界叠加,并提供更多有用的信息,例如导航和潜在道路危险等(图 1.41)。在自动驾驶的基础上,混合现实将会有更多应用场景。车窗投影将会与现实世界进行深入互动,将餐饮、娱乐和景点等多种信息与外界场景结合。在未来,汽车将会成为跟手机一样的移动终端,利用其丰富的信息呈现方式,可以更好地实现目前手机的功能。

图 1.41　AR-HUD 显示技术

1.5.2　多模态自然的交互方式

目前,汽车人机交互主要利用手和眼睛与按键触屏等设备进行交互,由于驾驶任务占用了大多数视觉资源,传统人机交互方式具有很大局限性。随着汽车的智能化,未来汽车将会具备更加丰富的交互内容(办公、娱乐、购物等),同时交互通道也不局限于视觉、听觉以及触觉、嗅觉、体感和语音等,其他交互通道也将参与到汽车的人机交互中。多模态融合交互方式在提高驾驶安全性、交互效率以及用户体验上具有较大的潜力。

未来,人与车的交互将不再局限于一块触摸屏上,手势、语音甚至眨眼、点头都可以成为交互方式。在汽车上交互不仅要考虑可用性和满意度,对驾驶安全的影响应该是最重要的问题。多模态的交互在解放驾驶员双手、减少驾驶员分心方面有着较大的潜力。多模态的交互可以在不影响正常驾驶的前提下为驾驶员提供更多交互功能(图 1.42)。

图 1.42　多模态自然的交互方式

宝马公司已经实现了利用超声波进行触觉反馈,提高了人与图形界面交互的准确率;奔驰高端汽车可利用灯光与香水来营造不同的车内氛围,提高乘客的体验愉悦感。开发基于人体多生物特征融合的多模态人机智能交互方式,有效增强特征识别系统的性能,将成为汽车人机交互前沿技术研究的重点方向。

1.5.3　主动交互模式

人类可以通过感官获取外界信息,并对信息作出反应。未来,汽车也具备获取各种信息的能力,包括识别人的语音、动作甚至意图。汽车结合人工智能技术,获得更高级的智能,从最基本的驾驶员身份识别到主动感知人的想法甚至可以结合实际情况自行做出决策。未来,汽车将不仅是人类的一个交通工具,还可能成为人类的助手,在驾驶过程中给予驾驶员帮助(图 1.43)。

图 1.43　主动交互模式

1.5.4　类脑智能与情感化的智能交互

未来,成熟的情绪识别技术可以为汽车赋予更拟人化的功能,使汽车与人的交互更加自然。汽车能够主动识别人的情绪状态,理解人类思维,分析交流情景,其情感交互能力将更智能、更体贴(图 1.44)。

图 1.44　类脑智能感知与交互技术

1.5.5 更全面的主动安全

未来,汽车还可以准确地识别人的各种精神状态与生理状态,如情绪、疲劳和分心,从而判断人的情绪、疲劳状态和专注度,并在情感互动、疲劳驾驶预警、注意力监测等场景发挥作用。通过情绪调节、疲劳缓解和注意力引导等方式,将人为因素引起的驾驶风险降到最低(图1.45)。

图 1.45 驾驶员状态感知技术

1.5.6 接管与移交

随着自动驾驶技术的进步,车辆控制权问题相应产生,为了满足用户的智能网联汽车驾驶体验感,选择由用户控制汽车还是由机器控制汽车,则成为智能网联汽车人机交互设计未来发展的趋势。接管与移交则指驾驶员接管汽车和将汽车控制权移交给智能网联汽车。安全、高效、平顺地实现有人驾驶与自动驾驶的控制权切换尤其是当驾驶员处于非情景意识状态时(如打瞌睡、听音乐、聊天等),或将驾驶员唤醒到具备驾驶接管能力并及时接管,就成了智能网联汽车人机交互未来发展的难点和焦点之一。

(a)自动驾驶　　　　　(b)请求驾驶员接管　　　　(c)驾驶员接管进行人工驾驶

图 1.46 智能网联汽车从自动驾驶到人工驾驶的接管过程

1.5.7 脑机接口

脑机接口是一种将大脑与外部设备连接的通信系统,把大脑发出的信号转换成控制外部设备的命令,以控制外部仪器设备。未来,脑机接口可以运用在汽车领域,用于汽车驾驶的类脑智能控制或与车内设备进行交互等。人类在脑机接口的帮助下,可以快速实现更复杂、更丰富的交互任务,使人与智能汽车的联系更加紧密(图1.47)。

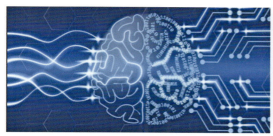 

图 1.47　脑机接口

第 2 章　智能网联汽车多模态人机交互测试评价

2.1　智能网联汽车人机交互行为及方式

2.1.1　智能网联汽车人机交互行为

智能网联汽车的有人驾驶和自动驾驶行为是通过人机交互界面(如行车电脑显示屏、中控屏等)的驾驶模式设置和驾驶任务执行来实现的,其他辅助驾驶交互行为,如显示车辆运行状态、路况、导航、电话、加油、维修、故障提醒、娱乐、商务、社交等信息显示与交互操作,也通过仪表屏、中控屏、后视镜显示屏等触控、语音交互控制来实现,人机交互界面如图 2.1 所示,人机交互行为见表 2.1。

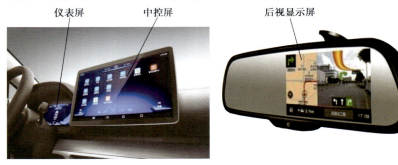

图 2.1　智能网联汽车人机交互界面(车载显示屏)

表 2.1　智能网联汽车人机交互行为

交互行为		交互界面	交互结果
正常驾驶	驾驶准备	点火、座椅/方向柱/后视镜调节、系安全带,观察行车电脑显示屏显示的车辆状态信息	钥匙、座椅/方向柱/后视镜调节钮、安全带插扣	做好开车前的准备,检查车辆状态

		交互行为	交互界面	交互结果
正常驾驶	正常驾驶	观察路况、踩制动踏板、挂前进挡、松手刹（或松驻车制动踏板）、踩加速踏板、打转向灯、车辆行驶、观察车辆状态信息	路况、来往车况、交通标识、行车电脑显示屏、中控屏、方向盘、加速踏板/制动踏板、换挡杆、转向灯拨杆、喇叭按钮	按驾驶路径和意图，保证车辆安全、舒适、正常行驶
	停止驾驶	观察路况、踩制动踏板、让车辆减速直至停稳、挂驻车挡、拉手刹（或踩驻车制动踏板）、熄火、解开安全带	路况、来往车况、交通标识、停车位置、制动踏板、换挡杆、手刹杆（或踏板）、安全带解扣、钥匙	按车位置正常停车
	驾驶控制权切换	在 L3 以上具有自动驾驶功能的汽车上，存在有人驾驶和自动驾驶的驾驶控制权切换行为	在有人驾驶模式下，当驾驶员希望车辆自动驾驶时，按下自动驾驶按钮，车辆自动驾驶系统接管人驾驶；当车辆需要人驾驶时，会通过语音、振动、灯光等多模态信息提醒人接管驾驶	①人主动将驾驶控制权移交给汽车自动驾驶；②当汽车检测到驾驶人疲劳、分心、消极情绪而不能继续驾驶时，汽车主动接管人驾驶；③在汽车自动驾驶模式下，当人想驾驶时，手握住方向盘即可实现驾驶接管；④在汽车自动驾驶模式下，当汽车无法继续自动驾驶时，向人发出请求驾驶接管，人被唤醒接管驾驶
非正常驾驶	环境感知	对道路、其他车辆行驶状态、行人、障碍物、动物、危险场景及驾驶车辆状态信息感知能力下降、分析决策出错，导致非正常感知和反应	路况、来往车况、交通标识、行车电脑显示屏、中控屏、方向盘、加速踏板/制动踏板、换挡杆、转向灯拨杆、喇叭按钮	易导致车辆行驶出现事故或危险
	非正常驾驶	当驾驶者在疲劳、生理疾病、情绪异常、注意力分散等状态下驾驶汽车时，其驾驶行为不能保证车辆正常行驶，可能出现事故或危险	路况、来往车况、交通标识、行车电脑显示屏、中控屏、方向盘、加速踏板/制动踏板、换挡杆、转向灯拨杆、喇叭按钮	人机交互效率、准确性、及时性降低，驾驶存在不安全隐患或导致事故

驶交互行为。

除表 2.1 所描述的人机交互行为外,随着汽车智能化、网联化的快速发展,越来越多的驾驶和辅助驾驶、人机交互行为和智能 HMI 产品将出现在汽车上。如采用 AR 在前挡风玻璃上显示道路场景信息,如前方看到一个停车场,车库里有无停车位等视觉信息,在前挡玻璃上显示,给驾乘者带来便利。再如汽车仪表板上的指针式仪表,中控台上的机械式按钮、旋钮、手柄、操纵杆已越来越多被数字显示屏所替代,如特斯拉纯电动车上的 17 英寸中控屏,将传统中控台上的按钮、旋钮等全部变为软件实现的虚拟按钮、旋钮,操控更加方便,将汽车物理交互界面变为软件化、虚拟化、触摸式、语音化交互界面,同时人机交互行为和方式更为丰富,车辆电池电量、续航里程、制动踏板能量回收、电池充放电状态、各种运行状态信息等可在仪表屏、中控屏上显示,娱乐、通信、交通、出行等信息交互更多,如图 2.2 所示。

图 2.2　智能网联汽车座舱内的软件化多屏交互

2.1.2　智能网联汽车人机交互方式

汽车人机交互是因驾驶、辅助驾驶、其他驾乘汽车需求而产生的交互行为,这些交互行为是通过驾乘者的感官、肢体与汽车交互界面(物理界面如方向盘、变速杆、加速踏板、制动踏板、转向灯拨杆等;信息界面如仪表板、行车电脑显示屏、中控屏、车内后视镜屏等)实现的。由于驾驶、辅助驾驶、其他交互任务多,汽车交互界面多,执行交互的感官、肢体动作组合多,从而形成多种交互方式与交互通道的组合,汽车交互界面也需按这些交互方式和通道组合来设计,才能保证汽车人机交互系统的可用性绩效高、负荷适当、体验愉悦。因此,需对汽车人机交互方式(含交互通道组合)、汽车交互界面以及两者的关联进行定义。

根据人的感知通道和执行部位,汽车驾驶与乘坐过程中人机交互方式有视觉、听觉、触觉、动觉、平衡觉、方向感、温/湿觉、风/嗅觉、痛觉、手、脚、躯体等单一通道交互或几种通道组合方式,这些交互方式根据交互任务、目的和预期效果来定义和规划,如图 2.3 所示。

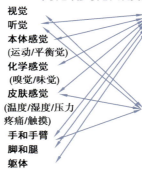

驾驶意图→驾驶决策→驾驶执行　　　　　单模态或多模态人机交互

视觉　　　　　　　　　　　　物理界面
听觉　　　　　　　　　　　　路况、方向盘、变速杆、
本体感觉　　　　　　　　　　油门/制动踏板、驻车制
(运动/平衡觉)　　　　　　　动踏板、转向灯拨杆、手
化学感觉　　　　　　　　　　制动杆、雨刮开关、喇叭
(嗅觉/味觉)　　　　　　　　按钮、车窗按钮、空调开
皮肤感觉　　　　　　　　　　关、座椅调节钮、气味等
(温度/湿度/压力　　　　　　信息界面
疼痛/触摸)　　　　　　　　　仪表屏、中控触摸屏、车
手和手臂　　　　　　　　　　内后视镜屏、后排多媒体
脚和腿　　　　　　　　　　　屏、行车电脑屏、智能手
躯体　　　　　　　　　　　　环、智能手机互联等

驾驶者坐姿与驾驶状态

图 2.3　汽车驾驶者感知、执行肢体、交互界面与交互方式

　　汽车驾乘交互方式,需根据驾乘者人体测量百分位数据、环境感知能力、决策判断能力、执行控制能力、驾驶经验等,从人机交互界面的可用性绩效量—质、负荷大小、愉悦高低等用户体验效果来设计。根据行驶路径、道路环境和驾驶意图不同,交互方式分为驾驶交互、辅助驾驶交互和其他交互。

　　1)驾驶交互方式

　　以完成驾驶任务为目的的人机交互方式称为驾驶交互方式,表现为驾驶者通过人机交互界面和交互动作,使车辆发动、转向、换挡、加速、减速、路径选择、变道、超车、避让、停车等,交互方式主要为眼、耳、脑、躯体、手臂与手、腿与脚的联合作用,观察路况、车况,踩制动踏板、操纵变速杆换挡、松驻车制动、松制动踏板、踩加速踏板、转动方向盘、逐步加速、再换挡、开关前大灯照明、开关转向灯、开启应急灯、开关雨刮器、按喇叭等,实现驾驶者对车辆行驶状态控制和安全保障。

　　为保证车辆安全行驶,驾驶交互方式由驾驶者操纵交互界面的方向盘、换挡杆、加速踏板、制动踏板、离合器踏板等物理装置来实现,如驾驶者的双手操纵方向盘控制车辆行驶方向;驾驶者的右脚踩加速踏板和制动踏板控制车辆行驶加速、减速和停止;对非自动挡汽车,驾驶者的左脚操纵离合器踏板,手操纵换挡杆进行换挡变速,如图 2.4 所示。

图 2.4　汽车驾驶人机交互方式(手操纵方向盘,脚操纵制动踏板)

2）辅助驾驶交互方式

以完成辅助驾驶任务为目的的人机交互方式称为辅助驾驶交互方式,表现为驾驶者通过人机交互界面和交互动作,实现对车辆辅助驾驶功能的操控,如开关空调、开启导航系统、打开中控屏触摸收音机按钮、开关天窗、打开车窗等。

随着汽车人机交互系统智能化程度的不断提升,一些不涉及驾驶安全的人机交互控制采用语音、非接触式手势动作等方式,如通过蓝牙通信实现无线拨打或接听车载电话、开关空调、车载导航等辅助驾驶功能,使人的驾驶体验感更好,如图 2.5所示。在右图所示的手势交互中,当有来电时,右手往外侧挥动表示拒绝,右手往内侧挥动表示接听。

图 2.5　驾驶辅助交互(语音交互听音乐、手势交互接打电话)

智能汽车的车载环境感知、高级驾驶辅助系统 ADAS,在人驾驶时能感知车辆是否偏离车道线、与前方车辆的速度差和车距,当驾驶者驾驶的车辆偏离正常车道或有可能追尾时,高级驾驶辅助系统 ADAS 就会及时介入,纠正人的错误驾驶行为,如车道保持、防追尾报警、AEB 主动紧急制动,还可实现自适应巡航、自动泊车、360°安全感知与报警等驾驶辅助功能。

3）其他交互方式

随着智能网联汽车技术的快速发展,移动通信、智能终端设备与车载信息系统融合得越来越多,智能手机与车载信息终端互联、可穿戴设备(智能手表、智能手环、智能戒指、智能眼镜等)与车载信息系统互联等新的交互界面和形式出现了,驾驶者与汽车的交互方式也更加丰富多彩,智能移动终端通过移动互联网可接收车辆状态信息,并通过 APP 显示给驾驶人,使驾驶者在车上和车外都能感知车辆信息。另外,通过可穿戴智能设备,驾驶者的生理状态如驾驶人的心率、脉搏、血压等也能被感知并传递给智能汽车决策系统,智能汽车能根据驾驶者的生理状态决策是否需要启动 ADAS 系统来保证车辆安全行驶。此外,其他车辆行驶状态、交通路况、沿途拥堵、预订停车位等信息可通过车联网传递给驾驶者,让驾驶者能及时感知更多有关信息,做出正确驾驶决策。

因此,伴随汽车智能化的快速发展,汽车人机交互方式正在从人与车的交互变为人—车—路—机(手机、手环等)交互,如图 2.6 所示。智能网联汽车人机交互方式见表2.2。

图 2.6　可穿戴设备与智能网联汽车人机交互

表 2.2　智能网联汽车人机交互方式汇总

类别	交互任务	交互通道	人机交互界面	人机交互方式
驾驶交互	车辆启动	脑、眼、耳、手、脚	钥匙或一键式启动按钮、制动踏板、换挡杆、驻车制动杆、加速踏板、方向盘	大脑根据驾驶意图,指挥手拧钥匙或按一键式按钮;脚踩制动踏板;手操纵换挡杆换挡;手操纵手刹松驻车制动;脚离开制动踏板,踩加速踏板;双手转动方向盘等的组合交互方式,使车辆行驶
	车辆行驶	脑、眼、耳、手、脚	制动踏板、加速踏板、方向盘、转向灯、前大灯、应急灯、喇叭、雨刮器、后视镜	眼睛通过前挡玻璃观察前方路况、车况,通过后视镜观察左右后方路况;大脑分析决策,指挥手转动方向盘控制车辆行驶方向;脚踩加速踏板进行加速,脚踩制动踏板进行减速;手操纵转向灯示意车辆转向;手按喇叭使行人、其他车辆、动物注意;按应急灯开关示意车辆遇意外情况;手拧前大灯开关,进行夜间行车照明;手拧雨刮器开关,打开雨刮器清除前挡玻璃污物等的组合交互方式,控制车辆安全、正常行驶
	车辆停止	脑、眼、耳、手、脚	制动踏板、方向盘、转向灯、喇叭、后视镜	眼睛通过前挡玻璃、后视镜观察前方、后方路况、车况和停车位置;通过大脑分析决策,指挥手转动方向盘控制车辆行驶方向,驶入停车位置;脚踩制动踏板进行减速直至停稳;手操纵转向灯示意车辆转向停车;手按喇叭引起行人、其他车辆、动物注意;手操纵换挡杆到停车挡;手操纵驻车制动,制动杆拉紧;脚松制动踏板;手转动钥匙熄火,拔出钥匙等组合交互方式,实现停车

续表

类别	交互任务	交互通道	人机交互界面	人机交互方式
辅助驾驶交互	辅助任务	脑、眼、耳、手	仪表板、中控台、中控屏、后视镜屏	在大脑控制下,眼、耳、手等感知通道和肢体的组合动作和车载导航、除雾、清洗前挡玻璃、交通信息获取界面按钮、旋钮、菜单等的触摸操控交互方式,实现辅助驾驶交互功能
其他交互	其他任务	脑、眼、耳、鼻、手	车门、车窗、天窗、座椅、空调、中控屏(App)、储物箱、后备厢	在大脑控制下,眼、耳、鼻、手组合交互,对车门、车窗、天窗、座椅、空调、车内外空气交换、中控屏 App 软件、储物箱、后备厢等的开关、调节进行交互操作

2.2　智能网联汽车人机交互功能定义

2.2.1　智能网联汽车人机交互总体结构

自从有了汽车,就有了人与汽车的驾驶交互行为,驾驶操作控制系统的智能化程度无论如何,汽车终究是一种为人服务的交通工具,对驾驶起决定作用的是人而不是汽车。因此,任何驾驶都是人机交互,即使是 L5 级完全自动驾驶汽车出现,当人要体验汽车驾驶乐趣而接管驾驶控制权时,L5 级自动驾驶汽车也是有人驾驶汽车;即使在汽车完全自动驾驶模式下,人也有乘坐安全、舒适、与车信息交互等行为。为此,我们给出汽车人机交互的定义:"所谓汽车人机交互系统,就是人与具有不同智能化程度的汽车座舱、操控和乘坐系统共同组成的人—机—环系统,各自完成工作,在驾驶控制层面,人与汽车共同感知、共同决策、共同执行,保证车辆正常安全行驶;在乘坐方面,人与车形成智能移动空间,保证乘员出行安全和舒适。"在驾驶汽车时,人与车辆就是一个典型的人机交互系统,在这个人机交互系统中,人与汽车座舱内相接触的部位称为人机界面,汽车座舱空间、仪表板、方向盘、加速踏板、离合器踏板、变速操纵杆、座椅、后视镜、空调/音响操纵钮等与人组成的结合面就是人机交互界面。

汽车驾驶的人机交互实现在 3 个层面上,即感知和信息交互层面、控制层面(对输入交互系统的信息进行识别、判断和决策)和执行层面,3 个层面有机结合,构成了汽车人机交互系统的总体结构,如图 2.7 所示。

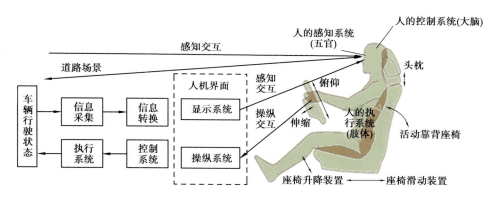

图 2.7　汽车人机交互系统总体结构

1）感知层面上的人机交互作用

由人的眼、耳、触、嗅、动等感知器官及汽车的信息显示系统和路况共同组成的汽车人机交互系统感知层面,一方面人感知路况和车况的输入信息,如道路中同向或反向其他车辆行驶、行人走动、障碍物等情况;另一方面汽车传感器感知车辆运行的内部状态信息,如发动机转速、车速、油量、油耗、里程数、水箱水温等,并经数据转换系统转换为人能感知的信息(视觉、听觉),由显示系统传达给人达到信息交互的目的,用于汽车人机交互信息的载体有仪表指针、文字、数字、图形、动画、语音、振动、声光信号等。

人机交互感知的作用:汽车感知系统(包括可穿戴设备)可精确感知车辆状态信息、环境信息、驾驶者的生理信息,并可通过拓宽感知范围感知人类不能感知的信息(如微波、红外、超声波等),而人类则利用自身创造性思维与模糊综合判断决策能力对汽车感知和决策出来的信息作综合感知,正确识别、判断汽车控制系统所需的正确输入信息与反馈信息。因此,通过人机交互感知多维综合信息,充分利用汽车感知视野广阔、定量感知精确和人对复杂现象模糊定性感知和创造性思维、预测能力强等特点,可提高智能网联汽车信息感知的全面性、可靠性、准确性,为汽车智能控制提供支持,从而提高整个汽车行驶的可控性,改善汽车行驶的综合性能。

2）控制层面上的人机共驾决策

在智能网联汽车驾驶中,人主要从事形象思维、灵感思维等创造性思维活动,人的中枢神经系统对人、车、路所感知信息进行综合处理、判断和决策,向人的肢体运动系统下达执行指令或向汽车智能决策系统提供必要信息;汽车的智能决策系统根据汽车对人、车、路感知的综合信息进行复杂数据快速计算和严密的逻辑推理,向人显示运算结果,等候人的进一步指令,或在特殊情况下自动作出必要决策,驱动控制系统或执行系统去执行必要的操作任务。如在两车跟车过程中,后车的自适应巡航系统(ACC)能探测前方车辆行驶速度与后方车辆行驶速度以及后方车辆与前方车辆间距,当后方车辆速度过快或前车突然减速时,制动距离小于安全距离,ACC 首先提醒驾驶者注意跟车速度和减速行驶,而当驾驶者未刹车减速时,危险逼近,车辆智能控制系统(ACC)就采取自动刹车,保证后车行驶安全不追尾碰撞。这一过程就充分体现了人机交互共驾决策控制系统的执行效果。

控制层面上的人机交互控制策略有 3 种:第一种为"人主机辅"控制策略,即由智能汽车的感知决策和控制系统来辅助人进行车辆行驶状态控制,智能汽车完成人类感知范围以外的信息处理、大规模数据定量处理及严密的快速逻辑推理等工作,如行驶路径规划、偏道纠正、主动安全、导航等。第二种为"机主人辅"控制策略,虽然人在信息综合分析、定性问题处理、模糊控制以及灵巧动作执行等方面高于智能汽车,但智能汽车感知与控制系统在处理较复杂的驾驶任务时,特别是由车载计算机处理非结构化、非线型、模糊性及随机性强的事件时,比人快得多,而汽车处理未知事件的预测能力、综合判断能力不如人,自动行驶需要得到人的帮助,此时采取"机主人辅"控制策略。另外,在一些情况下,让车载计算机完成复杂控制活动须付出巨大代价,这时"机主人辅"控制策略就起着减少这种代价的作用。第三种为"人机耦合"控制策略,在人机交互控制系统中,由于这样或那样的原因,人或汽车的单独决策都可能出现失误,因此,人机耦合控制,可在人或汽车出现失误时,由智能系统自动切换到另一种控制方式,两者有机地配合,从而保证了系统的稳定性和可靠性,这就是人机共驾控制策略和失效补偿机制。

3)执行层面上人机交互协作

人在智能网联汽车中主要从事灵巧性、协调性、创造性强的感知与操作(如发出指令,操纵方向盘、加速踏板和制动踏板,意外事件应急处理等),而智能汽车则主要完成驱动功率大、定位精度高、动作频率快或一些超出人能力范围的操作,如转向机构操作、制动系统操作。随着汽车智能化程度的不断提高,人在汽车中的驾驶主导地位将被智能网联汽车逐步替代,最终出现的智能网联汽车是,当人要感受驾驶乐趣时,由人驾驶汽车为人提供安全、舒适、快捷的行驶服务,当人在车上要处理公务时,则将控制权交由智能汽车自动驾驶。

2.2.2　智能网联汽车人机交互功能分配

1)智能网联汽车中人机功能特征比较

为了更好地设计出人机一体化的智能网联汽车,对人和智能网联汽车在感知、控制和执行方面能力的特征进行对比分析成为必要。表 2.3—表 2.5 分别列出了人与智能网联汽车在感知(信息输入)、控制(处理信息)和执行(输出结果)3 方面能力的特征比较。

表 2.3　人类感知与智能网联汽车感知比较

优缺点	人类感知	智能网联汽车感知
优点	多样性（视、听、嗅……）；多维性（空间、多义性……）；自适应性；综合性；感知与思维的一致性与执行的一致性；本能（或特殊）感知的能力	单一参数的灵敏性；对环境的高度承受能力；性能的一致性；分布方式的任意性；精确性；快速性
缺点	生理的局限性；环境承受能力的局限性；个体间的差异性；分布方式的自然局限性；心理因素的影响；自然老化；不精确性和模糊性	感知的单一性；多维性的局限性；综合感知实现的复杂性；自适应功能弱；特殊感知无法实现；与思维的不一致性；与执行的不一致性

表 2.4　人类控制和汽车智能控制比较

优缺点	人类控制	汽车智能控制
优点	具有创造力、有决策力；有自主力，有主动性；记忆空间中的快速检索功能；多种媒介方式获取信息；处理问题的柔性（应变能力）；抽象思维能力强；丰富的形象思维能力；语言能力强；有责任心、道德观、法制观；自学能力强	存储能力的无限性；知识获取的多元性；交互的平行能力；多媒体技术所带来的能力；处理问题的严密性；一定的抽象思维能力；记忆的永久性、不变性；决策的逻辑性；无心理、生理因素影响；处理问题的快速性；有限的自学功能
缺点	体能的局限性；信息存储的局限性；心理因素存在；对生存环境的高要求；信息交互的单行性；拥有知识的局限性；决策不严密；思维存在盲点；记忆存在时效性和不可靠性；个体间的差异性	被动性；自主力的局限性；无创造性；不能或很难具备语言能力；应变能力差；抽象思维能力有限；无形象思维能力；无灵感思维能力；智能实现的高代价；无责任心；无道德观、法制观

表 2.5　人与智能网联汽车执行能力比较

优缺点	人类执行能力	智能网联汽车执行能力
优点	灵巧性、协调性；自适应性；自我保护能力；执行与思维的一致性；执行与感知的一致性；本能执行能力；易实现多种执行方式的综合；执行的多维性	能力的可扩展性；环境极限的可拓展性；高精度、可靠性；执行点分布的随意性；优秀的动力学特性；优秀的运动学特性；执行的一致性；无心理局限性

续表

优缺点	人类执行能力	智能网联汽车执行能力
缺点	功率的自然局限性；环境的生理局限性；个体间的差异性；低精度；心理因素影响；自然老化；执行的不一致性	执行的单调性；功能合成的复杂性；无自我保护能力；与思维的不一致性；与感知的不一致性；应变能力差

从表 2.3—表 2.5 中可看出，人与智能网联汽车的能力在 3 个方面各有所长。汽车设计的最大目的，就是处理人类很难或不能处理的事情。在人与智能网联汽车的交互操作中，人与智能网联汽车各司其职。人主要从事感知、决策、控制、创造等方面的驾驶工作，而汽车则主要在输出动力、车辆运行和控制执行方面发挥作用，或从事人由于存在生理或心理因素而无法实现的工作（如快速运算、精密控制等）。随着计算机信息技术、通信技术、传感器技术、人工智能技术、多媒体技术及大数据分析等发展，计算机开始涉及思维、感知、决策和创造等方面的人工智能工作，进而"人机共驾"智能网联汽车的思想被提出，其目的就是充分发挥人与智能网联汽车各自的优势，使人与汽车相辅相成，以获得车辆运行的最佳效益。

2）智能网联汽车中的人机交互功能分配

在了解了智能网联汽车中人与汽车各自的功能特征后，就可以进行交互功能设计。第一步就是进行人机功能分配。在人机功能分配完成前，智能网联汽车中人机关系处于一种"浮动"状态，人和汽车两大部分并没有直接发生交互，汽车系统和人员系统的设计都不可能提出明确的要求。只有在人机功能分配完成后，汽车中某项功能由人、汽车或他们相互协作完成的人机功能分配才明确下来，并由此确定了人机界面的具体位置及人与汽车各自的功能职责和配合协调要求。此外所指的人机界面为泛指人与汽车交互界面、人与道路场景发生交互作用的物理或非物理结合部。

对一个具体的智能网联汽车，其人机交互界面的形式主要取决于两个因素：一是汽车本身的功能特征；二是汽车所处的道路交通环境。不同智能化程度的智能网联汽车，有不同人机交互界面，即使相同智能化程度的汽车，在不同道路交通场景下也会有不同人机交互界面。因此，进行人机功能分配的目的就是，根据汽车出行的功能需求和特定道路交通环境合理分配人机交互功能以保证智能网联汽车具有最优的人机交互界面和最佳的行驶效益。

人机功能分配作为人机一体化智能网联汽车人机交互界面设计的第一步，先根据汽车的用户对象和使用范围定义汽车的人机交互基本功能，并按主要功能和子功能两个层次进行分解，然后根据人和汽车的功能特征进行分配，并使已分配的功能交互协调。人机功能分配设计的概念模型如图 2.8 所示。在此模型中汽车交互功能定义是将汽车开发预期的交互功能分为 N 个基本功能,如智能网联汽车中的驾驶控制子系统、驾驶辅助子系统、信息显示子系统、信息交互子系统等,每个子系统就构成了一个基本功能。对基本功能进行分解,就得到如图 2.9 所示的人机功能分配模型。由此模型可以看出,人机界面功能定义最终落实到汽车人机交互主要功能和子功能层次上。对于人机交互主要功能层次来说,某项功能可以由人或汽车来完成,但在完成这些功能的过程中人机之间已经体现出了交互配合关系,这种关系对于人机功能分配是很重要的。在子功能层次上,某项功能由人或汽车完成的人机功能分配已经被明显体现出来了,因此,最终具体的人机功能分配都落实在子功能层面上。

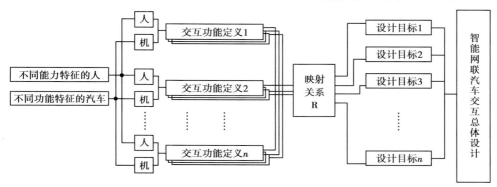

图 2.8　智能网联汽车人机功能分配概念模型

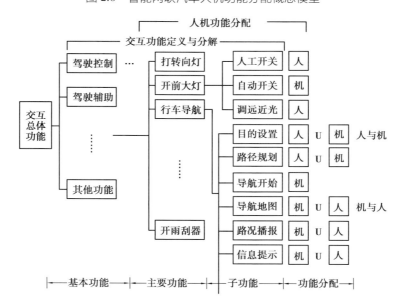

图 2.9　智能网联汽车人机功能分配模型

随着汽车智能化程度不断提高,传统有人驾驶汽车正在向自动驾驶汽车发展,人与汽车交互功能分配也在发展变化,如在有人驾驶的智能汽车中,人仍起感知环

交互行为和交互结果,车辆行驶路径、状态得到有效控制,汽车的驾乘目的完成。不同交互主体、交互任务、交互行为会产生不同交互结果,即产生车辆驾驶路径、行驶状态控制优劣结果和人驾乘汽车的安全、高效、舒适体验感好坏结果。智能网联汽车人机交互结果好坏的度量,须由一个人机交互行为特征模型来分析和评价,如图2.10 所示。

图 2.10　智能网联汽车人机交互行为特征模型

图 2.10 中有两个交互主体,一个是车、路、云交互界面,与人交互的信息分别来自车辆、路况和云端;另一个是驾驶者,在由人驾驶模式下,人对车辆行驶状态进行操作控制。两个交互主体间的交互行为通过交互任务来实现,即驾驶者感知道路场景、车辆状态和仪表屏、中控屏显示的信息,通过分析判断,作出驾驶决策,指挥手、脚、口(语音)去执行驾驶指令,完成驾驶、驾驶辅助和其他任务;通过感知通道感知车辆执行驾驶指令的预期结果如行驶路径、车速、方向等,并与驾驶意图比较,从而在大脑中进行评价,预期效果好则继续执行指令,预期效果不好则马上进行调整、修正,直至达到预期驾驶控制效果。

图 2.10 所示的智能网联汽车人机交互模型体现了人—车—路—云交互行为,交互行为产生的交互结果存在交互绩效高低、人体验好坏及车辆行驶是否安全高效,需要一套有效方法进行主—客观联合测试评价,智能网联汽车人机交互行为及结果的主—客观联合测试评价可从 4 个维度进行:

①交互绩效,即可用性、准确性、有效性、效率;

②交互负荷,即脑认知负荷、交互动作负荷;

③交互愉悦,即用户满意度、接受度;

④交互风险,即因交互行为引发的潜在驾驶风险。

智能网联汽车人机交互主—客观联合测试评价方法及技术在 2.4 节中介绍。

在有人驾驶模式下,人由于长时间连续驾驶会产生疲劳,当疲劳程度达到一定域值如国际通行的斯坦福睡意量表中的五级疲劳及以上时,会出现充满倦意、不再保持清醒、非常松懈等主观症状。此时驾驶风险会明显增高,不利于安全驾驶。另外,当在驾驶汽车时操作中控触摸屏的交互功能,完成驾驶主任务以外的次任务如设置导航、查看信息、打开收音机等,驾驶人分心,根据脑认知多资源理论,次任务必定分走驾驶人的部分认知资源,导致驾驶人注意力不集中、视野离开前方道路,眼、手、脚操控汽车的协调性降低,驾驶风险增加。另外,当长时间单调乏味地驾驶汽车时人会产生情绪低落、反应迟钝等负向情绪,当遇到不顺心的事情时(加塞、不按规定超车、拥堵等)人会产生激动、愤怒的消极情绪,此时驾驶行为易失控,驾驶风险陡增。

当前汽车的行驶方式仍然以有人驾驶为主,L3,L4 自动驾驶汽车即使上市,在一些汽车无法自动驾驶的场景也需要人接管和操控,可以说在未来有人驾驶与自动驾驶长期并存,近期仍以有人驾驶为主。因此,研究有人驾驶模式下的驾驶行为特征与驾驶疲劳、分心、消极情绪的映射关系,探索驾驶疲劳、分心、消极情绪对驾驶人行为影响机理与驾驶风险防控具有重要意义。为此,经过驾驶疲劳与驾驶风险、驾驶分心与驾驶风险、驾驶情绪与驾驶风险的映射分析与研究,作者建立了如图 2.11所示的智能网联汽车人机交互行为特征(疲劳域值、分心程度、情绪类别)与驾驶风险等级映射模型。在该模型中,人驾驶汽车时,随着驾驶时间延长,驾驶疲劳会逐步产生、疲劳等级逐步上升,驾驶风险也随之上升,可以看出驾驶风险系数随驾驶时间延长和疲劳程度上升而上升,作者的疲劳实验数据表明,连续驾车 4 h,疲劳程度可达到 4 级(中疲劳),对应的驾驶风险为中风险,如果不停车休息驾驶人疲劳程度会很快达到 5~6 级(高疲劳),对应驾驶高风险。另外,在驾驶过程中,人接打电话、触摸操作屏等分心行为对驾驶行为造成负向影响,驾驶风险曲线随之产生一个升高的阶跃响应,当分心行为结束,风险升高阶跃消失。消极情绪对驾驶风险的影响也一样,出现一次消极情绪,就相应产生一个风险升高阶跃响应,消极情绪恢复,风险升高阶跃消失。因此,在驾驶人分心和消极情绪产生时驾驶风险明显上升。作者在模拟驾驶平台上针对典型道路场景(城市、高速),测试了 20~30 位被试的脑电、近红外脑功能成像、心率、呼吸率、肌电、车辆行驶状态(纵向驾驶度、横向加速度、TTC 追尾系数、TLC 车道偏离系数)并在实验数据基础上建立了实验映射模型,如图 2.11所示。

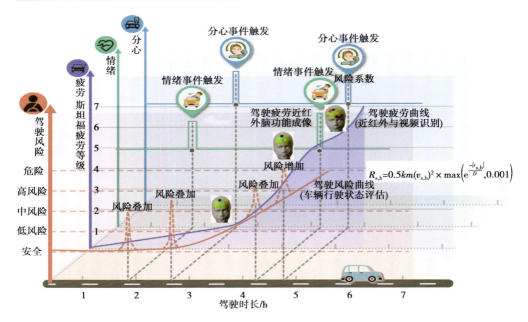

图 2.11　人驾驶行为特征（疲劳、分心、情绪）与驾驶风险映射模型

2.3.2　智能网联汽车人机交互任务

　　汽车驾驶、驾驶辅助和其他交互行为和主—客观联合测试评价，是通过交互任务的执行来完成的，每项交互任务有明确的目的、内容、动作、顺序、时间和效果反馈，形成一个闭环任务链，智能网联汽车人机交互任务分为 3 类：驾驶交互任务、辅助驾驶交互任务和其他交互任务，其特征见表 2.7。

表 2.7　智能网联汽车人机交互任务描述

任务类别	任务名称	任务内容	任务执行	结果反馈
驾驶交互任务	驾驶准备	点火、调节座椅、后视镜、检查车辆状态、系安全带	通过眼、耳、手、脚、坐姿与人机界面交互来执行驾驶准备任务	车辆启动、车辆状态、驾驶姿势等信息反馈
	驾驶行驶	观察路况、踩制动踏板、换挡、松手制动、松制动踏板、踩加速踏板、打方向盘、开转弯灯、车辆起步行驶、加速、正常行驶	通过眼、耳、手、脚配合与人机界面交互完成驾驶任务，通过运动觉、平衡觉感知行驶平顺性	车辆行驶路线、速度与驾驶路径、驾驶意图的一致性比较结果反馈

续表

任务类别	任务名称	任务内容	任务执行	结果反馈
驾驶交互任务	驾驶接管	在有人驾驶模式下，当希望车辆自动驾驶时，人向车辆发出自动驾驶任务指令（按键触摸）；在自动驾驶模式下，当车辆不能自动驾驶而需要人接管时，车辆向人发出请求接管任务指令（语音、振动、灯光）	①驾驶任务由人执行切换到由车辆自动驾驶系统执行；②驾驶任务由汽车自动驾驶系统切换到由人驾驶控制执行	①汽车自动驾驶系统接管人的驾驶控制权后，能控制汽车正常行驶；②人接管汽车自动驾驶控制权后，能控制汽车正常行驶
	临时停车	观察临时停车位置和路况，踩制动踏板、不熄火、挂空挡、拉手制动、松制动踏板	临时停车，驾驶人不离开车，通过眼、耳、手、脚配合与人机界面交互完成临时停车任务	临时停车状态与路况和停车位置吻合，且符合交通法规要求
	长时停车	观察停车位置和路况，踩制动踏板、挂驻车制动挡、拉手制动、松制动踏板、熄火、取钥匙、开门、下车、关门、锁门	眼、耳、手、脚配合与人机界面交互，完成长时停车任务	停车位置与停车意图吻合，且符合交通法规要求
辅助驾驶交互任务	转向辅助、照明辅助、导航辅助、雨刮辅助、鸣笛辅助、后视辅助、车辆信息、ADAS辅助	驾驶人眼、耳、手、脚感知路况和车辆信息，通过转向、照明、导航、雨刮、鸣笛等开关交互操作，实现驾驶辅助功能；通过眼、耳感知车辆行驶状态信息	眼睛观察路况和车况，眼、耳、手、脚、脑配合执行辅助驾驶任务	各种辅助驾驶功能执行结果反馈
其他交互任务	空调开关、车门开关、车窗开关、天窗开关、互联通信、车载娱乐、商务社交、加油保养、维修救援、后备箱	行车过程中的空调、车窗、天窗、电话、娱乐、商务、社交、加油保养、维修救援等其他任务或交互，停车时车门、后备厢开关任务	眼、耳、手、脚、脑配合感知其他任务功能，与人机界面交互执行其他任务	其他任务执行效果反馈，与预期效果比较，不断进行修正，得到其他任务执行的最佳效果

当针对具体车型定义人机交互任务时,须结合目标对象车型 HMI 系统或产品功能定义交互任务,每项交互任务都有明确的名称、内容、动作、顺序、时间、执行、反馈、评价(主观)的描述。如中控屏导航功能,其导航任务的描述如下。

任务名称:导航。

任务目的:从 A 地到 B 地。

任务动作:点击触摸屏和导航 App 菜单,实现交互动作:选择导航地图(百度地图或高德地图)、定位、打开车载导航软件、输入目的地(文字)、选择优先路径、显示导航界面、开始导航、语音和地图导航、语音提示到达目的地等。

任务顺序:选择导航地图→GPS 定位→打开导航软件→输入目的地→选择优先路径→显示导航界面→开始导航→语音和地图导航→到达目的地→导航结束。

任务内容:通过视觉、听觉、触摸觉交互导航地图、行驶路线、交叉路口、到达目的总里程数、剩余里程数、沿途地名、服务站、加油站、酒店等信息的图文显示;导航与交通信息的语音提示,驾驶人通过视觉、听觉感知导航信息,手脚配合,在导航信息引导下驾驶车辆按导航路线行驶。

任务执行:驾驶人通过视觉、听觉感知导航,经大脑综合路况作出判断,执行转向控制、加减速控制、避障、超车、并线、换道、制动等驾驶动作指令,指挥手、脚完成驾驶交互动作,对于驾驶辅助交互如开空调、收音机、打电话、导航等,则可通过语音识别来控制。

任务评价:当驾驶者的交互任务执行完成后,车辆会作出运行状态响应,产生交互结果。驾驶者实时感知车辆运行状态响应反馈信息,产生驾驶体验感,自觉或不自觉地产生驾驶体验评价(主观评价)。驾驶者的任务评价如不对外输出(不告之别人),就是隐性主观评价;反之,就是显性主观评价。

2.4　智能网联汽车多模态人机交互测试评价

2.4.1　测试评价目的、对象和范围

1)测试评价目的

智能网联汽车人机交互涉及座舱空间、布局、显示、操纵、灯光、声音、温度、振动等交互界面,交互主体有座舱内界面、驾驶人和道路场景,在这三者间的交互作用下,按照人的驾驶意图、路径选择、道路场景识别、分析判断决策,人来操控车辆速度和行驶状态控制。测试评价目的是:对智能座舱交互绩效、负荷、满意度和风险进行主、客观结合的测试评价。

站在汽车驾乘人员用户体验的角度,本测试评价规程可真实、客观评价和反映

智能网联汽车人机交互系统的绩效、负荷、愉悦度和风险,为智能网联汽车人机交互系统需求挖掘、创新设计、生产制造、销售与售后服务提供科学依据。

2)测试评价对象

智能网联汽车人机交互系统测试评价对象为 L1~L5 级智能网联汽车驾乘人机交互系统,包括三部分:智能网联汽车座舱空间与结构布局、智能网联汽车驾乘体验和汽车驾驶控制与信息交互系统。其中,汽车驾驶控制与信息交互系统包括汽车驾驶控制权切换、高级驾驶辅助系统(ADAS)、车载信息系统。

3)测试评价范围

本测试评价规程适用于 L1~L5 级别智能网联汽车驾乘人机交互系统需求挖掘、产品定义、方案设计、产品原型、商品车、售后服务等产品生命周期不同阶段的用户体验测试评价,为智能网联汽车人机交互系统设计开发、试验验证、使用维护等提供依据和指南。针对人机交互三个部分对象的驾乘交互体验测试评价范围如下:

①智能座舱空间与结构布局测试评价范围。包括驾乘人员乘坐空间大小与仪表板、中控板、中控台、前后排座椅、车门、车窗、天窗等结构布局及舱内造型、色彩、材质、氛围灯、气味、粉尘、音响、空调等的驾乘交互体验测试评价。

②智能网联汽车驾乘体验测试评价范围。包括驾驶人对汽车行驶方向、匀速、制动、加减速、过弯道操纵稳定性、动力性、平顺性、振动噪声、温度、湿度等的用户体验测试评价以及乘员乘坐汽车的舒适性、安全性、ADAS 辅助等的满意度、接受度。

③驾驶控制、驾驶辅助与车载信息系统人机交互测试评价范围。包括驾驶控制权人机间切换、ADAS 驾驶辅助交互、车载屏信息系统交互三个方面的绩效、负荷、愉悦、风险四维度主—客观测试评价。

2.4.2　智能网联汽车人机交互测试评价指标体系

1)智能座舱空间与结构布局测试评价指标体系

（1）测试评价指标体系

汽车智能座舱空间与结构布局人机交互测试评价指标体系见表 2.8。

表 2.8　汽车智能座舱空间与结构布局人机交互测试评价指标体系

一级指标	二级指标	指标定义与度量	测试评价方法	备注
空间	驾驶空间	坐姿与座椅匹配空间长—宽—高尺寸(mm)符合中国人体测量第 5~95 百分位数据及汽车人机工程设计标准	采用激光测距仪、卷尺、角尺等工具测量和五级主观量表评价	
		驾驶操作空间的长—宽—高尺寸(mm)符合中国人体测量第 5~95 百分位数据及汽车人机工程设计标准	采用激光测距仪、卷尺、角尺等工具测量和五级主观量表评价	

范围。乘员空间要符合中国人体测量标准中的第5~95百分位人体数据和汽车人机工程设计标准要求,测试采用测量距离工具,如激光测距仪、卷尺等,测试数据单位为长—宽—高尺寸(mm),同时,采用五级主观评价量表进行乘员主观感受评价。

可达空间指驾乘人员在座舱内手脚及肢体为了完成某项操作交互任务而能正常到达的空间尺寸,须满足中国人体测量标准中的第5~95百分位数据要求,因此,可达空间是一个范围值,座舱内各种交互界面的布置应在这个范围内,其测试方法分为距离测试工具测试(长—宽—高尺寸,mm)和五级主观量表评价。

②布局指标。布局分为座椅布局、操控布局、辅装布局和其他布局。

座椅布局指驾驶员和乘员座椅在座舱内的位置分布,应符合中国人体测量第5~95百分位数据和汽车人机工程设计标准,主要测试评价驾驶员与乘员进出座椅的安全性、效率及方便性。安全性体现在驾驶员和乘员进出座椅时是否易产生碰头、碰肢体等危险行为;效率体现在驾驶员和乘员进出座椅的时间,单位为秒,时间越长效率越低;方便性指驾驶员和乘员进出座椅是否方便,是否需要侧身或弯腰等。座椅布局指标测试评价采用激光测距仪、卷尺、角尺、计时器、视频行为分析、眼动仪和五级主观评价量表。

操控布局指驾驶员操作方向盘、变速杆、加速踏板、制动踏板、转向灯、大灯、鸣笛灯操控装置的布局,应符合中国人体测量第5~95百分位数据和汽车人机工程设计标准,驾驶员在行驶状态时能感知到操控装置布局的合理性、可靠性、效率和方便性。从主—客观两方面进行联合测试评价,采用激光测距仪、卷尺、角尺、计时器(单位操作响应时长,秒)、行为分析(视频图像)、眼动仪、手指运动轨迹追踪系统、五级主观量表评价等。

辅助布局指驾驶员在操作雨刮、空调、除雾、车窗、音响、导航、蓝牙电话以及观察仪表屏、中控屏上的驾驶辅助信息时感知的辅助装置布局,其合理性、可靠性、效率和方便性应符合中国人体测量第5~95百分位数据和汽车人机工程设计标准。从主—客观两方面进行联合测试评价,采用激光测距仪、卷尺、角尺、计时器(单位操作响应时长,秒)、行为分析(视频图像)、眼动仪、手指运动轨迹追踪系统、五级主观量表评价等。

其他布局包括储物装置和应急装置的布局,应符合中国人体测量第5~95百分位数据和汽车人机工程设计标准,应急装置应布置在便于识别、操控的位置、储物装置布局在便于拿取、存放的位置。从主—客观两方面进行联合测试评价,采用激光测距仪、卷尺、角尺、计时器(单位操作响应时长,秒)、行为分析(视频图像)、眼动仪、手指运动轨迹追踪系统、五级主观量表评价等。

③造型指标。汽车智能座舱造型主要表现在几何形态、色彩搭配、材质质感、工艺品质、标识装饰等非结构化感知、认知特征上,很难用物理参数或指标进行评价,因此,在人机交互测试评价中,主要采用用户(驾乘人员)体验的主—客观联合方法,即脑电、眼动、表情与五级主观量表联合测试方法,在体验座舱造型时测试被试目标用户(驾乘人员)的脑电、眼动、表情表征客观数据,然后与五级主观量表评价数据作相关性分析,若主—客观评价数据相关性高,则说明被试对座舱造型评价好或不好,反之,则评价数据不可用。

A.脑电评价。采用非侵入式脑电采集技术,用户与产品交互时的脑电数据能够被脑电仪实时采集。通过脑电数据的分析与特征提取,基于不同的人机交互产品测试任务,能够综合体现用户人机交互过程中的认知负荷、满意度、愉悦度等。其中,脑电波 θ 频段与 α 频段的功率谱值变化能够实现用户认知负荷评价,随着测试任务产生的认知负荷升高,额叶 θ 频段功率谱值增大,顶叶 α 频段功率谱值减小;大脑前额叶区域的脑电波 α 频段功率谱的左右半球差异值($\ln(\alpha_右) - \ln(\alpha_左)$)能够实现满意度和愉悦度评价,该差异值越大,用户对测试产品的正向评价越高。

B.眼动评价。眼动数据处理分为热点图、扫视顺序图。眼动热点图主要用来反映被试浏览和注视的情况,热点图可展示出被试在刺激材料上的注意力分布情况。红色代表浏览和注视最集中的区域,黄色和绿色代表目光注视较少的区域。这些数据可用于评价车载信息任务、有条件无人驾驶任务。将多名被试热点图进行叠加,可得出主要关注区域。

眼动扫视顺序图主要用来反映被试浏览顺序和注视的情况,可展示出被试在刺激材料上的注意力分布情况和观看先后顺序。圆圈里上面的数据代表被试浏览的顺序,下面的数据代表注视集中的时长,圆圈越大代表目光注视越多、停留时间越长。

C.表情评价。面部表情系统将情绪划分为 7 类:中性、快乐、悲伤、生气、惊讶、害怕、厌恶。FaceReader™还支持面部表情分析过程可视化,无论是在实时分析的过程中还是在完成分析后,系统都会生成可视化的情绪强度柱状图、情绪的环形模型饼状图以及连续的情绪分析曲线结果图。此数据可用于评价辅助驾驶任务及有条件无人驾驶任务的用户满意度。

D.量表评价。量表评价分为五级,根据评价指标对各方面进行主观评价测试。被试通过填写问卷的方式对满意度和情绪评价体验感受,量表作为主观评价数据,可与客观数据相互验证,以此检验测试的准确性。主观数据的结果也可作为用户需求分级的依据,根据紧急程度进行选择需求改进的顺序。

E.相关性分析。选用 Pearson 相关系数,选择 SPSS 中相关性分析。将需要分析

的两组或多组数据导入,进行分析。用字母 r 表示,其阈值为 $[-1,1]$。相关系数 r 越接近 -1 或 1,两个变量之间的负相关性或正相关性越强;相关系数 r 越接近 0,两个变量越不相关;当相关系数 $r=0$ 时,表明两个变量完全不相关。具体可分为如下 5 个区间:当 $|r| \in [0,0.2]$ 时,两变量呈极弱相关或无相关;当 $|r| \in (0.2,0.4]$ 时,两变量呈弱相关;当 $|r| \in (0.4,0.6]$ 时,两变量呈中度相关;当 $|r| \in (0.6,0.8]$ 时,两变量呈强相关;当 $|r| \in (0.8,1]$ 时,两变量呈极强相关。根据人机交互任务,分别选择相符的主客观指标进行相关性分析。

④环境指标。环境指标分为车内氛围照明、气味粉尘、隔音音响和温度湿度,通过座舱内的环境客观指标与主观量表进行度量。

氛围照明指座舱内的可变颜色氛围灯照明,主要表现为照明色彩、亮度等以及考虑人的体验感受,主要采用用户(驾乘人员)体验的主—客观联合方法,即采用色度计、照度计对氛围灯进行测量并采用脑电、眼动、表情与五级主观量表联合测试,在体验座舱氛围照明时测试被试目标用户(驾乘人员)的脑电、眼动、表情表征客观数据,然后与五级主观量表评价数据作相关性分析,若主—客观评价数据相关性高,则说明被试对座舱氛围照明评价好或不好,反之,则评价数据不可用。

气味粉尘指人处在座舱内感受到的气味与座舱对粉尘过滤的程度,主要表现在气味、粉尘含量等以及考虑人的体验感受。评价从主—客观两方面进行联合测试,采用气味体验测试仪、脑电与五级主观量表联合测试方法。

隔音音响指座舱隔绝外部噪声的能力及内部车载音响播放声音的效果,座舱应能隔绝部分外界噪声和振动,但保证能听到外部喇叭的声音;人处在座舱内使用内部车载音响时应感到舒适,声音清晰无杂音且响度范围适中。评价从主—客观两方面进行联合测试,采用脑电仪、声级计与五级主观量表联合测试方法。

温度湿度指座舱内的温度湿度可调,且可调至人体感觉舒适的范围,使人的生理感受和心理感受达到最佳,符合人因工程学。评价从主—客观两方面进行联合测试,采用脑电仪、温度、湿度分析仪与五级主观量表联合测试方法。

⑤愉悦指标。愉悦指标主要表现在总体满意度、空间满意度、布局满意度、造型满意度、环境满意度等人的主观感受。人机交互测试评价主要采用用户(驾乘人员)体验的主—客观联合方法,愉悦指标作为主观数据对座舱的总体、空间、结构、布局、造型、环境等各方面进行五级评价,五级主观量表评价数据与汽车智能座舱目标用户(驾乘人员)的脑电、眼动、表情表征客观数据作相关性分析。若主—客观评价数据相关性高,则可反映被试对座舱造型评价好或不好;反之,则评价数据不可用。

2)智能网联汽车驾乘体验测试评价指标体系

(1)测试评价指标体系

智能网联汽车驾乘体验人机交互测试评价指标体系见表 2.9。

表 2.9　智能网联汽车驾乘体验人机交互测试评价指标体系

一级指标	二级指标	指标定义及度量	测试评价方法	备注
驾驶操控	方向操控	驾驶过程中,操纵方向盘的便捷性和效率	生理仪(肌电)、主观量表	
	速度操控	驾驶过程中,操纵加速踏板/制动踏板以控制速度的便捷性和效率	车辆数据、主观量表	
	制动操控	驾驶过程中,操纵制动踏板的便捷性和效率	车辆数据、主观量表	
辅驾操控	照明操控	操控照明灯的便捷灵活性和交互效率	操作时间、主观量表	
	雨刮操控	操控雨刮的便捷灵活性和交互效率	操作时间、主观量表	
	转向灯操控	操控转向灯的便捷灵活性和交互效率	操作时间、主观量表	
	空调操控	操控空调的便捷灵活性和交互效率	操作时间、主观量表	
	车窗操控	操控车窗的便捷灵活性和交互效率	操作时间、主观量表	
	除雾操控	除雾操作的便捷灵活性和交互效率	操作时间、主观量表	
振动噪声	隔振舒适	隔绝座椅振动的舒适性	面部表情系统、五级量表评价	
	降噪舒适	隔绝噪声的舒适性	声级计、主观量表	
自动驾驶	安全性	在行驶中避免事故,保障行人和乘员安全的性能	车辆数据、面部表情系统、主观量表	
	信任度	用户对自动驾驶功能是否信任	眼动仪、面部表情系统、主观量表	
	舒适度	用户驾乘时是否舒适	脑电仪、面部表情系统、主观量表	
	接受度	用户对于自动驾驶功能是否接受	脑电仪、面部表情系统、主观量表	

续表

一级指标	二级指标	指标定义及度量	测试评价方法	备注
驾驶辅助	自动紧急制动	行驶过程中,如预计发生事故,汽车自动紧急制动	面部表情系统、生理仪(心电)、主观量表	
	车道保持	车辆行驶时一个摄像头识别行驶车道的标识线,将车辆保持在车道上并对此提供支持	生理仪(呼吸、心电)、主观量表	
	自适应巡航	代替驾驶员控制车速,以与前方车辆保持安全距离	生理仪(呼吸、心电)、主观量表	
	自动泊车	汽车自动泊车入位,不需要人工控制	泊车时间、准确率、生理仪(呼吸、心电)、眼动仪、主观量表	
	倒车影像	驾驶员实时在车内监控车外两侧及车后视频画面	眼动仪、主观量表	
	环视报警	车辆360°显示四周,当周围有障碍物、行人等,会报警提示驾驶员,实现360°全方位保护	面部表情系统、生理仪(呼吸、心电)、主观量表	
	自动启停	在临时停车的时候,车辆自动熄火;当需要继续前进的时候,系统自动重启发动机	启动时间、主观量表	
	标志识别	对交通标志自动识别	识别准确率、主观量表	
体验愉悦	总体满意度	五级量表评价	通过驾驶乘坐体验总体满意度评价	
	驾驶满意度	五级量表评价	通过驾驶体验满意度评价	
	辅驾操控满意度	五级量表评价	通过辅助驾驶操控体验满意度评价	
	自动驾驶满意度	五级量表评价	通过自动驾驶体验满意度评价	
	驾驶辅助满意度	五级量表评价	通过驾驶辅助功能体验满意度评价	
	振动噪声满意度	五级量表评价	通过驾乘过程中振动噪声体验满意度评价	

（2）测试评价指标定义

①驾驶操控。驾驶操控分为方向操控、速度操控和制动操控。机械（制动踏板、加速踏板、方向盘等）须符合人体形态、尺寸及操作能力和安全可靠，使人在使用过程中用力适当、感觉舒适、操作方便。评价由车辆数据和主观量表度量。

方向操控指车在行驶过程中驾驶员操纵方向盘以控制车辆方向的操作便捷性和操作效率。采集车辆数据，如横向加速度、方向盘转动角度等和肌电数据测量生理负荷，同时，采用五级主观评价量表评价驾驶员主观感受。

速度操控指车在行驶过程中驾驶员操纵加速踏板和制动踏板以控制车辆速度的操作便捷性和操作效率。采集车辆数据，如纵向加速度、车辆行驶速度等，同时，采用五级主观评价量表评价驾驶员主观感受。

制动操控指车在行驶过程中，驾驶员操纵制动踏板以进行制动操作的便捷性和操作效率。采集车辆数据，如反应时间、制动时间、制动距离等，同时，采用五级主观评价量表评价驾驶员主观感受。

②辅驾操控。辅驾操控分为照明操控、雨刮操控、转向灯操控、空调操控、车窗操控和除雾操控。须符合人体形态、尺寸及操作能力和安全可靠，使人在使用过程中用力适当、感觉舒适、操作方便。对交互操作时间和主观量表进行度量。

③振动噪声。振动噪声分为隔振舒适和降噪舒适。主要对用户在振动、噪声等方面的体验、感受（是否舒适）做评价。

隔振舒适是在行驶过程中振动和冲击环境对乘员舒适性的影响。汽车座舱的隔振效果应满足用户对于舒适性的乘坐需求，振动影响应在一定界限之内。由面部表情系统和五级主观评价量表进行驾驶员主观感受评价。

降噪舒适是在行驶过程中外部噪声对乘员舒适性的影响，以及车辆是否具有良好的降噪功能。汽车座舱的降噪效果应满足用户对于舒适性的乘坐需求，其座舱应具有良好的降噪功能，但又不影响外部警示声音（如喇叭）。由声级计进行内外声音响度对比和五级主观评价量表进行驾驶员主观感受评价。

④自动驾驶。自动驾驶汽车的驾乘体验主要表现在安全性、信任度、舒适度和接受度四方面，属于人的感受指标，很难用物理参数或指标进行评价。因此，测试评价主要采用用户（驾乘人员）体验的主—客观联合方法，即脑电、眼动、表情与五级主观量表联合测试方法，在体验驾乘感受时测试目标用户（驾乘人员）的脑电、眼动、表情表征客观数据，然后与五级主观量表评价数据作相关性分析，若主—客观评价数据相关性高，则说明被试对自动驾驶体验评价好或不好，反之，则评价数据不可用。

⑤驾驶辅助。驾驶辅助分为自动紧急制动、车道保持、自适应巡航、自动泊车、倒车影像、环视报警、自动启停和标识识别。人在驾驶过程中启用驾驶辅助系统，通过驾驶辅助系统与人的交互是否有效和用户的体验采用主客观相结合的方式进行评价。

自动紧急制动指预计发生事故时汽车自动紧急制动停车。测试需采集生理数

的形态满意度。

功能满意度量表:用来主观评价用户对智能网联汽车人机交互系统 HMI 产品的功能满意度。

交互满意度量表:用来主观评价用户对智能网联汽车人机交互系统 HMI 产品的交互满意度。

Panas 情绪量表具有良好的区分度,是情绪和幸福感有效和可靠的测量工具。Panas 情绪量表包含积极及消极情绪描述词各 10 个,分为五级。

④风险指标。主要由车辆行驶状态偏离正常状态而引发的驾驶风险进行描述。驾驶风险体现了用户在驾驶过程中使用汽车人机交互系统所带来的驾驶风险,主要由横向加速度、纵向加速度、驾驶视野偏移率、TTC、TLC 以及车道偏离距离等量纲进行客观评价。各项评价度量的定义如下:

横向加速度:与车辆行驶方向垂直的方向的加速度。

纵向加速度:沿车轴向方向的加速度。

驾驶视野偏移率:驾驶员驾驶过程中视线离开驾驶主视野的时间与驾驶总时长的比值及驾驶员驾驶过程中视线离开驾驶主视野的角度。

TTC:自车与前车维持车速不变的情况下,相撞所需的时间。

TLC:驾驶员从当前时刻位置到越过车道线所需的时间。

车道偏离距离:车辆中心与车道中心之间的距离。

2.4.3　智能网联汽车人机交互测试场景与测试设备

1)测试场景

测试场景可分为实车测试场景和模拟驾驶测试场景。

①封闭道路实车测试场景。在试车场的封闭道路上进行的实车人机交互测试道路场景,如图 2.12 所示。

图 2.12　封闭道路实车测试场景

②开放道路实车测试场景。在开放的城市和高速公路上进行的实车人机交互测试道路环境,如图 2.13 所示。

图 2.13　开放城市道路实车测试场景

③模拟驾驶测试场景。可分为六到九自由度带动力学模型模拟驾驶人机交互测试场景(图 2.14)和不带动力学模型的模拟驾驶人机交互测试场景(图 2.15)。

图 2.14　六自由度带动力学模型和光照环境的模拟驾驶测试场景

图 2.15　不带动力学模型的模拟驾驶人机交互测试场景

2)**典型测试道路场景**

确定测试场景后,根据测试任务和测试目的,确定测试道路场景。测试道路场景可分为实际道路场景和模拟道路场景。两类道路场景分别有城市道路场景和高速公路场景。而场景包括气候、光照、人流量、车流量、建筑物类型等因素。

典型测试道路场景见表 2.11。

表 2.11　典型测试道路场景

场景	场景描述	典型场景	场景图
城市道路	单车道宽 3.75 m,全程 24 km。十字路口 16 个,弯道 4 个。每个十字路口如右图所示。实验车速保持在 40~60 km/h。城市道路车流量 35 辆/分,人流量控制在 20 人/分,随机出现。根据测试需求选择天气及对应光照[晴天(10 000 lx)/雾天(50 lx)/阴天(50~500 lx)/雨天(50~500 lx)] 特定场景例如医院、商圈可在标准交通流量值上适当增加。若设定郊区、乡间等地可在标准交通流量值上适当减少	模拟	
		实际	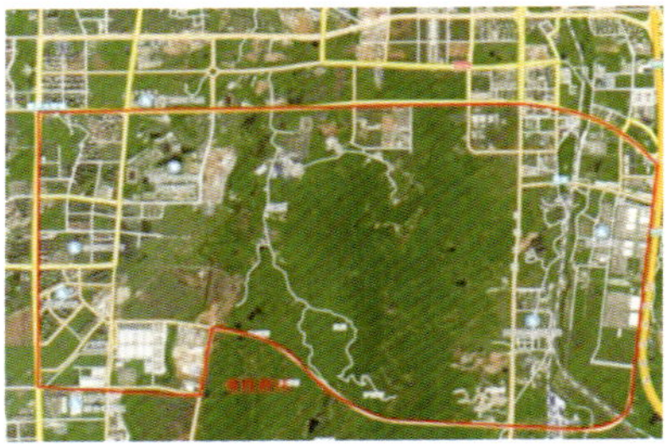
高速道路	单车道 3.75 m,全程 48 km。自车不可换道,车速由被试控制,要求按照本车道交通限速标志规定的最低车速和最高车速行驶。高速公路交通密度控制在 15 辆/km。根据测试需求选择天气及对应光照[晴天(10 000 lx)/雾天(50 lx)/阴天(50~500 lx)/雨天(50~500 lx)]	模拟	
		实际	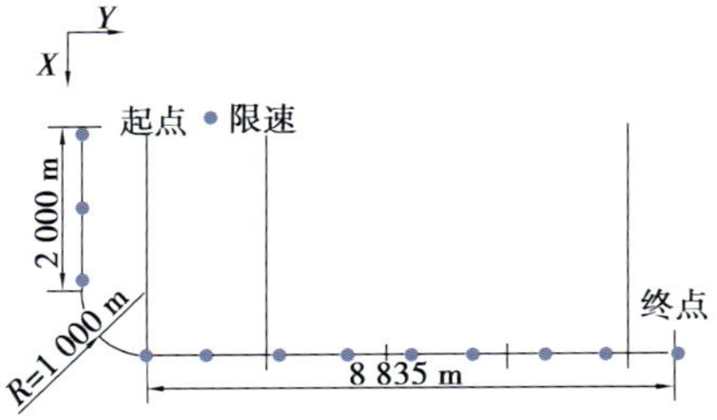 

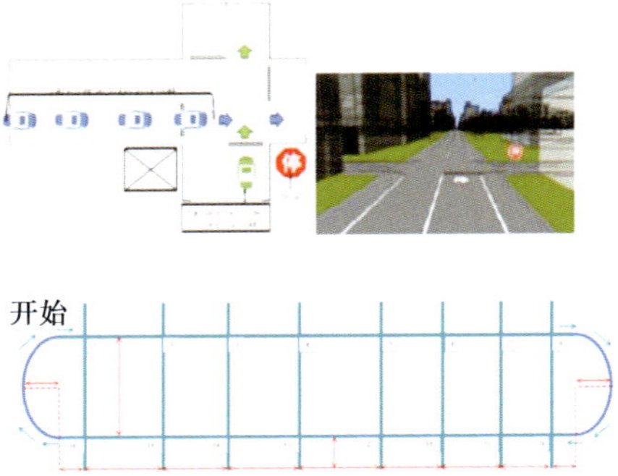

3）测试设备

智能网联汽车人机交互系统测试评价所采用的测试设备名称、功能参数、用途等，见表 2.12。

表 2.12　智能网联汽车人机交互系统测试评价设备名称及参数表

设备名称	功能参数	用途
头戴式眼动仪 	头戴式眼动仪通过眼球追踪摄像头对眼动轨迹进行记录，从而提取眼跳次数、眼跳距离、注视点、注视时间、注视次数以及瞳孔大小等相关眼动数据，从而研究个体的环境感知程度以及内在认知过程。 主要参数（Dikablis 眼动仪）： 采样频率：50 Hz； 场景摄像头分辨率：1 920×1 080； 眼球追踪摄像头分辨率：384×288； 场景可视范围：水平 50°~115°，竖直 40°~90°； 视线追踪分辨率/精度：0.1°/0.5°	采集眼动注视轨迹、注视热点图、瞳孔直径等
多通道生理仪 	多通道生理仪是一个无线的生理数据采集系统，能够记录、显示、分析生理实时信号。 主要参数（BioRadio 多通道生理仪）： 蓝牙连接频带：2.48~2.484 GHz； 无线范围：100 英尺内； 采样频率：250 Hz	采集心率、呼吸频率、肌电等生理表征
脑电仪 	脑电仪采用非侵入性的脑电波仪技术，实时探测和处理脑电波。 主要参数（Eegosports32 通道无线脑电仪）： 最大采样率：2 048 Hz； 通道数：32； 最大分辨率：24 bit； 电池使用时间：1.5 h； 质量：<500 g	采集被试的脑电波信号，分析被试心理、认知负荷、注意力情况
手指运动轨迹追踪系统 	手指运动轨迹追踪系统是一个集行为分析和轨迹追踪为一体的采集仪器。 主要参数（EthoVision XT 运动轨迹追踪系统）： 在线处理速度：25 帧/s； 四种数据采集方法：实时采集、实时采集并录制视频、录制视频后采集数据、采集预先录制视频的数据	采集被试手指运动学参数，如线速度、角速度、总移动距离、总转动角度等

续表

设备名称	功能参数	用途
面部表情识别系统	面部表情识别系统用于分析被试的六种基本面部情绪以及中性情绪。 主要参数(FaceReader TM 面部表情识别系统): 可识别表情类别:高兴、惊讶、恐惧、厌恶、愤怒、悲伤、中性七种情绪	采集被试的面部表情,如高兴、惊讶、恐惧、厌恶、愤怒、悲伤、中性
高清摄像机	高清摄像机用于录制测试过程,记录深度访谈过程。 主要参数(罗技单色变焦相机): 摄像分辨率:1 920×1 080 像素; 帧率:30 fps	录制被试的实验过程,记录深度访谈
主观评价量表	主观评价量表包括产品易用性量表、SUS 满意度量表、形态满意度量表、功能满意度量表、交互满意度量表以及 Panas 情绪度量表。采用五级评价的方式记录被试的主观评价	对产品的易用性、满意度进行主观评价
数据采集与预处理系统	数据采集与预处理系统可以在短时间内多通道并行采集、处理和记录大量实验数据。可同步采集眼动追踪数据、视频行为分析数据、生理指标数据、动作捕捉数据及外部数据。 主要参数(Dlab 心理人因同步研究系统): 分辨率:0.01 A/-; 量程:-15~15 V	对车辆数据、生理数据、脑电数据等多通道数据进行同步采集
笔记本电脑	笔记本电脑作为多通道数据的采集、处理及存储载体。 主要参数(ThinkPad X1 Carbon): CPU:i7-8565U; 内存:8 GB; 硬盘:1T SSD	作为多通道数据采集的载体,采集、处理和存储数据
便携式移动电源	便携式移动电源作为测试设备的供电电力。 主要参数(pecron H600 220 V 移动电源): 交流输出电压:220 V 50 Hz/110 V 60 Hz; 输出功率:600 W; 充电时间:5 h; 质量:4.5 kg	为测试设备提供电力,保障测试设备正常运行

2.4.4　测试范式

测试任务的标准化操作内容,主要可分为驾驶主任务、驾驶次任务和驾驶接管任务。

1)驾驶主任务

驾驶主任务指车辆驾驶任务,包括车辆行驶速度、转向、启动、制动、车道保持、避障、变道、超车、靠边停车等。车辆行驶状态和驾驶人操控性、安全性、舒适性评价数据作为评价驾乘体验的依据。驾驶主任务测试涉及的道路场景,见表 2.13。

表 2.13　智能网联汽车驾驶主任务

任务名称	定义	备注
直线行驶	在保持安全的情况下,驾驶员尽量保持规定车速并匀速直线行驶,及时修正方向,时刻注意前方各种交通情况,做到及时发现、及时处理	
弯道行驶	驾驶员应使汽车适当减缓速度,在规定宽度的路面上沿着道路弯道行驶,正确调整行驶方向,不得挤压路边缘线	
变道/转弯	变道/转弯前,开启转向灯,观察后视镜和前方左右车辆,确保安全后,转动方向盘进行变道/转弯	
超车	观察后视镜及前方左右车辆,确保安全后,开启转向灯,转动方向盘进行超车	
减速停车	当前方有障碍无法通行或交叉路口等,运用制动踏板降低车辆行驶速度,至停稳	

2)驾驶次任务

驾驶次任务指除驾驶主任务以外的其他驾驶任务,包括信息交互任务和驾驶辅助任务。

(1)信息交互任务(听音乐、听广播、拨打电话、开关空调、使用雨刮等)

信息交互任务的定义:在信息交互系统(如中控屏、仪表屏、抬头显示)上,对音乐、导航、广播、电话、空调、座椅通风/加热、氛围灯等功能进行信息交互的任务,见表 2.14。

表 2.14　信息交互任务

任务	具体任务	备注
初始设置	调整座椅位置	
	调节后视镜	

续表

任务	具体任务	备注
音乐	播放音乐 1	
	调节音量	
	播放音乐 2	
	关闭音乐	
导航	输入目的地	
	选择路线	
	导航开始	
	结束导航	
广播	调节广播频率	
	调节音量	
	切换广播频率	
	关闭广播	
电话	连接手机蓝牙	
	导入通信录	
	拨打电话至 10086	
	挂断电话	
天气	进入天气	
	查看今日天气	
	关闭天气	
空调	打开空调	
	调节温度	
	调节风向	
	关闭空调	

（2）驾驶辅助任务（ADAS）

高级驾驶辅助任务包括自适应巡航 ACC、车道保持系统 LKS、车道偏移预警 LDW、前碰撞预警与 AEB 紧急制动、自动泊车系统 AP 等组成。驾驶辅助任务，见表 2.15。

表 2.15 驾驶辅助任务

任务	具体任务	备注
熟悉 ADAS 操作	主试讲解 ADAS 操作方法	
	被试熟练掌握开启/关闭 ADAS 功能	
自适应巡航 ACC	打开自适应巡航 ACC	
	行驶 1 000 m	
	退出自适应巡航 ACC	
车道保持系统 LKS	打开车道保持系统 LKS	
	行驶 1 000 m	
	退出车道保持系统 LKS	
车道偏移预警 LDW	打开车道偏离预警 LDW	
	行驶 1 000 m	
	退出车道偏离预警 LDW	
前碰撞预警与 AEB 紧急制动	打开前碰撞预警与 AEB 紧急制动	
	行驶 1 000 m	
	退出前碰撞预警与 AEB 紧急制动	
自动泊车系统 AP	打开自动泊车系统 AP	
	车辆自行泊车	
	关闭自动泊车系统 AP	

3)驾驶接管任务

L3~L4 智能网联汽车驾驶控制权接管任务主要包括车接管人、人接管车两类任务。驾驶接管任务,见表 2.16。

表 2.16 驾驶接管任务

任务	具体任务	备注
熟悉有条件自动驾驶	主试讲解有条件自动驾驶操作方法	
	被试熟练掌握开启/关闭有条件自动驾驶功能	
车接管人(主动接管)	打开有条件自动驾驶	
	被试双手置于方向盘上,按下有条件自动驾驶按钮,车主动完成接管任务	
	车接管人后自动驾驶 500 m	
	被试关闭自动驾驶功能	
	被试打开双闪,靠边停车	

续表

任务	具体任务	备注
车接管人（被动接管）	打开有条件自动驾驶	
	被试双手置于方向盘上，当车载视频、可穿戴设备等检测到被试不能胜任驾驶任务时（如疲劳、分心、异常情绪），车接管人驾驶，并自动驾驶 500 m	
	有条件自动驾驶系统自动打开双闪，靠边停车	
人接管车（未唤醒人）	打开有条件自动驾驶	
	被试双手置于方向盘上，人开始接管	
	行驶 500 m	
	被试双手离开方向盘，车发出报警信息，并继续行驶行驶 20 m	
	被试未作出反应，车打开双闪，并进行 AEB 紧急制动	
人接管车（人被唤醒）	打开有条件自动驾驶	
	被试双手置于方向盘上，车发出请求人接管驾驶提示信息，被试及时完成接管任务，并继续正常行驶 500 m	
	有条件自动驾驶系统自动打开双闪，靠边停车	

2.4.5　人机交互测试评价方法

1）测试范式选择

根据测试的对象和目的，选择相应的测试范式，具体测试范式见 2.4.4 节。测试范式选择表见表 2.17。

表 2.17　测试范式选择表

测试对象	测试任务	测试范式选择
HMI 人机交互系统	驾驶主任务	见 2.4.4 节
	信息交互任务	
	驾驶辅助任务	
	驾驶接管任务	

2）被试筛选

为了提高实验结果的准确性与科学性，应根据被测产品的目标用户，有针对性地选取被试。筛选方法如下。

①按照测试车型的目标用户类型进行自然属性筛选。其中自然属性包括年龄、性别、驾龄、职业、收入、学历等。

②按照测试特殊要求使用被试行为属性筛选量表,对被试进行行为属性筛选。行为属性包括语言沟通、语言表达、喜好偏向。

③按照测试车型目标男女比例进行筛选。若目标用户男女比例有相应要求,则按要求进行筛选。若目标用户男女比例无特殊要求则按 1∶1 进行筛选。

④用户进行智能网联汽车人机交互系统测试评价,至少需要 30 个被试;若测试方希望建立自己的目标用户数据集,则至少需要招募 70 个被试。

3)测试流程

测试流程如图 2.16 所示。

图 2.16　汽车人机交互测试流程图

①签订知情同意书。在被试了解实验风险的情况下自愿签订知情同意书。

②向被试讲解实验要求及实验流程(要给被试培训)。向被试讲解实验要求及流程,确保被试清晰了解实验任务操作。

③协助被试佩戴仪器并进行仪器校准。

④在被试进行操作时同步进行数据记录和检测。在被试进行操作的过程中,测试人员须对采集的数据进行记录和监管,如发生问题须立即停止测试。

⑤填写问卷。在测试任务完成后,让被试填写问卷量表,得到主观评价数据。

⑥深度访谈。在测试任务完成后,主试根据测试任务及问卷量表的结果对被试进行提问,并通过视频进行全程记录。

4)测试设备配置

根据智能网联汽车人机交互任务选择对应的测试设备配置,各人机交互任务所需测试设备及用途,见表 2.18。

表 2.18　信息交互测试设备配置

测试仪器及附件	用途	设备数量/套
头戴式眼动仪	采集被试眼动数据、兴趣区	1
多通道生理仪	采集被试生理数据并分析	1
脑电仪	采集被试脑电波信号	1
呼吸绷带	采集被试呼吸频率	1

续表

数据	采集方式	数据来源
眼手配合次数	高清摄像机	高清摄像机
眼手配合时长/s	高清摄像机	高清摄像机
手指移动平均速度/(cm·s⁻¹)	手指运动轨迹追踪系统	手指运动轨迹追踪系统
手指移动范围/cm	高清摄像机	高清摄像机
手指移动总距离/cm	高清摄像机	高清摄像机
脑电波/μV	数据采集与预处理系统+脑电仪	脑电仪
注视交互系统次数	高清摄像机	高清摄像机
注视交互系统时间/s	高清摄像机	高清摄像机
横向加速度/(m·s⁻²)	数据采集与预处理系统+模拟驾驶平台/OBD数据读取(实车)	模拟驾驶平台/实车
纵向加速度/(m·s⁻²)	数据采集与预处理系统+模拟驾驶平台/OBD数据读取(实车)	模拟驾驶平台/实车
视线离开驾驶主视野时间/s	高清摄像机	高清摄像机
任务完成时间/s	高清摄像机	高清摄像机
TTC/s	数据采集与预处理系统+模拟驾驶平台/OBD数据读取(实车)	模拟驾驶平台/实车
TLC/s	数据采集与预处理系统+模拟驾驶平台/OBD数据读取(实车)	模拟驾驶平台/实车
车道偏离距离/m	数据采集与预处理系统+模拟驾驶平台/OBD数据读取(实车)	模拟驾驶平台/实车

②驾驶辅助任务测试客观数据采集,见表2.20。

表2.20　驾驶辅助任务测试客观数据采集表

数据	采集方式	数据来源
单位时间EMG平均幅值(micromho)	数据采集与预处理系统+多通道生理仪	多通道生理仪
单位时间EMG标准偏差	数据采集与预处理系统+多通道生理仪	多通道生理仪
心率HR	数据采集与预处理系统+多通道生理仪	多通道生理仪

数据	采集方式	数据来源
呼吸频率/Hz	数据采集与预处理系统+多通道生理仪	多通道生理仪
脑电波/μV	数据采集与预处理系统+脑电仪	脑电仪
横向加速度/(m·s⁻²)	数据采集与预处理系统+模拟驾驶平台/OBD 数据读取(实车)	模拟驾驶 平台/实车
纵向加速度/(m·s⁻²)	数据采集与预处理系统+模拟驾驶平台/OBD 数据读取(实车)	模拟驾驶 平台/实车
视线离开驾驶主视野时间/s	高清摄像机	高清摄像机
TTC/s	数据采集与预处理系统+模拟驾驶平台/OBD 数据读取(实车)	模拟驾驶 平台/实车
TLC/s	数据采集与预处理系统+模拟驾驶平台/OBD 数据读取(实车)	模拟驾驶 平台/实车
车道偏离距离/m	数据采集与预处理系统+模拟驾驶平台/OBD 数据读取(实车)	模拟驾驶 平台/实车

③驾驶接管任务测试客观数据采集,见表 2.21。

表 2.21　驾驶接管任务测试客观数据采集表

数据	采集方式	数据来源
单位时间 EMG 平均幅值 (micromho)	数据采集与预处理系统+多通道生理仪	多通道生理仪
单位时间 EMG 标准偏差	数据采集与预处理系统+多通道生理仪	多通道生理仪
心率 HR	数据采集与预处理系统+多通道生理仪	多通道生理仪
呼吸频率/Hz	数据采集与预处理系统+多通道生理仪	多通道生理仪
注视采样频率/Hz	高清摄像机	高清摄像机
脑电波/μV	数据采集与预处理系统+脑电仪	脑电仪
横向加速度/(m·s⁻²)	数据采集与预处理系统+模拟驾驶平台/OBD 数据读取(实车)	模拟驾驶 平台/实车

续表

数据	采集方式	数据来源
纵向加速度/(m·s⁻²)	数据采集与预处理系统+模拟驾驶平台/OBD数据读取(实车)	模拟驾驶平台/实车
视线离开驾驶主视野时间/s	高清摄像机	高清摄像机
TTC/s	数据采集与预处理系统+模拟驾驶平台/OBD数据读取(实车)	模拟驾驶平台/实车
TLC/s	数据采集与预处理系统+模拟驾驶平台/OBD数据读取(实车)	模拟驾驶平台/实车
车道偏离距离/m	数据采集与预处理系统+模拟驾驶平台/OBD数据读取(实车)	模拟驾驶平台/实车

3)人机交互测试主观数据采集

被试在完成测试实验任务后,主试人员依据易用性度量表、SUS 满意度量表、形态满意度量表、功能满意度量表、交互满意度量表以及 Panas 情绪量表对被试进行量表主观评价测试,由主试人员进行记录。

需要记录的主观评价量表,见表 2.22。

表 2.22　主观评价量表

量表	采集方式	备注
易用性量表	电子问卷	异步采集
SUS 可用性量表	电子问卷	异步采集
形态满意度量表	电子问卷	异步采集
功能满意度量表	电子问卷	异步采集
交互满意度量表	电子问卷	异步采集
Panas 情绪量表	电子问卷	异步采集

4)被试深度访谈

在被试完成模拟与实车驾驶人机交互测试实验后,主试通过深度访谈对被试在实验过程中人机交互体验进行主观评价询问,主试人员记录被试回答结果,如图 2.19所示。

图 2.19　人机交互测试被试深度访谈

2.4.7　人机交互测试数据处理

1）测试数据处理

（1）主观测试数据处理

主观数据分为满意度数据处理与访谈数据处理。满意度数据包括形态满意度、功能满意度、交互满意度 3 个五级量表数据。

满意度量表五级数据按分数高低进行排列后可得到满意度密度函数。如图 2.20 所示，将用户满意度数据进行分类处理，可得到针对此产品的领先用户、随流用户及保守用户群体的满意度分布密度函数，可根据满意度分布特征获得三类目标用户对 HMI 产品交互体验的满意度、接受度。

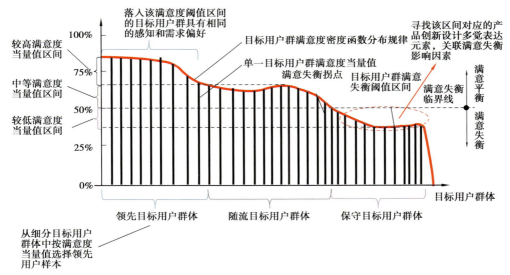

图 2.20　满意度分布密度函数图

提取被试深度访谈数据中被试提到的高频词句,依靠主试经验进行统计分析处理。

(2)客观测试数据处理

①脑电测试数据处理。不论是 EEG 实验还是 ERP 实验,其数据都要进行如下处理。

首先进行脑电信号时域去眼电干扰,由于部分脑电信号记录了驾驶人的视觉信息,如观看交通标志、观察仪表盘等,这些动作可能导致脑电信号中掺杂由于眼部运动而产生的眼电信号,特别是在前额处所采集的脑电信号。因此需要去除眼电干扰。其去眼电前后对比如图 2.21 所示,示例数据。

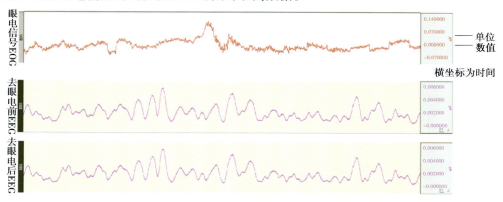

图 2.21　去眼电前后图

其次进行脑电信号小波去噪,在去除眼电信号干扰之后,脑电信号中可能还掺杂其他噪声,因此还需要继续进行去噪处理。其小波去噪前后对比如图 2.22 所示。

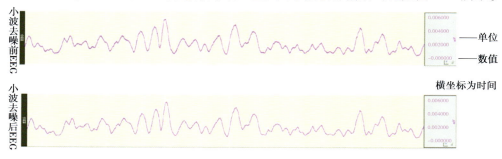

图 2.22　小波去噪前后图

最后进行脑电信号频域处理,若研究 EEG 信号,则将对 EEG 信号进行频域分析和处理,提取出有效的特征指标,以此来反映驾驶人脑负荷情况,进而探究脑负荷特征指标与驾驶行为安全性之间的关系。其小波去噪后 EEG 信号与 4 种脑电节律波如图 2.23 所示。相关医学研究表明,α 波、β 波、θ 波、δ 波这 4 种典型的节律波能很好地反映大脑及人体活动状态,γ 波在人清醒状态时不常见。不同脑电节律波的频率范围、幅值及表征含义都不同。成年人 α 波幅度大约为 50 μV，松弛或闭眼清醒时较明显，属于快波。β 波幅度为 5～20 μV，常在注意力集中或情绪紧张激动时出现，属于快波。θ 波幅度为 10～50 μV，与注意力控制机制、学习以及记忆功能有关，其能量一般随认知负荷增加而增强，属于慢波。δ 波与睡眠有关，成年人 δ 波一般在深度睡眠阶段出现，属于慢波。这些数据可用于评价车载信息任务、辅助驾驶任务及有条件无人驾驶任务。

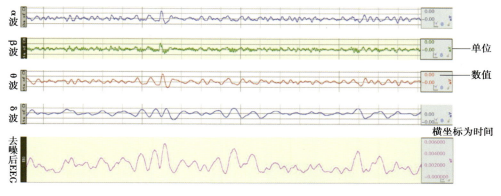

图 2.23　小波去噪前后图

②心电测试数据处理。实验过程中采集到的心电信号由于掺杂噪声而不能被直接利用，需要去噪。本文同样采用小波去噪方法对心电信号去噪，处理过程与上述对脑电信号去噪的过程相似。这些数据可用于评价车载信息任务、辅助驾驶任务及有条件无人驾驶任务。其去噪前后对比如图 2.24 所示。

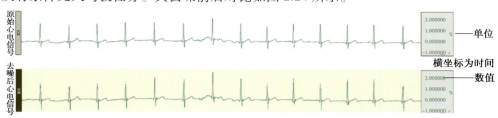

图 2.24　去噪前后图

③眼动测试数据处理。首先剔除有问题数据，然后根据测试需求在软件中对数据统一划分兴趣区。根据需求对所需眼动指标数据进行分析。眼动数据处理分为热点图、轨迹图与瞳孔图。图 2.25 所示为热点图，眼动热点图主要用来反映被试浏览和注视的情况，热点图可展示出被试在刺激材料上的注意力分布情况。红色代表浏览和注视最集中的区域，黄色和绿色代表目光注视较少的区域。这些数据可用于评价车载信息任务、有条件无人驾驶任务。将多张热点图进行叠加，可得出主要关注区域。

图 2.25　多个被试眼动叠加热点图　　　　　　图 2.26　　扫视顺序图

如图 2.26 所示为被试眼动扫视顺序图。眼动扫视顺序图主要用来反映被试浏览顺序和注视的情况,扫视顺序图可展示出被试在刺激材料上的注意力分布情况和观看先后顺序。圆圈里上面的数据代表被试浏览的顺序,下面的数据代表注视集中的时长,圆圈越大,目光注视越多,停留时间越长。

图 2.27　手指触摸车载屏功能菜单
的运动轨迹图

④手指追踪测试数据处理。将手指操作行为视频导入分析软件中,剔除无用数据,处理过程与上述对眼动数据处理方法相似。手指运动轨迹主要用来反映被试手指操作情况,手指运动轨迹图可展示出被试在刺激材料上的手指运动分布和手指停留情况。红线越多、越密集、越杂乱,说明手指停留时间长、运动速度快。这些数据可用于评价车载信息交互任务完成的绩效、负荷评价,如图 2.27 所示。

⑤瞳孔测试数据处理。人眼瞳孔大小是视觉功效研究的重要指标。眼动仪能记录瞳孔大小。为了方便分析瞳孔变化规律,需要对测试得到的瞳孔大小数据进行处理。数据可以反映被试执行任务时的认知情况,瞳孔直径越大则认知难度越大。

⑥表情数据处理。面部表情系统将情绪划分为 7 类:中性、快乐、悲伤、生气、惊讶、害怕、厌恶。FaceReader™ 还支持面部表情分析过程可视化,无论是在实时分析的过程中还是在完成分析后,系统都会生成可视化的情绪强度的柱状图、情绪的环形模型的饼状图以及连续的情绪分析曲线结果图。此数据可用于评价辅助驾驶任务及有条件无人驾驶任务的用户满意度,如图 2.28 所示。

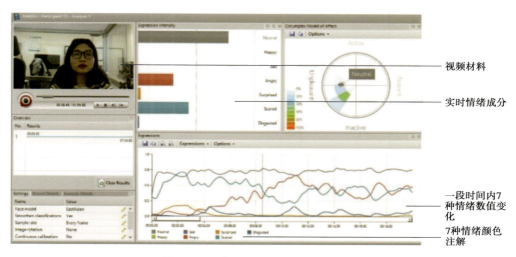

右侧标注：
视频材料
实时情绪成分
一段时间内7种情绪数值变化
7种情绪颜色注解

图 2.28　人机交互被试面部表情识别

⑦车辆行驶状态数据处理。剔除无效数据或偏差较大数据,将所需车辆行驶状态数据导入 SPSS 软件中,使用合适方法进行处理。其中包括横向加速度、纵向加速度、驾驶视野偏移率、TTC、TLC 及方向盘转角,如图 2.29 所示。

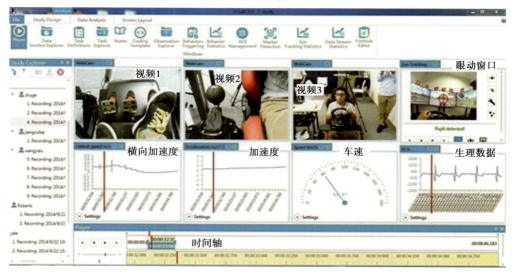

图 2.29　人机交互测试评价车辆行驶状态数据处理

　　横向加速度表示与汽车行驶方向垂直的方向的加速度,是车辆在进行转弯行驶时产生的离心力所带来的加速度。转弯时横向加速度越大车道偏移越大。横向加速度越大,车越容易发生侧滑。驾驶视野偏移率表示驾驶时驾驶者视线不在道路前方的时间与视线直视道路时间之比。视野偏移率越大说明驾驶分心越久,危险越大。TTC 表示汽车碰撞时间,是指两车车距/两车的相对车速,数值越大,车辆行驶越安全。TLC 表示驾驶员从当前时刻位置到越过车道线所需的时间。方向盘转角表示直线驾驶过程中被试操作方向盘的角度,角度越大,车道偏移越大,驾驶风险越高。这些数据可用于评价辅助驾驶任务与有条件无人驾驶任务。

⑧驾驶员视频数据处理。主要处理被试操作行为数据。数据主要用于信息交互任务。可得到操作步骤数、试探步骤数、操作出错步骤数、完成步骤数。这些数据可用于评价车载信息任务。作者已开发专门的工具和软件采集处理分析,如图 2.30 所示。

图 2.30　驾驶员手操作视频数据处理

2.4.8　人机交互测试结果评价

1)主—客观联合评价模型

主—客观联合评价模型将被试的多维度主客观数据同时用主客观数据共轭图和雷达图表示,可看出同一时刻人机交互测试主、客观数据的对照情况,为主—客观相关性分析评价提供数据依据。根据主客观数据建立雷达图模型,此图可直观分析人机交互测试主—客观评价结果的好与差,越靠近外圈,数据结果越好,各项指标评分越高,如图 2.31 和图 2.32 所示。

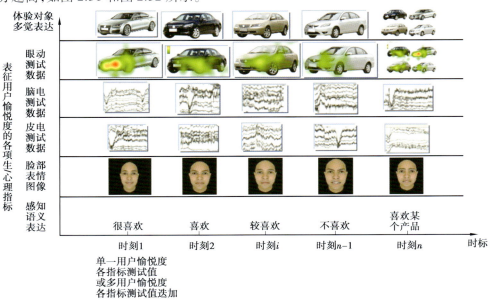

图 2.31　人机交互测试主—客观数据共轭显示

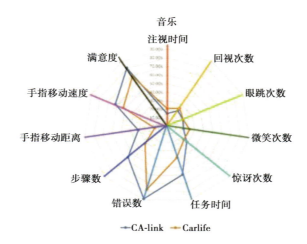

图 2.32　两款车机软件人机交互对比测试主—客观测试数据雷达图

2）主—客观测试评价指标相关性分析

选用 Pearson 相关系数,选择 SPSS 中相关性分析。将需要分析的两组或多组数据导入,进行分析。用字母 r 表示,其阈值为 $[-1,1]$。相关系数 r 越接近-1 或 1,两个变量的负相关性或正相关性越强;相关系数 r 越接近 0,两个变量越不相关;相关系数 $r=0$,两个变量完全不相关。具体可分为如下 5 个区间:当 $|r|\in[0,0.2]$ 时,两变量呈极弱相关或无相关;当 $|r|\in(0.2,0.4]$ 时,两变量呈弱相关;当 $|r|\in(0.4,0.6]$ 时,两变量呈中度相关;当 $|r|\in(0.6,0.8]$ 时,两变量呈强相关;当 $|r|\in(0.8,1]$ 时,两变量呈极强相关。根据 5.2 人机交互任务,分别选择相符的主客观指标进行相关性分析,见表 2.23。

表 2.23　人机交互测试主—客观相关性分析

测试任务	相关性分析指标		
	客观指标	主观指标	相关系数性说明
信息交互任务	任务完成时间	功能满意度	正相关性越高,此任务越简单,功能越简洁。负相关性越高,此任务困难,功能越复杂
	试探步骤数		正相关性越高,此任务操作越简单。负相关性越高,此任务越复杂
	出错操作步骤数		正相关性越高,此任务操作越简单。负相关性越高,此任务操作越复杂
	操作响应平均时长	形态满意度	正相关性越高,此任务操作越简单或设备反应越快。负相关性越高,此任务操作越复杂或设备反应越慢
	注视采样频率		负相关性越高,此界面信息量越大

续表

测试任务	相关性分析指标		
	客观指标	主观指标	相关系数性说明
信息交互任务	心率 HR	交互满意度	正相关性越高,此界面信息量越大。负相关性越高,此界面信息量越小
	单位时间脑电 θ 波平均幅值		正相关性越高,此界面 UI 设计可感知度越高。负相关性越高,界面 UI 设计可感知度越低
	眼手配合时长		正相关性越高,此界面功能布局越合理。负相关性越高,界面功能布局越不合理
	完成步骤数		正相关性越高,此功能逻辑层次设计越合理。负相关性越高,此功能逻辑层次设计越不合理
	出错操作步骤数		相关性越低,此功能逻辑层次设计越合理或不合理
	单位时间 EMG 平均幅值		相关性越低,此功能逻辑层次设计越合理或不合理
驾驶接管任务	横向加速度	易用性	相关性越低此功能设计越好
	纵向加速度		相关性越低此功能设计越好
	驾驶视野偏移率		相关性越低此功能设计越好
	跟车距离		相关性越高,此功能设计越好
	方向盘转角		相关性越低此功能设计越好
驾驶辅助任务	横向加速度		相关性越低此功能设计越好
	纵向加速度		相关性越低此功能设计越好
	驾驶视野偏移率		相关性越低此功能设计越好
	跟车距离		相关性越高此功能设计越好
	方向盘转角		相关性越低此功能设计越好

3)总体评价(HMI 评价指数)

HMI 评价指数的构建:可根据层次分析法和模糊综合评价方法确定 HMI 评价指数。由于测试需求不同使用的测试指标不同,首先进行评价指标相关性分析,选出彼此独立的指标构成评价指标体系。然后建立评价因素与评语集确定模糊判断矩阵,用层次分析法确定评价指标权重。可得出各指标所占权重比例及 4 个维度所占权重比例。当 HMI 评价指数没有达到用户期望时,可分析 4 个维度的评价指数。其中绩效、负荷、满意与风险权重分别通过用户问卷打分与专家打分得出,每个维度下的指标也可通过同样方式转化,由此可知问题所在。

HMI 评价指数的构成:HMI 评价指数分为五级,HMI 评价指数满分为 100。当 HMI 评价指数在[90,100]时,HMI 测试结果很好。当 HMI 评价指数在[80,89]时,

HMI 测试结果较好。当 HMI 评价指数在[60,79]时,HMI 测试结果一般。当 HMI 评价指数在[40,59]时,HMI 测试结果较差。当 HMI 评价指数在[0,39]时,HMI 测试结果很差。

4)测试评价报告

完成测试任务后提交测试报告。报告内容包括测试对象的详细描述、测试目的详细描述、测试指标的选取依据、测试设备选取以及测试环境搭建的过程、测试数据的处理方法、测试结果(可视化呈现)。若有 HMI 改进版本测试,则可增加改进前后对比测试评价报告,智能网联汽车人机交互测试评价报告封面和目录,如图 2.33 所示。

测试编号: ××××-××

智能网联汽车HMI测试评价报告

测试产品名称:________________

委托测试单位:________________

测试负责人:________________

测试时间: ____年__月__日至____年__月__日

报告日期: ________________

测试单位(公章)

目　录

1 测试目的 1
1.1 测试背景 2
1.2 测试需求 3
2 测试对象 4
3 测试指标体系 5
3.1 测试评价体系框架 6
3.2 测试指标说明 7
4 测试任务与测试方法 8
4.1 测试任务 9
4.2 测试方法 10
5 测试场景与测试设备配置 11
5.1 测试场景设置 12
5.2 测试设备配置 13
6 被试信息记录 14
7 测试流程 15
8 测试数据采集 16
9 测试数据处理及结果呈现 17
9.1 主观数据处理 18
9.2 客观数据处理 19
10 分析评价 20
10.1 总体评价(HMI评价指数) 22
10.2 分项评价 23
11 结论 24

图 2.33　智能网联汽车人机交互测试评价报告封面和目录

第3章　智能网联汽车人机交互需求挖掘与映射方法

3.1　用户需求挖掘与产品创新设计现状分析

　　用户需求是产品开发的输入,决定了新产品设计的方向,在新产品开发生命周期中,如果对前端用户需求把握得不准,导致产品定位错误,那么后续产品的详细设计、工程化开发、样机制作等环节也将无用,最终开发出来的产品因无法满足用户的需求而失去市场份额,企业资金、时间和资源被浪费。据统计,在众多导致新产品开发失败的原因中,市场判断失误导致开发失败的比例超过 30%,可见准确挖掘用户需求对于产品开发重要性。图 3.1 为新产品开发失败的原因分布。

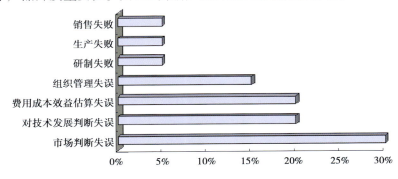

图 3.1　新产品开发失败的原因分布

　　创新产品往往是正向设计得到的,用户需求挖掘的能力和技术是产品成功的关键。如苹果公司在设计第一代 iPhone 手机时,摒弃了传统大规模市场调查方法,转而采用小样本用户深度访谈、行为研究、用户体验设计与测试方法,挖掘用户隐性的非结构化需求,设计产品的功能、造型、交互、服务、品牌和文化创新特性,实现从按键手机到智能手机的突破,重新定义了智能手机,也获得非常丰厚的利润,引领了智能手机的发展。而国内制造企业和设计公司仍在采用传统的大规模市场调查和逆向工程方法,模仿国外领先产品进行设计,导致大量"山寨"汽车、家电、消费电子产品充斥市场,企业规模无法得到发展。

据统计,国内企业在进行新产品开发时,研究用户需求所用的时间非常短,仅占新产品开发周期的 1/10 左右,而国外企业普遍占新产品开发周期的 1/3 以上。从时间投入上看,国内企业与国外企业差距较大,很难设计出能够引领市场的突破型产品。鉴于差距巨大,政府、行业协会、制造企业和广大研究人员都意识到用户需求挖掘对于新产品创新设计的重要性。国内一些领先互联网企业如腾讯等,成立了产品用户研究部门,专门研究用户需求获取与转化、产品创新概念测试等方法,致力于推出能够引领市场、风靡全球的创新产品。由中国标准化研究院、工业和信息化部等单位发起、2015 年成立的中国用户体验联盟的主要研究方向之一就是用户需求挖掘。

长期以来,国内研究人员和制造企业对基于用户需求挖掘的原创产品设计工作普遍不够重视,多将注意力放在模仿创新和生产制造技术上,国内很多新产品特点,一是产品功能和造型主要以国外同类标杆产品为原型,二是缺少创新产品正向设计理论和方法,三是缺少用户非结构化需求挖掘的技术和工具。该现状使制造企业的设计师和决策层倍感困惑而又无法摆脱,导致许多自主品牌产品创新能力和市场竞争力不如同类国外产品。

3.2　基于用户体验的需求挖掘与产品设计相关概念及内涵

3.2.1　用户需求定义与分类

1)用户需求的定义

需求是人类的基本自然属性之一,指人生理和心理上的某种需要。需求是人类社会行为的原动力,影响人的情绪、思维活动。用户需求是产品设计的市场基础,而产品是满足用户生理和心理需求的载体。在心理学中,需求按照属性,可划分为物质需求和精神需求,物质需求满足用户生理方面需要,精神需求满足精神和心理活动需要。按照地位,需求可划分为生存需求、生活需求和发展需求。生存需求指人们的衣食住行,是人们生存的必要条件,生活需求指人们社交和娱乐等方面的需求,发展需求指人们在满足生存生活需求后发挥自身能力提高自己的社会地位的需求。Abraham H. Maslo 提出人类需求层次理论,把人类需求从低到高按层次分为 5 种,分别是生理需求、安全需求、社交需求、尊重需求和自我实现需求。该理论认为,需求的满足具有顺序性,低层需求满足后高层需求才会凸显。

2)用户需求的分类

为了更好地定义和描述需求,重庆大学郭钢教授与但斌教授等将需求划分为结构化需求和非结构化需求,如图 3.2 所示。结构化需求是显性需求,是用户可以准确描述的需求,是客户能清楚意识到并明确表达的需求,比如汽车产品的大小、动力、空间、颜色等,该类需求可通过质量功能展开(QFD)转换为汽车产品的设计参数。非结构化需求是隐性需求,包括用户未意识到的需求,比如汽车产品时尚的造型、愉悦的人机交互、新颖的功能等,由于用户无法准确描述,通常以时尚、科技、愉悦等形容词来描述,这类需求无法通过 QFD 直接映射为产品配置表。在汽车产品研发过程中挖掘用户的非结构化需求是产品创新设计的关键。

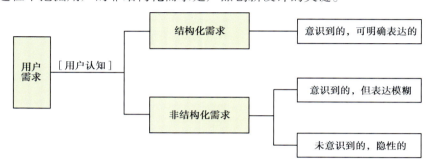

图 3.2　新产品开发中用户需求的分类

3.2.2　用户需求的获取方法

随着社会发展,产品的研发模式从以技术为中心向以用户为中心转移,设计师对用户需求的把握也变得越来越重要。如何获取用户需求成为学术界和企业研究的热点问题。结构化的用户需求获取方法,主要包括问卷调查、小组会议和基于互联网大数据分析等。美国路虎等企业通过深度访谈来聆听目标客户需求,根据用户的抱怨点来指导产品改型。随着产品竞争越发激烈,在产品设计中采用定性方式挖掘用户非结构化需求的研究逐步增多,如深入访谈、出声思维、行为观察、日志分析与基于用户体验的需求挖掘等方法。斯坦福大学教授 David Kelley 团队提出了定量和定性相结合的综合性洞察法帮助设计师获取真实用户需求。麻省理工媒体实验室(MIT Media Lab)运用典型用户的行为观察研究,其成果已帮助乐高公司在玩具销售上大获成功。Tu 提出基于典型人物角色方法,用聚类分析研究用户决策偏好。周雪艳从设计师的观察角度运用人种志方法洞察用户内心的需求。Kumar 基于人种志方法开发了用户需求获取工具,该工具用于记录用户生活场景和事件,帮助设计师洞察用户需求支持产品设计开发。但人种志方法是一种定性研究,对研究人员的专业技能要求较高,受研究员影响较大。Anthony 提出方格技术法,通过了解用户的思考过程在观察用户对不同产品和服务体验的过程中挖掘用户的隐性需求。潘云鹤提出感性意象理论在产品设计中研究,感性意象是人对物所持有的感觉,是对物心理上的期待感受,是一种深层次的人的情感活动。Zaltman 提出扎尔特曼隐喻技术(Zaltman Metaphor Elicitation Technique,ZMET),以图形或语言为表达载体的心理隐喻引出技术,为被试提供一种和谐的刺激情境,让被试自由反应从而获取被试需求。郭钢在 ZMET 技术上,采用词语语义和隐喻逻辑挖掘用户非结构化的需求。用户非结构化需求存在模糊性、隐藏性,社会学、心理学的相关理论技术越来越多地应用在非结构化需求的研究上。

3.2.3　用户体验的定义和内涵

用户体验的概念起源于人机交互设计领域(20 世纪 40 年代),以"可用性(Usability)"和"以用户为中心的设计(User-Centered Design,UCD)"为基础。国标 ISO 9241-11 把可用性定义为"产品在特定使用情境下被特定用户用于特定用途时所具有的有效性、效率和用户主观满意度"。产品或者系统要满足社会的可接受性和实践的可接受性,并进一步提出有用性和可用性理论。在评价用户体验时,目前评价的核心是产品的可用性。产品的可用性包括有用性、易用性和满意度。有用性指产品所包含的功能能否满足用户的需求;易用性包含易学性和效率性,实现自然的设计,不让用户思考就能产生好的用户体验。

根据国标 ISO 9241-210 的定义,用户体验(User Experience,UX)包括了用户在使用产品和服务前、中、后的所有情绪、偏好、感觉、信念、生理和心理上的回应、行动和成就感。在不同学科和应用领域,用户体验有着不同含义。在心理学领域,用户体验被定义为一种情绪。在商业领域中,用户体验属于一种经济手段。在产品设计领域,许多学者认为用户体验是对产品具体的感官体验。从用户如何与产品进行交互方面来定义体验,认为体验包含产品被感知的方式、用户的理解程度、用户在使用产品时对产品的感觉、产品的适应性等。用户体验指用户在使用产品或享用服务的过程中建立起来的心理感受,涉及人与产品或系统交互过程中的所有方面,贯穿在一切设计与创新过程中。

用户体验主要包括以下 3 个方面的内容:

①用户运用多感觉器官对事物或者服务进行感知,识别刺激源释放的信息;

②通过操作或使用物体或服务,借助感官和动作进行生理与心理上的交互;

③获得感知信息并结合用户的特有性格、情感活动、知识、经验和习惯,形成知觉和认知,同时做出相应的反馈和表达。

用户体验的 5 个特征:

①情境性:体验与特定的情境密切相关;

②差异性:体验因人而异,因时而变;

③持续性:在环境下与产品连续的互动过程中,体验得以产生、累计、保存和

绪状态的变化。面部运动小单元的编码如图 3.8 所示。

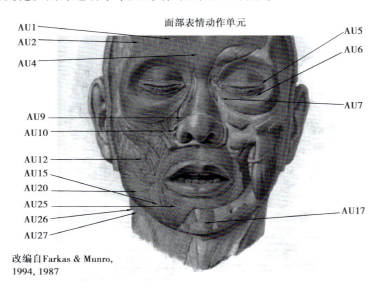

图 3.8　面部表情动作编码

基于面部表情+心理量表智能网联汽车 HMI 产品用户需求挖掘测试方法是，在测试环境中，在用户使用 HMI 产品的同时，摄像头记录的用户的面部情绪并通过表情识别软件分析并导出用户的面部表情数据。在体验完 HMI 产品后，让用户根据测试过程中的感受填写心理量表，对测试过程中自己的感受量表化呈现。测试完成后，汇总所有用户的测试数据，进行共轭呈现，使主客观数据可相互验证。基于面部表情+心理量表智能网联汽车 HMI 产品用户需求挖掘测试方法如图 3.9 所示。

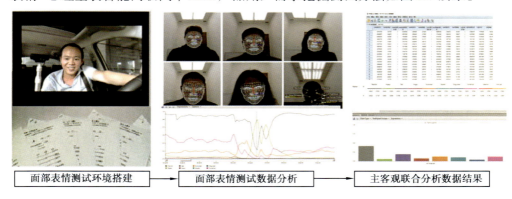

图 3.9　基于面部表情+心理量表智能网联汽车 HMI 产品用户需求挖掘测试方法

（4）基于运动追踪+心理量表的智能网联汽车 HMI 产品用户需求挖掘测试

汽车 HMI 产品最终的预期目标是通过人机交互来完成用户的，用户与 HMI 产品的大部分人机交互动作都是手指完成的，比如触摸屏、按钮等。用户手指运动的距离、速度、加速度等数据决定了用户使用 HMI 产品的效率,随着计算机图像处理技术发展,用户手指的运动行为可以借由图像处理来记录和测量。为测量 HMI 产品用户使用的效率,须用户使用 HMI 产品完成一定任务,如缺少任务,用户使用 HMI 产品的绩效则无法度量。基于手指运动+心理量表智能网联汽车 HMI 产品用户体验测试方法是,在测试环境中,在用户使用 HMI 产品的同时,摄像头记录的用户操作 HMI 产品手指运动数据,通过运动识别软件分析并导出用户的手指运动的速度、加速度、移动距离等数据。在完成各项 HMI 产品的任务后,用户根据测试过程中的主观感受填写心理量表问卷,将测试过程中自己的感受量表化呈现。所有测试完成后,汇总用户的测试数据,使得用户的主客观数据可相互验证。基于手指运动+心理量表智能网联汽车 HMI 产品用户需求挖掘测试方法如图 3.10 所示。

类别/产品	Carlife (任务2音乐)	CA-link (任务2音乐)
完成任务的手指绝对角度度 /(rad·s⁻¹)	704	647.78
完成任务的手指速度/(cm·s⁻¹)	7.21	5.65
完成任务的手指轨速移动距离 /cm	495.44	429.69
完成任务步数/步	26.17	16.73
完成任务时间/s	86.1	94.67

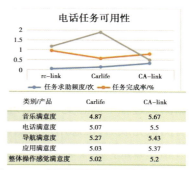

电话任务可用性

类别/产品	Carlife	CA-link
音乐满意度	4.87	5.67
电话满意度	5.07	5.5
导航满意度	5.27	5.43
应用满意度	5.03	5.37
整体操作感觉满意度	5.02	5.2

手指追踪测试环境的搭建　→　心理量表+手指测试数据分析　→　主客观联合分析结果

图 3.10　基于手指运动+心理量表智能网联汽车 HMI 产品用户需求挖掘测试方法

（5）基于脑电数据+心理量表的智能网联汽车 HMI 产品用户需求挖掘测试

大脑是认知、行为和情绪的物质基础,基本构成为神经元、突触和胶质。大脑包括白质和灰质(大脑皮层)。大脑皮层是高级精神中枢,主要由神经元组成。神经元由胞体、轴突和树突组成。人脑内的信息传递是通过神经元之间的微弱电流活动来实现的,人在静息状态下,神经元细胞内外离子维持静息电位。在细胞兴奋时,神经元细胞内外离子流动,形成动作电位。动作电位沿轴突的传导是双向的,以局部电流的形式传向远端。这些电流可被放置在神经元外部的电极测量,最后以脑电图(EEG)的形式表现出来。神经元的结构如图 3.11 所示。

脑电波的采集:首先,导电膏将头皮和电极相连,脑电波信号从被试头皮通过电极传送到

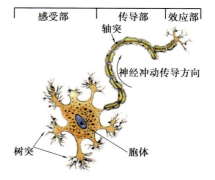

图 3.11　神经元的结构

（2）测试方案设计

①用户可感知体验需求挖掘实验流程设计。

在场景驱动的汽车品质用户可感知体验需求挖掘的过程中，在企业相关人员或测试内容的引导下，主动地对现有车型进行体验评价，能提高用户参与的积极性，获得更多需求信息，用户可感知体验需求挖掘实验流程设计如图3.14所示。

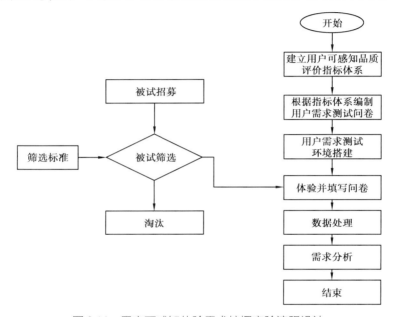

图3.14　用户可感知体验需求挖掘实验流程设计

A.实验前准备。主要包括测试评价指标系统建立、实验时间选定、实验环境选择、实验设备准备和实验人员筛选，其中工作重点是选择被试。

构建由31个核心指标构成的汽车用户可感知品质评价指标体系，经过分类合并成9个一级指标维度，分别是经济性、空间、外观、内饰、舒适性、动力性、操控性、安全性、信息交互。长安公司根据经验和专家讨论确定指标权重，带权重的汽车品质的测试评价体系，如图3.15所示。

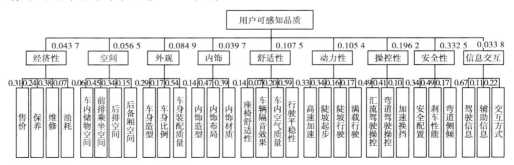

图3.15　用户需求挖掘汽车品质评价体系

实验时间要尽可能包含节假日、工作日和周末,不同时间段,用户的心理状态和情绪不同,因此可能在测试过程中产生不一样的体验。

用户可感知体验实验环境应建立在清静、通风良好、无噪声的地区,评价需要考虑的条件有色彩、气味、噪声、振动、室温、湿度等。实验环境中设备摆放应避免干扰被试的视觉、触觉、听觉、情绪等,避免被试在认知上产生错觉和干扰。根据评价产品的要求和特点适当调整实验环境,满足评价产品的特殊要求。

根据测试实验要求,需要配备三星 N8000 型平板电脑多台,并准备好移动电源或充电器以便随时供电,另外由于测试过程中需要网络,因此需要提前开通无线网络并保证网络访问顺畅。为了防止平板电脑出现异常导致测试无法继续进行,主试需要复制一份体验测试 App 的安装包携带到测试现场,App 应该包括评价模型中所需要的所有资料。

实验人员包括调查员和被试。调查员负责准备测试实验,联系实验地点并协调工作人员设置环境,与被试沟通并说明实验相关情况,征求用户同意,讲解软件操作方法和测试流程,必要情况下对用户进行详细调查或者录音等。被试是满足一定条件的用户,每次实验、每款产品都有相应的要求。对一个产品来说,广义的用户包括与产品进行交互的人、从使用产品中获益的人,甚至那些从未使用过产品但是将来可能使用的人。

B.实验过程。用户可感知体验场景需求挖掘测试实验步骤可以分为 4 个步骤,如图 3.16 所示。

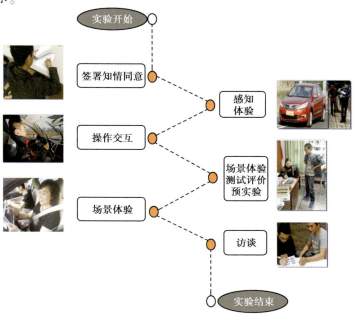

图 3.16　用户可感知体验场景需求挖掘测试实验步骤示意图

②实验准备阶段。检查实验材料、实验设备以及实验环境。

引导一位被试人员进入评测实验室的操作区。

说明本次用户可感知体验测试评价的目的和步骤，签署实验知情保密协议。

③驾驶操作阶段。被试可操作测试样车，如观察路况，触摸、使用车内操作装置，对车辆驾驶进行操作体验和认知。

观察被试自由操作过程，实验人员不得提示任何操作流程。

体验结束后，被试示意实验人员，体验时间为 15~20 min。

被试完成实验后，实验人员需要适当布置产品样品以及环境，使其恢复到初始状态，保证每次体验条件相同，以便于下一位被试进行体验。

④场景体验用户需求挖掘测试阶段。被试体验完成后在体验测试平板电脑上进行测试评价。评价之前需要进行预实验，使被试熟悉适应评价过程。

测试评价过程根据任务量控制在 15~25 min，实验人员观察被试评价整个过程。被试独立完成，测试评价过程不得打扰，全部完成后须提交保存。

测评完成后，实验人员收回平板电脑，将页面调回到测试评价开始界面，为下一次测试评价做准备。

⑤实验访谈。与被试访谈，主要了解被试对产品的使用习惯，对体验目的了解程度，对测试评价中的问题进行反馈，获取用户认为实验有待完善和欠缺考虑的细节问题。

⑥测试数据处理。目标用户关注点不同，产品体验测试评价提供的侧重点也不同。新手用户关注外观造型，测试场景主要以外观造型、内饰、材质、纹理方面的素材为主；专家用户熟悉产品，拥有一定专业知识，测试场景中主要以多模态方式展现的产品性能及产品隐喻为主；中间用户介于新手用户和专家用户之间，在汽车产品行业也最多，测试场景涉及外观造型及产品性能。

根据配额抽样法，从重庆主城区按产品定位随机选取了 100 名用户参与调查，其中包含自主品牌及竞争对手的用户，男女比例为 54：46。通过访谈，收集到该样本的汽车使用动机主要分为上下班代步、商务接待、接送孩子、自驾游、周末郊游、载货运输等 6 类。按照实验要求做好相关实验准备后，实验团队开始测试实验。图 3.17 为某目标用户体验逸动车型答题的场景。

本次测试评价收集了 30 位有效用户的评价数据（达到小样本实验对用户基数的要求），实验数据经过应用软件导出为 TXT 文档，将其转化为 Excel 表格，在 Excel 表格中简单地进行数据处理，可以得到汽车产品 9 个维度以及二级指标的用户可感知体验评价的结果。部分原始数据如图 3.18、表 3.1 所示。

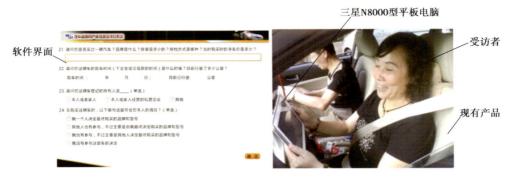

图 3.17　汽车用户体验需求测试场景

	A	B	C	D	E	F	G	H	I
1	Q_No	Type	Average	Var	Sub_0910_01	Sub_0910_02	Sub_0910_03	Sub_0910_04	Sub_0910_05
2	I-1	0	0.18	5.647	3.9	-1.3	1.1	-0.8	-2
3	I-2	0	-1.3	0.215	-1.6	-1.5	-0.5	-1.6	-1.3
4	I-3	0	-1.74	1.353	-3.7	-1.3	-1.5	-0.6	-1.6
5	I-5	0	-2.24	2.398	-4.3	-0.5	-1.2	-1.9	-3.3
6	I-5	0	-0.96	6.263	-4.7	1.3	1.4	-1.4	-1.4
7	I-5	0	-2.04	2.248	-4.7	-1.3	-1.5	-1.6	-1.1
8	I-5	0	-1.26	0.248	-1.8	-1.2	-0.5	-1.2	-1.6
9	I-5	0	-2.46	0.073	-2.3	-2.2	-2.8	-2.3	-2.7
10	I-5	0	-1.36	0.143	-1.8	-0.8	-1.2	-1.5	-1.5
11	I-6	0	-1.42	0.687	-2.1	-1	-0.6	-0.9	-2.5
12	I-6	0	-1.6	0.61	-1.7	-0.9	-2.7	-0.8	-1.9
13	I-6	0	-1.52	0.347	-1.7	-1.3	-2.4	-1.4	-0.8
14	I-6	0	-1.86	0.453	-1.7	-0.9	-2.4	-2.6	-1.7
15	I-7	0	-2	0.95	-1.9	-1.5	-3.7	-1.6	-1.3
16	I-7	0	-1.22	0.242	-1.4	-1	-1.4	-0.5	-1.8
17	I-8	0	-1.2	0.26	-1.5	-1.3	-1.8	-0.5	-0.9
18	I-8	0	-1.94	0.993	-1.1	-1	-2.9	-1.6	-3.1
19	I-9	0	-1.76	1.323	-0.8	-0.8	-3.5	-1.4	-2.3
20	I-10	0	-1.8	0.425	-1.6	-0.8	-1.9	-2.5	-2.2
21	I-11	0	-1.22	0.197	-1.6	-0.6	-0.9	-1.5	-1.5
22	I-12	0	-1.34	0.088	-1.6	-1.4	-1.6	-1.2	-0.9
23	I-13	0	-1.44	1.263	-0.7	-2.2	0	-1.5	-2.8
24	I-13	0	-1.68	1.942	-0.7	-2.5	0	-1.7	-3.5
25	I-14	0	-1.02	2.167	1.6	-1.7	-1.9	-1.5	-1.6

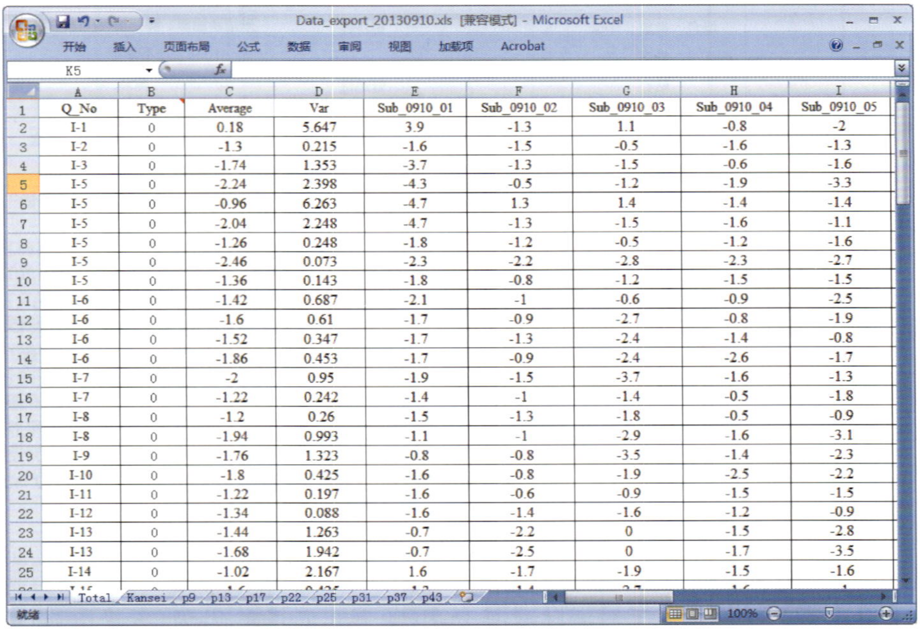

图 3.18　汽车用户可感知体验测试原始数据

表 3.1　经济性评价表

售价	Ⅰ-1	（售价）便宜	0.26	0	昂贵	0.26
	Ⅰ-2	（售价）值得	−0.54	0	不值得	−0.54
保养	Ⅲ-1	（保养）价格高	−1.32	0	价格低	−1.32
返修率	Ⅲ-2	（返修率）高	−1.02	0	低	−1.02
维修	Ⅲ-3	（维修）价格高	−0.7	0	价格低	−0.7
油耗	Ⅲ-7	（高速油耗）油耗高	−1.84	0	油耗低	−1.84
	Ⅲ-9	（郊区油耗）油耗高	−1.04	0	油耗低	−1.04
	Ⅳ-10	（城市油耗）油耗高	−1.56	0	油耗低	−1.56

$$P = \begin{bmatrix} p_{1,1} & p_{1,2} & \cdots & p_{1,m} \\ p_{2,1} & p_{2,2} & \cdots & p_{2,m} \\ \vdots & \vdots & & \vdots \\ p_{n,1} & p_{n,2} & \cdots & p_{n,m} \end{bmatrix} \qquad (3.1)$$

设眼动数据 $E = (e_1, e_2, \cdots, e_r)$，$e_r$ 为 r 项眼动指标，用户 n 对功能 m 体验过程中的眼动数据为 e_{nm}，则用户 $(1, 2, 3, \cdots, n)$ 对功能 $(1, 2, \cdots, m)$ 评价的眼动数据为

$$E = \begin{bmatrix} E_{11} & E_{12} & \cdots & E_{1m} \\ E_{21} & E_{22} & \cdots & E_{2m} \\ \vdots & \vdots & & \vdots \\ E_{n1} & E_{n2} & \cdots & E_{nm} \end{bmatrix} \qquad (3.2)$$

设表情数据 $Q = (q_1, q_2, \cdots, q_k)$，$q_k$ 为第 k 项表情指标，用户 n 对功能 m 体验过程中的表情数据为 q_{nm}，则用户 $(1, 2, 3, \cdots, n)$ 对功能 $(1, 2, \cdots, m)$ 评价的表情数据为

$$F = \begin{bmatrix} F_{11} & F_{12} & \cdots & F_{1m} \\ F_{21} & F_{22} & \cdots & F_{2m} \\ \vdots & \vdots & & \vdots \\ F_{n1} & F_{n2} & \cdots & F_{nm} \end{bmatrix} \qquad (3.3)$$

设手指行为数据 $S = (s_1, s_2, \cdots, s_h)$，$s_h$ 为第 h 项手指指标，用户 n 对功能 m 体验过程中的手指数据为 s_{nm}，则用户 $(1, 2, 3, \cdots, n)$ 对产品功能 $(1, 2, 3, \cdots, m)$ 评价的手指数据为

$$S = \begin{bmatrix} S_{11} & S_{12} & \cdots & S_{1m} \\ S_{21} & S_{22} & \cdots & S_{2m} \\ \vdots & \vdots & & \vdots \\ S_{n1} & S_{n2} & \cdots & S_{nm} \end{bmatrix} \qquad (3.4)$$

用户在完成不同任务时会得到不同主观评价值，评价好与评价差的任务用户的眼动、面部表情和手指运动等客观数据会呈现不同的客观规律，为用户体验评价模型提供了科学依据。

(5) 用户主观评价与客观生理数据的单因素方差分析

借助 SPSS 软件，以主观评价为影响因素对客观数据进行单因素方差分析，分析前先做方差齐次性检验。令 e_1 为注视次数，e_2 为注视时间，e_3 为眼跳次数，e_4 为瞳孔大小，f_1 为愉悦度比例，f_2 为效价值，f_3 为微笑次数，f_4 为情绪唤起值，s_1 为手指运动平均速度，s_2 为手指运动距离，s_3 为手指角速度，s_4 为完成任务的时间，s_5 为完成任务的步骤数。

分析结果见表 3.7，s_1 和 s_5 显著性小于 0.05，对其他显著性大于 0.05 的客观数据进行单因素方差分析。

表 3.7　客观数据单因素方差分析

客观数据		df	F	显著性	客观数据		df	F	显著性
e_1	组间	8	7.762	0.003	f_3	组间	8	0.485	0.861
	组内	51				组内	51		
	总计	59				总计	59		
e_2	组间	8	7.425	0.005	f_4	组间	8	1.772	0.105
	组内	51				组内	51		
	总计	59				总计	59		
e_3	组间	8	3.855	0.001	s_2	组间	8	5.575	0.006
	组内	51				组内	51		
	总计	59				总计	59		
e_4	组间	8	1.495	0.183	s_3	组间	8	11.705	0.004
	组内	51				组内	51		
	总计	59				总计	59		
f_1	组间	8	3.472	0.003	s_4	组间	8	8.583	0.013
	组内	51				组内	51		
	总计	59				总计	59		
f_2	组间	8	15.538	0.010					
	组内	51							
	总计	59							

分析结果见表 3.8。e_1，e_2，e_3，f_1，f_2，s_2，s_3 与 s_4 的显著性小于 0.05。注视次数、注视时间、眼跳次数、愉悦度比例、效价值、手指运动距离、手指角速度、完成任务的时间等 8 项数据与用户体验主观评价值相关，可作为评价模型的指标。

表 3.8　客观数据的方差齐次性检验

客观数据	Levene 统计量	df_1	df_2	显著性
e_1	0.713	8	51	0.679
e_2	1.845	8	51	0.090
e_3	2.005	8	51	0.065
e_4	1.481	8	51	0.188

续表

客观数据	Levene 统计量	df_1	df_2	显著性
f_1	0.468	8	51	0.873
f_2	2.505	8	51	0.022
f_3	0.671	8	51	0.714
f_4	1.984	8	51	0.067
s_1	6.158	8	51	0.000
s_2	1.658	8	51	0.132
s_3	1.727	8	51	0.115
s_4	1.139	8	51	0.354
s_5	3.352	8	51	0.004

（6）基于偏最小二乘回归的用户需求挖掘主—客观数据评价模型

对筛选出的 8 项客观数据进行相关性分析，得到 8 项指标的相关性分析结果，见表 3.9。

表 3.9　客观数据相关系数

相关系数	e_1	e_2	e_3	f_1	f_2	s_2	s_3	s_4
e_1	1	0.650	0.635	−0.572	−0.748	0.552	0.769	0.671
e_2	0.650	1	0.622	−0.421	−0.749	0.525	0.679	0.683
e_3	0.635	0.622	1	−0.468	−0.732	0.496	0.733	0.592
f_1	−0.572	−0.421	−0.468	1	0.578	−0.422	−0.566	−0.478
f_2	−0.748	−0.749	−0.732	0.578	1	−0.735	−0.856	−0.828
s_2	0.552	0.525	0.496	−0.422	−0.735	1	0.617	0.899
s_3	0.769	0.679	0.733	−0.566	−0.856	0.617	1	0.735
s_4	0.671	0.683	0.592	−0.478	−0.828	0.899	0.735	1

由相关系数分析结果可知，筛选出的客观数据间存在多重相关性。偏最小二乘（Partial Least Squares，PLS）回归分析方法采用成分提取的方法，与传统的主成分分析法不同，在成分提取过程中，考虑了因变量与自变量间的线性关系，选择了对自变

法,对测试评价中的问题进行反馈,获取用户认为实验有待完善和欠缺考虑的细节。未来生活场景产品概念用户深度访谈过程如图 3.32 所示。

图 3.32　未来生活场景产品概念深度访谈

(3)测试数据处理

①未来生活场景产品创新概念眼动数据分析。采用桌面式眼动仪软件对 30 名用户的未来生活场景对应的眼动数据叠加,得到各场景的眼动热点图,如图 3.33 所示。热点图颜色反映了目标用户群体对生活场景产品概念的关注程度,越红表明对产品概念场景的关注度越高,红色越浅代表对产品概念场景的关注度越低。

图 3.33　对未来生活场景产品创新概念体验的眼动热点图

②未来生活场景产品创新概念心理量表数据分析。采用 SPSS 软件统计分析用户的心理量表数据,计算目标用户群体对各产品场景概念的渴望度,按 100 分计算,分值越高,用户对该产品概念的渴望程度就越高,分值越低,用户对该产品概念的渴望程度就越低。

③未来生活场景产品创新概念访谈数据分析。通过深度访谈挖掘用户对未来生活概念场景的潜在需求以及对现有产品概念的改进需求。

（4）测试评价结果（部分）

①HMI 产品创新概念场景 1：管理家居用品，自由选择，方便快捷，分类查找，如图 3.34 所示。

②渴望度：86.7。

③挖掘的需求：家居用品分类管理智能查找选择。

④期望的需求：根据天气状况智能推送合适的衣物。

图 3.34　概念场景 1

⑤HMI 产品创新概念场景 2：iPad 与车载信息终端隔空交互，如图 3.35 所示。

⑥渴望度：90.2。

⑦挖掘的需求：多个信息终端之间不再用数据线传输信息。

⑧期望的需求：与上述相同。

图 3.35　概念场景 2

3.3.4　基于隐喻引出的汽车 HMI 新产品开发用户需求挖掘方法

新产品创新设计逐渐成为驱动中国社会经济发展的新引擎。而创新设计的输入是用户需求，设计的目的是满足用户需求。用户需求挖掘，特别是隐性需求的挖掘，已成为企业竞争和产品创新设计的关键。由于设计师与用户在知识、背景上的差异，且用户需求语义存在模糊性和主观性，设计师对用户需求语义会产生理解偏差，最终导致设计师设计的产品无法满足用户的需求，因此准确获取用户需求并将需求转换为设计师可感知的创新设计元素显得越来越重要。对于未来全新产品的设计，由于没有现有产品可体验，用户对未来产品很难清楚地描述需求，基于现有产品，用户体验需求的获取方法就变得不适用，需要一些获取用户隐性需求的新方法。

随着心理学发展，心理学的研究方法越来越多地应用于用户研究中，如将心理学中隐喻投射技术应用到需求挖掘中，这可获取用户潜意识的模糊需求。

1）用户需求隐喻引出的心理学原理

传统的需求获取方法如问卷和访谈，由于隐性需求的隐蔽性、模糊性特点，在获取用户需求过程中会丢失信息。在潜意识通过自我认知转换为隐性需求的过程中，由于潜意识的内隐性，用户只能觉察、认知到少部分隐性需求；在用户将隐性需求通过语言描述转换为需求语义的过程中，由于文化背景限制、语言描述的歧义性等，需求语义只能部分表达用户的隐性需求；在对用户需求语义感知理解的过程中，由于和用户在知识背景和生活经验方面存在差异，设计师并不能准确理解用户的需求语义。由于需求信息在传递过程中丢失信息，传统的方法难以准确获取用户需求。基于访谈的用户隐性需求获取过程，如图 3.36 所示。

图 3.36　基于访谈的隐性需求获取过程

根据认知心理学研究，人类 5% 左右的认知活动是有意识的，而 95% 是由潜意识决定的。隐性需求存在于潜意识，会以愿望、意向、兴趣、价值观等形式潜移默化地表现出来。心理投射技术可隐喻引出用户隐性需求。投射技术是认知心理学中用来探测人们内心世界的一种精神分析方法。在心理学研究中，投射技术通过设计一些具有多种意义的刺激，以激发人们内在知觉机制发生作用，将人们潜意识真实、自然地投射、反映出来。投射技术隐喻引出技术的研究提供了基础，心理隐喻引出技术是基于隐喻的心理投射技术,以图形或语言为表达载体,表示人们对图形或语言刺激的看法。例如,在一个安静的环境里,提供一组风景照片,让被试在没有约束的条件下自由选择和评论,这些评论直接反映了被试潜意识里的需求、动机、价值观等。与传统的基于问卷或访谈的需求获取方法相比,心理隐喻引出技术挖掘用户隐性需求信息更深,且能够减小需求信息传递过程中的失真。用户隐性需求隐喻引出机理,如图 3.37 所示。

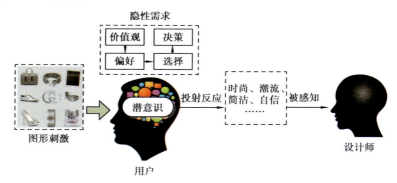

图 3.37　用户隐性需求隐喻引出机理

2)基于多模态感知的隐喻引出方法(MB-MET)实施逻辑

基于多模态感知的隐喻引出技术(MB-MET)是,在扎尔特曼隐喻引出技术(ZMET)和基于图片的隐喻引出技术(IB-MET)的基础上让用户根据自己喜好收集与特定产品相关的图片、材料样品、气味样品、声音、视频等,然后在面谈中通过自由联想、反身访谈和隐喻抽丝等技术深度获取用户对新产品的想法和思想,这些想法和思想来自用户的潜意识,能够表征用户的隐性需求隐喻。主试是心理学专业的研究人员,采用一对一的面谈方式。整个访谈过程被精心设计,涉及用户的思维过程,从而使用户深层的隐喻投射出来。整个 MB-MET 方法主要包含 3 个关键的过程,分别是引出用户隐喻、标准化用户隐喻和需求隐喻语义集合。MB-MET 方法的具体实施流程如图 3.38 所示。

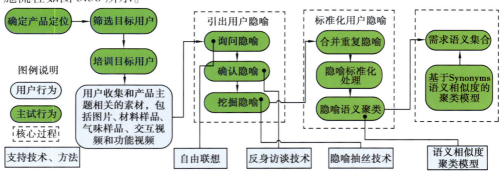

图 3.38　MB-MET 方法实施流程

3）基于多模态感知的隐喻引出的 HMI 产品用户隐喻获取过程

基于多模态感知的隐喻引出的用户隐喻获取过程是一个逻辑严密的心理隐喻引出分析过程，可以挖掘人类最深层次的需求，具体过程如下。

①选择目标用户。根据 HMI 产品设计定位，目标用户的选择条件包括年龄、职业、收入等。通过筛选条件选择符合要求的用户，N 个用户的集合记为 $B=\{b_1,b_2,b_3,\cdots,b_n\}$。培训用户，让用户对 HMI 产品主题有所了解，然后使用户通过一周左右的时间根据自己喜好收集与产品有关的图片、材料样品、气味样品、声音、视频等。N 个用户收集的素材组成的集合为 $S=\{S_1,S_2,S_i,\cdots,S_n\}$，其中第 i 个被试收集的素材集合为 S_i。

$$S_i = (t_w;c_x;q_y;s_z;j_a;g_b)$$

$$w = 1,\cdots,W;x = 1,\cdots,X;v = 1,\cdots,V;z = 1,\cdots,Z;a = 1,\cdots,A;b = 1,\cdots,B$$

式中　t_w——W 个图片；

　　　c_x——X 个材料样品；

　　　q_y——V 个气味样品；

　　　s_z——Z 段音频文件；

　　　j_a——A 个交互视频；

　　　g_b——B 个功能视频。

②引出用户的需求隐喻语义。面对面深度访谈，首先，让目标用户自由解释选择相关素材的原因是，深度访谈是一种无结构的访问，能够捕捉用户潜在的渴望及想法；其次，主试通过访谈获取用户关键隐喻，并不断询问、挖掘这些隐喻的深层意义；再次，在获取用户初步隐喻的情况下，主试通过"反身访谈技术"（总结和重申）来确认用户隐喻语义；最后，主试采用"抽丝技术"获取与用户隐喻相关联的其他结果，直到单个用户大多数的深层隐喻被定义和确认。所有用户依次进行，直到所有用户的所有素材的隐喻被挖掘，用词语进行表达。令被试 i 对素材获得的隐喻为 $y_i = [y_i(t_w);y_i(c_x);y_i(q_y);y_i(s_z);y_i(j_a);y_i(g_b)]$，则所有被试的隐喻语义集合为 $Y=\{y_1;y_i;\cdots;y_n\}$。

③用户需求隐喻分析和处理。分析和处理用户的隐喻原始信息，合并重复的隐喻，将原始隐喻信息标准化处理得到形容词。得到的标准化用户需求隐喻语义集合为 $B=\{B(y_1);B(y_i);\cdots;B(y_n)\}$，其中，$B(y_i) = [By_i(t_w);By_i(c_x);By_i(q_y);By_i(s_z);By_i(j_a);By_i(g_b)]$。

④获取用户需求隐喻语义集合。对用户需求隐喻标准化后，通过语义相似度算法聚类需求隐喻语义，得到用户需求语义集合。

4）用户需求语义相似度聚类方法

（1）用户需求语义相似度算法

由于不同用户的表达习惯差异，相同或相似隐性需求可能有不同语义。为了把握目标用户群体隐性需求的整体趋势,需要分析不同用户需求隐喻语义之间的相关性。计算语义相似度是度量词语间复杂关系的一种方法,通过语义相似度计算可准确地聚类用户的需求语义。计算语义相似度的一个重要参数是词语距离,词语距离代表一对词语之间的相似程度,词语距离越近,则词语之间的相似度越高。词语距离越远,则词语之间的相似度越低。词语语义相似度计算公式为

$$\mathrm{Sim}(c_1,c_2) = \frac{\alpha}{\mathrm{Dis}(c_1,c_2) + \alpha} \tag{3.6}$$

式中　c_1,c_2——语义词对;

　　　$\mathrm{Sim}(c_1,c_2)$——语义相似度;

　　　$\mathrm{Dis}(c_1,c_2)$——语义距离;

　　　α——相似度为 0.5 时语义的距离值。

本文采用基于"Synonyms"的语义相似度计算方法,"Synonyms"是一个基于维基百科的中文语料中文近义词库。在"Synonyms"中,词语是由多个"义原"构成的,"义原"是"Synonyms"中意义不可再分割的基本的单元。对"义原"的语义相似度进行计算可得到两个词语之间的语义相似度。设词语 c_1 由 i 个"义原"构成,则 $c_1 = (p_1^1, p_2^1, \cdots, p_i^1)$,$i = 1,2,\cdots,I$;设词语 c_2 由 j 个"义原"构成,则 $c_2 = (p_1^2, p_2^2, \cdots, p_j^2)$,$j = 1,2,\cdots,J$。为了计算词语 c_1 和 c_2 之间的语义相似度,先计算"义原"之间的相似度。"义原"p_1 和 p_2 之间的语义相似度计算公式为

$$\mathrm{Sim}(p_1,p_2) = \frac{\alpha}{d + \alpha} \tag{3.7}$$

式中　d——"义原"p_1 和 p_2 在"义原"层次体系中的路径长度。

根据"Synonyms"词语语义相似度定义,词语 c_1 和 c_2 的语义相似度是各"义原"的相似度之最大值,即

$$\begin{cases} \mathrm{Sim}(c_1,c_2) = \max \mathrm{Sim}(p_i^1, p_j^2) \\ i = 1,2,\cdots,I;j = 1,2,\cdots,J \end{cases} \tag{3.8}$$

在需求语义聚类过程中,首先把单个需求语义聚合成小类,然后将小类聚合成大类,直到所有需求语义都被聚合成一类或几类。因此,需要计算不同需求语义集合之间的语义相似度。令 i 个需求语义组成的集合为 $Cy_1 = (c_1^1, c_2^1, \cdots, c_i^1)$,$i = 1,2,\cdots,I$;$j$ 个需求语义组成的集合为 $Cy_2 = (c_1^2, c_2^2, \cdots, c_j^2)$,$j = 1,2,\cdots,J$。将语义集合 Cy_1 和 Cy_2 的相似度定义为单个语义词对之间的相似度之最小值,即

$$\begin{cases} \mathrm{Sim}(Cy_1,Cy_2) = \min \mathrm{Sim}(C_i^1, C_j^2) \\ i = 1,2,\cdots,I;j = 1,2,\cdots,J \end{cases} \tag{3.9}$$

(2)用户需求语义聚类模型

根据 MB-MET 隐喻引出技术获得的需求语义,按照需求隐喻相关的图片、材料样品、气味样品、音频、交互视频、功能视频等进行集群,将每个集群下的需求语义按

照语义相似度自下向上聚合,最终得到设定数量的需求语义集合。用户需求语义聚类过程如图 3.39 所示。

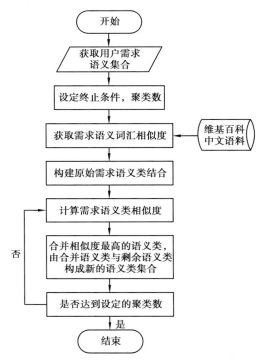

图 3.39　目标用户需求语义聚类过程

①获取需求隐喻语义集群。按照需求隐喻相关的图片、材料样品、气味样品、音频、交互视频、功能视频 6 个维度将标准化的用户需求隐喻语义进行集群划分,得到不同维度下的用户需求隐喻语义集合,图片隐喻语义集合为 $\mathrm{B}y_i(t_w)$,$i=1,2,\cdots,n$;材料隐喻语义集合为 $\mathrm{B}y_i(c_x)$,$i=1,2,\cdots,n$;气味源隐喻语义集合为 $\mathrm{B}y_i(q_y)$,$i=1,2,\cdots,n$;音频隐喻语义集合为 $\mathrm{B}y_i(s_z)$,$i=1,2,\cdots,n$;交互视频隐喻语义集合为 $\mathrm{B}y_i(j_a)$,$i=1,2,\cdots,n$;功能视频隐喻语义集合为 $\mathrm{B}y_i(g_b)$,$i=1,2,\cdots,n$。

②针对每个维度,构建需求隐喻语义相似度对称矩阵。在每个维度下用户隐性需求隐喻语义原始向量空间为 $\mathrm{B}y=(c_1,c_2,\cdots,c_s)$,通过"Synonyms"语料库获取需求隐喻语义两两间的语义相似度,构建需求隐喻语义相似度对称矩阵。

$$T=\begin{bmatrix} 1.0 & \mathrm{Sim}(c_1,c_2) & \cdots & \mathrm{Sim}(c_1,c_s) \\ \mathrm{Sim}(c_2,c_1) & 1.0 & \cdots & \mathrm{Sim}(c_2,c_s) \\ \vdots & \vdots & 1.0 & \vdots \\ \mathrm{Sim}(c_s,c_1) & \mathrm{Sim}(c_s,c_2) & \cdots & 1.0 \end{bmatrix} \quad (3.10)$$

式中　s——需求隐喻语义的总数;

$\mathrm{Sim}(c_i,c_j)=\mathrm{Sim}(c_j,c_i)$,$i=1,2,\cdots,s$;$j=1,2,\cdots,s$。

③构建原始隐喻需求主题集合。首先假设原始向量空间 By 中每一个需求隐喻语义 c_i 就是一个隐喻需求主题类 $fc_i = \{c_i\}$，构建原始隐喻需求主题集合为

$$FBy = \{fc_1, fc_2, \cdots, fc_s\} \qquad (3.11)$$

④计算各隐喻需求主题类之间的相似度。将需求隐喻语义相似度对称矩阵 T 中对应需求隐喻语义相似度带入公式(3.4)。

⑤产生隐喻需求主题新类。把需求隐喻语义相似度最大的类聚合，得到新的主题类为

$$fc_{s+1} = fc_i \cup fc_j \qquad (3.12)$$

式中 $fc_i \cup fc_j = \arg\max\{\operatorname{Sim}(fc_i, fc_j)\}$, $i = 1, 2, \cdots, s$; $j = 1, 2, \cdots, s$。

⑥删除 fc_i 和 fc_j，得到新的集合。

⑦重复步骤④、⑤、⑥，直到达到设定的聚类个数完毕。

⑧划分成不同的需求隐喻语义子类集合 FBy'，选取最重要的几个子类作为最终的关键需求隐喻语义主题集合 FBy"。

$$FBy' = \{fc_1', fc_2', \cdots, fc_{s'}'\} \qquad (3.13)$$

$$FBy'' = \{fc_1'', fc_2'', \cdots, fc_{s''}''\} \qquad (3.14)$$

式中 FBy'——用户需求隐喻语义集合后子类集合；

s'——子类的个数，$s' < s$；

FBy"——最终聚合的用户需求隐喻语义子类集合；

s''——最终聚合的子类个数，$s'' < s'$，且 $3 \leqslant s'' \leqslant 10$。

同时，为了使最终聚合的用户需求隐喻语义子类能代表用户的隐性需求，子类集合语义词频累计须达到一定比例，即

$$\frac{\sum_{i=1}^{k''} \forall_{c_i \in By''} f(c_i)}{\sum_{j=1}^{k} \forall_{c_j \in By} f(c_j)} \geqslant 1 - \alpha \qquad (3.15)$$

式中 $By'' = \bigcup_{i=1}^{s''} fc_i'' = \{c_1'', c_2'', \cdots, c_{k''}''\}$；

k''——最终聚合子类所包含的需求隐喻语义总个数，$k'' < k'$；

$f(c_i)$ 和 $f(c_j)$——c_i, c_j 在原始隐喻需求主题集合 By 中的词频；

α——隐喻需求主题涵盖系数，$0 \leqslant \alpha \leqslant 0.15$。

根据语义聚类模型得到用户需求语义集合。

5)基于隐喻引出技术的用户隐性需求挖掘方法案例

(1)案例背景

某品牌 MPV 在进行工业设计时，为获取用户隐性需求，根据产品的定位招募 30 名毕业 1~2 年的本科生和研究生，其有购车潜在需求，年龄为 25~30 岁，男女比例为 1:1。样本的年龄和学历分布情况如图 3.40 所示。

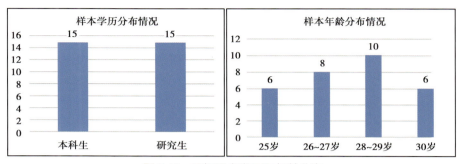

图 3.40　目标用户学历和年龄分布

（2）测试方案

让被试自行收集 MPV 造型图片、材质样品、气味源、声音、视频等，对数量不做限制。收集的部分素材如图 3.41 所示。

图 3.41　被试自行收集的 MPV 相关的多觉设计元素

一对一深度访谈，被试体验多觉设计元素与深度访谈过程如图 3.42 所示。

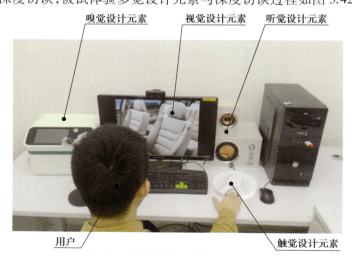

图 3.42　被试体验多觉设计元素场景

（3）测试数据处理

通过用户需求隐喻引出技术步骤,获取所有被试的需求语义集合,对用户需求隐喻分析和处理后,最终得到 30 名用户关于外观造型、内饰材质、车内气味、人机交互和功能 5 个维度下标准化的用户需求语义集合如下。

$$B(t) = \left\{ \begin{array}{l} 时尚,前卫,流行,好看,精致,运动,动感,灵动, \\ 活泼,细腻,精巧,梦幻,典雅,优雅,协调,流畅,大方 \end{array} \right\}$$

$$B(c) = \left\{ \begin{array}{l} 细腻,细致,柔和,温柔,温馨,舒适,舒服, \\ 精致,温暖,精美,和谐,简约,优雅,高档 \end{array} \right\}$$

$$B(q) = \left\{ \begin{array}{l} 清新,自然,幽香,芬芳,温馨,淡然, \\ 芳香,新鲜,健康,甘甜 \end{array} \right\}$$

$$B(j) = \left\{ \begin{array}{l} 时尚,炫酷,舒适,方便,灵活,科技,智能, \\ 流畅,简单,快捷,梦幻,极致,顺畅 \end{array} \right\}$$

$$B(g) = \left\{ \begin{array}{l} 时尚,高端,品质,科技,智能,方便,便捷, \\ 自动,贴心,合理,舒适,安全,舒服 \end{array} \right\}$$

采用基于"Synonyms"的语义相似度算法获取需求语义之间相似度,运用 Python 语言编写需求语义相似度计算的程序,见附录 C。以产品造型用户需求语义聚类为例,见表 3.10。

表 3.10　基于"Synonyms"的汽车造型用户需求语义相似度计算

语义相似度	时尚	前卫	流行	好看	精致	运动	动感	灵动	活泼	细腻	精巧	梦幻	典雅	优雅	协调	流畅	大方
时尚	1.000	0.899	0.653	0.712	0.705	0.583	0.791	0.630	0.731	0.655	0.642	0.712	0.711	0.758	0.534	0.633	0.706
前卫		1.000	0.603	0.586	0.627	0.601	0.734	0.614	0.632	0.620	0.582	0.638	0.634	0.628	0.511	0.631	0.600
流行			1.000	0.641	0.650	0.581	0.613	0.582	0.600	0.606	0.622	0.608	0.604	0.610	0.515	0.615	0.579
好看				1.000	0.745	0.552	0.733	0.682	0.838	0.743	0.744	0.708	0.718	0.781	0.571	0.727	0.737
精致					1.000	0.532	0.809	0.841	0.792	0.823	0.901	0.651	0.501	0.531	0.566	0.541	0.794
运动						1.000	0.991	0.895	0.558	0.549	0.517	0.565	0.543	0.543	0.626	0.551	0.554
动感							1.000	0.890	0.820	0.636	0.819	0.831	0.960	0.958	0.580	0.706	0.850
灵动								1.000	0.803	0.598	0.857	0.714	0.921	0.861	0.559	0.706	0.607
活泼									1.000	0.736	0.749	0.723	0.663	0.768	0.565	0.856	0.578
细腻										1.000	0.823	0.654	0.714	0.765	0.566	0.756	0.713
精巧											1.000	0.637	0.962	0.931	0.561	0.645	0.875
梦幻												1.000	0.651	0.700	0.566	0.625	0.638

续表

语义相似度	时尚	前卫	流行	好看	精致	运动	动感	灵动	活泼	细腻	精巧	梦幻	典雅	优雅	协调	流畅	大方
典雅													1.000	0.900	0.554	0.698	0.840
优雅														1.000	0.551	0.896	0.810
协调															1.000	0.592	0.580
流畅																1.000	0.704
大方																	1.000

设定用户需求语义族的第一次聚类的个数为 10,按照用户需求语义的聚类过程对需求语义进行聚类。进行语义与语义族之间的聚类以及语义族与语义族之间的聚类,直到最后获得 10 个造型需求语义族,见表 3.11。

表 3.11　汽车造型用户需求语义族相似度

需求语义相似度	时尚、前卫	流行	好看	细腻	运动、动感、灵动	活泼、流畅	精致、精巧	梦幻、典雅、优雅	协调	大方
时尚、前卫	1.000	0.603	0.586	0.620	0.583	0.614	0.582	0.628	0.511	0.600
流行		1.000	0.641	0.606	0.582	0.600	0.622	0.604	0.515	0.579
好看			1.000	0.745	0.552	0.727	0.744	0.708	0.571	0.737
细腻				1.000	0.549	0.736	0.823	0.654	0.561	0.713
运动、动感、灵动					1.000	0.551	0.517	0.543	0.559	0.554
活泼、流畅						1.000	0.541	0.625	0.565	0.578
精致、精巧							1.000	0.045	0.566	0.580
梦幻、典雅、优雅								1.000	0.551	0.638
协调									1.000	0.580
大方										1.000

以(精致,精巧)与(活泼,流畅)为计算例,将表 3.3 中的对应需求语义相似度代入公式(3.9)可得

Sim({精致,精巧},{活泼,流畅})

= min[Sim(精致,活泼),Sim(精致,流畅),Sim(精巧,活泼),Sim(精巧,流畅)]

= min(0.792,0.541,0.749,0.645) = 0.541

根据需求语义相似度以及需求语义的词频,继续对需求语义族聚类到 3 个,并按照累计词频排序,见表 3.12。

表 3.12　汽车造型用户需求语义聚类和词频

语义族	需求语义	词频	覆盖比	累计覆盖比	是否保留
1	精致、精巧、细腻、梦幻、典雅、优雅	26	0.346 6	0.346 6	是
2	时尚、前卫、好看、流行	22	0.293 3	0.639 9	是
3	运动、动感、灵动、活泼、流畅	19	0.253 3	0.893 2	是
4	协调	5	0.066 7	0.959 8	否
5	大方	3	0.040 0	1.000 0	否

最后选取表 3.10 中前 3 个语义族为产品造型语义最终需求语义族。在 3 个需求语义族中选择一个语义作为代表,得到用户对产品的造型的需求语义为精致、时尚和运动。

按照以上步骤分别聚类内饰材质、车内气味、人机交互和功能 4 个维度下标准化的用户需求语义集合,最终得到下内饰材质、车内气味、人机交互和功能的用户需求语义聚类表分别为表 3.13—表 3.16。

表 3.13　汽车内饰材质用户需求语义聚类和词频

语义族	需求语义	词频	覆盖比	累计覆盖比	是否保留
1	细腻、细致、柔和、温柔	25	0.333 3	0.333 3	是
2	温馨、舒适、温暖	21	0.280 0	0.613 3	是
3	精美、精致、高档	16	0.213 3	0.826 6	是
4	简约、优雅	8	0.106 7	0.933 2	否
5	和谐	3	0.040 0	0.973 2	否
6	舒服	2	0.026 7	1.000 0	否

表 3.14　车内气味用户需求语义聚类和词频

语义族	需求语义	词频	覆盖比	累计覆盖比	是否保留
1	清晰、温馨、健康	22	0.349 2	0.349 2	是
2	幽香、芬芳、芳香	19	0.301 6	0.650 8	是
3	新鲜、甘甜	12	0.190 5	0.841 3	是
4	自然	8	0.127 0	0.968 3	否
5	淡然	2	0.031 7	1.000 0	否

表 3.15　汽车人机交互用户需求语义聚类和词频

语义族	需求语义	词频	覆盖比	累计覆盖比	是否保留
1	方便、灵活、流畅、顺畅、快捷、简单	27	0.385 7	0.380 2	是
2	时尚、炫酷、舒适	21	0.300 0	0.685 7	是
3	梦幻、极致	15	0.214 3	0.900 0	是
4	智能	5	0.071 4	0.971 4	否
5	科技	2	0.028 6	1.000 0	否

表 3.16　汽车功能用户需求语义聚类和词频

语义族	需求语义	词频	覆盖比	累计覆盖比	是否保留
1	智能、自动、方便、便捷、贴心	24	0.363 6	0.363 6	是
2	时尚、高端、舒适	19	0.287 9	0.651 5	是
3	科技	14	0.212 1	0.863 6	是
4	安全、合理	7	0.106 1	0.969 7	否
5	舒服	2	0.030 3	1.000 0	否

（4）测试评价结论

通过以上计算，最终得到目标用户群体对某小型 SUV 汽车外观造型、内饰材质、车内、人机交互和功能 5 个维度下的需求语义的集合,并通过聚类算法聚类需求语义,挖掘了用户隐喻需求,验证了所提方法的可行性。

3.4 智能网联汽车 HMI 产品用户需求语义—设计元素映射方法

3.4.1 智能网联汽车 HMI 产品用户需求语义—多模态设计元素映射原理

用户需求语义与多模态设计元素映射原理:产品创新设计是由造型、材质、气味、功能和人机交互等设计要素构建的,这些设计要素源自多模态的创新设计元素。由于与用户在生活方式、知识背景、文化环境、经验方面的差异,设计师很难准确理解用户的需求语义,通过需求语义的可视化映射,可以提高对需求的理解。用户需求语义—多模态设计元素的映射关系是通过用户对设计元素的心理隐喻意象感知试验获得的。用户通过感觉器官对设计元素进行感知,比如,通过眼睛看到造型设计元素,通过皮肤触摸到材质设计元素,通过鼻子闻到气味设计元素,通过耳朵听到和眼睛看到的功能和交互设计元素,这些多模态的设计元素能给人以直接的感官感受,这些感受通过神经传递给大脑成为意象感知,用户根据自身已有的知识、经验和记忆对设计元素进行隐喻意象匹配,将需求语义与多模态设计元素进行意象关联,关联强度可通过心理测量方法(如李克特量表法)度量。

在数学领域,映射是一个非常重要的概念和术语,指两个集合之间元素相互对应的函数关系。即设 A,B 是两个非空的集合,f 是集合 A 到集合 B 的对应关系,若集合 A 中的任意一个元素 a,在集合 B 中都有唯一确定与之对应的元素 b,那么 f 是从 A 到 B 的一个映射。映射具有广泛的应用领域,在不同领域中映射的叫法各异,但它们的本质是相同的。映射的作用是揭示不同概念之间的内在联系,如平面中封闭图形与面积之间实际上就是一种映射关系。通过映射,看似差距巨大的研究对象之间的联系被挖掘出来。通过映射,研究一个对象的属性就可以发现另一个对象的属性。

用户需求语义—多模态设计元素之间的映射关系 f 具有模糊性、动态性,是大脑进行的隐喻意象感知匹配的过程。多模态的设计元素库是设计师通过收集、提炼或创造设计得到的设计元素集合,在对多模态的设计元素进行感知体验后,用户会根据自身的经验、教育和审美偏好赋予设计元素特有的内涵和意义。用户大脑会对设计元素进行自由联想,结合自身的知识经验理解和意象感知,最终将需求语义和设计元素匹配和关联。用户需求语义—设计元素映射原理如图 3.43 所示。

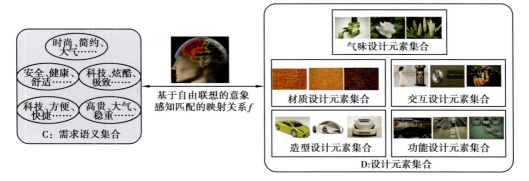

图 3.43　用户需求语义—多模态设计元素映射原理

3.4.2　智能网联汽车人机交互多模态设计元素库的建立

设计元素是构成产品创新设计的重要组成部分,相当于设计中的基础符号。多模态设计元素包括视觉设计元素、触觉设计元素、嗅觉设计元素、听觉设计元素、交互设计元素和功能设计元素等。用户需求语义—多模态设计元素映射得到的设计元素应用在产品创新设计中,不仅能够满足用户在功能上的需要,还能让用户的视觉、触觉、嗅觉、听觉和交互得到愉悦的体验和感受,从而满足用户的生理和心理需要。不同维度的设计元素会给用户带来不同的生理和心理感受,这些生理和心理感受与用户的需求隐喻语义有着重要联系,多模态的设计元素库将用户隐性需求以可视化的感知模式提供给设计师,减少设计师对用户隐性需求认知差异和降低失误的风险,提高工业产品的设计质量。

多模态设计元素库包括材质设计元素库、气味设计元素库、造型设计元素库、创新功能设计元素库、创新人机交互设计元素库等。造型设计元素、功能设计元素、交互设计元素可采用图片、视频等数字化的方法存储,通过电子屏幕显示,而材质库和气味库,需要使用专用的技术装置存储。本研究中,多模态的设计元素库的内容由产品设计师群体外部收集和创新设计。初期,设计师群体包括 CMF 材质设计师、气味设计师(芳香师)、工业设计师、交互设计师等。他们根据自身的专业知识和资源收集产品的材质、气味、造型、创新功能、创新人机交互等多模态的设计元素素材,归纳和整理出符合要求的设计元素,然后对符合要求的设计元素存储和编码,以方便对产品设计元素管理。

多模态设计元素的编码和管理是创新设计元素库建立的关键,需要研究不同设计元素的属性,包括形态、来源、分类、所应用到的产品和领域等信息。建立设计元素库的编码规则时,需要考虑用户的认知过程、意象、思维方式以及计算机存储和理解过程,以符合使用者认知和方便计算机存储。另外,设计元素的编码要保证一定的规范性、参数的系列化和标准化。设计元素的编码是设计元素管理的基础。通过设计元素编码,进而建立设计元素的集合,设材质设计元素的集合 $M = \{M_1, M_2, \cdots,$ $M_x\}$,x 为材质设计元素的总数;$O = \{O_1, O_2, \cdots, O_y\}$,$y$ 为气味设计元素的总数;$S = \{S_1, S_2, \cdots, S_z\}$,$z$ 为造型设计元素的总数;$F = \{F_1, F_2, \cdots, F_p\}$,$p$ 为功能设计元素的总数;$C = \{C_1, C_2, \cdots, C_q\}$,$q$ 为交互设计元素的总数。通过多模态设计元素管理可以方便地增添、删除、编辑和查询设计元素,从而初步建立多模态的设计元素库。

3.4.3　用户需求语义与多模态设计元素的关联映射模型

用户隐性需求引出后通过语义的形式表达,但由于语言的模糊性以及认知的差异性,对于相同的语义,设计师和用户的理解是不同的。因此需要建立需求语义与多模态设计元素的映射关系。用户需求语义和多模态设计元素关联的程度,涉及两个指标,一个是词频和心理量表值。词频代表被试隐喻语义感知的次数,心理量表分值侧重于表现隐喻语义感知的程度。两个指标共同决定了需求语义和设计元素之间的关联程度,需要计算两个指标对关联程度的权重。对于权重的计算方法,目前主要有层次分析法和德尔菲法,这两种方法的数据来源于专家的意见,存在主观性强的缺点。因此采用熵值法通过指标值提供的信息量大小来确定权重,其核心原理为,系统中的信息量越大,不确定性就越小,熵也就越小,权重越大;信息量越小,不确定性越大,权重越小,因此主观性强的缺点能被很好地解决。基于熵值法的用户需求语义—多模态设计元素映射模型的具体步骤如下。

①构建原始数据矩阵。设有 v 个待评价的设计元素,w 个评价指标,创建层次结构模型,分析指标之间的关系。建立原始数据矩阵 $\boldsymbol{B}$。

$$\boldsymbol{B} = (b_{ij})_{v \times w} \tag{3.16}$$

式中　b_{ij}——指标值。

②标准化数据矩阵。由于评价值具有数字差异性,因此需要对数据进行标准化处理,标准化的计算公式为

$$\dot{B} = (\dot{b}_{ij})_{v \times w}, \dot{b}_{ij} = \frac{b_{ij}}{\sum_{i=1}^{v} b_{ij}} \tag{3.17}$$

式中　$\dot{b}_{ij}$——第 j 项指标下的第 i 个设计元素标准值。

③计算熵值。熵值计算公式为

$$e_j = -k \sum_{i=1}^{v} \dot{b}_{ij} \ln \dot{b}_{ij}, k = (\ln v)^{-1} > 0, 0 \leqslant e_j < 1 \tag{3.18}$$

式中　e_j——第 j 项指标熵值。

④计算差异性系数。当 $e_j = 1$ 时,有序度为 0 时,即完全无序;当 $e_j = 0$ 时,有序度为 1 时,则指标值相等。

$$r_j = 1 - e_j, 0 \leqslant r_j \leqslant 1 \tag{3.19}$$

式中　p_j——第 j 项指标的差异性系数。

⑤计算指标权重。

$$p_j = \frac{r_j}{\sum\limits_{j=1}^{w} r_j} \qquad (3.20)$$

式中　p_j——第 j 项指标的权重。

⑥计算多模态设计元素与需求语义的关联映射系数矩阵。

$$G = B \times P = (b_{ij})_{v \times w} \times p_j, i = 1, 2, \cdots, v; j = 1, 2, \cdots, w \qquad (3.21)$$

用户需求隐喻映射模型通过多模态设计元素与需求语义关联映射系数矩阵建立了需求语义和多模态设计元素之间的映射关系。

3.4.4　用户需求语义—设计元素映射系统的硬件装置

用户需求语义—多模态的设计元素映射系统装置的主要功能是将用户需求语义映射为设计师可感知的材质样本、气味样本、造型元素、功能视频、人机交互视频等多模态的设计元素。造型、交互设计和功能设计元素可通过显示屏幕展示，不需要单独设计硬件装置。而设计师无法通过屏幕体验材质和气味设计元素，需要设计专用技术装置来存储和展示。

1）材质体验仪设计

材质体验仪的主要功能是存储和表达材质设计元素，材质体验仪内存储的材质样本是通过需求语义—材质设计元素映射实验获得的。材质发生器内的材质样本物理位置编码与材质样本展示的控制信号一一对应。当设计师选择需要体验的材质样本，材质体验仪则会立即推出对应的材质样本供设计师进行体验。在设计材质体验仪时要考虑材质样本的存储量、材质样本的快速推出以及设计师体验的方法性。材质体验仪的样机如图 3.44 所示。（作者获得的发明专利名称为产品工业设计表达材质用户体验测试仪，发明专利号为 Z201410249386.X，授权日期为 2015-12-30）

图 3.44　材质体验仪主视图

2）嗅觉体验测试仪设计

嗅觉体验测试仪主要功能是存储和释放气味源,气味发生器内存储的气味样本是通过需求语义—气味设计元素映射实验获得的。气味发生器内的气味源物理位置编码与气味释放的控制信号一一对应。当设计师选择需要体验的气味时,气味发生器则会立即推出对应的气味供设计师进行体验。在设计气味发生器时要考虑气味源的存储量、气味快速释放。嗅觉体验测试仪的样机如图 3.45 所示。（作者获得的发明专利名称为产品创新设计表达用户嗅觉体验测试方法及其测试仪,发明专利号为 Z201410249993.6,授权日期为 2016-01-20）

图 3.45　嗅觉体验测试仪样机

3.4.5　用户需求语义—多模态设计元素映射系统的控制逻辑

驱动用户需求语义—多模态设计元素映射管理系统工作的是多模态设计元素表达的控制和管理的逻辑。主要包括需求语义库、多模态设计元素表达库与控制指令库的编码和管理,用户需求语义、多模态设计元素与控制指令的关联映射关系、系统与外接设备的通信控制、系统的模块关系与数据结构流程等。

1）需求语义库、多模态设计元素表达库与控制指令库之间的编码与管理

需求语义、多模态设计元素表达与控制指令编码和管理是用户需求语义—设计元素映射管理系统的内核。通过 MB-MET 方法获取的用户隐性需求语义经过聚类可得到需求语义库,且要研究每个语义属性,包括语义的外延和内涵意义、需求语义对应的用户构成等信息。通过设计师群体收集和设计获取的多模态设计元素,包括材质样板、气味样本、造型图片、创新功能、创新人机交互等,建立多模态设计元素数据库,要研究材质的属性,包括材料、表面加工工艺、供应商信息;研究气味的类型、形态、舒适度、功效、气味的原料、供应商等信息;研究造型设计的意象语义、灵感来源、现有产品的应用等信息;研究功能的技术原理、现有产品的应用、技术供应商等信息;研究人机交互的技术原理、人机工程学原理、技术供应商等信息。建立需求语义、多模态设计元素以及控制指令的编码规则,要考虑设计师的认知结构、思维模式以及计算机存储的编码规则。编码的数据要便于计算机存储、查询和修改,另外要保证编码的规范性以及参数的系列化和标准化。以气味设计元素为例,按照供应商—香型—功效—形态的编码规则进行编码,如阿芙牌薰衣草舒缓疲劳精油编码为AFU-00A-00B-00C。

需求语义与多模态的设计元素编码是语义—多模态设计元素映射管理的基础。映射管理包括需求语义、多模态设计元素编码管理,需求语义与多模态设计元素映射关系管理,多模态设计元素输出控制管理等。需求语义与多模态设计元素对应和映射关系是通过语义—多模态设计元素映射试验建立的。多模态设计元素的输出管理实质是造型图片显示、功能与交互视频播放、材质发生器电机与指示灯控制、气味发生器风机与电磁阀控制指令集合的管理。图片、视频播放可通过软件程序调用和播放,而材质发生器和气味发生器需要硬件控制指令。对于材质发生器,材质发生器电机的集合为 $M=\{M_1,M_2,\cdots,M_n\}$,指示灯的集合为 $L=\{L_1,L_2,\cdots,L_m\}$,则材质输出控制指令矩阵为 $X=(M_xL_y)(x=1,2,\cdots,n;y=1,2,\cdots,m)$。通过材质发生器的控制指令管理,可方便地添加、编辑、删除和查询材质设计元素。对于气味发生器,恒温加热器控制的集合为 $H=\{H_1,H_2,\cdots,H_p\}$,进气电磁阀的集合为 $JF=\{JF_1,JF_2,\cdots,JF_q\}$,出气电磁阀的集合为 $CF=\{CF_1,CF_2,\cdots,CF_q\}$,则气味输出控制指令矩阵为 $O=(H_xJF_yCF_z)(x=1,2,\cdots,p;y=1,2,\cdots,q;z=1,2,\cdots,q)$。通过气味发生器控制指令的管理可方便地添加、编辑、删除和查询气味设计元素。

2)需求语义、多模态设计元素与控制指令的关联映射关系

需求语义是用户内在需求的一种表征。设计师的工作目的是通过产品创新设计使用户的需求得以满足和实现。需求语义与多模态的设计元素产生的关联映射关系,是需求隐喻意象感知匹配客观存在的关系,每个设计元素都对应其特定的需求语义。同一个需求语义又对应不同多模态设计元素。需求语义与多模态设计元素之间的关联映射关联以及关联的强度可通过需求语义—多模态设计元素映射试验和模型获得。三者的关系为,需求语义对应一个或多个多模态设计元素,每个设计元素对应唯一设计元素表达的控制指令。

需求语义与多模态设计元素的关联设置实质,是语义集合与多模态设计元素输出控制指令集合的关联设置。设需求语义的集合 $S=\{S_1,S_2,\cdots,S_w\}$,材质设计元素的集合 $M=\{M_1,M_2,\cdots,M_x\}$,气味设计元素的集合 $O=\{O_1,O_2,\cdots,O_y\}$,造型设计元素的集合 $Z=\{Z_1,Z_2,\cdots,Z_z\}$,功能设计元素的集合 $F=\{F_1,F_2,\cdots,F_p\}$,交互设计元素的集合 $C=\{C_1,C_2,\cdots,C_q\}$,其逻辑关系为

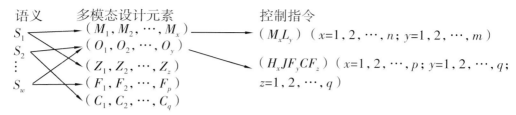

需求语义对应集合 S，集合 S 可与一个或多个多模态设计元素相关，每个材质设计元素对应一个材质输出指令 $M_xL_y(x=1,2,\cdots,n;y=1,2,\cdots,m)$；每个气味设计元素对应一个气味输出指令 $H_xJF_yCF_z(x=1,2,\cdots,p;y=1,2,\cdots,q;z=1,2,\cdots,q)$；当在搜索框输入需求语义时，弹出与语义关联映射的多模态设计元素列表，选择需要体验的材质样本或者气味，即输出对应电机转速和指示灯亮的指令或电磁阀开闭和鼓风机开闭的指令。当选择需要体验的造型设计元素或者功能以及交互设计元素时，则显示造型设计图片或者播放功能设计与交互设计视频供设计师体验。

3）需求语义—多模态设计元素映射系统与外接设备的通信控制

用户需求语义—多模态设计元素映射系统控制电脑与材质体验仪和气味发生器之间通过蓝牙通信连接。系统查询出某个需求语义关联的多模态设计元素，当使用者点击需要体验的某种气味设计元素时，气味设计元素输出指令被触发，该指令经过蓝牙传给气味发生器，控制电路控制恒温加热器、进气电池阀和出气电磁阀，通信控制过程如图 3.46 所示。

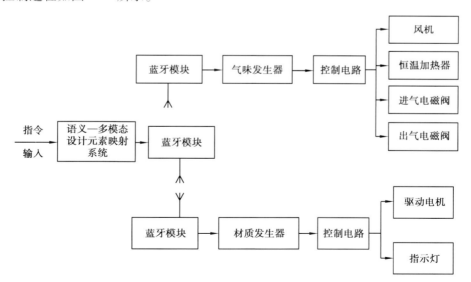

图 3.46　用户需求语义—设计元素映射系统的通信控制图

4）映射系统模块关系与数据结构流程

用户需求语义—多模态设计元素映射由系统软件和硬件模块组成，软件模块由系统设计模块、映射匹配模块以及图片和视频播放模块构成。系统设置模块负责对多模态设计元素编码设置管理，对需求语义与多模态设计元素关联映射关系管理，以及对多模态设计元素展示控制指令的设置与管理。映射匹配模块负责检索匹配用户需求语义，从而获取与需求语义相关联的所有多模态设计元素。图片和视频播放模块，可播放检索出来的造型设计元素、功能设计元素和交互设计元素以供设计师体验。硬件模板包括材质体验仪和气味发生器，通过通信模块接受多模态设计元素输出控制指令，材质体验仪的单片机接受材质体验控制指令后，控制材质体验机的电动机和指示灯工作，推出对应的材质供设计师体验材质的触觉。气味发生器的单片机接受气味体验控制指令后，气味发生器的鼓风机、加热器以及进出气电磁阀工作，释放对应的气味供设计师对气味的嗅觉体验。用户需求语义—多模态设计元素映射系统装置各模块间关系如图 3.47 所示。

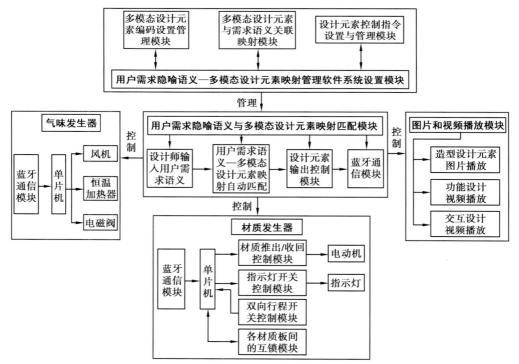

图 3.47　用户需求语义—多模态设计元素映射系统的模块关系

用户需求语义—多模态设计元素映射系统的数据流程需要经过几阶段，包括需求语义库建立、需求语义与多模态设计元素映射关联库、需求语义与多模态设计元素映射系统设置和多模态设计元素的检索。需求语义库的建立，需要选定某类产品，比如汽车、手机、空调、电脑等，然后通过 MB-MET 获取用户隐性需求语义，并根据语义相似度聚类，得到该类产品的用户需求语义基础库。需求语义与多模态设计元素映射关联库的建立,通过需求语义—多模态设计元素映射试验得到需求语义与多模态设计元素映射关联关系矩阵。需求语义与多模态设计元素映射系统设置,将需求语义—多模态设计元素映射矩阵数据导入需求语义—多模态设计元素映射系统,对系统进行初加载设置。多模态设计元素的检索,通过需求语义可检索出多模态设计元素集合,借助材质体验仪、气味发生器以及图片视频播放器,可对指定的设计元素进行视觉、触觉、嗅觉等多维度的体验,最终实现用户需求语义到多模态设计元素的映射和转换,用户需求语义—多模态设计元素映射系统的数据结构和流程如图3.48所示。

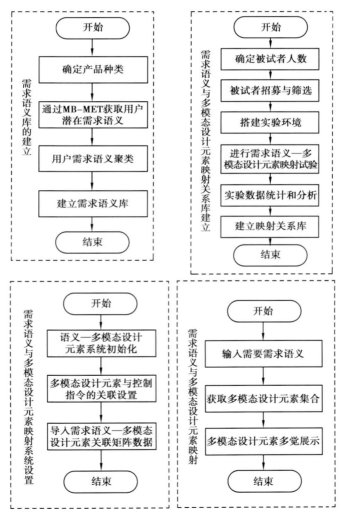

图 3.48　用户需求语义—多模态设计元素映射系统的数据结构和流程

3.4.6　用户需求语义—多模态设计元素映射试验案例

1）实验背景

为了建立用户需求语义与多模态的设计元素的映射关系，进行需求语义与多模态设计元素的映射实验。

2）试验过程

实验前，建立多模态设计元素库，建立语义库，搭建实验环境。然后使之前的30名被试依次进行实验。

正式实验的流程如下。

①被试签订知情同意书。

②被试阅读试验指导语，依次感知体验每个多模态的设计元素，并根据自身的感知选择1~3个语义，若语义库没有选择的词语，可自己填写。并对该设计元素与用户感知语义的匹配程度按照1~10级的心理量表打分，其中造型设计元素、功能设计元素、交互设计元素可在电脑屏幕上感知体验，而材质设计元素和气味设计元素需要实物样本才能体验。语义与多模态的设计元素关联映射试验过程如图3.49所示。

图 3.49　语义与多模态的设计元素关联映射试验过程

③30名被试依次进行试验。

④试验完毕。

3）试验数据处理

需求语义与设计元素的关联系数涉及两个评价指标：语义被选中的频次、设计元素与需求语义匹配度评分的均值。语义频次侧重于语义感知度，而评分均值侧重于匹配度，二者对于需求语义与设计元素之间的关联度的权重难以定量确定，按照基于熵值法的语义—多模态设计元素映射模型处理数据，以材质设计元素 M_1 与语义关联系数计算为例。初始实验数据，见表 3.17。

表 3.17　感知语义和主观评价原始数据表

设计元素 M_1	被试	语义感知	匹配评分
	U_1	高档、精致、细腻	7,5,8
	U_2	细致、柔和、精致	6,8,6
	U_3	柔软、细腻、舒适	9,6,7
	U_4	优雅、高端、细腻	6,8,8
	U_5	舒服、高贵	5,7
	U_6	柔软、舒适、细腻	7,5,8
	U_7	高档、柔软、高贵	5,4,6
	U_8	细腻、柔软、顺滑	7,8,6
	U_9	精细、精致、尊贵	6,7,4
	U_{10}	细腻、柔软、高档	8,7,6
	U_{11}	高贵、细腻	4,7
	U_{12}	柔和、顺滑、舒适	6,5,4
	U_{13}	细腻、柔软、细滑	8,7,5
	U_{14}	柔软、细腻	7,8
	U_{15}	高档、柔软	5,9
	U_{16}	高端、舒服、柔和	8,9,7
	U_{17}	细腻、细致	10,6
	U_{18}	滑润、细腻、柔软	5,9,8
	U_{19}	细腻、精美、温馨	8,7,5
	…	…	…

①原始数据统计和整理。包括语义的词频，即统计语义被感知的次数，以及语义匹配度评价的均值，计算公式为

$$\bar{p} = \frac{\sum_{i=1}^{m} p_i}{m} \tag{3.22}$$

式中　$\bar{p}$——语义匹配度评价的均值；

　　　p_i——语义匹配度评价分数；

　　　m——语义的频次。

统计和整理原始数据后的结果见表 3.18。

表 3.18　设计元素 M_1 的语义感知词频和匹配度均值表

产品语义	语义词频/次数	语义词频/%	语义匹配度均值	语义匹配度均值/%
细腻	20	66.67	8.15	81.50
柔软	14	46.67	6.86	68.57
高档	8	26.67	6.38	63.75
舒适	5	16.67	5.40	81.50
精致	5	16.67	5.40	68.57
柔和	4	13.33	6.25	63.75
高贵	3	10.00	5.67	81.50
顺滑	3	10.00	5.00	68.57
软和	2	6.67	7.00	63.75
细滑	2	6.67	6.00	81.50
高端	2	6.67	6.00	68.57
舒服	2	6.67	5.50	63.75
细致	2	6.67	5.00	81.50
精细	1	3.33	7.00	68.57
优雅	1	3.33	7.00	63.75
尊贵	1	3.33	6.00	81.50
滑润	1	3.33	6.00	68.57
温馨	1	3.33	5.00	63.75
轻柔	1	3.33	5.00	81.50
精美	1	3.33	4.00	68.57

②标准化数据处理。按照公式对语义词频和语义匹配度均值进行标准化数据处理，见表 3.19。

表 3.19　标准化数据处理

产品语义	语义词频	语义匹配度均值
细腻	0.253 2	0.313 5
柔软	0.177 2	0.184 6
高档	0.101 3	0.098 1
舒适	0.063 3	0.051 9
精致	0.063 3	0.051 9
柔和	0.050 6	0.048 1
高贵	0.038 0	0.032 7
顺滑	0.038 0	0.028 8
软和	0.025 3	0.026 9
细滑	0.025 3	0.023 1
高端	0.025 3	0.023 1
舒服	0.025 3	0.021 2
细致	0.025 3	0.019 2
精细	0.012 7	0.013 5
优雅	0.012 7	0.013 5
尊贵	0.012 7	0.011 5
滑润	0.012 7	0.011 5
温馨	0.012 7	0.009 6
轻柔	0.012 7	0.009 6
精美	0.012 7	0.007 7

③计算指标熵值、差异性系数和权重。按照公式计算熵值、差异性系数和权重，见表 3.20。

表 3.20　熵值、差异性系数和权重计算表

语义	熵值	差异性系数	权重
语义词频	0.830 7	0.169 3	0.437 92
语义匹配度均值	0.782 7	0.217 3	0.562 08

④计算设计元素与各语义的关联度。按照公式计算,以设计元素 M_1 与产品语义"细腻"的关联度 α 计算为例。

$$\alpha = \dot{b}_{ij} \cdot p_j = 66.67\% \times 0.437\ 92 + 81.50\% \times 0.562\ 08 = 0.750\ 1$$

计算设计元素 M_1 与其他产品语义,见表 3.21。

表 3.21　设计元素 M_1 与各语义的关联度

语义	与 M_1 的关联度	语义	与 M_1 的关联度
细腻	0.75	高端	0.41
柔软	0.59	舒服	0.39
高档	0.48	细致	0.49
舒适	0.53	精细	0.40
精致	0.46	优雅	0.37
柔和	0.42	尊贵	0.47
高贵	0.50	滑润	0.40
顺滑	0.43	温馨	0.37
软和	0.39	轻柔	0.47
细滑	0.49	精美	0.40

4）试验评价结果

通过语义—多模态设计元素映射实验,以及对语义和多模态设计元素进行编码处理,统计、整理实验数据,并将数据带入需求语义—多模态设计元素映射模型计算,得到多模态设计元素与语义的关联系数矩阵,形成需求语义—多模态设计元素的基础数据库。

3.4.7　基于用户需求语义—多模态设计元素映射测试验证

为验证用户需求语义—多模态设计元素映射模型和系统的实用性,另外找了一名符合小型 SUV 产品定位要求的目标用户,通过 MB-MET 隐喻引出方法获取该用户对产品的隐性需求,并将该用户的在造型、内饰材质、车内气味、人机交互和功能等维度下的需求隐喻语义分别聚类,得到需求语义集合"时尚、高档、健康、方便、科技",将语义输入需求语义—多模态设计元素映射系统,得到多模态设计元素集合以及语义与多模态设计元素的关联度。

以语义"时尚"的映射为例。将映射系统的检索的结果与用户自己的感知体验评价结果对比分析,选择产品类别为汽车,设定关联度最小值为 0.7,输入需求"时尚",点击确认,搜索,映射系统输出与时尚关联的设计元素包括,造型设计元素集合 (Z_1, Z_2, Z_3, Z_4),材质设计元素集合 (C_1, C_2),交互设计元素集合 (J_1, J_2, J_3),功能设计元素集合 (G_1, G_2, G_3, G_4),如图 3.50 所示。

图 3.50　用户需求语义—多模态设计元素映射系统界面与检索结果

将用户需求语义—多模态设计元素映射系统检索出的多模态设计元素与需求语义"时尚"关联度值和该名用户主观评价值对比,见表 3.22。

表 3.22　用户评价与系统输出关联度对比表

设计元素	评价	关联度	系统关联度	设计元素	评价	关联度	系统关联度
Z_1	9	0.9	0.91	J_2	8	0.8	0.83
Z_2	7	0.7	0.83	J_3	7	0.7	0.73
Z_3	8	0.8	0.81	G_1	8	0.8	0.91
Z_4	6	0.6	0.73	G_2	7	0.7	0.87
C_1	8	0.8	0.87	G_3	8	0.8	0.76
C_2	8	0.8	0.81	G_4	6	0.6	0.71
J_1	9	0.9	0.87				

图 3.51　映射系统关联度与用户评价对比图

从图 3.51 可以看出,映射系统输出的语义与多模态设计元素的关联度与该用户评价结果的趋势一致,证明该用户需求语义—多模态设计元素映射系统能较好地映射转换用户需求语义,从而验证了需求语义—多模态设计元素映射模型和系统可行性。根据该系统对时尚、高档、健康、方便、科技等需求语义所映射多模态设计元素感知体验后,设计师进行小型 SUV 造型、HMI 的创新设计,最终得到小型 SUV 的创新造型设计与 HMI 设计方案,如图 3.52 所示。

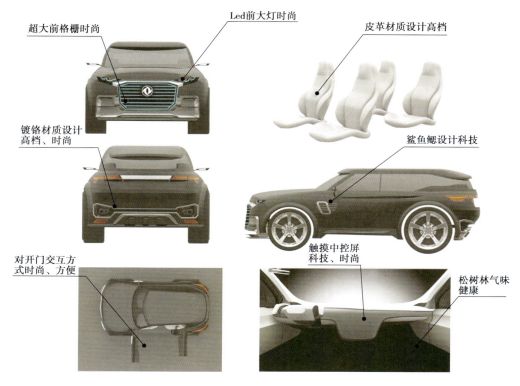

超大前格栅时尚

Led前大灯时尚

皮革材质设计高档

镀铬材质设计
高档、时尚

鲨鱼鳃设计科技

对开门交互方
式时尚、方便

触摸中控屏
科技、时尚

松树林气味
健康

图 3.52　小型 SUV 概念设计方案

第4章 汽车驾驶次任务分心机理与安全防控

4.1 汽车驾驶次任务分心机理

4.1.1 主次任务人机交互过程

1）主任务人机交互过程

车辆驾驶主任务的人机交互行为可分为两类：一类是横向交互行为，包括操作转向灯和方向盘；另一类是纵向交互行为，包括与离合、制动踏板、加速踏板、挡位的交互。

环境可感知信息主要以视觉形式呈现，主要占用人脑的视觉资源，因此环境可感知信息的信息量越高，剩余视觉资源程度越低。主任务人机交互过程如图4.1所示。

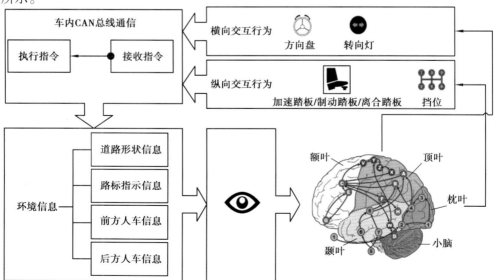

图 4.1 主任务人机交互过程

①道路形状信息、路标指示信息、前方人车信息、后方人车信息等环境可感知信息传入大脑的认知层。

②通过大脑认知层的复杂信息处理对身体执行部位发送操作指令,从而控制方向、转向灯、加速踏板/制动踏板/离合踏板、挡位等。

③车内 CAN 总线通信技术接收指令并执行指令,从而控制车辆的横向位移和纵向位移。随着车辆横向和纵向位置更迭,环境可感知信息不断更新。

2)次任务人机交互过程

随着智能网联技术和车载信息技术的不断发展,汽车的内部空间、人机界面、操作和交互过程正在发生革命性的变化。汽车已从出行工具变为数字化的交互空间。随着驾驶人对网联信息的需求和依赖程度的不断增加,车载信息系统、娱乐信息系统、手机应用、车载应用和软件等交互界面层出不穷,以车内信息交互为主的次任务逐渐成为驾驶行为的重要组成部分。目前驾驶人主要次任务包括使用手机打电话、微信等应用程序的消息读取、车载信息系统操作、空调操作、与乘客交谈、深入思考等。目前车载信息系统(IVIS)输入方式以触摸屏配合功能按键为主,以语音输入为辅。人类认识客观世界的过程中,20%~30%的信息源于非视觉信息的感知,其中,力触觉是重要的非视觉信息来源。在五大感官信息通道中,力触觉通道是人类获取环境信息的仅次于视觉的重要感觉通道,是唯一具有双向信息传递能力的通道。力触觉交互基于人类力触觉感知机理,力触觉设备模拟人类对实际物体的感知过程,实现虚拟或远地力触觉感知和再现。

研究表明,简单的声控输入对驾驶绩效的影响小于触摸屏,但受制于识别精度,经常会增加操作的错误率。并且,驾驶人对声控技术的信赖度不够,需要触摸屏显示装置反馈输入是否正确,这同样需要消耗视觉资源,并且需要视觉、听觉及认知通道之间的交互。

车载信息系统信息呈现方式包括视觉和听觉,目前常见的车载信息系统都采用视觉显示与听觉显示相结合的呈现方式,如车载信息系统的导航功能既在触摸屏上显示路线信息、转向信息、距离信息等,又通过语音播报给予驾驶人听觉通道的路线提示信息。

车载信息系统次任务人机交互行为模型如图 4.2 所示,包含以下过程。

①车载信息系统通过视觉与听觉相结合的信息呈现方式将车况信息、多媒体信息、车载导航信息、即时通信信息传入大脑认知层。

②通过大脑认知层的复杂信息处理对身体执行部位发送操作输入指令,包括触控输入与语音输入。

③车载信息系统的信息通信技术接收指令并执行指令,从而更迭信息。

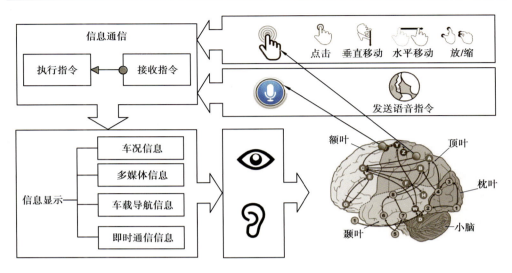

图 4.2　次任务人机交互过程

4.1.2　感知—认知—行动信息加工脑认知模型

在人类信息加工过程的研究中,基于分层网络的信息加工模型被用作分析人类在完成任务中的反应时间、多任务的绩效以及心理负荷。基于神经科学和认知心理学的发现,感知—认知—行动信息加工神经网络模型(QN-MHP)被构建,如图 4.3 所示。该模型根据信息加工的过程分为感知层、认知层和行动层,每层中信息加工单元见表 4.1。

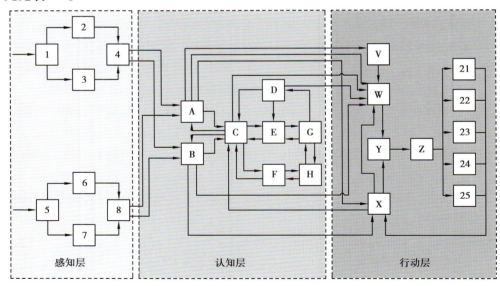

图 4.3　感知—认知—行动信息加工模型

表 4.1　信息加工单元

感知层(代号:单元功能)	认知层(代号:单元功能)	行动层(代号:单元功能)
1.一般视觉加工	A.视觉空间模板	V.感觉运动集成
2.视觉识别	B.语音回路	W.运动系统检索
3.视觉定位	C.中央执行系统	X.反馈信息收集
4.视觉识别与定位集成	D.长期的程序性记忆	Y.运动系统运行与误差检测
5.一般听觉加工	E.绩效监控	Z.向身体部分发送指令
6.听觉识别	F.复杂认知功能	21~25.眼,嘴,左手,右手,脚
7.听觉定位	G.目标执行	
8.听觉识别与定位集成	H.长期声明和空间记忆	

（1）感知层

在人类感知周围环境的过程中,视觉、听觉和躯体感觉共同组成了感觉系统。但是 QN-MHP 信息加工模型仅仅考虑了视觉和听觉,下面以视觉系统为例对感知层进行描述。视觉系统包含 4 个信息加工单元:一般视觉加工 1,视觉识别 2,视觉定位 3,视觉识别与定位集成 4。一般视觉加工主要经由视网膜、外侧膝状体、上视丘、初级视皮层、高级视皮层;视觉识别主要经由高级视皮层、低枕叶、下颞叶皮层;视觉定位主要经由高级视皮层、枕叶和顶叶;视觉识别与定位集成指视觉识别与定位两条加工信息流之间的侧面连接。

（2）认知层

在 QN-MHP 信息加工模型中,认知层包括工作记忆系统、目标执行系统、长期记忆系统、复杂认知加工系统。其中,工作记忆系统包括 4 个信息加工单元,即视觉空间模板 A、语音回路 B、中央执行系统 C、绩效监控 E,分别代表大脑皮层中右半球后顶叶皮层、左半球后顶叶皮层、背外侧前额叶皮质（前背侧额叶皮质、额中回）、前扣带皮层。目标执行单元 G 对应大脑皮层中的眶额皮层、脑干中的 LC-NE 系统以及杏仁核复合体（负责目标的产生和动机）。长期记忆系统包括长期声明和空间记忆单元 H 以及长期程序性记忆单元 D。长期声明和空间记忆单元代表内颞叶,储存了做事件选择的各种规则、长期的空间信息以及感知判断、决策和解决问题的规则;长期程序性记忆单元代表纹状体和小脑系统,储存了任务步骤和完成任务所需行动系统的执行步骤。复杂认知加工单元 F 代表的脑区包含顶内沟、额上回、额下回、顶叶回、腹外侧额叶皮质,可实现复杂认知功能,包括多项选择的决定、语音判断、空间工作记忆操作、视觉眼肌运动选择、心理计算等。

（3）行动层

在 QN-MHP 信息加工模型中,行动层包括 5 个信息加工单元,即感觉运动集成单元 V、动力系统检索单元 W、反馈信息收集单元 X、运动系统运行与误差检测单元

Y 和向身体部分发送指令单元 Z。感觉运动集成单元代表运动前区皮质,检测感觉运动和感官信号;基底神经节(动力系统检索单元)从长期程序性记忆单元 D 中检索行动程序和任务步骤;补充运动区和运动前区 Y 运行运动程序,并保证运动误差的范围;初级运动皮质 Z 向身体各部位发送并传输脊髓和球茎运动神经元信号,运动执行部位包括眼、嘴、左手、右手、脚。在上述整个过程中,躯体感觉皮质 X 从初级运动皮质 Z 和身体各个部位收集运动信息和感官信息,然后传输至前额皮质 C 和运动区 Y。

4.1.3　次任务分心生理心理学表征

1)认知表征

根据神经科学及生理心理学的研究结果,在进行认知活动时,人脑及自主神经系统(ANS)会有相应的生理反应。越来越多的人因学研究逐步将视角转向人的生理系统,而不是人的主观思维。神经科学家 Dimoka 提出"Directly asking the brain, not the person"观点,心理进程、思想观点、知觉感觉等都属于主观思维,主观思维具有多次加工的特性,人类会根据社会语境对实际心理感受进行多次加工。而大脑、自主神经系统、眼睛等生理器官则会更加真实地反映人的心理感受。因此,从方法论的视角来看,生理表征是车载信息系统次任务负荷最直接的表征。

在双重任务的情况下,伴随着心理压力和紧急决策活动,脑力负荷增加最直接的体现则是大脑的神经传导介质的释放量,识别脑电波(EEG)和量化时域信号,可以准确反映警觉度、注意和负荷的微妙变化,脑电信号中反应认知状态的特征值与任务绩效之间存在显著相关性;脑力负荷的增加将导致自主神经系统的反应,如心率加速、瞳孔增大、出汗等;脑力负荷增加还会体现在面部表情上,例如,皱眉、撇嘴等微表情。

眼动仪摄像头获取瞳孔图像并分析得出瞳孔尺寸,用面部摄像头来分析肌肉活动捕捉微表情的强度值;心电、皮电、脑电生理等生物电信号,可以由生物传感器获取。以上脑电、面部表情、心电、皮电、眼动等生理指标是驾驶人—车载信息系统人机交互过程中脑力负荷的客观生理数据的量化表征。

2)行为表征

在车载信息系统人机交互过程中,行为负荷车载信息系统人机交互的行为负荷源于手指操控交互和语音交互。

手动行为指驾驶人用手指在车载信息系统中进行垂直/水平平移、缩放、点击等人机交互操作。手动行为将产生两部分负荷,即内部负荷和外部负荷。内部负荷指在手动行为中肌肉的收缩运动产生的负荷,外部负荷表征线速度、角速度;外部负荷指在手动行为中手指为了克服手指与屏幕间的摩擦力产生的负荷,主要表征为大小臂肌肉群驱动腕关节和肘关节肌肉活动情况。

语音行为指驾驶人用语音指令向车载信息系统发布命令,其语音特征可从两个方面描述,即语言特征和非语言特征。语言特征主要包含语音行为传递的语言信息量、语言的语态、语言的情感含义等;非语言特征主要包含语音品质、语气、节奏、停顿等。语音操控行为会产生额外的行为负荷,主要表征为基础频率升高、语速变快、基本频率扰动分布集中等。

3)心理表征

在人机交互过程中,驾驶人通过认知、行为交互活动客观地产生了脑力负荷及行为负荷,从而给被试带来相应的心理感受,这种心理感受就是心理负荷(图4.4)。心理负荷是驾驶人对人机交互过程中的脑力负荷和行为负荷的"概括"和"语义转化"。

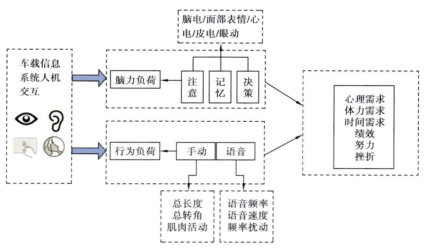

图 4.4　车载信息系统次任务负荷来源及多维表征

心理负荷定义为驾驶人在执行人机交互任务的过程中需要的认知资源与行动资源总量。自我认知量表反射出大脑的认知活动,生理指标比自我认知量表更加客观,自我认知量表与生理指标主客观相结合可以提升心理负荷评价的效度。国际通用负荷测定量表 NASA-TLX 中的维度可以量化车载信息系统人机交互心理负荷,负荷增加的表征为任务的心理需求增加、体力需求增加、时间需求增加、绩效降低、付出更多努力、挫折感更强。自我认知量表一般在被试完成任务后测量,被试在回忆做任务过程中的心理状况时,一般以最终的心理状况作为衡量依据。因此,心理表征很难实时测量,主观测量方法有很大的局限性。被试对完成任务心理状况的记忆误差以及调研中对任务场景的唤醒程度都会影响主观测量的准确度。

4.2　基于多维表征指标的次任务负荷状态判别方法

4.2.1　次任务负荷多维表征指标体系

车载信息系统的次任务负荷源于两个阶段:一是认知阶段,一方面长时记忆为信息选择(选择性注意)提供依据,另一方面将注意到的信息与长时记忆中的信息进行加工,在车载信息系统中常见的人机交互认知加工包括信息搜索、信息识别、信息匹配、逻辑推理、思维换算等;二是反应阶段,身体的执行系统(眼睛、手、脚、嘴等)会对认知加工发出的命令并做出反应,在车载信息系统中常见的人机交互行为包括手指操作和发出语音指令。

脑电波、面部表情、ANS、眼动等生理指标是驾驶人—车载信息系统人机交互过程中脑力负荷的客观生理数据的量化表征;手指运动轨迹长度、手指线速度、手指角速度、肌肉活动、语音频率、语音速度、基本频率扰动分布为驾驶人—车载信息系统人机交互过程中行为负荷的客观生理指标的量化表征。心理需求、体力需求、时间需求、绩效、努力、挫折为驾驶人—车载信息系统人机交互过程中心理负荷的量化表征。根据表征指标的数据和佩戴特点,表 4.2 对认知/行为/心理负荷表征指标优缺点分析。

表 4.2　认知/行为/心理负荷表征指标优缺点分析

表征指标	表征维度	已验证的关联度	优点	缺点
脑电	脑力负荷(生理)	高	实时性	侵入性强,数据采集难度高
心电	脑力负荷(生理)	高	实时性	侵入性强
脉搏波	脑力负荷(生理)	高	实时性,侵入性可接受	无
皮电	脑力负荷(生理)	中	实时性,侵入性可接受	无
面部表情	脑力负荷(生理)	中	实时性,无侵入性	无
瞳孔大小	脑力负荷(生理)	低	实时性	侵入性强
眼跳次数	脑力负荷(生理)	高	实时性	侵入性强
心理需求	心理负荷	高	无侵入性,操作简便	缺乏实时性
体力需求	心理负荷	高	无侵入性,操作简便	缺乏实时性
时间需求	心理负荷	高	无侵入性,操作简便	缺乏实时性
绩效	心理负荷	高	无侵入性,操作简便	缺乏实时性
努力	心理负荷	高	无侵入性,操作简便	缺乏实时性
挫折	心理负荷	高	无侵入性,操作简便	缺乏实时性

续表

表征指标	表征维度	已验证的关联度	优点	缺点
手指线速度	行为负荷(手动)	高	无侵入性,操作简便,实时性	暂无
手指角速度	行为负荷(手动)	高	无侵入性,操作简便,实时性	暂无
手指移动距离	行为负荷(手动)	高	无侵入性,操作简便	缺乏实时性
手指总转角	行为负荷(手动)	高	无侵入性,操作简便	缺乏实时性
肌电	行为负荷(手动)	高	实时性	侵入性高
语音频率	行为负荷(语音)	高	无侵入性,实时性	暂无
语音速度	行为负荷(语音)	高	无侵入性,实时性	暂无
基本频率扰动	行为负荷(语音)	高	无侵入性,实时性	暂无

根据脑力负荷生理表征指标测试仪器的佩戴特点,脑电仪电极分布在头部,心电仪电极须直接接触心脏部位皮肤,皮电仪电极分布在掌心,脉搏仪电极分布在手指,眼动仪佩戴于被试头部且双眼前方3~5 cm位置分布红外摄像头。根据各仪器在实际佩戴过程中对被试的影响以及对数据可靠性的预测分析,得出以下结果。

①眼动仪对主次任务中视觉采样产生干涉,有50%以上的被试认为眼动仪对视觉信息的获取影响明显。

②女性被试佩戴心电仪明显不舒适,可能影响各项生理指标以及主次任务绩效。

③脑电仪要求被试洗头发并涂抹导电膏,需要被试配合度较高,在动态驾驶场景中,大部分脑电波形为主任务诱发,很难捕捉次任务诱发的脑电波形。

④皮电仪、脉搏仪对被试无明显干扰,但皮电传感器输出数值变化极其微弱。

根据上述结果①,头戴式眼动仪干涉主次任务中视觉采样,因此不选用眼动相关指标作为脑力负荷的测量指标。根据上述结果②、④,佩戴心电仪可能给女性被试带来额外心理负荷,影响最终测试结果,因此选用脉搏波替代心电波。心电波形与脉搏波形具有明显的相关性,脉搏波形比心电波形延后了一个相位,脉搏传感器可输出心率、血氧饱和度、脉搏速率。根据上述结果③,虽然脑电波与脑力负荷最相关,但是次任务诱发的脑电波被淹没在主任务诱发的脑电波中,车载信息系统人机交互任务诱发的脑电波形很难被提取出,因此,脑电波在次任务的研究中不适合作为衡量脑力负荷的量化测量指标。综上所述,选择面部表情、心率、血氧饱和度、脉搏速率作为脑力负荷测量指标。

　　选取手指角速度、手指线速度、肌电三个指标测量手动行为负荷。其中,肌电有较强的侵入性,其佩戴位置为肩部及大小臂肌肉群,本研究为了防止传感器连接线干涉人机交互行为,选取右大臂内外侧肌肉(肱二头肌和肱三头肌)作为肌电传感器放置位置。其他指标均通过手指运动图像处理技术得出,对主次任务无影响。选取语音频率、语音速度、基本频率扰动分布 3 个指标分析并可通过离线语音信号处理的方法得出语音行为负荷,具有实时性、无侵入性。

　　采用自我认知量表(NASA-TLX)测量心理表征指标,车载信息系统人机交互过程不受影响,该方法侵入性低,较为简便。测试过程中为了降低回忆误差,采用多模态场景回放的方法唤醒场景记忆。多模态场景包括车载信息系统人机交互任务的路况场景、手指操作场景、面部场景。心理表征指标维度包含心理需求、体力需求、时间需求、绩效、努力、挫折,指标负荷测量包含认知和行为两个方面,符合本书的研究思路。

　　经过以上车载信息系统次任务负荷表征指标优缺点分析,可建立如图 4.5 所示的车载信息系统次任务负荷测试指标体系。

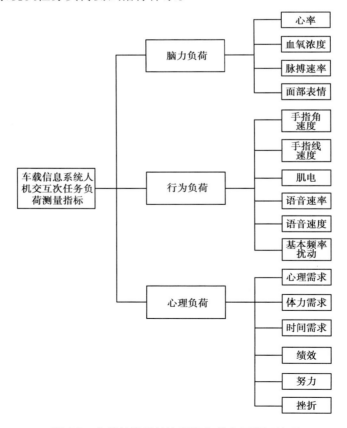

图 4.5　车载信息系统次任务负荷表征指标体系

4.2.2　多维数据同步采集方法

多维数据采集系统包括以下 3 个部分。

1）生理信息采集系统

多通道生理传感器（图 4.6）采用无线连接（传输距离>100 m）的方式与主机控制软件连接，可以同步采集、分析脉搏波（PPG）、肌电（EMG）数据，每个通道的采样频率为 2 000 Hz。肌电传感器信号采集应遵循下述原则。

①电极置于肌腹位置，同一块肌肉的两片电极中心点距离不超过 2 cm。

②尽可能保持肌肉温度一致，控制室内空调温度为 26 ℃。

③实验前被试上肢没有过高负荷运动或低负荷重复运动。

④固定电极位置及其连线，尽可能使信号稳定且无丢失。

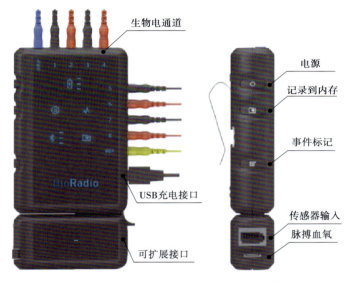

图 4.6　多通道生理信号采集系统

面部表情采集分析系统是 Noldus 公司开发的 FaceReader 7.0 软件，该软件根据 Ekman 的 FACS 面部肌肉编码系统捕捉人类面部肌肉位移，从而敏锐地识别人类 17 种微表情，即内侧眉毛提起、外侧眉毛提起、眉毛降下、上眼睑提起、面颊提起、眼睑收紧、鼻子皱起、上嘴唇提起、嘴角下撇、下巴提起、嘴唇皱起、绷紧嘴唇、紧压嘴唇、微张嘴唇、下巴落下、嘴唇张大延伸、眼睛闭合，如图 4.7 所示。

2）行为信息采集系统

车载信息系统的人机交互行为信息包括两部分：手指行为信息采集系统与语音行为信息采集系统。手指行为信息采集是 Noldus 公司开发的 EthoVision XT 软件（图 4.8）实时采集与离线分析手指行为。该软件通过自动识别颜色标记，并通过特

图 4.7　FaceReader 面部表情采集系统

定算法分析手指实时的线速度、角速度这两个手指行为负荷测量指标。语音行为信息采集是罗技 C920 摄像头采集被试的语音拨打电话指令,采集到的语音格式是.wav,将语音文件导入 Matlab 中分析可得出语音频率、语音速度、基本频率扰动。

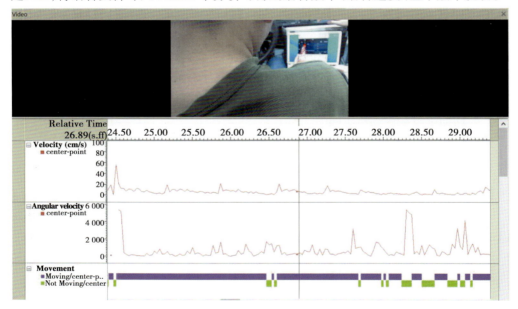

图 4.8　EthoVision XT 手指行为信息采集系统

3)模拟驾驶平台及车辆数据采集系统

本实验采用 REAL-TIME RDS-MODULAR 模拟驾驶器(图 4.9),主要包含以下部件。

①3 个方向的棱面屏幕。

②分辨率为 1 920 像素×1 080 像素。

③驾驶员与乘客的座椅。

④5.1 音响系统。

⑤载荷控制操控系统。

⑥真正的踏板和变速装置。

⑦液晶的左右后视镜和上后视镜。

⑧虚拟仪表板和数字中控屏。

图 4.9   模拟驾驶平台及车辆数据采集系统

4.2.3   基于多维表征指标的次任务负荷状态判别方法

1）数据集采样实验设计

（1）被试选择

共 40 名被试参加本实验，其中，8 名为女性，32 名为男性。由于次任务对不同年龄段驾驶员的影响不同，为了避免年龄因素的影响，所有被试年龄为 22 ~ 28 岁。被试要求如下：

①取得驾照一年以上，过去一年内没有交通事故记录。

②精神及身体状况良好，没有精神病史、心脏病史、高血压史等。

③对实验中的模拟驾驶平台没有明显的眩晕症状。

④能熟练使用触屏设备。

次任务变量：限速提示模态 4 种×信息层级 2 种。将被试分为 8 组，每组的实验条件一致，且女性被试被平均分配在 8 组中，被试分组见表 4.3。

表 4.3　被试分组表

被试组号	被试数量	限速提示模态	任务信息层级
1	5	视觉	七层
2	5	视觉+听觉(短语音)	七层
3	5	视觉+听觉(中语音)	七层
4	5	视觉+听觉(长语音)	七层
5	5	视觉	五层
6	5	视觉+听觉(短语音)	五层
7	5	视觉+听觉(中语音)	五层
8	5	视觉+听觉(长语音)	五层

（2）道路场景设计

两种不同复杂度的道路场景（高速道路场景 vs.城市道路场景）作为模拟仿真实验中的路况，如图 4.10 所示。两种场景都是双向四车道的直线路况，可按照次任务执行将道路场景分为 3 段。其中，高速道路场景车流量为 0.8 辆/s，道路两旁为绿色草坪；城市道路场景车流量为 1 辆/s，道路两旁为常见城市建筑。

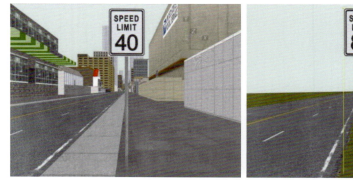

图 4.10　模拟道路场景建模

如图 4.11 所示，第一段的被试次任务是根据限速提醒控制车速。在该路段中行至限速标志（距离起点 200 m）时，模拟仿真系统自动播报限速提示的语音及限速路牌。第二段的被试次任务是语音拨号，在该路段中行至"取消减速标志"（距离起点 200 m）时，模拟仿真系统自动播报"请用语音拨打电话给实验员"。第三段的被试次任务是搜索音乐，在该路段中行至距离起点 200 m 处，模拟仿真系统自动播报"请搜索歌手周杰伦的所有歌曲并收藏其中一首"。

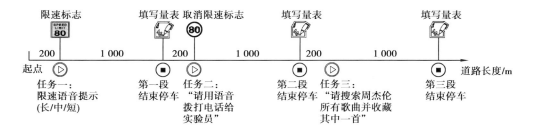

图 4.11　分段任务设计

（3）次任务变量设置

①限速提示模态。

任务一中，限速提示模态包含视觉与听觉，视觉模态以限速牌作为限速提示（图4.12），听觉模态以长、中、短 3 种语音信息作为限速提示。限速提示模态共有 4 种类型，见表4.4。

图 4.12　视觉模态限速提示——限速标志

表 4.4　限速提示模态

类型编号	限速提示模态	语音信息
1	视觉	无
2	视觉+听觉（短语音）	前方有限速拍照
3	视觉+听觉（中语音）	前方有限速拍照，限速 80 km/h
4	视觉+听觉（长语音）	前方 200 m 有限速拍照，限速 80 km/h

②信息层级。

任务三中，如图 4.13 所示设计了两款搜索音乐的软件原型，被试为达到规定任务"请搜索歌手周杰伦的所有歌曲并收藏其中一首"，需要操作的信息层次不同，即操作步骤数不同。系统 1 共包含 7 个信息层级，系统 2 共包含 5 个信息层级。

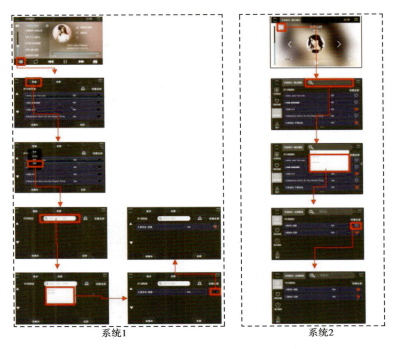

图 4.13　两款不同信息层级的软件原型界面

2）多维数据同步采集方法

如图 4.14 所示，车载信息系统人机交互实验利用生理传感器、摄像头、主观问卷同步采集脉搏和肌电数据，面部表情与手指行为视频，被试语音拨打电话音频以及 NASA 量表数据。

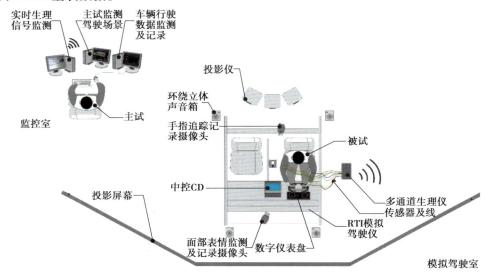

图 4.14　多维数据同步采集场景

可采集到的多维数据,见表4.5。

表 4.5　多维数据采集方法

名称	缩写	单位	采集方法
心率	HR	次/min	脉搏血氧传感器
脉搏率	PPG	次/min	脉搏血氧传感器
血氧浓度	OXI	%	脉搏血氧传感器
肌电	EMG	mV	表面肌电传感器
微表情	AU	—	面部表情摄像头
语音行为	SPH	—	摄像头录音设备
手指行为	FM	—	手指运动摄像头
心理负荷	MWL	—	NASA-TLX 量表

BR 无线监视仪采集脉搏和肌电数据,采样频率为 250~16 000 Hz,与测试主机用蓝牙无线传输。脉搏血氧传感器可以输出实时心率(次/分)、脉搏率(次/分)和血氧浓度(%);肌电传感器可以输出实时表面肌电信号(mV),传感器时域信号示例图如图 4.15 所示。

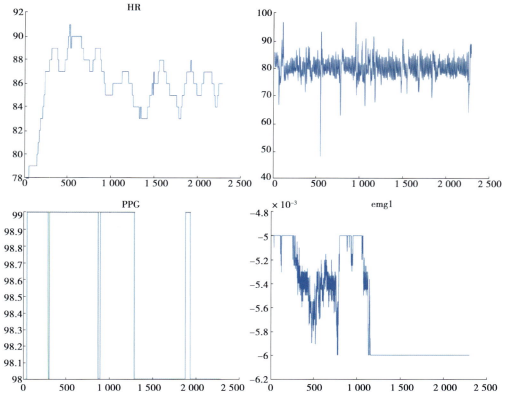

图 4.15　生理传感器时域信号示例图

两个罗技 C920 摄像头采集面部表情与手指运动视频数据,动态分辨率为 1 280 像素×720 像素,最大帧频为 30 fps,输出格式为.avi。为了标记手指的运动轨迹,在右手指甲上粘贴与屏幕区分明显的颜色标记,如图 4.16 所示。

图 4.16　手指运动颜色标记

罗技 C920 摄像头采集被试语音拨打电话的音频数据,该型号摄像头内置降噪麦克风,音频输出格式为.wav。

主观评价数据通过自我认知量表的方式获取,用 NASA 量表测量被试在车载信息系统人机交互任务中的心理负荷。自我认知量表采用国际上通用的心理负荷测试量表-NASA 量表,分为 6 个维度:心理需求、体力需求、时间需求、绩效、努力、挫折。其中,心理需求与时间需求反映了在操作车载信息系统时被试的脑力负荷程度。体力需求反映了在操作车载信息系统时被试的行动负荷程度。绩效、努力、挫折反映了被试对车载信息系统操作难度水平的主观评价。

4.3　驾驶次任务负荷对驾驶安全性的影响

4.3.1　汽车驾驶分心状态下驾驶风险检测方法

1)次任务负荷状态判别原理

本书的评价对象为车载信息系统,评价的目的有两个:一是评价已有的车载信息系统的不同人机交互任务带给驾驶人的总体负荷程度;二是基于生理传感器数据预测驾驶人操作其他车载信息系统时的次任务负荷程度。基于以上两个目的,本书将建立不同交互模态下的车载信息系统人机交互次任务负荷表征的数据集,并用模式识别算法建立车载信息系统次任务负荷状态预测模型。

在驾驶人工作负荷的监测系统中,驾驶人主任务绩效,如车辆速度、加速度、方向盘波动率、踏板力波动率,通常被作为判定依据。在主任务负荷不变的情况下,主任务绩效越高,次任务负荷越低。但是主任务绩效高低受主次两个任务的负荷影响,主任务绩效数据无法判定车载信息系统人机交互次任务负荷程度。因此,本书将主观心理负荷的数据作为样本标签对次任务负荷状态标定。车载信息系统人机交互次任务负荷评价思路如图4.17所示。

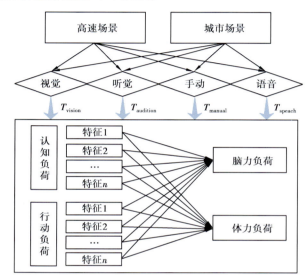

图 4.17　车载信息系统人机交互次任务负荷评价思路

预测模型的数据集需要同时满足以下两个条件。

①为了建立适用于多种交互模态的预测模型,车载信息系统人机交互任务需要包含视觉、听觉、语音、手动4种交互模态。

②为了建立适用于不同场景的预测模型,在测试中须测试每个被试在高速和城市两种道路场景下完成人机交互任务的次任务负荷。

2)脑力负荷特征值提取

(1)生理信号

①时域特征。

设原始时间序列为 $u(1),u(2),\cdots,u(N)$。

均值

$$\bar{x} = \frac{1}{N}\sum_{i=1}^{N} x_i \tag{4.1}$$

$$x = \min(x_i), i = 1,2,\cdots,N \tag{4.2}$$

最大值

$$x = \max(x_i), i = 1,2,\cdots,N \tag{4.3}$$

中值

$$x = \begin{cases} \{x_{\mathrm{me}} \mid x_1 < x_2 < \cdots < x_{\mathrm{me}} < x_{\mathrm{me}+1} < \cdots < x_N \}, N \text{ 为奇数} \\ \left\{ \dfrac{x_i + x_{i+1}}{2} \middle| x_1 < x_2 < \cdots < x_i < x_{i+1} < \cdots < x_N \right\}, N \text{ 为偶数} \end{cases} \quad (4.4)$$

标准差

$$x = \sqrt{\frac{1}{N} \sum_{i=1}^{N} (x_i - \overline{x})^2} \qquad (4.5)$$

方差

$$x = \frac{1}{N} \sum_{i=1}^{N} (x_i - \overline{x})^2 \qquad (4.6)$$

相邻元素差值的均方根(RMSSD)

$$x = \sqrt{\frac{1}{N} \sum_{i=1}^{N} (x_{i+1} - x_i)^2} \qquad (4.7)$$

小波包能量特征

$$E(j,i) = \sum_{k \in Z} [p_s(n,j,k)]^2 \qquad (4.8)$$

式中　$E(j,i)$——在小波包分解层次 j 上第 i 个节点的能量值;

　　　$p_s(n,j,k)$——小波包变换系数。

②小波样本熵。利用小波样本熵提取生理信号的特征值,即心率、脉搏率、血氧浓度、肌电信号。样本熵是可以量化提取时间序列数据特征的算法,只需要比较短的数据就能得出稳健的估计值,并具有良好的抗噪和抗干扰能力,所以可以有效处理随机成分和确定性成分组成的混合信号,如生理信号。设 m 为嵌入维数,r 为预先设定的阈值,对给定的 N 点时间序列 $u(i)$ 提取样本熵的计算步骤如下。

a.设原始时间序列为 $u(1),u(2),\cdots,u(N)$,生成一系列随机矢量 $x(i)(i=1,2,\cdots,N-m+1)$

$$x(i) = [u(1),u(2),\cdots,u(i+m-1)] \qquad (4.9)$$

b.求两个向量 $\boldsymbol{x}(i)$ 和 $\boldsymbol{x}(j)$ 之间的距离。

$$d[x(j),x(i)] = \max[|x(i+k)| - |x(j+k)|] \qquad (4.10)$$

式中,$0 \leqslant k \leqslant m-1; 1 \leqslant i,j \leqslant N-m+1$。

c.计算对 m 序列的相似概率,对预先设定的阈值 r,统计 $d[x(j),x(i)]$ 小于 r 的数目与距离总数 $N-m+1$ 的比值。

$$C_i^m(r) = \frac{\mathrm{Count}\{d[x(j),x(i)] < r\}}{N - m + 1} \quad (1 \leqslant i,j \leqslant N - m + 1 \text{ 且 } j \neq i) \quad (4.11)$$

d.求模式 i 在 1 到 $N-m+1$ 的所有取值的 $C_i^m(r)$ 的平均值。

$$C^m(r) = \frac{1}{N-m+1} \sum_{i=1}^{N-m+1} C_i^m(r) \tag{4.12}$$

e.m 点与 $m+1$ 点序列相似概率则为样本熵。

$$H(m,r) = -\ln\left[\frac{C^m(r)}{C^{m+1}(r)}\right] \tag{4.13}$$

（2）面部表情数据

用 20 个动作单元的平均强度来分析微表情对脑力负荷的表征，20 个动作单元对应的运动状态分别是内侧眉毛提起、外侧眉毛提起、眉毛降下、上眼睑提起、面颊提起、眼睑收紧、鼻子皱起、上嘴唇提起、拉动嘴角、挤出酒窝、嘴角下撇、下巴提起、嘴唇延伸、嘴唇皱起、绷紧嘴唇、紧压嘴唇、微张嘴唇、下巴落下、嘴唇张大延伸、眼睛闭合。

①设原始时间序列为 $u(1),u(2),\cdots,u(N)$。

②对于每个序列点 $u(i)$，20 种动作单元的运动强度构成的矩阵为 $AU(i) = [AU_1,AU_2,AU_3,\cdots,AU_{20}]$。

③在时间序列 N 上的 20 个动作单元的平均强度为

$$\overline{AU}(i) = \sum_{i=1}^{N} AU(i) \tag{4.14}$$

3）行为负荷特征值提取

（1）语音信号

从被试的语音拨打电话任务中截取任务成功状态下的语音信号，提取语音频率、语音速率、基本频率扰动的平均值。基本频率扰动指声带频率的扰动，可用基本频率的周期循环变化程度来计算，扰动分析一般将信号的时间序列分为不超过 20 段。基本频率扰动的算术定义为一阶摄动函数绝对值的平均值换算为百分比。

①设原始时间序列为 $u(1),u(2),\cdots,u(N)$，由时间序列组成的语音持续时长为 t，共发出 r 个音节。

②对于每个序列点 $u(i)$，语音信号的频率为 f_i。

③在时间序列 N 上的平均语音频率为

$$\bar{f} = \sum_{i=1}^{N} f_i \tag{4.15}$$

平均语音速度为

$$\bar{v} = \frac{r}{t} \tag{4.16}$$

④设原始时间序列可分为 M 段周期，分别是 $c(1),c(2),\cdots,c(M)$，对应的平均

语音频率为 $\bar{f}(c_{1-M})$，则在 M 段周期中，语音频率的稳态值为

$$\bar{f}_M = \frac{1}{M}\sum_{i=1}^{M} f(c_i) \tag{4.17}$$

⑤以零阶摄动函数算出时序值与稳态值的算术差

$$p_i^0 = f(c_i) - \bar{f}_M, i = 1,2,\cdots,M \tag{4.18}$$

⑥由一阶摄动函数算出相邻两个零阶摄动函数的算术差

$$p_i^1 = p_i^0 - p_{i-1}^0 = f(c_i) - f(c_{i-1}), i = 1,2,\cdots,M \tag{4.19}$$

⑦基本频率扰动

$$jitter = \frac{100}{(M-1)\bar{f}_M}\sum_{i=2}^{M} |f(c_i) - f(c_{i-1})| \tag{4.20}$$

（2）手指轨迹数据

根据多资源理论，手指移动消耗的资源将会影响与之相关的主任务的行为，例如，方向盘、加速踏板等操作。在执行车载信息系统触屏任务中，主任务手动行为资源实时线速度（V_n）和实时角速度（RAV_n）作为衡量手动行为负荷的客观指标。计算步骤如下：

①计算时刻 t_n 实时运动位移。

如图 4.5 所示，设 DM_n 是从采集点 t_{n-1} 到采集点 t_n 的位移；X_{n-1}, Y_{n-1} 为采集点 t_{n-1} 的实时坐标；X_n, Y_n 为采集点 t_n 的实时坐标。

$$DM_n = \sqrt{(X_n - X_{n-1})^2 + (Y_n - Y_{n-1})^2} \tag{4.21}$$

②计算时刻 t_n 实时线速度。

$$V_n = \frac{DM_n}{t_n - t_{n-1}} \tag{4.22}$$

③计算参考线（与 x 轴平行的直线 X_nX_{n-1}）与位移线的夹角 α。

$$\alpha = a\cos\frac{|X_n - X_{n-1}|}{DM_n} \tag{4.23}$$

④计算相对朝向角 $Heading$。

如图 4.18 所示，设 $\Delta X = X_n - X_{n-1}$，$\Delta Y = Y_n - Y_{n-1}$。

$$Heading = \begin{cases} \alpha, \Delta X > 0 \cap \Delta Y \geqslant 0 \\ -\alpha, \Delta X \geqslant 0 \cap \Delta Y < 0 \\ -(180° - \alpha), \Delta X < 0 \cap \Delta Y \leqslant 0 \\ 180° - \alpha, \Delta X \leqslant 0 \cap \Delta Y > 0 \end{cases} \tag{4.24}$$

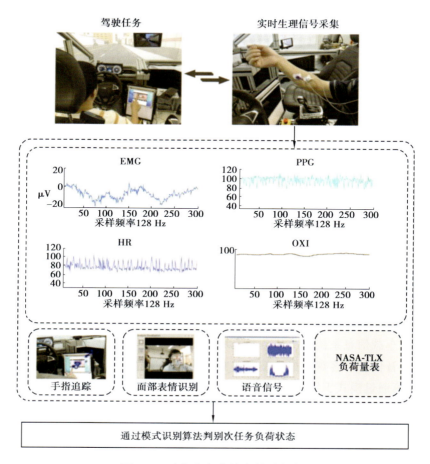

图 4.20　次任务负荷状态判别方法

$$E(S) = -\sum_{i=1}^{m} p_i \log_2 p_i \tag{4.34}$$

式中　p_i——任意样本属性 C_i 的概率，$p_i = \dfrac{s_i}{s}$。

那么子集 S_j 的信息熵

$$E(S_j) = -\sum_{i=1}^{m} p_{ij} \log_2 p_{ij} \tag{4.35}$$

②计算条件熵。若测试属性 A，可以将样本集 S 划分为 v 个子集 $\{S_1, S_2, \cdots, S_{v-1}, S_v\}$，$s_{ij}$ 是子集 S_j 中类 C_i 的样本数。由属性 A 划分为子集的条件熵由下式给出。

$$E(A) = \sum_{j=1}^{v} \frac{s_{j1} + s_{j2} + \cdots + s_{mj}}{s} \times E(S_j) \tag{4.36}$$

③计算信息增益。

$$\text{Gain}(S/A) = E(S) - E(A) \tag{4.37}$$

④每次划分时,先算出其每个属性的增益率,然后划分增益率最大的属性。

（2）K 最近邻算法

KNN 是一种基于对象间距离判定相似性的分类算法,算法描述如下。

①用欧式距离公式计算任意样本 x_i 与其他训练样本之间的距离。

$$d(x_i, x_j) = \sqrt{\sum_{k=1}^{n} \left[x_i(k) - x_j(k) \right]^2} \tag{4.38}$$

②p 个距离按递增关系排序。

$$N_1(x_i) \leqslant N_2(x_i) \leqslant \cdots \leqslant N_k(x_i) \leqslant \cdots \leqslant N_p(x_i) \tag{4.39}$$

选取距离最小的 K 个点,成为 K 个最近邻。

$$N(x_i) = \{ j \in X \,|\, d(x_i, x_j) \leqslant d[x_i, N_k(x_i)] \} \tag{4.40}$$

③确定前 K 个点在 m 个类别的出现频率。

$$\{ P_{C1}(x_i), P_{C2}(x_i), \cdots, P_{Cm}(x_i) \} \tag{4.41}$$

④出现频率最高的类别作为预测分类。

$$\text{Output}(x_i) = Cr \,|\, P_{Cr}(x_i) = \max\{ P_{C1}(x_i), P_{C2}(x_i), \cdots, P_{Cm}(x_i) \} \tag{4.42}$$

（3）支持向量机（SVM）

SVM 支持向量机算法的主要思想是找到空间中的一个能够将所有数据样本划分开的超平面,并且使得样本集中所有数据到这个超平面的距离最短,本书用支持向量机算法识别次任务负荷的二分状态,算法描述如下。

①设训练集为 $S = \{ (x_i, y_i) \,|\, i = 1, 2, \cdots, l \}$,其中,特征向量 $x_i \in R^N$,$y_i \in \{-1, +1\}$,对一个给定的类 α;若 $y_i = +1$,则表示 $x_i \in \alpha$;若 $y_i = -1$,则表示 $x_i \notin \alpha$。

②对步骤①中给出的训练集,需要寻求到超平面的距离最短的解,即求 (w, b) 使得 $R(w, b) = \int \frac{1}{2} |f_{w,b}(z) - y| \mathrm{d}\rho(x, y)$ 达到最小,其中 $\rho(x, y)$ 特征向量 x 与所属类别的联合分布密度 $f_{w,b}(z) = \text{sgn}[w \cdot z + b]$。

③将步骤②的求解转化为

$$\max W(\alpha) = \sum_{i=1}^{l} \alpha_i - \frac{1}{2} \sum \alpha_i \alpha_j y_i y_j (z_i, z_j) \tag{4.43}$$

上式须同时满足 $0 \leqslant \alpha \leqslant \gamma$ 与 $\sum_{i=1}^{l} \alpha_i y_i = 0$。

④求出 w

$$w = \sum_{i=1}^{l} y_i \alpha_i z_i \tag{4.44}$$

⑤求出 b,使得

$$|f_{w,b}(z_i)| = 1 \qquad (4.45)$$

⑥求出决策函数 $f(z)$

$$f(z) = \mathrm{sgn}\left[\sum_{i=1}^{l} y_i \alpha_i (z \cdot z_i) + b\right] \qquad (4.46)$$

其中, z 取高斯核函数 $\exp\left[-\dfrac{\|x-x_i\|^2}{c}\right]$,若 $f(z)=1$,则特征向量 x 属于类 α,否则就不属于类 α。

5）人机交互脑力负荷状态预测模型

共 40 名被试参与实验,基于每名被试可收集 6 组数据样本(2 道路场景×3 人机交互任务),即共有 240 个数据样本集,剔除回答量表过于随意而影响效度的 49 个数据样本(答题总时长<30 s)。将数据样本集分为训练样本集($N=170$)和测试样本集($N=21$),训练集的标签是 NASA-TLX 量表中脑力需求的水平,若量表分数为 0～5,则分类标签为低(L),若量表分数为 6～10,则分类标签为高(H)。根据上文对脑力负荷的表征指标分析,心率、脉搏率、血氧浓度、面部表情可以体现脑力负荷的大小,即脑力负荷,表面肌电可以体现肌肉收缩程度,在此层面上可反映被试的脑力负荷状态,与脑力负荷相关。

基于上述 3 种分类算法(决策树/KNN/支持向量机)构建脑力负荷状态分类器,见表 4.6,本书的 KNN 分类器训练采用交叉验证法来选取最优 K 值。

表 4.6　脑力负荷状态分类器构建

分类器类型	训练样本	提取特征集
决策树	170	HR(时域/样本熵/小波包能量),PPG(时域/样本熵/小波包能量),OXI(时域/样本熵/小波包能量),AU(时域),EMG(时域/样本熵/小波包能量)
KNN($K=12$)	170	HR(时域/样本熵/小波包能量),PPG(时域/样本熵/小波包能量),OXI(时域/样本熵/小波包能量),AU(时域),EMG(时域/样本熵/小波包能量)
支持向量机(SVM)	170	HR(时域/样本熵/小波包能量),PPG(时域/样本熵/小波包能量),OXI(时域/样本熵/小波包能量),AU(时域),EMG(时域/样本熵/小波包能量)

3 个分类器的预测性能见表 4.7,其中,基于 KNN 分类器预测性能最佳,结果表明基于生理数据和行为数据的脑力负荷状态识别方法可以有效评价驾驶人在双重任务下的次任务脑力负荷。

表 4.7　脑力负荷状态分类器的预测结果

分类器类型	决策树	KNN	支持向量机
预测准确率/%	52.38	80.95	66.67

6）人机交互行为负荷状态预测模型

在 191 个有效数据样本中，"语音拨打电话"任务形成的数据样本有 65 个，"搜索音乐"任务形成的数据样本有 72 个。

（1）语音行为负荷状态预测模型训练

由于"语音拨打电话"任务数据样本只有 65 个，数量偏少，在同等实验条件下补充了 8 个，共 73 个。取出 57 个作为训练样本集（$N=57$），剩余 16 个作为测试样本集（$N=16$）。根据上文对语音行为负荷的表征指标分析，平均语音频率、平均语音速度、基本频率扰动可以反映语音行为负荷的大小。另外，在不同行为负荷水平下，生理指标有明显差异，因此，生理电信号数据也可作为行为负荷识别模型的补充特征。

基于上述 3 种分类算法（决策树/KNN/支持向量机）构建语音行为负荷状态分类器，见表 4.8。

表 4.8　语音行为负荷状态分类器构建

分类器类型	训练样本	提取特征集
决策树	57	HR（时域/样本熵/小波包能量）、PPG（时域/样本熵/小波包能量）、OXI（时域/样本熵/小波包能量）、平均语音频率 $\bar{f}$、平均语音速度 $\bar{v}$、基本频率扰动 jitter
KNN（$K=6$）	57	HR（时域/样本熵/小波包能量）、PPG（时域/样本熵/小波包能量）、OXI（时域/样本熵/小波包能量）、平均语音频率 $\bar{f}$、平均语音速度 $\bar{v}$、基本频率扰动 jitter
支持向量机（SVM）	57	HR（时域/样本熵/小波包能量）、PPG（时域/样本熵/小波包能量）、OXI（时域/样本熵/小波包能量）、平均语音频率 $\bar{f}$、平均语音速度 $\bar{v}$、基本频率扰动 jitter

3 个分类器的预测性能见表 4.9，该预测结果说明了基于 HR（时域/样本熵/小波包能量）、PPG（时域/样本熵/小波包能量）、OXI（时域/样本熵/小波包能量）、平均语音频率 $\bar{f}$、平均语音速度 $\bar{v}$、基本频率扰动 jitter 特征以及生理信号特征的分类器预测性能一般，可能原因如下。

a.训练样本量较少。

b.语音没有去噪,模拟驾驶器发出的模拟车辆运行的声音可能干扰被试语音特征值。

c.测试样本量较少。

表 4.9　语音行为负荷分类器的预测结果

分类器类型	决策树	KNN	支持向量机
预测准确率/%	56.25	68.75	75

（2）手动行为负荷状态预测模型

将"搜索音乐"任务的数据样本集分为训练样本集（$N=60$）和测试样本集（$N=12$）,训练集的标签是 NASA-TLX 量表中体力需求的水平,若体力需求的分数为 $0\sim5$,则标记为低（L）,若体力需求的分数为 $6\sim10$,则标记为高（H）。根据上文对手动行为负荷的表征指标分析,手指线速度、角速度可以反映手指行为负荷的大小。另外,在不同的行为负荷水平下,生理指标有明显差异,因此生理电信号数据也可作为行为负荷识别模型的补充特征。

基于上述 3 种分类算法（决策树/KNN/支持向量机）构建手动行为负荷状态分类器,见表 4.10。

表 4.10　手动行为负荷状态分类器构建

分类器类型	训练样本	提取特征集
决策树	60	HR（时域/样本熵/小波包能量）、PPG（时域/样本熵/小波包能量）、OXI（时域/样本熵/小波包能量）、EMG（时域/样本熵/小波包能量）、FV（时域）、手指角速度（FAV）
KNN（$K=9$）	60	HR（时域/样本熵/小波包能量）、PPG（时域/样本熵/小波包能量）、OXI（时域/样本熵/小波包能量）、EMG（时域/样本熵/小波包能量）、FV（时域）、手指角速度（FAV）
支持向量机	60	HR（时域/样本熵/小波包能量）、PPG（时域/样本熵/小波包能量）、OXI（时域/样本熵/小波包能量）、EMG（时域/样本熵/小波包能量）、FV（时域）、手指角速度（FAV）

3 个分类器的预测性能见表4.11,其中基于 KNN 算法的分类性能最佳。该预测结果说明了基于 HR（时域/样本熵/小波包能量）、PPG（时域/样本熵/小波包能量）、OXI（时域/样本熵/小波包能量）、EMG（时域/样本熵/小波包能量）、FV（时域）、手指角速度（FAV）的分类器预测性能较好。

表 4.11　手指行为负荷分类器的预测结果

分类器类型	决策树	KNN	支持向量机
预测准确率/%	83.33	91.67	66.67

（3）行为负荷状态通用预测模型

为了训练出不同交互模态的行为负荷状态通用分类器，将选用语音与手动行为负荷状态模型中共有的数据维度进行训练。将 191 个有效样本数据分为训练样本集（$N = 170$）和测试样本集（$N = 21$），训练集的标签是 NASA-TLX 量表中体力需求的水平，若体力需求的分数为 0~5，则标记为低（L），若体力需求的分数为 6~10，则标记为高（H）。语音与手动行为负荷状态模型中共有的数据维度为心率（HR）、脉搏率（PPG）、血氧浓度（OXI）、微表情平均强度（AU）、双通道肌电（EMG1, EMG2）。

基于上述 3 种分类算法（决策树/KNN/支持向量机）构建通用行为负荷状态分类器，见表 4.12。

表 4.12　通用行为负荷状态分类器

分类器类型	训练样本	提取特征集
决策树	170	HR（时域/样本熵/小波包能量）、PPG（时域/样本熵/小波包能量）、OXI（时域/样本熵/小波包能量）、EMG（时域/样本熵/小波包能量）
KNN（$K = 12$）	170	HR（时域/样本熵/小波包能量）、PPG（时域/样本熵/小波包能量）、OXI（时域/样本熵/小波包能量）、EMG（时域/样本熵/小波包能量）
支持向量机	170	HR（时域/样本熵/小波包能量）、PPG（时域/样本熵/小波包能量）、OXI（时域/样本熵/小波包能量）、EMG（时域/样本熵/小波包能量）

3 个分类器的预测性能见表 4.13，其中 KNN 分类器的预测性能最好，该预测结果说明了基于心率（HR）、脉搏率（PPG）、血氧浓度（OXI）、肌电（EMG）的通用行为负荷状态分类器预测性能较好。

表 4.13　通用行为负荷状态分类器的预测结果

分类器类型	决策树	KNN	支持向量机
预测准确率/%	66.67	95.24	85.71

4.3.2　汽车驾驶次任务潜在风险区间标注方法

1)纵向安全状态检测算法

检测车辆纵向运行状态的目的是,判断车速状态是否稳定,是否控制纵向车距在安全范围内,进而判定次任务的人机交互行为对安全性产生的干扰。如图 4.21 所示,假设正常行驶中本车与前后两车的车距分别是 X_1 与 X_2,前后车以 V_0 匀速行驶。由于执行次任务,本车会产生速度波动,相邻两个时间点的本车纵向速度分别为 $V(i)$ 和 $V(i+1)$。

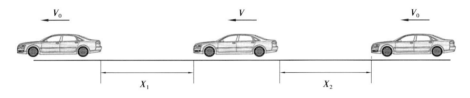

图 4.21　纵向安全状态检测

若 $V(i+1)>V(i)$,则本车处于加速状态,若 $V(i+1)<V(i)$,则本车处于减速状态。瞬时加速度为

$$a_{i+1} = \frac{V(i+1) - V(i)}{\Delta t} \tag{4.47}$$

式中　a_{i+1}——瞬时加速度;

　　　Δt——两个连续采样点之间的时间间隔。

此时,最小安全车距 $X_{\min}$ 可由下式计算。

$$X_{\min} = [V(i+1) - V_0](t_1 + t_2) + \frac{a_e t_2^2}{2} \tag{4.48}$$

式中　$X_{\min}$——最小安全车距;

　　　t_1——制动迟滞时间(大概为 $0.5 \sim 2.0$ s);

　　　t_2——制动有效时间;

　　　a_e——制动减速度(中国汽车安全法规中最低制动减速度为 $a_e = -5.8$ m/s²)。

若想保证不追尾,则须在有效制动时间内将车速降至前车车速 V_0,则制动有效时间为

$$t_2 = \frac{V(i+1) - V_0}{a_e} \tag{4.49}$$

最小安全车距最终表达式为

$$X_{\min} = [V(i+1) - V_0]\left[t_1 + \frac{V(i+1) - V_0}{a_e}\right] + \frac{[(V(i+1) - V_0)]^2}{2a_e} \tag{4.50}$$

　　设次任务连续分心时间为 T,在连续分心时间 T 内,驾驶人由于次任务的干扰而不能及时调整纵向行驶速度,会出现两种潜在危险情况。

　　①加速踏板角度偏大,本车处于持续加速状态,本车与前车车距 X_1 将持续减小,可能小于最小安全车距 X_{min}。在连续分心时间 T 内,共包含 n 个连续采样点,Δt 为两个连续采样点之间的时间间隔。则在 i 与 $i+1$ 两个相邻时间点内,与前车车距减小量 ΔX_1 可表示为

$$\Delta X_1(i + 1) = \frac{a_{i+1} \Delta t^2}{2} \qquad (4.51)$$

　　代入 a_{i+1},可得

$$\Delta X_1(i + 1) = \frac{[V(i + 1) - V(i)] \Delta t}{2} \qquad (4.52)$$

　　经过连续分心时间 T 后,本车与前车车距

$$X'_1 = X_1 - \sum_{i=1}^{n} \Delta X_1(i + 1) \qquad (4.53)$$

　　若 $X'_1 > X_{min}$,则次任务为纵向安全状态;

　　若 $X'_1 \leqslant X_{min}$,则次任务为纵向危险状态。

　　②制动踏板角度偏大,本车处于持续减速状态,本车与后车车距 X_2 将持续减小,可能小于最小安全车距 X_{min}。在连续分心时间 T 内,共包含 n 个连续采样点,Δt 为两个连续采样点之间的时间间隔。则在 i 与 $i+1$ 两个相邻时间点内,与前车车距减小量 ΔX_2 可表示为

$$\Delta X_2(i + 1) = \frac{a_{i+1} \Delta t^2}{2} \qquad (4.54)$$

　　代入 a_{i+1} 可得

$$\Delta X_2(i + 1) = \frac{[V(i + 1) - V(i)] \Delta t}{2} \qquad (4.55)$$

　　经过连续分心时间 T 后,本车与前车车距

$$X'_2 = X_2 - \sum_{i=1}^{n} \Delta X_2(i + 1) \qquad (4.56)$$

　　若 $X'_2 > X_{min}$,则次任务为纵向安全状态;

　　若 $X'_2 \leqslant X_{min}$,则次任务为纵向危险状态。

　　根据以上安全状态检测方法,可以在次任务中标记危险状态时间区间。另外,须判定次任务整体安全状态。驾驶人在执行次任务时会尽量保持稳定的低车速,原因是次任务需要从主任务中分配大量资源,剩余的资源只能保持车辆在非常低的脑力/行动负荷下行驶。因此,将车辆纵向速度标准差作为次任务整体安全状态评价指标,可由式(4.20)得出。

$$v_{sd} = \sqrt{\frac{1}{N-1} \sum_{i=1}^{N} (V_i - \overline{V})^2} \tag{4.57}$$

其中,v_{sd}代表纵向速度标准差,N代表在一定时间内的速度样本数,V_i代表各测点的瞬时速度,$\overline{V}$代表一定时间内速度平均值。

本书内最小安全车距取值依据为《中华人民共和国道路交通安全法》的实施条例,详细取值规则如下。本书研究中设定场景为快速行车,车速为 80 km/h,最小道路安全车距为 80 m。

a.高速行车,即车速在 100 km/h 以上,安全车距为 100 m 以上。

b.快速行车,即车速在 60 km/h 以上,安全车距在数字上等于车速。

c.中速行车,即车速在 50 km/h 左右,安全车距不低于 50 m。

d.低速行车,即车速在 40 km/h 以下,安全车距不低于 30 m。

e.龟速行车,即车速在 20 km/h 以下,安全车距不低于 10 m。

2)横向安全状态检测算法

检测车辆横向运行状态的目的是,判断车辆是否偏离车道中心,是否控制横向车距在安全范围内,进而判定次任务的人机交互行为对安全性产生的干扰。

假设道路宽为 h,车身长为 p,初始时刻汽车的质心在中心线上,在 i 到 $i+1$ 时刻的瞬时纵向速度为 $V(i)$ 与 $V(i+1)$,瞬时横向速度为 $V'(i)$ 和 $V'(i+1)$,其中,横向速度为左则速度取正值,横向速度为右则速度取负值。瞬时横向位移为

$$\Delta X'(i) = [V'(i+1) - V'(i)]\Delta t \tag{4.58}$$

瞬时纵向位移为

$$\Delta X(i) = [V(i+1) - V(i)]\Delta t \tag{4.59}$$

瞬时朝向角为

$$\Delta \theta(i) = \arctan \frac{\Delta X'(i)}{\Delta X(i)} = \arctan \frac{V'(i+1) - V'(i)}{V(i+1) - V(i)} \tag{4.60}$$

时刻 i 的朝向角为

$$\theta(i) = \sum_{r=1}^{i} \Delta \theta(i) \tag{4.61}$$

因此,在 i 时刻汽车质心与道路中心线的距离为

$$L'(i) = \frac{p}{2}\sin \theta_i \tag{4.62}$$

$$X'(i) = \sum_{r=1}^{i} \Delta X'(r) \tag{4.63}$$

根据判定车道是否偏离的 TLC 算法来检测横向安全状态,如果保持当前横向速度行驶,计算在驾驶人正常反应时间(0.5 s)内前端中心是否会接触车道边界线。

汽车前端中心与车道边界线的距离为

$$TLC = \frac{L(i)}{V'(i)} = \frac{\dfrac{h}{2} - X'(i) - L'(i)}{V'(i)} \tag{4.64}$$

若 $TLC < 0.5$，则次任务为横向危险状态；

若 $TLC > 0.5$，则次任务为横向安全状态。

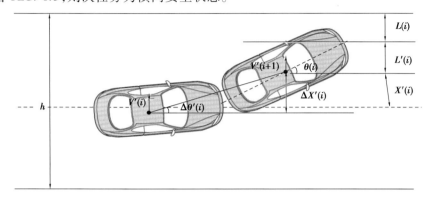

图 4.22　横向安全状态检测

　　根据以上横向安全状态检测原理，可以在次任务中标记危险状态时间区间。另外，须判定次任务整体安全状态。神经科学相关研究表明，在执行大脑指令的过程中双手是存在竞争关系的，运动皮质会经过胼胝体抑制身体另一侧的运动，因此大脑倾向于选择某一个运动目标。例如，没有经过特殊训练的人类无法完成"左手画圆，右手画方"任务。当驾驶次任务为视/触觉任务时，左手需要操控方向盘以稳定车辆横向运行的稳定性，右手需要完成次任务的点击、滑动等操作。在这种情况下，双手的运动状态就会相互冲突和抑制，触控次任务执行会引起方向盘异常波动。因此，本书将方向盘转角标准差作为次任务安全性评价指标，可由式（4.65）得出。方向盘转角指方向盘此时的位置相对于初始水平位置偏转的角度，顺时针偏转为正值，逆时针偏转为负值。

$$\theta_{\text{wsd}} = \sqrt{\frac{1}{N-1}\sum_{i=1}^{N}\left(\deg_i - \overline{\deg}\right)^2} \tag{4.65}$$

式中　θ_{wsd}——方向盘转角标准差；

　　　N——一定时间内方向盘转角样本数；

　　　$\deg_i$——各测点方向盘转角值；

　　　$\overline{\deg}$——方向盘转角的平均值。

3）基于车辆运行参数的安全状态检测方法

　　安全状态检测目的是根据车辆纵向和横向运行参数监测车辆的安全性，进而分析次任务负荷状态对安全性的影响。

　　本书基于模拟驾驶器搭建双重任务的人机交互实验平台，可从模拟驾驶器的

CAN 总线中读取车辆的纵向运行状态(瞬时纵向速度)与横向运行状态(瞬时横向速度、方向盘转角)数据。若想保证汽车在道路上安全驾驶,驾驶人须稳定控制车辆两个方向的运行状态:纵向运行状态和横向运行状态。由于次任务行动目标的干扰,可能出现以下两种情况。

①驾驶人由于分心不能及时调整加速踏板/制动踏板,从而导致与前后车的车距小于最小安全距离。前后车车距是连续变化的值,如图 4.23 所示。可以绘出前后车车距随任务时间变化曲线,在曲线上标定纵向危险区间。

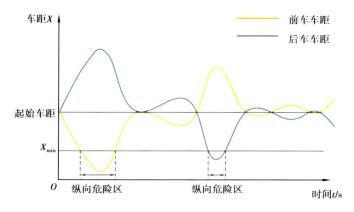

图 4.23　纵向危险区间标定

②驾驶人由于分心不能及时调整方向盘转角,从而导致有车道偏移的可能。TLC 是离散值,在时间轴上不是连续变化的,需要先在任务时间轴上划分时间窗,计算每个采样点的 TLC 值,然后依次判定每个时间窗的横向安全状态,从而标定横向危险区间。

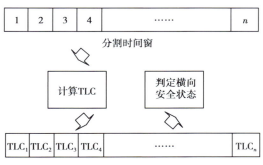

图 4.24　横向危险区间标定

4.3.3　汽车驾驶次任务负荷对驾驶安全性影响分析

1)实验设计

调研发现,目前车载信息系统使用频率最高的为导航、蓝牙电话和音乐,因此本书设计了一个在高速场景下完成 3 个次任务的组内实验,具体实验设计如下:

（1）被试

招募 20 名自愿参与模拟驾驶实验的志愿者,被试年龄为 22～40 岁(平均值＝25.2,标准差＝2.5),均已获得中华人民共和国驾照(C1/C2),并有一年以上的驾驶经验。所有被试视力正常,认知能力正常,为在校大学生或研究生。在模拟驾驶后所有被试没有明显的眩晕感。

（2）实验环境

本实验采用 REAL-TIME RDS-MODULAR 模拟驾驶器,可实时模拟输出车辆的运行状态数据,包括纵向加速度、速度、方向盘转角、踏板力等,该数据用于离线检测实时的安全状态。利用生理传感器和面部摄像头同步采集脉搏、肌电、面部表情数据,该数据用于离线检测实时次任务负荷状态。在模拟驾驶室中被试完成提示的限速任务,与此同时,在监控室中主试可监测被试的实时生理信号、车辆运行状态数据、实时驾驶场景,如图 4.25 所示。

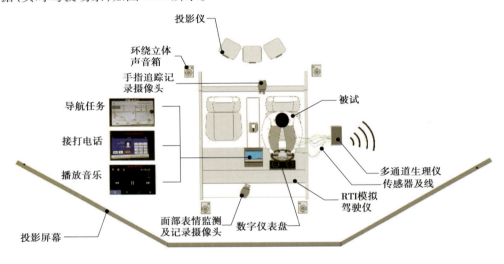

图 4.25　实验场景

（3）模拟驾驶道路场景

模拟驾驶道路场景为高速场景,本车前后都有匀速前进的车辆,前后车车速为 80 km/h(22.22 m/s)。高速道路场景为双向四车道的直线路况,道路两旁为绿色草坪;在距离起点 250 m 处有限速 80 km/h 的标志。

（4）被试任务

如图 4.27 所示,在高速道路场景下,在距离起点 50 m 处被试将听到主任务语音提

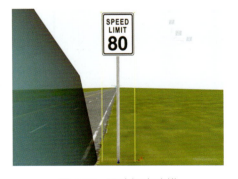

图 4.26　限速标志建模

示"前方200 m有限速拍照,限速80,请注意控制车速",在行至限速标志时,听到次任务语音提示。在行至限速标志时采集被试的生理信号、面部表情、手指运动以及车辆运行状态数据。

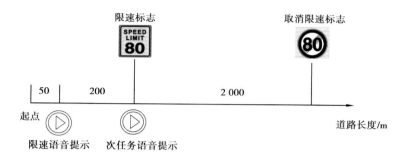

图 4.27　被试主次任务

本实验中,被试主任务为保持稳定车速在直线道路上行驶,尽量不超过限速标志规定的速度;被试次任务分为导航设置、拨打蓝牙电话、音乐搜索。次任务步骤分解见表4.14。

表 4.14　次任务步骤分解表

次任务类型	步骤分解
导航设置	1—打开百度导航
	2—输入"重庆大学"并设置作为目的地
	3—点击开始导航
拨打蓝牙电话	1—打开蓝牙电话
	2—输入"0236539××××"
	3—点击拨打键
音乐搜索	1—打开音乐播放器
	2—输入"难忘的一天"
	3—点击开始播放

(5)实验流程设计

①签订知情同意书,告知被试实验过程中会录制面部视频,向被试解释实验目的、实验流程等。

②调试并佩戴生理传感器,调试面部表情摄像头。

③被试根据提示执行次任务——导航设置,同时采集、记录多维生理数据、面部表情视频及车辆运行状态数据。

④休息 10 min。

⑤被试根据提示执行次任务——拨打蓝牙电话,同时采集、记录多维生理数据、面部表情视频及车辆运行状态数据。

⑥休息 10 min。

⑦被试根据提示执行次任务——音乐搜索,同时采集、记录多维生理数据、面部表情视频及车辆运行状态数据。

⑧实验结束。

2)次任务负荷检测

将被试在双重任务中的心率(HR)、脉搏率(PPG)、血氧浓度(OXI)、肌电(EMG)、手指线速度(FV)、手指角速度(FAV)输入 KNN 分类器,得到 3 项次任务下被试的脑力负荷与行为负荷状态的检测结果,如图 4.28 和图 4.29 所示。

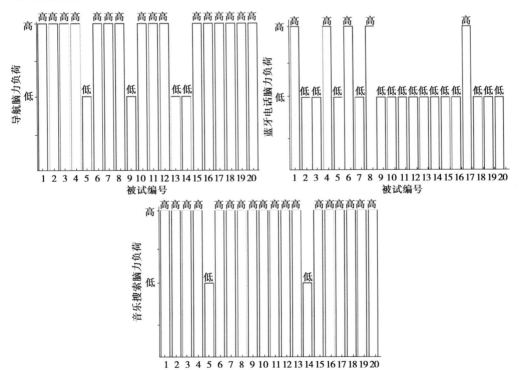

图 4.28　次任务脑力负荷状态检测结果

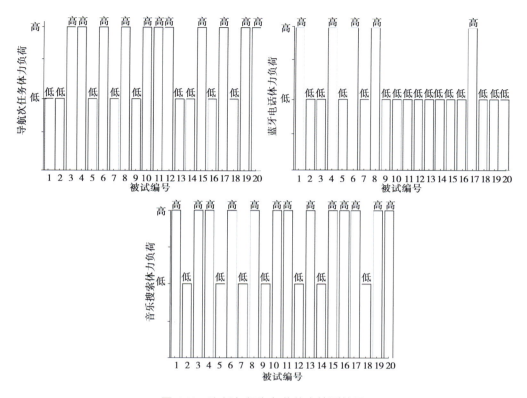

图 4.29　次任务行为负荷状态检测结果

脑力负荷和行为负荷状态的被试分布情况,如图 4.30 和图 4.31 所示。在脑力负荷状态的检测结果中,导航和音乐的脑力负荷状态为高的被试占比为 80% 和 90%,蓝牙电话脑力负荷状态为高的被试占比为 25%,这说明蓝牙任务产生的脑力负荷较低,音乐任务和导航任务产生的脑力负荷都非常高。

在行为负荷状态的检测结果中,导航、蓝牙电话、音乐任务的行为负荷状态为高的被试占比分别为 55%,25%,65%,这说明蓝牙任务产生的行为负荷也较低,音乐任务和导航任务产生的行为负荷为一般水平。

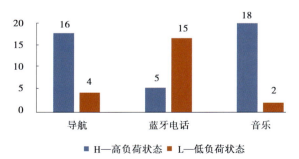

图 4.30　脑力负荷状态被试分布

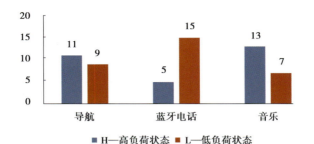

图 4.31　脑力负荷状态被试分布

根据信息加工理论,大脑是依靠神经传导介质(NE)在突触间的传导而参与处理任务信息的。释放神经传导介质消耗了认知资源,从而引起了人的心理负荷。根据第 2 章所述的感知—认知—行动脑认知加工机理,心理负荷可以通过大脑信息加工过程中的子网络(感知/认知/行动子网络)的平均利用率 ρ_i 来反映,平均利用率指子网络 i 在每个被试的总任务时间 T 内的发动机体功能的比率。根据心理负荷的生理学机制,子网络的平均利用率可作为人机交互心理负荷的指数。增加某些大脑区域的利用率会消耗更多神经递质(氨基酸、降肾上腺素等),随着神经递质减少,认知疲劳程度增加,人的心理负荷就会增大。

$$\bar{\rho}_i = \frac{\int_0^T \rho_i \, dt}{T}, 0 \leqslant \bar{\rho}_i \leqslant 1 \tag{4.66}$$

式中　$\bar{\rho}_i$——可以在不同子网络中分别表示视觉感知子网络($\bar{\rho}_{vp}$)、听觉感知子网络($\bar{\rho}_{ap}$)、认知子网络($\bar{\rho}_c$)和行动子网络($\bar{\rho}_m$)。

在双重人机交互任务总时间一定的情况下,次任务分心持续时间越长,次任务将消耗越多神经传导介质,并且视觉分心将增加视觉感知子网络和认知子网络的平均利用率$\bar{\rho}_{vp}$和$\bar{\rho}_c$,触觉分心将增加行动子网络的平均利用率$\bar{\rho}_m$。

因此,可以通过分析各种分心类型持续的时间来验证检测结果的可信度。在实验过程中被试的手动行为视频被采集,主试分析视频中手动行为可判定各分心类型(视觉分心、触觉分心、视/触觉分心)的持续时长。视频分析的图像帧率为 5 fps,即每秒的视频取 5 帧静态图片分析。如图 4.32 所示,在次任务行为分析中,实时的分心状态被标注为 4 种,分别是正常驾驶(SP)、视觉分心(VST)、触觉分心(AST)、视/触觉分心(AVST)。为了验证检测结果的可信度,分析被试完成任务过程中的次任务行为视频。视频分析的图像帧率为 5 fps,即每秒的视频取 5 帧静态图片分析。所有被试的分析时间窗截取一致,导航设置和音乐搜索为次任务开始前 20 s,蓝牙电话为次任务开始后 10 s。

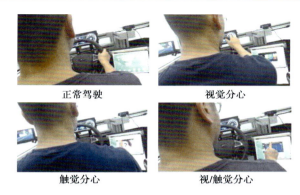

正常驾驶　　　　　　　　　　视觉分心

触觉分心　　　　　　　　　视/触觉分心

图 4.32　分心状态类型

（1）导航设置次任务分心

导航设置次任务分心状态分析如图 4.33 所示，分心主要类型为视/触觉分心。

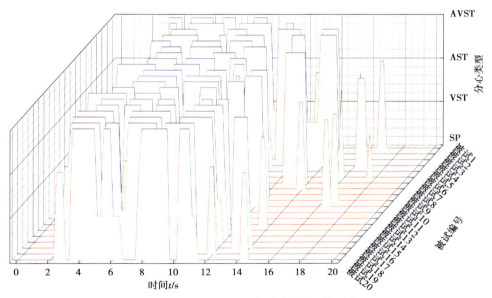

图 4.33　导航设置次任务分心持续时间分析

为了验证 KNN 分类器的输出结果是否具有可靠性，将导航次任务分心持续帧数（每帧为 0.2 s）分析结果与 KNN 分类器交叉分析，见表 4.15。

表 4.15　导航设置次任务分心状态参数与次任务负荷状态交叉分析表

被试编号	视觉分心持续帧数（frame）	触觉分心持续帧数（frame）	视/触觉分心持续帧数（frame）	脑力负荷状态	体力负荷状态
1	6	8	23	高	低
2	6	1	29	高	低
3	1	7	30	高	高

被试编号	视觉分心持续帧数（frame）	触觉分心持续帧数（frame）	视/触觉分心持续帧数（frame）	脑力负荷状态	体力负荷状态
4	10	5	36	高	高
5	2	5	25	低	低
6	6	5	26	高	高
7	3	5	24	高	低
8	4	5	26	高	高
9	2	2	26	低	低
10	3	5	26	高	高
11	4	5	33	高	高
12	5	2	29	高	高
13	5	5	21	低	低
14	3	5	22	低	低
15	5	2	30	高	高
16	4	3	31	高	高
17	5	2	35	高	高
18	5	5	38	高	高
19	5	4	35	高	高
20	7	6	24	高	高

以视觉分心帧数、触觉分心帧数、视/触觉分心帧数为行，以脑力负荷状态和体力负荷状态（0 为低负荷；1 为高负荷）为列，在 SPSS 中进行交叉统计分析，得出交叉条形图，如图 4.34 所示。

从图 4.34 中可以看出，在执行导航次任务时，脑力负荷状态为低的被试的视/触觉分心持续帧数都≤26 帧（5.2 s），脑力负荷状态为高的被试中，视/触觉分心持续帧数≥26 帧的被试占比为 81.2%；体力负荷状态为低的被试中，视/触觉分心帧数都≤26 帧（5.2 s）占比为 85.7%，体力负荷状态为高的被试中，视/触觉分心持续帧数≥26 帧的被试占比为 92.3%。由以上分析可知，视/触觉分心持续帧数可以有力支撑次任务状态预测结果的可信度。然而，单一视觉分心和单一触觉分心持续帧数尚不能有力支撑次任务负荷状态预测结果的可信度。

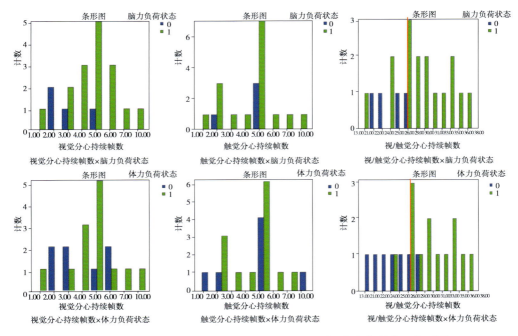

图 4.34　导航次任务分心状态参数与次任务脑力/体力负荷交叉条形图

（蓝色为低负荷被试数量；绿色为高负荷被试数量）

（2）蓝牙电话次任务分心

蓝牙电话次任务分心状态如图 4.35 所示，分心主要类型为视/触觉分心（AVST）。

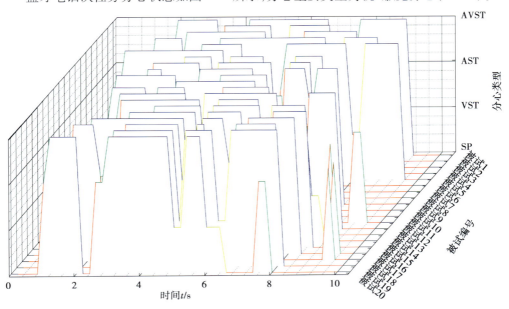

图 4.35　蓝牙电话次任务分心持续时间分析

为了验证 KNN 分类器的输出结果是否具有可靠性,将蓝牙电话次任务分心持续帧数(每帧为 0.2 s)分析结果与 KNN 分类器交叉分析,见表 4.16。

表 4.16　蓝牙电话次任务分心状态参数与次任务负荷状态交叉分析表

被试编号	视觉分心持续帧数(frame)	触觉分心持续帧数(frame)	视/触觉分心持续帧数(frame)	脑力负荷状态	体力负荷状态
1	3	1	28	高	高
2	3	2	15	低	低
3	1	2	22	低	低
4	2	4	28	高	高
5	0	1	16	低	低
6	2	2	23	高	高
7	2	6	16	低	低
8	2	4	21	高	高
9	4	1	20	低	低
10	5	0	18	低	低
11	2	3	28	高	高
12	6	3	19	低	低
13	5	1	13	低	低
14	3	2	20	低	低
15	3	4	22	低	低
16	3	2	23	低	低
17	4	2	27	低	低
18	4	2	22	低	低
19	2	3	23	低	低
20	5	5	18	低	低

以视觉分心帧数、触觉分心帧数、视/触觉分心帧数为行,以脑力负荷状态/体力负荷状态(0 为低负荷;1 为高负荷)为列,在 SPSS 中进行交叉统计分析,得出交叉条形图,如图 4.36 所示。

从图 4.36 中可以看出,在被试执行蓝牙电话次任务时,脑力或体力负荷状态为高的被试中,视/触觉分心持续帧数≥23 帧(4.6 s)的被试占比为 80%,脑力或体力负荷状态为低的被试中,视/触觉分心持续帧数≤23 帧的被试占比为 93.3%。由以上分析可知,视/触觉分心持续帧数可以有力支撑次任务状态预测结果的可信度;然而,单一视觉分心和单一触觉分心持续帧数尚不能有力支撑次任务负荷状态预测结果的可信度。

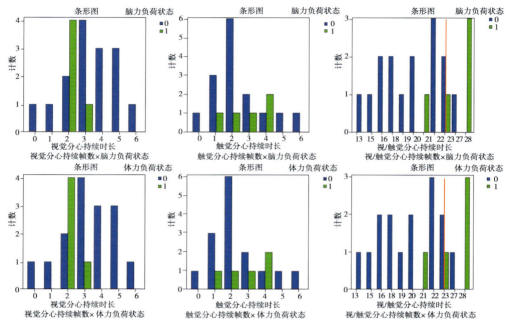

图 4.36　蓝牙电话次任务分心状态参数与次任务脑力/体力负荷交叉条形图
（蓝色为低负荷被试数量;绿色为高负荷被试数量）

（3）音乐搜索次任务分心

音乐搜索次任务分心状态如图 4.37 所示,分心主要类型为视/触觉分心（AVST）。

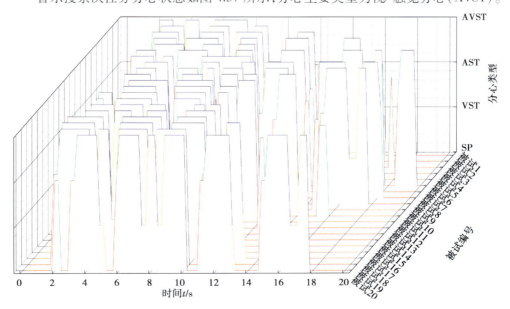

图 4.37　音乐搜索次任务分心持续时间分析

为了验证 KNN 分类器的输出结果是否具有可靠性,将音乐搜索次任务分心持续帧数(每帧为 0.2 s)分析结果与 KNN 分类器交叉分析,见表 4.17。

表 4.17　音乐搜索次任务分心状态参数与次任务负荷状态交叉分析表

被试编号	视觉分心持续帧数(frame)	触觉分心持续帧数(frame)	视/触觉分心持续帧数(frame)	脑力负荷状态	体力负荷状态
1	12	14	21	高	高
2	16	10	20	高	低
3	9	11	32	高	高
4	8	3	39	高	高
5	4	6	23	低	低
6	8	7	46	高	高
7	4	6	28	高	低
8	13	7	43	高	高
9	10	9	42	高	低
10	2	9	33	高	高
11	3	4	31	高	高
12	5	2	29	高	低
13	4	3	31	高	高
14	6	3	25	低	低
15	5	2	30	高	高
16	4	3	31	高	高
17	5	2	35	高	高
18	5	4	38	高	低
19	6	4	34	高	高
20	10	9	42	高	高

以视觉分心帧数、触觉分心帧数、视/触觉分心帧数为行,以脑力负荷状态和体力负荷状态(0 为低负荷;1 为高负荷)为列,在 SPSS 中进行交叉统计分析,得出交叉条形图,如图 4.38 所示。

从图 4.38 中可以看出,在执行蓝牙电话次任务时,脑力负荷状态为低的被试的视/触觉分心持续帧数都 ≤25 帧(5.0 s),脑力负荷状态为高的被试中,视/触觉分心持续帧数 ≥25 帧的被试占比为 88.9%;体力负荷状态为低的被试中,视/触觉分心持续帧数都 ≤29 帧(5.8 s)占比为 71.4%,体力负荷状态为高的被试中,视/触觉分心持续帧数 ≥29 帧的被试占比为 92.3%。由以上分析可知,视/触觉分心持续帧数可以有力支撑次任务状态预测结果。然而,单一视觉分心和单一触觉分心持续帧数尚不能有力支撑次任务负荷状态预测结果的可信度。

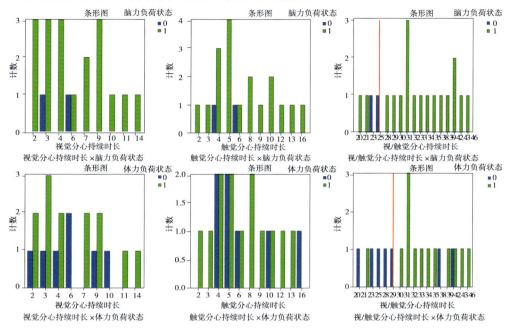

图4.38 音乐搜索次任务分心状态参数与次任务脑力/体力负荷交叉条形图
（蓝色为低负荷被试数量;绿色为高负荷被试数量）

3）安全状态分析

（1）纵向安全状态分析

根据纵向安全状态检测算法得出20名被试在完成导航设置任务过程中前车车距和后车车距随时间变化的曲线如图4.39所示,为了分析群体规律,每名被试都取导航设置次任务开始后20 s作为安全状态分析区间。

在限速80 km/h的高速公路上最小安全车距为80 m,从图4.39可以看出,导航次任务影响后车车距。在完成导航次任务的过程中,驾驶人会在开始阶段减速行驶,与前车保持较大车距,并保持相对稳定的速度。而后车车距会在次任务的过程中相应减少,随着次任务的进行,如果后车没有及时减速,后车车距可能在一定时间区间内（次任务开始后9~15 s）小于最小安全车距。

根据纵向安全状态检测算法得出20名被试在完成拨打蓝牙电话任务的过程中前车车距和后车车距随时间变化的曲线,如图4.40所示。每名被试都取蓝牙电话次任务开始后10 s作为安全状态分析区间。从图4.40可以看出,在完成蓝牙电话次任务的过程中,前后车车距平稳,拨打蓝牙电话次任务对纵向安全状态影响较小。

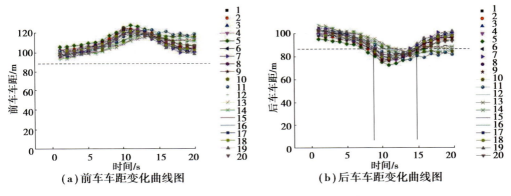

图 4.39　导航任务前车车距与后车车距变化曲线图

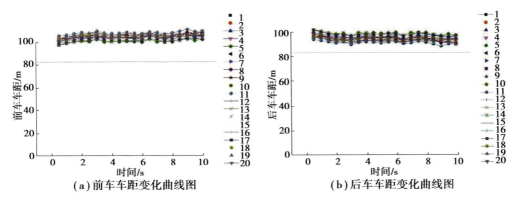

图 4.40　蓝牙电话任务前车车距与后车车距变化曲线图

根据纵向安全状态检测算法得出 20 名被试在完成搜索音乐的任务过程中前车车距和后车车距随时间变化曲线,如图 4.41 所示,每名被试都取音乐搜索次任务开始后 25 s 作为安全状态分析区间。

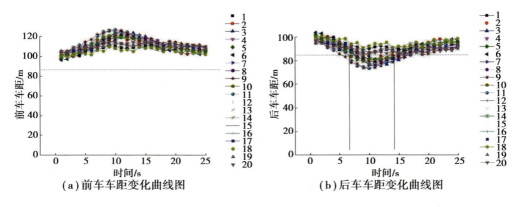

图 4.41　音乐搜索任务前车车距与后车车距变化曲线图

与导航设置任务类似,从图4.41可以看出,导航次任务会影响后车车距。在完成导航次任务的过程中,驾驶人在开始阶段会减速行驶,与前车保持较大车距,并保持相对稳定的速度。随着次任务的进行,如果后车没有及时减速,后车车距可能在一定时间区间内(次任务开始后7~14 s)小于最小安全车距。

最后,分析3项次任务类型的总体纵向安全状态,计算3项次任务的纵向速度标准差,每隔1 s取一个采样点,见表4.18。从整体上看,3项次任务的纵向速度标准差没有明显差异且集中在较低水平(图4.42),这说明驾驶人依然能保持较为稳定的纵向速度。

表4.18　3种类型次任务纵向速度标准差统计

次任务类型	纵向速度标准差(平均值)/(m·s⁻¹)
导航设置	1.32
蓝牙电话	1.67
音乐搜索	1.56

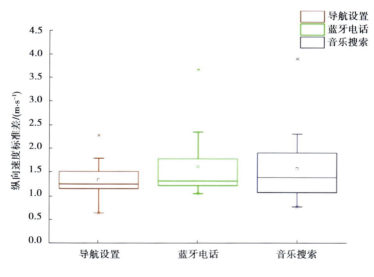

图4.42　纵向速度标准差箱图

(2)横向安全状态分析

根据横向安全状态检测算法得出20名被试在完成导航设置任务过程中TLC值,如图4.43所示,为了分析群体规律,每名被试都取导航设置次任务开始后20 s作为安全状态分析区间。从图4.43可以看出,从整体上看,导航设置次任务的过程中,潜在横向危险区间(次任务开始后5~12.5 s)较长,其中,最危险的区间为次任务开始后 5~8 s。

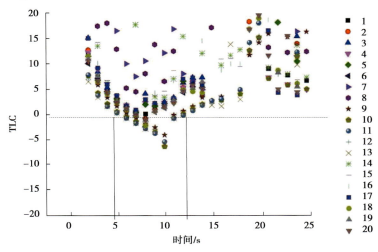

图 4.43　导航设置任务 TLC 值分布图

根据横向安全状态检测算法得出 20 名被试在完成蓝牙电话任务过程中 TLC 值,如图 4.43 所示,每名被试都取蓝牙电话次任务开始后 10 s 作为安全状态分析区间。从图 4.44 可以看出,从整体上看,蓝牙电话任务横向安全状态较高,没有集中的潜在危险区间。

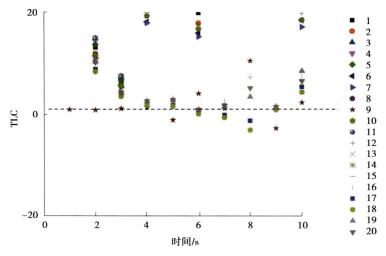

图 4.44　蓝牙电话任务 TLC 值分布图

根据横向安全状态检测算法得出 20 名被试在完成导航设置任务过程中 TLC 值,如图 4.45 所示,每名被试都取导航设置次任务开始后 25 s 作为安全状态分析区间。从图 4.45 可以看出,从整体上看,在音乐搜索次任务的过程中,潜在横向危险区间有 2 段,分别为 5~11 s 和 18~20 s,其中,最危险的区间为次任务开始后 6~10 s。

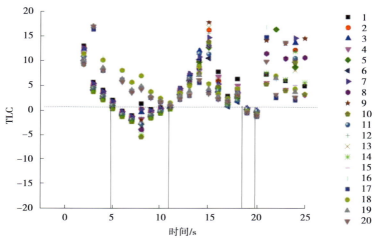

图 4.45　音乐搜索任务 TLC 值分布图

　　最后,分析 3 项次任务的总体纵向安全状态,计算 3 项次任务的纵向速度标准差,每隔 1 s 取一个采样点,见表 4.19。导航设置次任务与音乐搜索次任务的方向盘转角标准差大于蓝牙电话次任务,如图 4.46 所示。

表 4.19　3 项次任务方向盘转角标准差统计

次任务	方向盘转角标准差(平均值)/rad
导航设置	0.066 9
蓝牙电话	0.051 5
音乐搜索	0.069 2

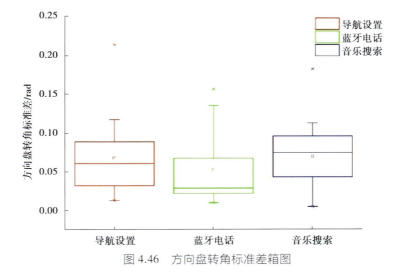

图 4.46　方向盘转角标准差箱图

4.3.4　次任务负荷对驾驶安全性的影响

1）次任务分心持续时间与潜在风险时长分析

3 种常见车载信息系统次任务（导航设置、蓝牙电话、音乐搜索）的分心状态主要以视/触觉分心为主，如图 4.47 所示，导航设置任务视/触觉分心持续帧数的平均值为（27.95±5.95）帧［（5.59±1.19）s］，蓝牙电话任务视/触觉分心持续帧数的平均值为（21.10±4.42）帧［（4.22±0.88）s］，音乐搜索任务视/触觉分心持续帧数的平均值为（32.65±7.38）帧［（6.53±1.48）s］。音乐搜索任务视/触觉分心持续帧数最多，蓝牙设置任务视/触觉分心持续帧数最少。

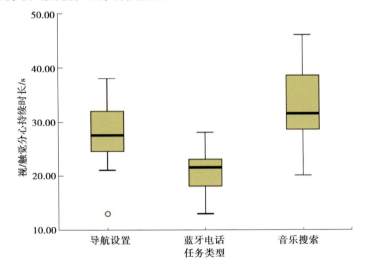

图 4.47　3 种次任务视/触觉分心持续帧数箱图

如表 4.20 和图 4.48、图 4.49 所示，横向风险分析中，音乐搜索任务潜在风险持续时长最长［（2.70±3.10）s］，导航设置任务次之［（1.40±1.19）s］，蓝牙电话任务潜在风险持续时间最短［（0.40±0.99）s］。纵向危险分析中，音乐搜索任务和导航设置任务风险持续时间相当（1.90 s），导航设置任务不存在纵向风险区间。

表 4.20　3 种次任务潜在风险持续时长

任务类型		N	极小值/s	极大值/s	均值/s	标准差/s
导航设置	横向潜在危险持续时长	20	0.00	4.00	1.40	1.19
	纵向潜在危险持续时长	20	0.00	8.00	1.90	2.63
	有效的 N（列表状态）	20				

续表

任务类型		N	极小值/s	极大值/s	均值/s	标准差/s
蓝牙电话	横向潜在危险持续时长	20	0.00	3.00	0.40	0.99
	纵向潜在危险持续时长	20	0.00	0.00	0.00	0.00
	有效的 N（列表状态）	20				
音乐搜索	横向潜在危险持续时长	20	0.00	8.00	2.70	3.10
	纵向潜在危险持续时长	20	0.00	5.00	1.90	1.94
	有效的 N（列表状态）	20				

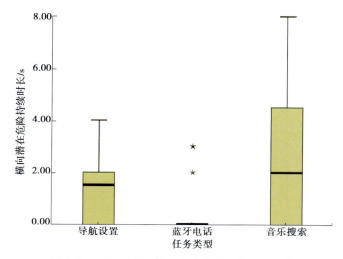

图 4.48　3 种次任务横向潜在风险区间持续时长

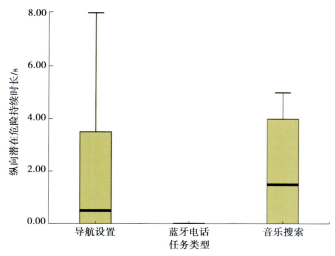

图 4.49　3 种次任务纵向潜在风险区间持续时长

为了分析视/触觉分心对驾驶安全性的影响,将视/触觉分心持续帧数、横向潜在风险区间、纵向潜在风险区间 3 个变量做了 Pearson 相关性分析,相关性结果见表4.21。视/触觉分心持续帧数与横向潜在风险区间正相关($r=0.291$),这说明视/触觉分心持续越长,越容易导致横向风险。

表 4.21　触觉分心持续帧数、横向潜在风险区间、纵向潜在风险区间相关性分析

相关性指标		视/触觉分心持续帧数	横向潜在风险持续时长	纵向潜在风险持续时长
视/触觉分心持续帧数	Pearson 相关性	1	0.291*	0.211
	显著性(双侧)		0.024	0.105
	N	60	60	60
横向潜在风险持续时长	Pearson 相关性	0.291*	1	0.192
	显著性(双侧)	0.024		0.142
	N	60	60	60
纵向潜在风险持续时长	Pearson 相关性	0.211	0.192	1
	显著性(双侧)	0.105	0.142	
	N	60	60	60

注:在 0.05 水平(双侧)上显著相关。

2)次任务负荷状态对驾驶安全性影响

用单因素 ANOVA 分析脑力负荷状态对安全状态各指标的影响,见表4.22。其中,所有被试的蓝牙电话次任务的纵向危险时间区间为 0,因此未作方差分析。

表 4.22　脑力负荷状态对安全状态影响方差分析

安全性指标	任务类型					
	导航设置		蓝牙电话		音乐搜索	
	F	sig.	F	sig.	F	sig.
纵向速度标准差	1.357	0.259	0.183	0.674	1.607	0.221
方向盘转角标准差	8.778	**0.008	0.348	0.563	10.639	**0.004
纵向危险时间区间	2.718	0.117	—	—	4.699	*0.047
横向危险时间区间	5.298	*0.034	0.769	0.392	11.062	**0.004

注:* 在 0.05 水平上脑力负荷显著影响安全状态;** 在 0.01 水平上脑力负荷显著影响安全状态。

用单因素 ANOVA 分析体力负荷状态对安全状态各指标的影响,见表4.23。其中,所有被试的蓝牙电话次任务的纵向危险时间区间为 0,因此未作方差分析。

表 4.23　行为负荷状态对安全状态影响方差分析

指标	任务类型					
	导航设置		蓝牙电话		音乐搜索	
	F	sig.	F	sig.	F	sig.
纵向速度标准差	0.825	0.376	0.122	0.731	1.034	0.323
方向盘转角标准差	3.632	0.073	0.069	0.445	1.888	0.186
纵向危险时间区间	1.529	0.232	—	—	4.410	* 0.050
TLC 危险时间区间	7.200	* 0.015	0.110	0.744	14.900	** 0.001

注：* 在 0.05 水平上体力负荷显著影响安全状态；** 在 0.01 水平上体力负荷显著影响安全状态。

分别综合分析脑力负荷和体力负荷对安全状态的影响，结果表明，在导航设置和音乐搜索任务中，次任务脑力负荷和体力负荷显著影响安全状态的部分指标，在蓝牙电话任务中，次任务负荷对安全状态无显著影响。原因分析如下：

在蓝牙电话任务中，单一视觉/单一触觉/视/触觉次任务行为持续时间较短，界面无跳转，操作步骤为连续按号码键，大部分驾驶者的次任务负荷较低。即使少部分驾驶者的次任务负荷较高，因次任务总持续时间较短，潜在危险区间尚未形成，蓝牙电话次任务横向安全性和纵向安全性较高。

导航设置和音乐搜索任务中，单一视觉/单一触觉/视/触觉次任务行为持续时间较长，界面跳转次数多，步骤之间时间间隔大，导致大部分驾驶者的次任务负荷较高。因为较高的次任务负荷随着时间推移逐渐产生潜在危险，所以在导航设置和音乐搜索任务中，横向潜在危险区间（导航设置：5～12.5 s，音乐搜索：5～11 s，18～20 s）和纵向危险区间（导航设置：9～15 s，音乐搜索：7～14 s）均存在。

4.4　驾驶次任务分心对驾驶风险的影响

4.4.1　次任务分心与驾驶风险映射

驾驶分心会导致驾驶员横向和纵向驱动绩效下降，随着与分心有关的道路撞车事件增加，专注于司机分心的研究最近也迅速增长。分散驾驶的后果被分析为对个人驾驶绩效指标的影响，如速度、反应时间、横向位置的变化等。分散注意力的影响因分散注意力来源的类型而不同。例如，视觉分心的车道变化增加。然而，在认知分心（如谈话）的情况下，它得到了改善。许多现有的研究表明，车道定位不受认知分心（如谈话）影响，而驾驶速度或速度变化则受认知分心影响。分心驾驶对碰撞风险的影响是通过建立分心的存在与在驾驶中观察到的碰撞之间的关系来评估的。

分心被认为是一种注意缺失的形式,因为它可能导致注意缺失,然而,注意缺失并不总是由分心产生的。分心驾驶引起的注意力不集中可能导致横向和纵向驾驶性能恶化,并随后增加碰撞风险。近年来,对分心与驾驶风险量化分析的研究集中在对分心来源的研究,例如,驾驶补充任务(GPS/导航等)、车载信息系统(音乐/蓝牙)、认知任务(谈话/电话)、其他次任务(驾车期间吃饭),缺乏对次任务分心行为因子影响驾驶风险的研究。衡量驾驶分心带来的驾驶风险一般应用多个横向或纵向驱动绩效指标,如纵向速度控制、横向纵向控制、踏板位移、方向盘转角、横向加速度、纵向加速度、反应时间、车道变化次数等。

从纵向驱动绩效的角度,在分心驾驶中,降低驾驶速度是一种常见的补偿策略,但是即使驾驶员降低了速度以补偿分心造成的注意损失,纵向驱动绩效也下降,具体表现为较大纵向速度和纵向加速度的变化。从横向驱动绩效的角度来讲,转向角度的变化被认为是现有研究中与分心驾驶有关的驾驶绩效下降的潜在指标。在分心驾驶任务区间测量的车道偏移也是测量横向驱动绩效下降的有效指标。除了车辆本身的运动指标,有很多研究也表明,驾驶员的视线行为也被视为驾驶风险的重要指标。例如,在手机使用过程中,与无分心状态(4.1 s vs. 0.9 s)相比,眼睛离路持续时间更长,这是撞车前 6 s 最常见的行为之一。对所有次要任务,如果偏离道路的持续时间大于 2 s,碰撞风险显著增加。阅读短信任务共享的视觉注意力导致碰撞风险增加了 8.3 倍。综上所述,驾驶员的绩效指标成为量化评估次任务分心造成的驾驶风险的重要指标,见表 4.24。

表 4.24　次任务分心与驾驶风险的研究总结

文献	分心源	驾驶风险衡量指标	数据分析	主要结果
Choudhary et al. (2020)	电话认知任务和播放音乐任务	车道定位变化、侧向加速度变化、车道偏移持续时间和方向盘转角变化	SEM	分心和驾驶员整体绩效下降正相关
Jun Ma et al. (2020)	HMI 相关任务(跳转到下一个音乐轨道,呼叫一个联系人,并回答一个电话)	车速、车道偏移、视觉驻留时间、平均扫视时间	线性回归 RF 模型 XGB 模型 MLP 模型	车辆人机界面显示的次要任务会导致驾驶员分心,影响道路安全
Papantoniou et al. (2019)	电话交谈和与乘客交谈	驾驶失误(侧边碰撞、超出车道线、高转速、紧急制动踏板、超速、发动机停止运转)	SEM	无论是与乘客交谈还是电话交谈,在统计上都不会对驾驶错误行为产生显著影响

续表

文献	分心源	驾驶风险衡量指标	数据分析	主要结果
Choudhary and Velaga (2019)	乘客交谈、文本输入、播放音乐	反应时间	GLMM	显著增加了分心驾驶时的反应时间和撞车风险
Yan et al. (2018)	免提电话认知任务	制动反应时间、行驶速度波动、跟车距离波动、跟车时距波动	ANOVA	制动反应时间随着会话复杂性增加而增加
Papantoniou (2018)	电话交谈和与乘客交谈	总体驾驶绩效(速度、横向位置、方向、电机转速、车头时距、过线时间、反应时间等)	SEM	电话交谈对整体驾驶表现有负向影响
Kountouriotis and Merat(2016)	视觉搜索任务	速度和车道保持	ANOVA	视觉搜索任务中横向任务标准偏差(SDLP)最高,曲面搜索速度较低
Yannis et al. (2014)	文本输入	反应时与速度	对数正态回归 二元逻辑回归	在发短信时,速度降低,反应时增加,事故风险增加

4.4.2　不同次任务类型对驾驶风险影响实验

驾驶分心被定义为"将注意力从关键活动转移到安全驾驶以执行二次竞争活动"。随着智能网联技术的发展,越来越多的车载智能技术被应用到乘用车中,是引发驾驶者驾驶分心的重要影响因素。车载信息主要引起驾驶人视觉和认知分心从而导致驾驶绩效下降,进而引起驾驶风险。次任务引起的分心主要分为 3 种:视觉分心、认知分心、手动分心。视觉分心主要因为驾驶人将一定的注意资源分配到次任务的视觉感知中,获取驾驶任务之外的视觉信息。视觉和听觉相比,对驾驶绩效影响最严重的是视觉分心(例如,查看手机界面、查看中控屏等),这是注意力缺失的主要原因。认知分心指对在次任务中获取到的视觉或听觉信息加工编码和记忆检索,导致驾驶信息处理的及时性降低,被报告为对危险的反应时间延长(例如,与乘客交谈、与人工智能交谈等)。手动分心指当驾驶人将其中一只手移转方向盘操作其他设备,导致动作冲突引起的驾驶错误。

不同分心行为对驾驶风险的影响不同,例如,在视觉分心中,驾驶风险的潜在影响因子包含信息布局、界面复杂度、信息量等;在认知分心中,驾驶风险的潜在影响因子包含交谈时间、交谈话题、交谈对象、语音响度、语音频率等;在手动分心中,驾驶风险的潜在影响因子包含触摸点尺寸/面积、触摸点坐标、触摸区域信息类型百分比等。为了研究不同分心类型对驾驶风险的影响,本文开展了驾驶模拟实验。

实验设计

①被试筛选。

招募 22 名模拟驾驶实验的志愿者,被试年龄为 23~60 岁(平均值 = 37.8,标准差 = 14.48),均已获得中华人民共和国驾照(C1/C2),并有一年以上的驾驶经验。所有被试视力正常,认知能力正常,为在校大学生、研究生或大学教师,所有被试在经过模拟驾驶的练习后没有明显的眩晕感,见表 4.25。

表 4.25　驾驶次任务分心对驾驶风险影响实验被试信息

序号	年龄/岁	性别	驾照时间/年	近半年每周驾车情况	每年驾驶里程/km	驾驶模式
1	24	男	2016	不驾车	小于 10 000	自动挡
2	23	男	2017	不驾车	小于 10 000	两者都有
3	23	女	2018	不驾车	小于 10 000	手动挡
4	23	男	2016	1~2 次	小于 10 000	自动挡
5	24	男	2016	1~2 次	10 000~25 000	自动挡
6	25	女	2013	寒暑假驾车	小于 10 000	自动挡
7	24	女	2018	不驾车	小于 10 000	手动挡
8	29	男	2018	5~6 次	小于 10 000	自动挡
9	23	男	2019	不驾车	小于 10 000	自动挡
10	23	女	2019	不驾车	小于 10 000	自动挡
11	23	女	2015	不驾车	小于 10 000	自动挡
12	55	男	1990	5~6 次	10 000~25 000	两者都有
13	48	女	2005	不驾车	小于 10 000	自动挡
14	46	女	2003	5~6 次	10 000~25 000	自动挡
15	57	男	1986	5~6 次	10 000~25 000	两者都有

续表

序号	年龄/岁	性别	驾照时间/年	近半年每周驾车情况	每年驾驶里程/km	驾驶模式
16	50	男	1991	3~4 次	大于 25 000	两者都有
17	51	男	1992	3~4 次	10 000~25 000	自动挡
18	49	男	2014	5~6 次	10 000~25 000	自动挡
19	51	女	2004	3~4 次	10 000~25 000	自动挡
20	49	男	2014	5~6 次	10 000~25 000	自动挡
21	52	女	2004	每天	10 000~25 000	自动挡
22	60	男	1981	每天	大于 25 000	手动挡

②实验场景。

本实验采用 REAL-TIME RDS-MODULAR 模拟驾驶器,可实时模拟输出车辆的运行状态数据,包括纵向加速度、速度、方向盘转角、踏板力等,用于评估驾驶人安全绩效和驾驶风险。被试在模拟驾驶室中完成提示的次任务,与此同时,主试可在监控室中监测车辆的实时运行状态数据、实时驾驶场景、驾驶行为等,如图 4.50 所示。

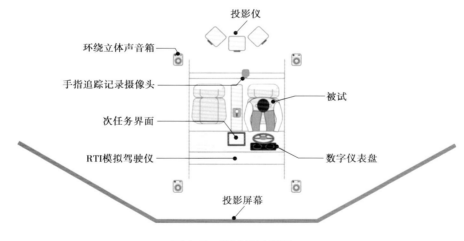

图 4.50　测试场景搭建

模拟驾驶道路场景为城市道路场景,本车前后都有随机车辆。城市道路为双向四车道的直线路况,道路两旁为城市建筑物;车道宽 3.5 m,在距离起点 250 m 处有限速 60 km/h 的标志,如图 4.51 所示。

图 4.51　道路场景建模

③被试任务。

如图 4.52 所示,在城市道路场景下,被试在行驶到距离起点 50 m 处将听到主任务语音提示"前方 200 m 有限速拍照,请注意把车速控制在 50~60",在行至限速标志(距起点 280 m)时,听到次任务语音提示。在行至限速标志时采集被试的生理信号、面部表情、手指运动以及车辆运行状态数据。在行至距起点 580 m 处,潜在危险事件出现,用于测试驾驶人的反应时间。

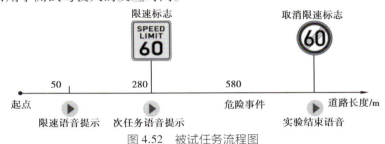

图 4.52　被试任务流程图

本实验中,被试主任务为保持稳定车速在直线道路上行驶,尽量不超过限速标志规定的速度;根据次任务分心的类型定义 3 种分心行为:车载 HMI 界面认读、交谈、中控屏触控操作。次任务语音描述及成功标准见表 4.26。

表 4.26　次任务语音描述及成功标准

次任务类型	次任务语音提示	成功标准
界面认读	请找出距离终点的公里数	读数与导航界面一致
	请找出距离终点的红绿灯数	读数与导航界面一致
	请找出到达终点还需要多少分钟	读数与导航界面一致

续表

次任务类型	次任务语音提示	成功标准
交谈任务	请回答你最喜欢的食物 请回答你最喜欢的颜色 请回答你最喜欢的中国城市	在食物、颜色、中国城市范围内作答
	请回答今天是星期几 请回答今天是几月几日 请回答前天是星期几	与实际情况相符
	请回答 25 加 38 等于多少 请回答 65 减 27 等于多少 请回答 13 乘以 6 等于多少	包含 63，38，78 的话语
触控操作 	请听到提示音后点击屏幕上出现的按钮（随机顺序出现在屏幕左上角、右上角、左下角、右下角、中央）	准确点击屏幕上的按钮

④实验流程。

a.签订知情同意书,告知被试实验过程中会录制视频,向被试解释实验目的,实验流程等。

b.调试模拟驾驶器,调试驾驶行为记录摄像头。

c.被试根据提示执行次任务 1——界面认读,同时采集、记录车辆运行状态数据。

d.填写 NASA 量表并休息 10 min。

e.被试根据提示执行次任务 2——交谈,同时采集、记录车辆运行状态数据。

f.填写 NASA 量表并休息 10 min。

g.被试根据提示执行次任务 3——触控操作,同时采集、记录车辆运行状态数据。

h.填写 NASA 量表。

i.实验结束。

⑤数据采集。

实验数据共分为 4 个部分,车辆运动数据用于分析被试的驾驶风险和绩效,行为视频用于分析被试进行触控任务的反应时间和准确率,NASA 主观量表数据用于

分析被试在执行次任务过程中的整体负荷感受。多模态数据采集平台如图 4.53
所示。

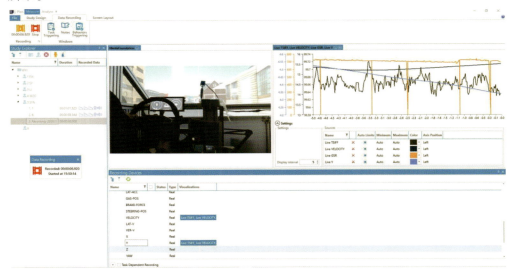

图 4.53　多模态数据采集平台

a.车辆运动数据。通过模拟驾驶平台实时采集制动踏板反应时间、方向盘转
角、踏板力、横向速度、纵向速度、横向加速度、纵向加速度等,采样率为 50 Hz。

b.行为视频。通过高清摄像头记录被试的手动行为视频。

c.主观负荷。通过 NASA-TLX 量表采集被试的主观负荷。

4.4.3　实验数据处理

（1）驾驶分心行为指标提取

实验过程中采集了被试的驾驶行为视频,应用回看标注法分析视频中被试认知
活动与次任务行为来判定各分心类型(视觉分心、认知分心、手动分心)的持续总时
长。视频分析的图像帧率为 5 fps,即每秒的视频取 5 fps 静态图片。驾驶分心行为
指标见表 4.27。

表 4.27　驾驶分心行为指标

指标	缩写	描述	计量单位
分心持续时长	DT	从次任务语音结束到被试完成次任务的持续时间	s
危险反应时间	RT	从危险事件开始到踏板力超过 3 N	s

（2）车辆运动数据处理

模拟驾驶平台导出制动踏板反应时间、方向盘转角、踏板力、横向速度、纵向速度、横向加速度、纵向加速度等车辆运动数据，经过计算提取以下衡量驾驶分心安全性数据指标，见表4.28。

表 4.28　衡量驾驶操控安全性数据指标

指标	缩写	描述	计量单位
最大风险系数	MPR	在整个分心区间最大风险值	——
最大横向加速度	MLA	分心持续阶段最大横向加速度	m/s^2
最大减速	MD	避障过程中最大减速	m/s^2
横向位置标准差	STDHP	分心区间内车辆中心点横向位置坐标标准差，向左偏离为正，向右偏离为负	m
方向盘转角标准差	STDSA	方向盘转动的弧度，逆时针为正，顺时针为负	rad

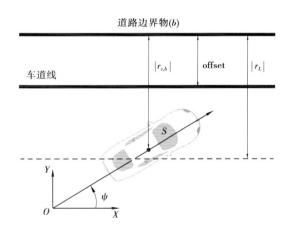

图 4.54　风险系数的计算示意图

采用如图4.54所示的驾驶风险系数计算模型，本研究采用风险系数 $R_{b,s}$ 来表征驾驶人在执行次任务时的安全性。风险系数 $R_{b,s}$ 的计算公式如下：

$$R_{b,s} = \begin{cases} 0.5\ kM(V_{s,b})^2 \cdot \max(e^{-\frac{|r_{s,b}|}{D}},0.001), & \text{如果}\ |r_{s,b}| \in [0,|r_L|) \\ 0, & \text{如果}\ |r_{s,b}| \in [|r_L|,\infty) \end{cases}$$

其中，k 为被碰撞物体的刚度，本章中取 0.5，M 为车辆质量，本章中取 1 000，$D = \dfrac{|r_L|}{7}$，本章中取 1。

$\left|r_{s,b}\right|=\left|y-y_b\right|$，$y_b$ 是道路边沿的横坐标，右侧道路边沿 $y_b=7$，左侧道路边沿 $y_b=-7$；y 是车辆横向位置坐标。

$$V_{s,b}=v\cdot\sin(yaw)$$

（3）NASA 量表数据处理

电子问卷导出 6 个维度的量表数据，即心理需求、体力需求、时间需求、绩效、努力、挫折，提取脑力负荷值见表 4.29。

表 4.29　衡量脑力负荷值的数据指标

指标	缩写	描述	计量单位
脑力负荷	ML	通过 NASA 量表的各维度量值和权重衡量被试整体脑力负荷的量值	—

4.4.4　数据分析结果

1）驾驶分心行为指标

（1）分心持续时长

用单因素 ANOVA 分析不同类型次任务对分心持续时长的影响，未见不同类型次任务对分心时长的显著性影响（$F=1.716$，$p=0.182$），其取值范围为 41.94～42.70 s，可见在执行不同次任务时，驾驶人分心持续时长不会显著变化，如图 4.55 所示。

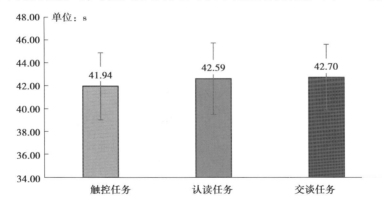

图 4.55　3 种次任务的分心持续时长

（2）危险事件反应时间

3 种不同类型次任务对危险事件反应时间呈现出显著性（$F=3.758$，$p=0.025$），结果表明执行触控任务时对危险事件的反应时间为（2.62 ± 0.64）s，明显长于执行交谈任务时对危险事件的反应时间（2.31 ± 0.83）s，如图 4.56 所示。

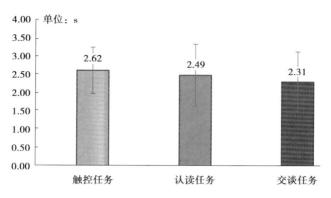

图 4.56　3 种次任务的危险事件反应时间

2）横向操控安全性参数

（1）横向偏离标准差

横向偏离标准差反映了车辆的横向位置波动情况，直接体现驾驶人对车辆横向操控的效果，可表征车道偏离风险。

用单因素 ANOVA 分析不同类型次任务对横向偏离标准差的影响，未见不同类型次任务对横向偏离标准差的显著性影响（$F = 1.333, p = 0.266$），其取值范围为 0.25～0.32，可见在执行不同类型次任务时，横向偏离标准差不会显著变化，如图 4.57 所示。

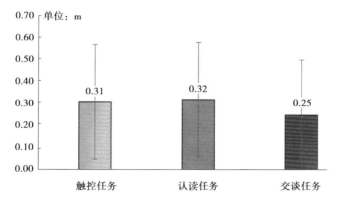

图 4.57　3 种次任务的横向偏离标准差

（2）最大风险系数

根据风险系数计算公式分别得出被试在完成不同类型次任务过程中的最大风险系数值，为了分析群体规律，每名被试都取次任务起点后 50 m 到危险事件结束后 50 m 作为分析区间。

3 种不同类型次任务对最大风险系数呈现出显著性（$F = 3.267, p = 0.04$），结果表明 3 种类型次任务中，执行触控任务时最大风险系数的均值（0.20±0.02）最高，而执行交谈任务时最大风险系数的均值(0.17±0.02)最低,如图4.58所示。

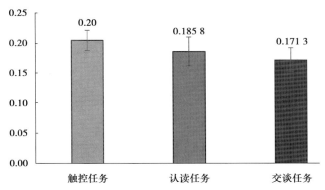

图 4.58　3 种次任务的最大风险系数

(3)最大横向加速度

用 Welch ANOVA 方差分析不同类型次任务对车辆最大横向加速度的影响,3 种不同类型次任务对最大横向加速度呈现出显著性($F = 4.406, p = 0.013$),结果表明执行认读任务的最大横向加速度为$(0.45±0.38)\,\mathrm{m/s^2}$,明显高于执行交谈任务的最大横向加速度$(0.26±0.26)\,\mathrm{m/s^2}$,如图4.59所示。

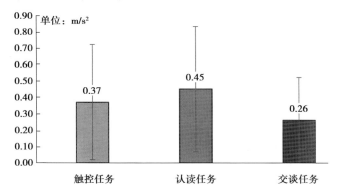

图 4.59　3 种次任务的最大横向加速度

3)纵向操控安全性

(1)速度方差

3 种不同类型次任务对速度方差呈现出显著性($F = 8.032, p = 0.000$),结果表明执行触控任务的速度方差为$(103.49±79.48)\,\mathrm{m/s}$,明显低于执行认读任务的速度方差$(156.56±115.36)\,\mathrm{m/s}$ 与交谈任务时的速度方差$(147.04±91.61)\,\mathrm{m/s}$,如图4.60所示。

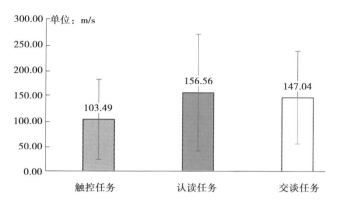

图 4.60　3 种次任务的速度方差

（2）最大减速度

用单因素 ANOVA 分析不同类型次任务对最大减速度的影响，未见不同类型次任务对最大减速度的显著性影响（$F = 0.038, p = 0.962$），其取值范围为 5.71 ~ 5.80 m/s²，可见在执行不同类型次任务时，最大减速度不会显著变化，如图 4.61 所示。

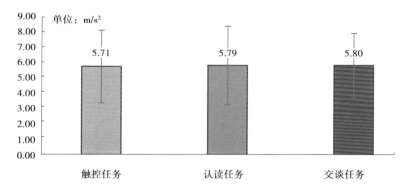

图 4.61　3 种次任务的最大减速度

4）主观量表

用单因素 ANOVA 分析不同类型次任务对脑力负荷的影响，未见不同类型次任务对脑力负荷的显著性影响（$F = 1.290, p = 0.277$），其取值范围为 30.03 ~ 34.46，可见在执行不同类型次任务时，驾驶人主观脑力负荷不会显著变化，如图 4.62 所示。

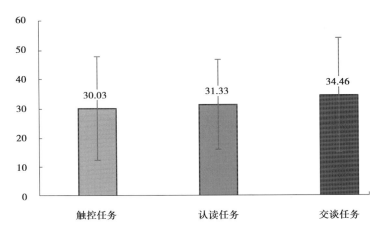

图 4.62　3 种次任务的脑力负荷

4.4.5　分心行为预警策略

目前已有的分心行为监测与预警系统可智能监测驾驶员的眼动、面部表情等图像信息,通过手环振动、语音提醒等警告模式将信息传递给驾驶人。例如,汽车 AI自动化技术公司 Nauto 近年来推出的新功能 Prevent,当监测到司机注意力离开路面超过阈值时,会先进行语音通知,司机如果继续分心就会听到警报。北斗高精度智能物联网终端产品可以识别驾驶员抽烟、打电话或其他分心驾驶的行为。然而这种方式不能及时阻止驾驶分心行为,驾驶人很容易沉浸在次任务中。因此,需要在现有的驾驶人分心行为监测与预警系统的基础上智能识别驾驶人分心源,及时判断分心源对驾驶人安全绩效的影响程度,根据潜在危险程度判定是否需要在警报的基础上直接切断分心源。

常见驾驶分心源有两种类型,即智能终端类(触控分心+视觉分心)、语音交谈类。语音交谈类分心源指与乘客交谈或通过智能手机或蓝牙电话与人或 AI 智能体交谈,这类分心主要占用大脑认知资源,对驾驶人视觉注意力的干扰比较小,一般只会降低平均行车车速,并轻度影响驾驶人的决策判断速度。智能终端类分心源指包含车载信息系统、车载娱乐系统、中控按钮、方向盘按钮等车载终端系统以及包含微信、QQ、微博等应用的智能手机或平板电脑等非车载网联终端。近年来,驾驶人对智能终端类产品的视觉、语音信息获取和触控操作已成为交通安全事故的重要原因之一。因此,我们提出智能网联汽车场景下针对智能终端类分心来源的智能防控策略如下:

根据上一节的驾驶风险系数计算公式,我们将现有的数据集聚类分析,将实时驾驶风险分为高、中、低 3 级。针对不同驾驶风险等级,提出相应的智能预警策略。

①低风险等级,分心持续时长 $DT \le 1.0$,碰撞可能性系数 $e^{-\frac{|r_{s,b}|}{D}} < 0.105$,采取多模态预警方式,例如,通过手环振动、语音提醒等将分心危险警告传递给驾驶人,提醒驾驶人次任务分心的危险性。

②中风险等级,分心持续时长 $1.0 < DT \le 3.0$,碰撞可能性系数 $0.105 \le e^{-\frac{|r_{s,b}|}{D}} < 0.170$,采取切断分心源方式,例如,通过应用程序监测智能手机、车载信息系统等重要信息终端的使用情境,如果驾驶人持续分心,且实时风险系数达到中风险等级,则直接锁定界面,切断信息终端。

③高风险等级,分心持续时长 $DT > 3.0$,碰撞可能性系数 $e^{-\frac{|r_{s,b}|}{D}} > 0.170$,采取智能接管方式,例如,对接分心监测系统与智能驾驶辅助系统 ADAS,一旦实时风险系数达到高风险等级,则直接采取紧急措施,如紧急靠边停车或智能接管等。

第 5 章　汽车驾驶疲劳机理、识别、唤醒与安全防控

5.1　汽车驾驶疲劳的产生及机理探索

5.1.1　汽车驾驶疲劳产生及表征

1)汽车驾驶疲劳产生极危害

驾驶疲劳是一种生理现象,当连续开车一段时间不休息(如 3 h 以上)时,驾驶员就会疲倦和疲劳,导致注意力不集中、反应迟钝、手脚操控协调性降低,驾驶控制能力降低,驾驶风险增高,极易引发交通事故。随着社会经济不断发展,人民生活水平不断提高,汽车已成为许多家庭出行的主要方式。截至 2021 年,我国汽车民用汽车保有量达到 3.0 亿辆,汽车驾驶员人数达到 3.8 亿。但随之而来的是不断增加的交通事故数量,2021 年,我国交通事故达到 21 万起,交通事故死亡人数达到了 6.1 万。过度疲劳是指,连续驾驶 4 h 以上,超负荷劳动引起的疲劳,这类疲劳在体内逐渐积累,导致驾驶员警觉性、反应速度和操控能力明显下降,从而给行车安全带来潜在危险。2018 年 11 月交通运输部发布了《交通运输部办公厅关于推广应用智能视频监控报警技术的通知》(交办运〔2018〕115 号),第一项就是驾驶疲劳监测与预警,强制要求"两客一危"车辆安装智能视频监控报警装置,这对遏制和减少因疲劳驾驶引发的交通事故起到了积极作用。另外,《中华人民共和国道路交通安全法实施条例》明确规定,连续驾驶机动车超过 4 h 要停车休息且休息时间不得少于 20 min,但我国公路运输行业卡车司机连续驾驶超过10 h 是常态。

中国公路运输规模超过 6 万亿 t,2019 年公路货运总量达到 413 亿 t,货物周转量超过 6.67 亿 t/km,公路货运成为中国物流主力。据报道,3 000 万货车司机承担了中国 3/4 的运输任务,由于货运时间紧、路途长、路况复杂,货车司机每天连续驾驶 12~16 h,驾驶疲劳成为引发交通事故的主要诱因。公安部数据显示,60%以上的交通事故与疲劳驾驶有关,2019 年交通事故中有近 20%是疲劳驾驶造成的,疲劳驾

驶占特大交通事故的 40% 以上。因此,有效遏制和减少因驾驶疲劳引发的交通事故,保障公路物流安全,已成为国家重要需求。

疲劳困扰分为三类:主动疲劳、被动疲劳与睡眠相关疲劳。

主动疲劳通常是精神过载的驾驶条件、高密度的交通、复杂的次任务引起的。被动疲劳主要是任务负载不足、单调和自动驾驶引起的。而与睡眠相关的疲劳主要受昼夜节律、睡眠剥夺和长时间清醒影响。

在重复机械性地完成某一工作时,人会随着时间的推移逐渐进入疲劳状态。这一特点同样适用于汽车驾驶。在长时间开车而得不到有效休息的情况下,驾驶员会自发进入困倦状态,此时驾驶事故极易发生。对于时常需要高负荷工作的卡车司机而言,疲劳驾驶更加容易导致事故发生。为此世界许多国家也针对驾驶时间做出了相应规定,限制驾驶员的单次驾驶、累计驾驶和休息时间等,然而在实际应用中收效甚微。

我国已经在《中华人民共和国道路交通安全法实施条例》第六十二条中明确规定"连续驾驶机动车超过 4 h 未停车休息或者停车休息时间少于 20 min"。但驾驶人常因为各种因素,如追求利益、着急赶路等,不能自觉遵守相关规定。因此,在实际驾驶环境中,驾驶人疲劳状态检测与预警技术的研究已成为减少当今交通运输事故的关键之一。

2)汽车驾驶疲劳的生理、行为表征

当出现驾驶疲劳现象后,驾驶员的生理状态和心理水平都会出现一定的变化,这些变化大致会有以下表征。

①肌肉兴奋度降低、身体倦怠。相较于疲劳带来的心理感受而言,身体疲劳往往会更早显现,例如,日常生活中即使大脑处于较兴奋的状态,但人仍不断揉眼睛、打哈欠等。驾驶员如果疲劳,首先反映为眼睛酸涩、肿胀,之后出现肌肉无力、腰肌酸痛等症状,严重时甚至会不自觉地进入睡眠状态。

②注意力和精力严重下降。随着疲劳症状进一步加深,生理现象开始向心理水平转移。此时意识会逐渐变得模糊,导致驾驶员无法将注意力集中于驾驶活动中。由于精力逐渐下降,大脑处理信息能力减弱,感知周边环境变化的能力同样减弱,表现为驾驶员的听觉、触觉等感知水平下降和无法正常判断驾驶速度、交通标志等。

③驾驶失误行为逐渐增加。当生理和心理都出现疲劳症状后,驾驶员的驾驶行为水平下降。随着控制车辆的人体肌肉(如手控制方向盘、脚控制加速踏板和制动踏板等)收缩能力下降以及大脑的神经反射速率变缓,驾驶员无法正常换挡、减速、转弯等,严重时甚至会误踩加速踏板等。当行驶过程中出现紧急情况时,驾驶员同样无法正常判断,如在两车相遇时无法正常避让。

迄今为止,国内外诸多学者开展了许多关于疲劳检测与量化的研究,其中研究疲劳造成的生理、行为表征成果最为突出,通过检测驾驶员的眼部行为或者脑电、心电和脑血氧等生理指标来寻找与驾驶疲劳相关的规律。

5.1.2 驾驶疲劳的生理学机理

疲劳生成机理的解释主要有 3 种:能源消耗论、乳酸累积论和中枢系统变化论。

①能源消耗论。由高中阶段的生物知识可知,人体储存与消耗能量的实质是不断合成与分解腺嘌呤核苷三磷酸(ATP)。该假说认为,人体的疲劳状态主要与 ATP 的存储量相关,当其储量低于正常水平时,人体就会进入疲劳状态。当下医学的部分研究成果辅证该假说,如在长时间高强度工作后,成年人体内储存的肌糖元含量迅速下降,随之而来的是血糖水平降低,四肢及大脑的能量供应受影响,体力、注意力等不同程度减弱,符合疲劳的表征。

②乳酸累积论。在生活中可以发现,在短时间内进行超肌肉负荷的高强度运动后,乳酸堆积,导致肌肉酸胀疼痛。该假说认为疲劳是由高度精神紧张后人体产生的乳酸过度堆积导致。虽然目前没有直接证据表明两者之间存在必然联系,但对乳酸的研究可以部分证明这一假说:乳酸堆积带来的 pH 值降低会影响神经与肌肉之间的信息传递,导致大脑对四肢的控制能力减弱;乳酸还会在一定程度上使钙离子浓度水平降低,而钙离子在维持细胞膜两侧生物电位和正常的神经—肌肉传导中发挥着重要作用,其浓度降低必然导致肌肉兴奋度降低,这些影响都可以从生理的角度解释疲劳。

③中枢系统变化论。同样由高中生物知识可知,人体的神经中枢系统包括位于大脑的高级中枢和位于脊椎的低级中枢,两者的协调作用使人体四肢协调运动,而位于大脑的高级神经中枢起着接收与处理相关信息的主要作用。该假说认为,随着人体不断进行某项重复性活动,大脑的神经中枢受到反复刺激,而由于人体反馈调节,某种抑制兴奋的生理反应出现,随着时间延长,这种抑制作用向整个控制四肢的大脑区域蔓延,由于高级神经中枢的信息传递功能受阻,四肢无法及时准确地得到大脑的指令与反馈,即出现疲劳。该类假说将疲劳看作人体的一种自我保护过程,相较于前两种假说而言更为注重神经中枢的作用。

5.1.3 汽车驾驶疲劳的心理学机理

前文在对驾驶疲劳的表征中曾提到,疲劳首先表现于身体的某些生理指标,随着程度进一步加深,疲劳向心理水平转移,最终两者同时作用于驾驶员的操作行为。由于大自然的一切行为都可以看作各类信息转移,因此处于人体中的疲劳演变过程可以看作疲劳信息不断迁移。从汽车人机工程学角度而言,正在道路行驶的车辆可以看作一个"驾驶员—车辆—道路"系统,这个系统中 3 个要素相互作用,各种信息不断流动。而疲劳正是在它们流经"驾驶员"这个子系统时所产生的副产物。外界信息从接收到执行一般可分为 3 个阶段:感知阶段、判断与决策阶段、操作阶段。下面对这 3 个阶段进行逐一分析。

①感知阶段。在这个阶段中,驾驶员的各器官主动或被动接收来自外界的各类信息,这些信息主要源于车辆或道路环境,如噪声、温度、震动、行驶速度、交通路况等。驾驶是一项危险性较大的活动,因此在高速公路或复杂路况下行驶时驾驶员必须保持高度警惕状态,这使人体感官所承受的负荷超过正常水平的几倍甚至数十倍。例如,眼睛不断观察道路信息和车辆运行情况,在某些驾驶环境不好的车辆中,耳朵需要忍受大量噪声,而人体皮肤则被动感受驾驶室内的温度、湿度等,这些外来的负荷输入形成了疲劳的原始信息,并初步表现在人体的各感官上。

②判断与决策阶段。外界信息由人体的不同感官接收,并输送至大脑进行判断决策,这就带来了原始疲劳转移。此处引入信息量密度的概念,即在单位时间内获取信息的总量。在驾驶过程中,位于大脑的神经中枢所接收的信息逐渐增多,且信息量密度远高于日常生活中的密度,将使大脑不断超负荷地接收、判断和决策,这种超负荷的处理工作使大脑皮质等部位的神经元长期处于高度兴奋状态,而由于人体的负反馈保护机制,精神疲劳产生,大脑的长时间持续兴奋被逐渐抑制。

③操作阶段。外界输入的信息经位于大脑的高级神经中枢整理、分析和判断后,由遍布全身的神经系统向肌肉传达,四肢完成大脑所要求的各类操作,协调驾驶车辆。随着驾驶时间的增加,四肢出现疲劳症状,如长时间维持驾驶姿态导致腰椎疼痛,用以控制加速踏板、制动踏板的腿部酸胀等,这个阶段的疲劳主要是周身肌肉的体力疲劳。

虽然上述 3 个阶段将驾驶疲劳分为原始疲劳、精神疲劳和体力疲劳,但系统中的一切信息都是相互关联、相互制约的,因此,这 3 个层面的疲劳同样不是独立存在的。例如,体力疲劳累积会影响人体感官的周边肌肉,导致感受信息敏感度降低,从而影响疲劳信息正向传递;而原始疲劳减弱会减轻大脑神经中枢工作量,即缓和精神疲劳;若大脑的神经中枢所积累的精神疲劳过量,则信息接收、分析和判断都会一定程度延后,一定程度造成体力疲劳。这说明 3 个层面的疲劳状态构成了一个信息不断交互的负反馈系统,其关系如图 5.1 所示。

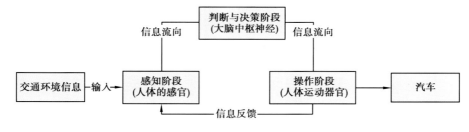

图 5.1　汽车人机交互中的疲劳信息传递

5.2　汽车驾驶疲劳识别

5.2.1　汽车驾驶疲劳的生理心理表征

目前有关驾驶疲劳的客观检测方法思路大致为,首先确定一项能表征驾驶员疲劳状态的参数,这个参数可以是驾驶员的生理信号(如心电图、脑电图等)、肢体语言(如眨眼频率、哈欠程度等)或当前车辆的行驶状态(如方向盘角度、行驶速度等),特征提取后大量实验研究开展,确定各疲劳等级的标准(阈值),最后对比当下驾驶员的状态特征与先设阈值,判断其所处疲劳状态。

1)基于面部特征的汽车驾驶疲劳识别

基于驾驶员面部疲劳特征的检测。在此之前,大量研究表明,在疲劳驾驶时,驾驶员会出现很多相关的面部疲劳症状,包括经常闭眼、快速和持续眨眼、频繁点头以及经常打哈欠。可以通过摄像头监测驾驶员的面部特征检测上述特征行为,判断驾驶员是否疲劳驾驶。卡内基梅隆研究所经过反复实验和论证,提出了度量疲劳的物理量PERCLOS(Percentage of Eyelid Closure over the Pupil over Time)其定义为单位时间内(一般为 30 s 或 1 min)眼睛闭合一定比例(70%或 80%)所占的时间,美国联邦公路管理局(FHWA)和美国国家公路交通安全管理局(NHTSA)在模拟驾驶实验中验证了该项理论的有效性。

在实际应用中,环境光线对识别的准确率影响很大。因此,团队通过 HSV 颜色空间算法区分驾驶环境的白天与黑夜。采用了 MTCNN 的人脸检测算法实现日间的驾驶行为检测;采用了基于 Dlib 的人脸特征点检测算法实现夜间的驾驶行为检测。

(1)基于 HSV 直方图测量法

HSV 颜色空间是一种基于感知的模型,由色调(H)、饱和度(S)、亮度(V)3 个分量组成,具有亮度与色彩无关以及色调和饱和度分量与人感受颜色紧密相关的特点。其中,色调对应光的波长,不同角度对应不同波长的光,因此呈现出不同的色相;饱和度 S 表示该颜色的纯度,其范围为 0~100%,越大则表示该纯度越高;亮度 V 表示色彩的明亮程度。该颜色空间的优势在于去除了图像的色彩信息对亮度的影响,该颜色空间非常适用于区分图像的亮度信息。HSV 颜色空间一般用一个圆锥形的模型来表示,如图 5.2 所示。

颜色特征和亮度特征是区分白天和黑夜两个非常显著的特征因素。白天的光源主要为自然光,色调往往分布在光谱的绿色和蓝色区域;而夜间光源主要为人工光源,一般分布在光谱的黄色和红色区域。不仅如此,与夜间图像相比,白天图像颜色特征更加丰富。在图像的亮度方面,白天图像往往相对较大、足够明亮。相反,夜间图像往往相对较暗。HSV 空间亮度可以此作为区分白天和黑夜的判据,如图 5.3 所示。

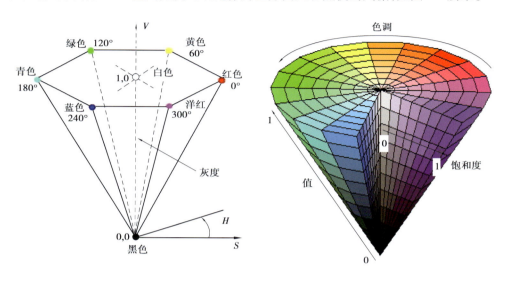

图 5.2　HSV 颜色空间

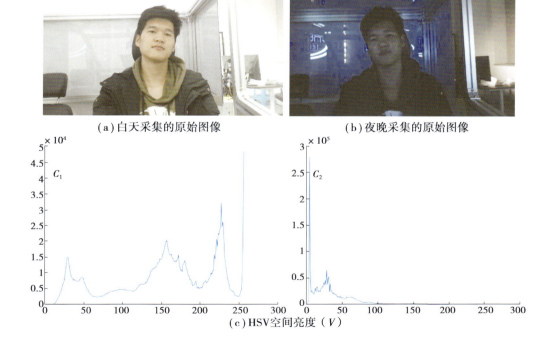

(a)白天采集的原始图像　　　　　　(b)夜晚采集的原始图像

(c)HSV空间亮度(V)

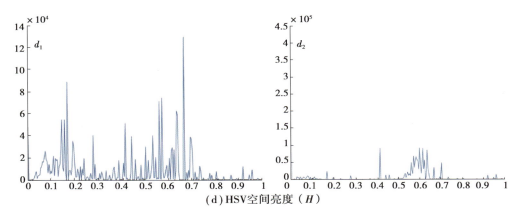

(d) HSV空间亮度（H）

图 5.3　区分白天和黑夜

（C_1）和（d_1）分别对应其 HSV 空间亮度（V）和色调（H）分布图；（C_2）和（d_2）分别对应其 HSV 空间亮度（V）和色调（H）分布图

（2）级联卷积神经网络人脸检测算法

级联卷积神经网络（MTCNN）算法将人脸检测和人脸特征点检测同时进行，是一种高效实时的多人脸检测算法。该算法将三层网络结构 P-Net（Proposal Network）、R-Net（Refine Network）和 O-Net（Output Network）级联，对人脸由粗到细检测。MTCNN 的主要特点在于，基于轻量级的卷积神经网络（CNN）就完成了人脸和特征点标定的任务；通过多任务训练的方式，实现了对困难样本挖掘在线训练，提升了训练任务的性能，同时，还取得了非常高的人脸检测精度。相关的文献资料显示，在英伟达 Titan 系列显卡上进行 GPU 运算检测人脸，检测速度高达每秒 99 帧，完全能够满足实时人脸检测的需要。利用级联卷积神经网络框架在模拟驾驶实验平台环境下检测驾驶员的人脸，其检测结果如图 5.4 所示。

图 5.4　级联卷积神经网络算法人脸检测结果

（3）Dlib 人脸特征点检测

夜间的图像采用近红外摄像头采集图像，采用 850 nm 的红外光源辅助照明，驾驶员的正常驾驶不会受到影响。针对夜晚近红外图像，采用基于 Dlib 的人脸特征点定位的方法标定和检测驾驶员相关特征点。

利用 Dlib 人脸特征点检测模型，检测采集到的夜间近红外图像相关特征点。对近红外图像人脸特征点检测和标定后的结果如图 5.5 所示。

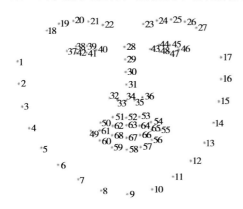

图 5.5　Dlib 人脸特征点检测结果

根据人脸特征点的标记结果，将特征点 37~40,43~48 部分的人眼区域图像提取出来，设定相应的 EAR 阈值（本研究设置的阈值大小为 0.2），即可判断眼部的睁眼与闭眼的状态。

根据人脸特征点的标记结果，将特征点 49~68 部分对应的嘴部区域图像提取出来，设定相应的 MAR 阈值（0.5）以及持续时间（10 帧连续图像），即可判断驾驶员是否打哈欠。

2）基于脑电的汽车驾驶疲劳识别

脑电（EEG）是一种重要的生物电信号，可以被看作由脑神经活动产生并且始终存在于神经中枢的自发性神经活动，大脑皮层和头皮电位的变化反映这种生物电信号。

脑电信号主要通过脑电仪采集，主要分为干电极和湿电极两种。同时，从通道数量看，脑电仪可分为 8 通道、16 通道、32 通道和 64 通道及更多通道脑电仪，通道数量越多，采集的脑电信号能够越精确地反映脑电在整个大脑区域的变化情况。以 8 通道的脑电信号为例，其脑电原始信号如图 5.6 所示。

根据频率不同，脑电可分为多种波形，而在疲劳检测实验中，最具代表性的波形有 4 种。

①δ 波：遍及整个大脑，频率范围为 0.5~3 Hz，一般在人的婴儿阶段或成年人处

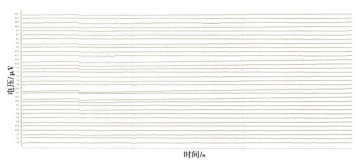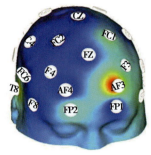

图 5.6　典型脑电数据

于极度疲劳甚至昏睡情况下可被检测。

②θ 波:遍及整个大脑,频率范围为 4~7 Hz,一般在抑郁情绪较重或精神出现异常的人群大脑中较为明显。

③α 波:主要分布于大脑顶和枕区,频率范围为 8~13 Hz,是一种成年人清醒状态且安静闭眼时最常见的波形,在没有外加干扰的情况下,是成年人的基本脑电节律。

④β 波:主要分布于前半球和颞区,频率为 14~30 Hz,一般在成年人精神亢奋或紧张时出现,其特征正好与 θ 波相反。

除此之外,还有 γ 波等其他频段范围的波。每一种波形的变化都可表征大脑发生的某些神经波动,但若仅仅依靠专家目测估计去解释脑电信号,难免会出现个人主观性误差,因此近年来国内外学者使用神经归类算法、快速傅里叶变换和小波分析等诸多方法,从时域和频域出发,构建不同波形的组合参数分析脑电变化情况。各波的数值是其在对应频段内的功率大小,单位为 μV^2,其典型数据如图 5.7 所示。

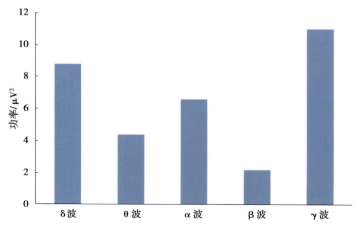

图 5.7　典型脑电 δ,θ,α,β 等波形数据

3）基于心电的汽车驾驶疲劳识别

由于心脏的自律性活动受交感神经和副交感神经的自主调节支配,前者使心率加快,后者使心率变慢,不同情况下成人心率总存在一定的涨落变化,这就是心率变异性(HRV),而HRV中存在丰富人体心血管自主平衡调节信息,从这些调节信息中提取可表征被检测人生理信息的特征指标,并通过后期处理得到量化指标,成为当今医学诊断的重要组成部分。同时由于心率的变化情况与人体的唤醒水平紧密相关,ECG同样被广泛用于驾驶疲劳检测中,其中心率(HR)和心率变异性(HRV)指标是当下疲劳检测研究中最为常用的两种指标。

计算心率变异性高频功率比值首先要从心电信号中计算HRV信号。首先检测心电信号中的QRS波群,准确定位每个R波发生的时刻,随后逐次相减,计算连续心跳间的R-R间期,最后通过序列转换获得HRV信号。图5.8表示识别提取被试心电数据的R波峰值,图5.9表示被试在整个实验过程中心率的变化过程。

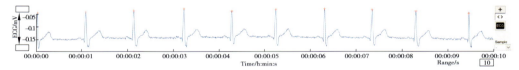

图5.8　心电信号R波峰值提取

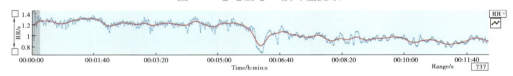

图5.9　心率变异性RR信号

作者基于朴素贝叶斯分类器,使用HRV相关指标来检测被试是否进入疲劳状态。具体来说,朴素贝叶斯分类器的输入是心率变异性信号的低频功率(0.04~0.15 Hz)与高频功率(0.15~0.4 Hz)的比值。该比值是交感神经和迷走神经的平衡指标,可评价自主神经活性。

由于本研究采用的分类方法为监督学习方法,因此输入按以下标准进行标记。

深度疲劳:$LF/HF<0.9$。

疲劳:$0.9<LF/HF<1.4$。

清醒:$LF/HF>1.4$。

本研究训练的分类器准确率约为88%。

4）基于fNIRS的汽车驾驶疲劳识别

使用近红外光检测大脑活动的理论基础源于神经血管耦合(neurovascular coupling)机制,该假说最早于1890年由Roy和Sherrington提出,随着大脑神经激活区域的变化,流经大脑的血流供应会产生局部响应,从而导致局部脑血容量(CBV)和脑血流量(CBF)变化,通过测量流经神经激活区域的脱氧血红蛋白(deoxygenated hemoglobin,HbR)浓度、氧合血红蛋白(oxygenated hemoglobin,HbO$_2$)浓度及两者比值的大小可以间接测量脑神经活动的变化情况。

　　脑组织中不同血氧含量具有不同光学特征。近红外设备向大脑皮下组织发射近红外波段光源(650~950 nm),通过计算接收端光子量来确定大脑组织对近红外光的吸收情况(图 5.10),最后根据比尔-朗伯定律计算组织中含氧合血红蛋白和脱氧血红蛋白的相对浓度。

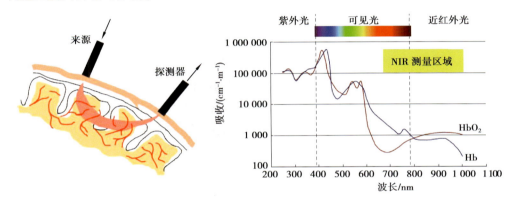

图 5.10　近红外脑血氧计算原理

　　此处采用美国 NIRX 公司研制的 NIRscout 台式近红外脑功能成像系统。该近红外光谱测量系统是一种无创的、研究人类大脑血液动力学的工具,可在神经生理学方法和数据的基础上进行基础研究。脑功能近红外光谱(NIRS)利用低能量光辐射测量皮下组织的吸收变化,在高采样率(60 Hz)下对大脑结构进行双波长(760 nm和 850 nm)连续波近红外漫反射层析成像测量,测量表面漫反射近红外光谱,推断与脑功能活动相关的氧合血红蛋白、脱氧血红蛋白局部的浓度变化(图 5.11)。

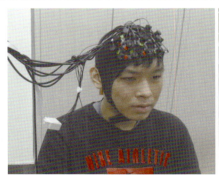

图 5.11　近红外额叶区域探测布局与驾驶场景

　　每个测量通道由放置在组织表面的光发射器和接收器组成。为了对大脑额叶区域活动的空间成像,试验采取了 8 个光源、7 个探测器的标准额叶布局。单个光源发光时,所有探测器均会接收数据,但某些探测器离光源较远,接收数据不稳定,最终设置有效通道数量为 20。

　　分析 20 个通道的数据相关性发现,驾驶疲劳状态与脑血氧浓度的相关变化主要反映于大脑前额叶左侧区域,如图 5.12 所示。

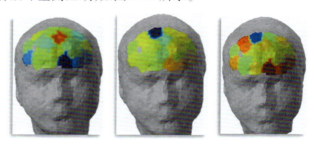

图 5.12　近红外额叶区含氧血红蛋白随疲劳变化情况

　　结合近红外数据与主观疲劳评价,得到了疲劳等级与客观的含氧血红蛋白数据直接的相关关系,建立了主客观数据的映射模型,如图 5.13 所示。

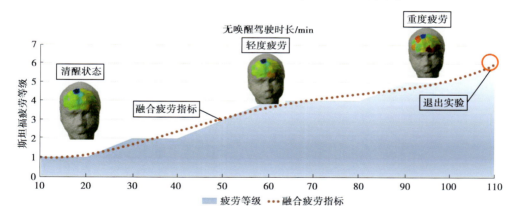

图 5.13　驾驶疲劳主客观数据映射模型

　　根据相关性分析的结果,选取大脑前额叶左侧区域的近红外数据,从中提取了均方根和方差两个时域指标;低频(0.04~0.15 Hz)和高频(0.15~0.4 Hz)的普功率为疲劳识别的特征参数。最后运用机器学习算法中的支持向量机(SVM)对疲劳等级进行分类(清醒、轻度疲劳和重度疲劳)。最后得到 75% 的识别准确率,结果如图 5.14 所示。

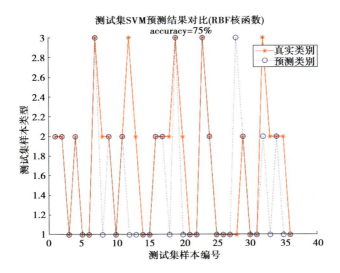

图 5.14　基于近红外脑血氧数据的 SVM 疲劳识别算法

5）基于肌电的汽车驾驶疲劳识别

以肌肉活动为主要负荷形式的体力负荷评价是驾驶疲劳量化的重要研究内容。肌电信号（EMG）是众多肌纤维中运动单元动作电位（MUAP）在时间和空间上的叠加。表面肌电信号（sEMG）是浅层肌肉 EMG 和神经干上电活动在皮肤表面的综合效应，能在一定程度上反映神经肌肉的活动。表面肌电技术作为一种无损伤的实时测量方法，能客观地反映肌肉活动水平和功能状态，在驾驶生理疲劳方面也具有重要的实用价值。通常使用生理仪采集肌电信号，在所测肌肉表明粘贴生理贴片（图 5.15），将采集的电信号进行放大、滤波等，可得到表面肌电信号。

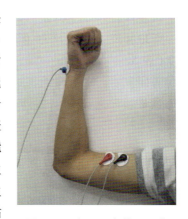

图 5.15　表面肌电信号采集

通常，肌力大小可由肌电信号中的均方根（RMS）、肌电积分（IEMG）等时域指标来衡量。而肌肉疲劳通常引起肌电信号的频域变化。例如，随着肌肉疲劳，sEMG 频谱曲线会不同程度地左移，并导致反映频谱特征的中间频率（MF）相应下降，而反映信号振幅的时域指标则在一定负荷范围内上升。

肌肉疲劳时，功率谱大多由高频向低频漂移，MF 也随之下降，为了维持力的输出，肌肉会募集更多肌纤维中的运动单元，从而增加肌电信号幅值；另外，单个肌电单元疲劳引起放电频率降低，从而引起肌电信号的频谱左移。

以肱二头肌的持续收缩疲劳为例，在 40 s 的动态收缩过程中，频域指标 MF 明显下降。由最初的 61.79 Hz 下降到最低时刻 56.76 Hz，如图 5.16 所示。

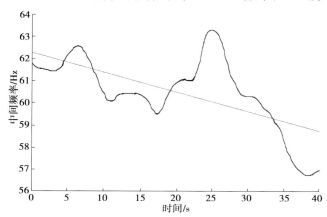

图 5.16　肌电 MF 指标随肌肉疲劳的变化情况

5.2.2　汽车驾驶疲劳量化识别方法

1）主观评价量化方法

斯坦福睡意量表通常用于衡量人在一天中的特定时间内的主观困倦和嗜睡程度（表 5.1）。该量表已被广泛应用于轮班工作、时差、驾驶能力以及注意力和表现等研究。它有助于评估对环境因素、昼夜节律和药物作用的反应变化。斯坦福睡意量表是最早评估睡意和困倦程度的技术之一，与脑电图和行为变量密切相关。

表 5.1　斯坦福睡意量表

感觉有活力、生机、警觉、清醒	1
身体机能处于较高水平，不过不在峰值，可以集中注意力	2
很清醒，不过身体及思维都比较放松，能及时反应但不够灵敏	3
有些倦意，松懈	4
充满倦意，不再想保持清醒，非常松懈	5
打瞌睡，头晕眼花，不再与睡意做斗争，只想躺下来休息	6
睡眠初期，出现梦境	7

2）客观评价量化方法

基于驾驶员的生理信号的检测。驾驶员在驾驶过程中达到疲劳的状态常常伴随人体生理信号变化。常见的生理信号主要有脑电信号、肌电信号、心电信号

(ECG)和眼电信号(EOG)等。相关文献资料研究指出,使用生理信号的方法比使用其他方法检测驾驶员的疲劳状态更可靠和准确。同时使用脑电信号(EEG)和肌电信号(EMG)来检测驾驶员疲劳的准确性能够达到98%~99%。

基于驾驶员面部疲劳特征的检测。在此之前,大量研究表明,在出现疲劳驾驶的情况时,驾驶员会出现很多相关的面部疲劳症状,包括经常闭眼、快速和持续眨眼、频繁点头以及经常打哈欠。该量化方法可通过摄像头监测驾驶员的面部特征检测上述特征行为来判断驾驶员是否疲劳驾驶。

5.2.3　汽车驾驶疲劳主—客观阈值映射

1)驾驶疲劳与眼部特征值映射

如今,在特定场景下自动驾驶已能实现。在高度自动化的车辆中,驾驶员无须操作方向盘、加速踏板或制动踏板,但当车辆遇到系统限制如极端天气、传感器故障或不可预测的事件时,驾驶员需要重新获得对自动驾驶系统的控制权限,这就需要驾驶员时刻保持清醒,并实时监控车辆和环境状态。

然而,在自动驾驶过程中,保持长时间的警惕并时刻准备应对极少发生的突发事件,是一件十分单调的事情。由于驾驶环境单调,高度自动化车辆的司机比手动驾驶的司机更容易感到疲劳。低的精神负荷会影响驾驶员的驾驶能力表现,驾驶员的警惕性和对接管请求的反应能力都会随着疲劳的加深而降低。

在实践中,许多方法被用于检测驾驶员的疲劳和困倦。一方面从车辆的动态参数入手,当驾驶员处于极度疲劳状态时,车辆横向位置和方向盘角度的波动会显著增加。另一方面从驾驶员生理数据入手,心电和脑电信号是评价驾驶员疲劳程度的常用方法。然而,在自动驾驶和实际运用的情况下,以上方法都有局限性。自动驾驶下的车辆数据与驾驶员的疲劳状态没有直接关系,而驾驶员在实际情景中可能并不愿意长时间佩戴生理数据采集设备。

因此,基于图像识别的非接触式检测方法在实际运用中具有更大潜力。通常观察一个人的面部,尤其是眼睛的状态就可以判断其精神状态。这说明眼部指标也与司机的疲劳程度相关。眼睛闭合度是反映驾驶疲劳的眼部活动一个很好的指标,它被定义为单位时间内眼皮闭上的时间百分比。许多研究都用该指标实现了对驾驶疲劳的准确识别。然而,这些研究都是在手动驾驶条件下进行的,由于驾驶条件完全不同,手动驾驶条件下得到的结果可能不适用于自动驾驶条件。

因此,作者在模拟驾驶器上进行了一项疲劳驾驶实验,目的是探索不同驾驶条件(手动 vs.自动)下驾驶员疲劳后的眼部行为差异,然后进一步探索能够准确反映自动、手动驾驶条件下驾驶员疲劳的眼部指标。以下是实验的大致情况与结果。

（1）被试情况

邀请了 20 名志愿者参与本次实验，其中，男性 12 名、女性 8 名，平均年龄为 28 岁，平均驾龄为 5 年。参与者都是重庆大学机械与运载工程学院的学生和教师，都具有自动驾驶和驾驶模拟器的相关知识。他们被要求在实验前一周保持规律的作息时间，并且在实验当天避免喝茶或咖啡。

（2）实验设备

该实验使用了美国 Realtime 公司的模拟驾驶平台，该平台具有自动驾驶功能。180°的水平视场由 3 个屏幕（1 920 像素×1 080 像素）投影，后视镜由 3 个液晶屏组成。平台周围的一系列扬声器可仿真路面噪声、发动机噪声和车辆振动。该实验还使用了德国的 Dikablis Professional 眼动仪（图 5.17）来记录驾驶员的眼部活动情况，根据眼动仪记录的图像（图 5.18）计算眼动指标。

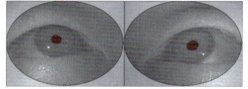

图 5.17　眼动仪佩戴情况与模拟驾驶场景　　　图 5.18　眼球图像采集情况

（3）实验流程

该研究采用了一种被试内设计，要求参与者在两种驾驶条件（有条件自动驾驶和手动驾驶）下在高速公路上行驶。在正式实验前，被试有 5 min 时间熟悉驾驶模拟器的手动和自动驾驶系统（人需监管）。为了诱发驾驶员的疲劳，实验在一个较暗的环境下进行。

被试要求监控车辆状况和驾驶环境，当仪表盘上的黄灯闪烁时，立即按下方向盘上的按钮。从灯闪烁到参与者按下按钮的时间被视为反应时间。提示将在仪表盘上显示 5 s，如果被试遗漏了提示，反应时间将被视为 5 s。仪表盘黄灯闪烁间隔 5 min，在被试对黄色光做出反应后，实验人员将会使用卡罗林斯卡嗜睡量表（KSS）评估驾驶员的疲劳状态。实验持续时间不受限制，直到驾驶员疲劳程度达到 8 级。

使用双因素重复测量方差分析来处理所测的数据。其中，一个因素为驾驶条件，重复测量因素 KSS 得分为 K6，K7，K8。

（4）分析结果

作者计算了被试眼睛的水平活动、竖直活动、反应时间随疲劳等级加深的变化情况。图 5.19—图 5.21 展示了数据结果。

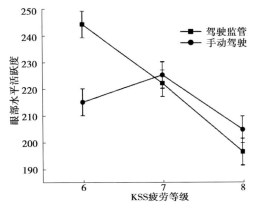

图 5.19　两种驾驶条件下水平眼部活动随疲劳等级的变化关系

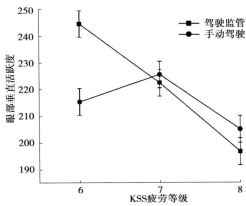

图 5.20　两种驾驶条件下垂直眼部活动随疲劳等级的变化关系

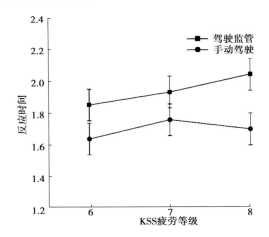

图 5.21　两种驾驶条件下反应时间随疲劳等级的变化关系

从图 5.21 中可以看出，当驾驶员处于轻度疲劳状态（K6）时，自动驾驶状态下的水平眼部活动略高于手动驾驶状态。自动驾驶条件下的驾驶员没有驾驶任务，因此将更多注意力资源用于监控任务。在这个实验中，参与者行驶在一条单调的公路上，交通密度为每千米 13 辆车，超车事件发生率非常低，驾驶员倾向于注视道路中心。然而，他们仍然可以对仪表盘上的提示做出反应。在自动驾驶条件下，随着疲劳程度加深，眼部水平活动明显下降，而在手动驾驶条件下则没有明显的影响。在自动驾驶条件下，随着疲劳加深，驾驶员的警觉性有所降低，因此眼部活动水平下降。在手动驾驶条件下，驾驶员为了驾驶安全必须掌握基本的道路情况，因此眼部活动水平能够保持在一个相对稳定的水平。方差分析结果显示,驾驶条件与疲劳水平之间存在显著的交互效应。因此,驾驶员可以很容易地看到仪表盘上的提示,并相信它们可以迅速接管控制权。

在眼睛的垂直活动方面,两种驾驶条件没有差异。无论是自动驾驶还是手动驾驶,驾驶员一般都会查看后视镜,驾驶员的注意力会被超车的车辆吸引,这只会增加水平方向上的活动水平。即便仪表盘上有警示灯,驾驶员也很少低头查看。原因在于,警示灯就在驾驶员的余光范围以内,即使不盯着也能注意到。

在这项研究中,作者计算了驾驶员眼部的 PERCLOS,其结果如图 5.22 所示。

作者发现,在自动驾驶条件下,PERCLOS 指标会随着驾驶员的疲劳加深而显著增大。但在手动驾驶条件下,该指标并无明显变化。实际上在自动驾驶车辆中,驾驶员遇到潜在危险事件的频率是相当低的。自动驾驶条件下的驾驶员对潜在的危险采用了不同的监视策略,参与者倾向于更频繁地闭上眼睛,而不是延长每次闭眼的时间。闭上眼睛几秒后,参与者倾向于看一眼驾驶环境。这种眼动行为会使 PERCLOS 迅速增加,尤其在极度困倦的情况下。然而,在手动驾驶条件下,驾驶员长时间闭上眼睛是十分危险的。驾驶员即使十分疲劳,也会努力保持眼睛睁开,这就导致了 PERCLOS 指标无法准确衡量驾驶员的疲劳程度。

因此,作者设计了一个新的指标:每次闭眼的时间(the time of each eye closure, TEEC)。该指标统计驾驶员闭眼的平均时间,其结果如图 5.23 所示。

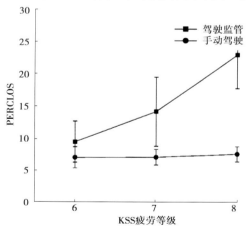

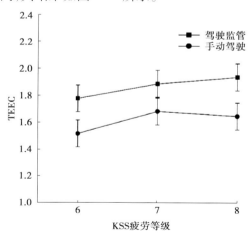

图 5.22　两种驾驶条件下 PERCLOS 随
　　　　疲劳等级的变化关系

图 5.23　两种驾驶条件下 TEEC 随
　　　　疲劳等级的变化关系

从图 5.23 中可以看出,两种驾驶条件下 TEEC 随疲劳的变化趋势十分接近,都为增加趋势。除了自动驾驶条件下基线值更高外,两者的变化率并没有很大区别。在自动驾驶条件下,虽然驾驶员采用了不同注视模式,更加频繁地闭眼,但每次闭眼的时间并未快速增加,而是随着疲劳加深而缓慢增加。这与处于手动驾驶条件下的驾驶员注视行为一致。因此,该指标很好地回避了驾驶条件带来的影响,在两种驾驶条件下具有通用性。

在自动驾驶和手动驾驶条件下驾驶员的眼动模式是不同的。自动驾驶车辆驾驶员的眼动会随着疲劳的发展而降低,从而导致驾驶员的状态意识恶化,反应时间延长。此外,TEEC 指标对有条件自动驾驶的警惕性评价更为有效,特别是针对极度困倦的驾驶员。

2)汽车驾驶疲劳与多模态驾驶接管能力映射

近年来,智能汽车的自动驾驶能力极大提高,L3～L4 级的自动驾驶车辆可以实现纵向和横向车辆控制。当自动驾驶系统工作时,驾驶员不需要一直监视自动驾驶系统,并且可以执行与驾驶无关的任务,例如阅读、浏览互联网或打盹。然而,当出现硬件问题、软件限制或极端原因时,车辆可能无法执行自动驾驶任务。因此,驾驶员被要求在必要时接管车辆的驾驶权。从自动驾驶系统发出接管请求到驾驶员接管车辆的这段时间被称为接管时间。接管时间的长短和接管后避障操作对驾驶安全都至关重要。

影响接管时间和接管绩效的因素很多,其中,在接管请求发出时驾驶员自身的精神状态是十分重要的因素。研究表明,在接管请求发出时,驾驶员正在做与驾驶无关的事情,很可能没有做好安全接管的准备。此外,驾驶员接管后的车辆操控绩效在很大程度上取决于接管前他们在做什么。例如,在接管请求发出前驾驶员正在看手机,视觉通道则被占用了,很可能错过以闪光灯形式发出的接管请求,也不会很快明白外界到底发生了什么;如果驾驶员在听歌,很可能错过以声音形式发出的接管请求,但也许会很快知道为什么系统会发出接管请求。

此外,接管请求设计是十分重要的。利用视觉、听觉、触觉等模态的刺激提醒处于驾驶无关任务中的驾驶员,使驾驶员能尽快恢复情景意识,接管车辆的驾驶权,从而避免可能发生的危险。由于不同驾驶无关任务的性质不同,单一模态的接管请求设计存在一定缺陷,多模态的组合形式则效果更好和更实用。

作者进行了一项在模拟驾驶平台上完成的实验。探究不同模态的接管请求对处于轻度睡眠状态下的驾驶员接管绩效的影响。

(1)被试情况

本实验招募了 30 名在校博士生、研究生和本科生(男性 23 名,女性 7 名,年龄范围为 21～35 岁,平均年龄为 25.4 岁)。所有参与实验的被试人员均持有中华人民共和国机动车驾驶证。所有实验人员视力正常或矫正视力正常,听力正常,在实验前 24 h 内作息正常,未饮用酒精类饮品或进行剧烈运动,以此保证在实验过程中精神状态良好。

（2）模拟驾驶平台

采用 Realtime Technologies 公司生产的双座模拟驾驶实验平台，该平台主要包括视景模拟系统、操纵控制系统、音响模拟系统等。其中，硬件系统包括交互投影界面、仪表盘、方向盘、制动踏板、加速踏板、换挡机构、驾驶员座椅、声音提示、中控显示台、车载信息显示。软件系统包括模拟场景建模软件、实时仿真车辆模型、车辆动力学与运动控制软件、ADAS 系统。实验过程中在主控计算机后台测得的所有车辆动态数据都会被实时同步记录。

（3）多模态接管请求设计

根据不同特征，可将听觉刺激信号分为 4 种：抽象音、模拟音、语音和音乐。本研究项目设计了 3 种以声音为基础的接管请求提示，分别是"嘀嘀"声、喇叭声和"注意，请接管"人声。

触觉指皮肤触觉感受器接触机械刺激产生的感觉，主要分为 3 种：压力感觉、痛觉和温度变化的感觉。本研究采用压力感觉的变化作为触觉刺激信号。采用可穿戴智能手表发出振动刺激，对驾驶员施加触觉刺激，手表中的 Taptic Engine 线性制动器发出振动，振动频率为 200 Hz。同样，本研究也设计了 3 种震动，振动作用时长都为 500 ms，中间间隔时间分别为 0 s，250 ms 以及 500 ms。

多模态刺激是指将多个单模态刺激组合，同时产生两种或多种刺激，目的在于有效利用各刺激之间的互补性。本研究将听觉刺激与触觉刺激组合，探究多模态刺激与单模态刺激对驾驶员接管绩效的影响，其中，A（Audio）代表听觉刺激，T（Tactile）代表触觉刺激，A_1, A_2, A_3 和 T_1, T_2, T_3 分别代表采用的不同听觉刺激和触觉刺激，并组合出 9 种不同的组合形式。

（4）接管场景

一辆抛锚的车辆停在高速公路双车道的右侧道路上，被试车辆前方一辆正常驾驶的车辆遮挡了前方停靠的故障车辆。突然，前方车辆转向左侧车道，静止的车辆进入被试的视线范围（图 5.24）。此时，被试驾驶车辆与静止故障车辆的碰撞时间为 4 s。

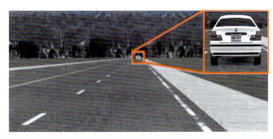

图 5.24　接管场景

本研究中将驾驶绩效定义为，驾驶员情景意识唤醒后接管车辆控制权并进行相关操作的过程中,车辆相关动态数据的变化情况所直观反映出的驾驶员操作的好坏程度,即驾驶员的驾驶绩效。本研究选取车辆纵向加速度、车辆横向加速度、车道中心线偏移距离和碰撞时间(time to collision,TTC)作为驾驶员绩效度量指标。

①车辆纵向加速度 Y_{acc}。指沿着车辆行驶方向的加速度,即车辆制动或加速时所产生的加速度。车辆纵向加速度的大小是衡量车辆运行平缓性的重要指标之一,可以反映驾驶员对车辆速度的控制能力。本研究采用车辆最大纵向加速度 Y_{accm} 作为驾驶员绩效度量指标之一。

②车辆横向加速度 X_{acc}。指与车辆行驶方向垂直的方向的加速度,即车辆方向盘产生转角后车辆转弯行驶时离心力所带来的加速度。车辆横向加速度越大,驾驶员转动方向盘的角度越大,操作越紧急,驾驶员负荷越大。本研究采用车辆最大横向加速度 X_{accm} 作为驾驶员绩效度量指标之一。

③车道中心线偏移距离。指驾驶员在进行避障操作进入相邻车道后且当车辆中心线与车道方向平行时,车辆中心线与车道中心线之间的距离,如图 5.25所示。该指标可以用来评价驾驶员避障操作的精确程度,车道中心线偏移距离越小,驾驶员操作精度越高;反之则越低。

图 5.25　车道中心线偏移距离

④TTC。避障操作的临界值是用碰撞时间评估的。TTC 的定义为,如果继续以目前速度在同一路径上行驶,两辆车相撞所需的时间。本研究设计的接管场景是,车辆前方存在一静止障碍物,同时车辆自身自动驾驶系统出现故障。故 TTC 的计算公式为

$$TTC = \frac{dx}{v} \tag{5.1}$$

式中　dx——自身车辆与前车的距离;

　　　v——自身车辆当前速度。

(5)实验流程

①签订知情同意书。被试人员在实验前先阅读知情同意书,简单了解本研究的目的,同时被告知个人信息将被严格保密,实验过程中采集的所有数据仅用于本研究,不会涉及任何商业用途,且所有实验数据均匿名编号。若实验过程中出现不适,被试可以在任何时候自由退出实验。

②讲解实验目的、流程。向被试详细讲解本实验的目的,介绍实验整体流程以及实验相关仪器设备的使用方法,告知被试在实验过程中所需进行的操作和相关注意事项,使被试人员熟悉整个实验过程的各环节。

③驾驶模拟器适应性训练。被试人员进入模拟驾驶器并在主驾驶位置坐下,调整驾驶座椅的高度、前后位置、靠背俯仰角度以及后视镜位置等,使自己处于适合的驾

驶状态并且视野范围能够覆盖整个场景。同时,让被试熟悉加速踏板和制动踏板的力度、方向盘转动力度以及挂挡操作等,避免实验过程中出现不规范的驾驶行为。

④正式实验。被试正常驾驶模拟车辆,当处于自动驾驶模式的模拟驾驶器行驶经过场景中预先设定的传感器位置时,假设此时自动驾驶系统处于其系统边界状况,自动驾驶模式失效,同时环境音响和智能手表会发出相应的声音刺激和振动刺激,被试驾驶员被唤醒,恢复情景意识,并接管车辆的控制权以进行避障操作。实验现场如图 5.26 所示。

　道路场景

　测试设备

　被试驾驶员

　模拟驾驶平台

图 5.26　被试驾驶员避障过程

(6)实验结果分析

本研究中驾驶员情景意识唤醒后接管能力的评价指标数据主要为被试驾驶员进行接管操作时的车辆相关动态数据,该数据用于客观评价唤醒后被试驾驶员接管车辆控制权进行避障操作的表现。不同模态刺激下驾驶员情景意识唤醒后的相关车辆数据对比情况,如图 5.27 所示。

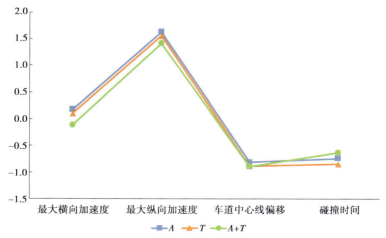

图 5.27　驾驶绩效评价指标数据标准化结果

①车辆最大纵向加速度。多种刺激下被试驾驶员唤醒后接管车辆进行避障过程中车辆最大纵向加速度均无显著差异,主要是因为被试驾驶员唤醒后对车速的感知程度不强,当面临需要紧急避障的场景时,他们都采取紧急制动踏板或者紧急制动踏板同时转向的方式进行避障,这就导致不同刺激下被试驾驶员操纵汽车产生的最大纵向加速度差异不大。

②车辆最大横向加速度。针对驾驶员避障过程中车辆最大横向加速度$[F(2,87)=3.581,p<0.05]$这一指标,$A,T,A+T$ 3 种不同类型刺激具有显著差异。其中,在 A 刺激信号下车辆最大横向加速度与在 $A+T$ 刺激信号下车辆最大横向加速度有显著性差异($p<0.05$),且 A 刺激信号对应的车辆最大横向加速度比 $A+T$ 平均高 0.858 m/s^2,而在 A 与 $T(p=1.000)$、T 与 $A+T(p=0.139)$刺激信号下车辆最大横向加速度不具有显著性差异(图 5.28)。

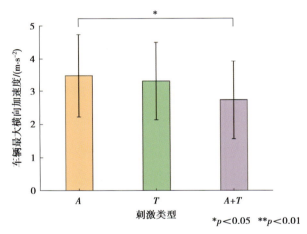

图 5.28　车辆最大横向加速度对比

车辆最大横向加速度是反映驾驶员避障操作过程中转动方向盘剧烈程度的指标。在 $A+T$ 和 A 刺激下车辆最大横向加速度差异显著(平均最大横向加速度 $A+T$ 比 A 小 0.858 m/s^2),而在 A 和 T 刺激下车辆最大横向加速度无显著差异,这说明在组合刺激下接管后被试驾驶员对车辆能更好地进行横向操控,不需要猛打方向盘。

③车道中心线偏移距离。对于驾驶员避障过程中车道中心线偏移距离$[F(2,87)=5.070,p<0.05]$,$A,T,A+T$ 3 种不同类型刺激具有显著差异。其中,在 A 刺激信号下车道中心线偏移距离与在 $A+T$ 刺激信号下车道中心线偏移距离有显著性差异($p<0.05$),它们的均值差为0.208 m,而 A 与 T,T 与 $A+T(p=1.000)$刺激信号下车道中心线偏移距离不具有显著性差异(图 5.29)。

　　车辆中心线偏移距离是反映驾驶员避障操作过程中变至旁边车道精确程度的指标。在 A 刺激下车道中心线偏移距离显著,在 $A+T$ 刺激下车道中心线偏移距离更大(平均为 0.21 m),而在 T 刺激下的平均车道中心线偏移距离略高于在 $A+T$ 刺激下的平均车道中心线偏移距离,但不显著,这说明在 A 刺激下驾驶员变道精度最差,而在 T 和 $A+T$ 刺激下变道精度更好,车辆横向控制能力更强。

　　④碰撞时间 TTC。A,T,$A+T$ 3 种不同类型刺激在碰撞时间[$F(2,87) = 5.070$,$p<0.05$]指标上具有显著性差异(图 5.30)。其中,在 T 刺激信号下碰撞时间与在 A,$A+T$ 刺激信号下碰撞时间均有显著差异($p<0.05$),且在 T 刺激信号下碰撞时间比在 A 刺激信号下碰撞时间平均短 0.386 s,比在 $A+T$ 刺激信号下碰撞时间平均短 0.599 s,而在 A 与 $A+T$ 刺激信号下碰撞时间不具有显著性差异($p=0.602$)。

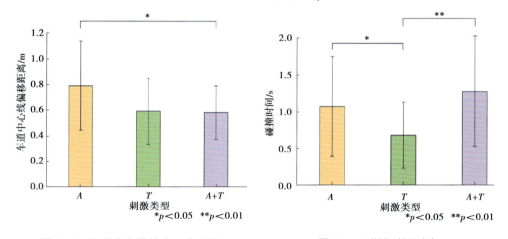

图 5.29　车道中心线偏移距离对比　　　　　图 5.30　碰撞时间对比

　　碰撞时间能直观地反映自身车辆与前车之间发生危险的紧急程度,TTC 越大与前方障碍物发生碰撞的可能性越小,安全性越高。实验过程中,在 A 和 T 刺激下各有两名不同的被试出现碰撞事故,在 T 和 $A+T$ 刺激下各有一名被试在发生碰撞事故前将车刹停。由数据处理结果可知,T 刺激对应的碰撞时间与 A,$A+T$ 刺激对应的碰撞时间均具有显著差异,且更短(平均比 A 短 0.20 s,比 $A+T$ 短 0.60 s),说明在 $A+T$ 刺激下驾驶员与前车发生碰撞的概率最小,避障过程安全性最高。由之前的驾驶员反应时间结论可知,在 A 刺激下驾驶员反应时间比在 T 刺激下显著增加,但碰撞时间却更长,其可能的原因是本实验中的声音刺激对被试造成的紧急感高于振动刺激,这导致了被试唤醒后采取更为紧急的避障方式。总的来说,人机共驾模式下,相比于单模态刺激,多模态刺激唤醒驾驶员的可行性和有效性更高,在唤醒效果上有显著提升。

⑤反应时间。针对驾驶员反应时间[$F(2,87)=11.629,p<0.01$],$A,T,A+T$ 3 种不同类型刺激具有显著差异(图 5.31),对其进行多重比较并使用 Bonferroni 校正,可视化结果如下所示。在 A 刺激信号下驾驶员的反应时间与在 T 刺激信号下驾驶员的反应时间有显著性差异($p<0.05$),与在 $A+T$ 刺激信号下驾驶员的反应时间也有显著性差异,且显著性更高($p<0.01$)。在 A 刺激信号下驾驶员的反应时间平均比在 T 刺激信号下驾驶员的反应时间长 0.271 s,比 $A+T$ 长 0.483 s,而对 T 和 $A+T$($p=0.113$)刺激信号,驾驶员的反应时间无显著性差异。

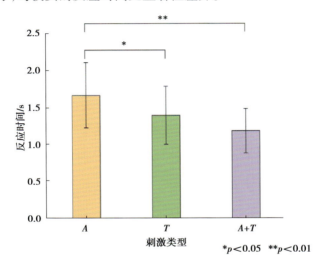

图 5.31　反应时间对比

在此研究的基础上,选出 3 种声音中效果最好的一种和 3 种震动中效果最好的一种以及声音、震动组合中效果最好的一种运用在后续的疲劳状态接管研究中。同时,在后续研究中还探究了嗅觉刺激在驾驶疲劳缓解和接管绩效提升方面的效果。

5.3　汽车驾驶疲劳唤醒

5.3.1　驾驶疲劳唤醒方法

在实践中,有很多缓解疲劳和保持警惕的方法,如打开窗户吹冷风、停下来散步、打开收音机、与乘客交谈或咀嚼口香糖等。摄入含咖啡因的饮料十分常用且有一定抗疲劳效果,饮用能量饮料有明显的抗疲劳作用,对提高驾驶绩效也有明显作用。

此外,还可控制车辆内部的环境以缓解疲劳,如变化灯光或释放香气。然而吹冷空气和听收音机只能暂时缓解疲劳。从交通法规的角度来看,在高速公路上停下来散步也是不可能的。

　　在这些对策中,嗅觉刺激可能是一种更有效的缓解疲劳的方法,因为它直接影响人类的中枢神经系统。此外,薄荷还含有一些活性成分,如 1,8-cineol、薄荷酮、薄荷醇和石竹烯。先前的一些研究表明,嗅觉刺激有积极作用,表现在影响驾驶性能、工作效率、反应时间和警觉性。具体来说,薄荷一般被认为具有提神作用。研究表明,薄荷限制了疲劳的增加。通过对脑电信号和心电信号实际分析、薄荷气味可明显抑制疲劳发展,薄荷刺激被证明是一种很有效果的保持警觉的方法。

5.3.2　驾驶疲劳嗅觉唤醒实验研究

1)驾驶疲劳嗅觉唤醒实验设计

　　近年来,消费者已经可以购买具备自动驾驶功能的车辆,并在某些特定场景中免除了繁重的驾驶任务。尽管坐在自动驾驶车辆中的驾驶员不再需要操作方向盘、加速踏板和制动踏板,但需要监督自动驾驶系统,并准备在自动驾驶系统出现问题时重新获得车辆控制权限。自动驾驶车辆驾驶员的唯一责任是在自动系统发出请求时及时地重新获得控制权。然而,在自动驾驶过程中监督和应对罕见的、不可预测的事件需要驾驶员长时间保持警惕,这个过程是单调和无聊的。因此,驾驶有条件的自动驾驶车辆的驾驶员比手动驾驶的驾驶员更容易疲劳,由于警惕性降低,发生事故的概率也相应增加。

　　较为极端的情况是驾驶员很可能正处于疲劳或类似于午睡的浅度睡眠状态。由于单调的驾驶环境,驾驶员在自动驾驶时比在手动驾驶时更容易疲劳,如果太长时间处于疲劳状态,驾驶员似乎不能避免陷入睡眠状态。相比于玩手机或听音乐,疲劳和浅度睡眠则会以另一种更危险的方式影响驾驶员对车辆的接管。在疲劳或浅度睡眠状态下,苏醒后的驾驶员很可能无法安全地接管车辆,就像刚睡醒的人一样,反应能力可能下降,同时对环境的感知能力也会下降。因此,研究处于疲劳甚至浅度睡眠状态下驾驶员对汽车的接管具有实际意义。

　　因此,为了进一步了解薄荷刺激对缓解疲劳的作用,一项驾驶模拟器的研究被设计,旨在探究在有条件的自动驾驶情况下薄荷刺激对缓解疲劳和保持警惕性的作用,同时也研究了嗅觉刺激对浅度睡眠状态下驾驶员接管绩效的影响。

2)驾驶疲劳嗅觉唤醒实验

　　作者让被试在午饭后直接进入模拟驾驶器,启动自动驾驶功能。同时,要求参与者一直监督自动驾驶状态,并随时做好应对突发状况(手动操控车辆避开静止在路上的障碍物)的准备。实际上,突发状况每隔 15 min 出现一次,而参与者事前并不知道。一种由薄荷精油制成的疲劳缓解气味会在第 44 分钟释放（图 5.32），之后会经历第三次（也是最后一次）突发事件。

图 5.32　驾驶场景与气味发生器

在每次完成避障操作后，实验人员会根据 KSS 疲劳量表记录疲劳等级。整个实验过程中参与者的眼部活动情况将会被一直记录，并用于结果分析。

图 5.33 是驾驶员在 3 个时间节点反馈的自身疲劳等级。与预测一致，KSS 评分结果显示，疲劳程度随着薄荷刺激释放而降低，几乎回到了实验开始的水平。

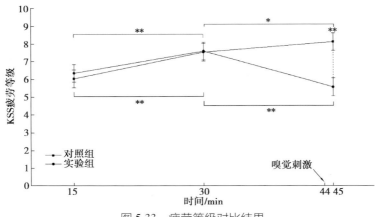

图 5.33　疲劳等级对比结果

反应时间的结果（图 5.34）也表明驾驶员的警惕性提高。接收了嗅觉刺激的驾驶员反应时间在第 45 分钟明显低于对照组。实验后的问卷调查也支持这些结果，接近 88% 的参与者说薄荷气味确实让他们精力充沛。虽然嗅觉刺激的释放过程只有 1 min，但实验结果说明嗅觉刺激的确能有效缓解驾驶疲劳，同时提高驾驶员的警惕性。不过，嗅觉刺激能否起到长时间的环境作用还需进一步研究。

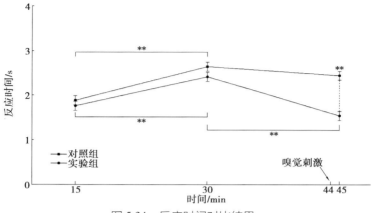

图 5.34　反应时间对比结果

　　此外,我们记录了与驾驶疲劳相关的眼部活动指标(PERCLOS 和 TEEC)。图 5.35和图 5.36 分别显示了两个指标的结果。

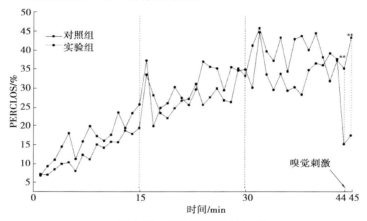

图 5.35　PERCLOS 对比结果

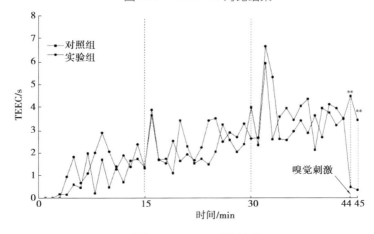

图 5.36　TEEC 对比结果

结果显示,实验组的 PERCLOS 和 TEEC 在第 44 分钟和第 45 分钟明显低于对照组。在执行视觉警戒任务时,PERCLOS 的指标与警惕性高度相关。反应时间随着 PERCLOS 水平增加而显著增加。

在此研究基础上,测试了反复使用嗅觉刺激对疲劳缓解的持续效果。结果显示,在第一次接受嗅觉刺激后驾驶员可以保持清醒状态大约 40 min。当再次达到疲劳状态时接受第二次嗅觉刺激,第二次清醒状态可保持大约 30 min,其结果如图 5.37 所示(以上结果均在模拟驾驶条件下获得)。

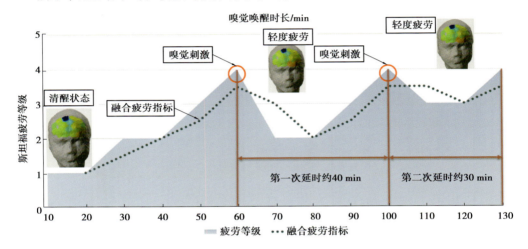

图 5.37 重复嗅觉刺激清醒保持时间

总的来说,薄荷气味对缓解疲劳和提高警惕有积极作用。参与者在吸入薄荷气味后感到更清醒,客观和主观指标都支持这一结果。尽管少数参与者认为薄荷有点辛辣,但可通过混合其他气味的方式来消除。此外,薄荷气味的浓度、释放时间、释放量、释放速度等都值得进一步研究,以达到最好的疲劳缓解效果。

之前研究了多模态接管请求对接管绩效的影响,但没有考虑驾驶员的状态。因为监督自动驾驶是件极其枯燥和无聊的事情,驾驶员难免会睡着。嗅觉刺激可以缓解疲劳、振奋精神,那么在接管请求发出的同时向驾驶员喷出薄荷气味可以提高驾驶员的接管绩效。因此,在模拟驾驶器上进行了一项实验。目的是研究薄荷气味(作为听觉和触觉的辅助刺激)对驾驶员从浅睡眠状态唤醒后接管绩效的影响。

进入模拟驾驶器驾驶 5 min 后,被试启动自动驾驶功能,之后便可以休息。一段时间后(30~40 min)自动驾驶功能会失效,然后发出接管请求(声音 A、震动 T 和声音+震动 A+T 形式中的一种)。与此同时,一半参与者会接收到薄荷气味(peppermint)刺激,另一半参与者接收作为安慰剂(placebo)的空气,参与者们事先并不知道自己会不会受到薄荷气味刺激。醒来后需要立即判断周围环境形势,并做出避障操作(静止障碍物)。

3）驾驶疲劳嗅觉唤醒结果分析

这项研究选取了反应时间（reaction time）、车辆纵向加速度（X_{acc}）、车辆横向加速度（Y_{acc}）、车道中心线偏移距离（overshoot）和碰撞时间（TTC）作为驾驶绩效的效度量指标，也统计了未能成功避障而发生碰撞的案例。其结果如图 5.38 所示。

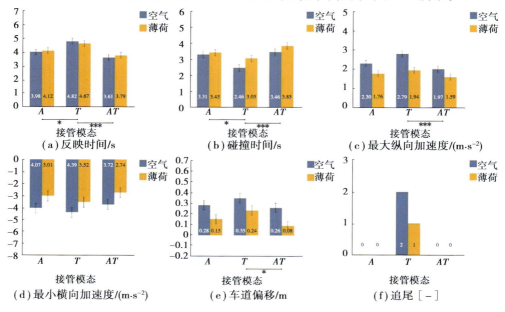

图 5.38　接管绩效对比结果

从反应时间来看，薄荷气味并没有缩短反应时间。气味刺激并不像声音或震动那样具有明确性和及时性。因此，驾驶员从浅度睡眠状态醒来主要受声音和震动影响。

然而，其他避障操作绩效指标的结果表明，薄荷气味对驾驶员从浅睡眠状态中唤醒后的接管质量有积极影响。驾驶员在闻到薄荷气味后变得更加清醒，随后在避障操作中表现出更强的环境认知力和车辆控制力。在安慰剂组，纵向加速度和横向加速度都表明，他们的操作更慌乱，动作幅度更大。虽然在反应时间上没有显著差异，但被试却不能快速准确地转入安全的车道，更短的 TTC（意味着更危险）产生。这似乎因为安慰剂组的参与者通常还没有克服睡眠阶段的影响。可以说明的是，薄荷味有助于驾驶员更安全、更平稳地避开障碍，这体现在制动更少、横向加速度较小和车道偏离较小。被声音或震动的警报唤醒时参与者处于一种"迷糊"状态，薄荷气味则可帮助参与者快速清醒，并恢复环境认知能力和车辆操控能力。

除此之外，不同接管模态对接管绩效也产生了影响。与听觉形式相比，驾驶员对触觉似乎不敏感。这可能是环境震动所带来的影响，车辆长期轻微震动降低了驾驶员对震动警报的警觉性和身体对震动的敏感度。震动形式还存在另一个缺陷，那就是会使参与者反感。许多参与者表示,震动会让他们反感。与之前的多模态接管请求研究相似,两种模态的组合形式效果更好。

这项研究表明,薄荷气味对驾驶接管有积极的影响,同时接管请求的设计也会在很大程度上影响驾驶员的接管绩效。未来,可进一步研究不同气味的疲劳唤醒效果,如柠檬和薰衣草。同时也应考虑驾驶员的习惯和偏好,针对个人设计最优的疲劳唤醒气味和驾驶接管方式。

5.4　汽车驾驶疲劳与驾驶风险映射

由目前的道路交通状况可知,绝大多数交通事故均与驾驶员因素有关,而其中由驾驶疲劳引起的交通事故率尤为显著,驾驶疲劳对道路交通安全有显著影响。驾驶疲劳是指驾驶员觉得困倦、乏累和精力不足,常常伴随着行为能力下降和生理上对于刺激的反应减少。当长时间保持一个姿势开车时,特别是注意力长时间处于高度紧张或松懈状态时,驾驶员大脑很容易疲劳,这就导致遇到突发情况时驾驶员行为能力下降,有可能造成严重的交通事故。

5.4.1　驾驶风险研究

风险驾驶行为被定义为车辆的任何可能对其他道路使用者及自身造成风险的行为,驾驶风险是指在道路交通系统中发生交通事故的可能性。国内外学者对驾驶过程中的驾驶风险影响因素开展了大量相关研究,驾驶风险的主要影响因素是人、车、路、环境四大要素,可用如下公式表示。

$$A = f(p, v, r, e) \tag{5.2}$$

式中　A——驾驶风险;

　　　f——函数关系;

　　　p——人的因素(自车驾驶员和其他道路使用者);

　　　v——车的因素(自车和其他车辆);

　　　r——路的因素(道路线性、路面材料、标志标线等);

　　　e——环境的因素[自然环境(如气候、地理条件)和人文环境]。

驾驶员是车辆发生交通事故最主要的原因。驾驶员的因素又包括疲劳、分心、情绪、饮酒、驾驶员的性格、驾驶技能等。但驾驶风险评分并不是一个情景不可知的过程,这意味着不能孤立地研究驾驶员的行为而不考虑情境的属性和同一情景中其他驾驶员的行为。例如,在比较其他驾驶员的行为、交通、天气和道路网络特征时,C1 城市的危险驾驶员可能是 C2 城市的安全驾驶员。因此,合理预测驾驶风险需要利用人、车、路、环境 4 个方面的信息。

国内外的研究者们在驾驶风险方面开展了许多研究,常用的评估驾驶风险的指标有碰撞时间、制动踏板时间(Time to Braking,TTB)、最小安全距离、越过车道线所需时间(Time to Lane Crossing,TLC)、行车风险场等。驾驶风险可以依据驾驶任务的不同简单分为横向风险和纵向风险。横向风险表示车辆偏离车道的风险,纵向风险表示车辆发生纵向追尾事故的风险,当然,根据事故发生的碰撞位置不同,还可分为侧撞、斜撞等风险。

1)速度指标

速度大小与碰撞事件发生的可能性和碰撞的严重程度有很强的相关性,车辆速度越大,与障碍物发生碰撞的能量越大,驾驶风险就越高。研究表明,平均速度与交通事故率密切相关,平均车速越高,车辆越容易发生交通事故。速度标准差反映了速度的离散分布,与事故发生率呈正相关。

2)加速度指标

纵向加速度值反映驾驶员对车辆加速踏板和制动踏板的操作情况,横向加速度反映驾驶员对车辆方向盘的操作情况。车辆最大横向加速度 X_{accm} 指与车辆横向行驶方向上的最大加速度,车辆横向加速度越大,说明驾驶员在横向位置上的车辆速度变化越剧烈,驾驶员对车辆的横向控制越差,驾驶风险越高。

3)反应指标

反应时间是指驾驶员从危险出现到感知再到危险,并按规定采取措施做出反应的时间间隔。反应时间主要反映人的神经与肌肉系统的协调性和快速反应能力,反应时间越短,驾驶员操控车辆越迅速,从而避免事故。

4)行车风险场

行车风险场表征人—车—路各要素对车辆行驶安全性造成的风险度,车辆在道路上行驶时遇到的任何障碍(运动中的车辆、路边障碍物、行人等)都被定义为道路空间中的风险场。在障碍物周围空间点上风险场强度可表示为碰撞严重程度和与被试车辆碰撞概率的乘积。对于静态道路边界 b 造成的风险,可采用以下公式计算。

$$R_{b,s} = f(x) = \begin{cases} 0.5kM\,(v_{s,b})^2 \cdot \max\left(e^{-\frac{|r_{s,b}|}{D}}, 0.001\right), & r_{s,b} < r_L \\ 0, & r_{s,b} \geq r_L \end{cases} \tag{5.3}$$

驾驶风险系数 $R_{b,s}$ 由两部分组成,$0.5kM\,(v_{s,b})^2$ 表示碰撞产生的能量,其中,k 代表被碰撞物的刚度,范围为 $[0,1]$,M 为自车质量,$r_{s,b}$ 为自车与道路边界之间的最短距离,r_L 表示车道中心线到道路边界之间的最短距离,$v_{s,b}$ 为自车速度沿 $r_{s,b}$ 方向上的分速度。$e^{-\frac{|r_{s,b}|}{D}}$ 表示碰撞发生的概率,与车辆和道路障碍之间的距离有关,距离越大,车辆与障碍物碰撞的概率越小,$e^{-\frac{|r_{s,b}|}{D}}$ 的值在 $[0,1]$ 之间。D 决定了风险场下降

的陡度，取 $D=r_L/7$，当车辆中心位于道路中心线时，即 $r_{s,b}=r_L$，车辆与道路边界发生碰撞的概率约为 0.001。可以看出，驾驶风险系数 $R_{b,s}$ 越大，发生碰撞的概率与严重程度的乘积越大，驾驶风险就越高。

5）驾驶风险分级

聚类分析提供了一种将驾驶员划分为不同风险等级的客观方法，并已被用于交通安全研究。驾驶风险一般分为低风险、中风险和高风险，用以表征驾驶风险的严重程度。由于事先无法获得驾驶风险等级的标签，因此采用无监督的 K-means 聚类分析法对驾驶风险指标分类，在聚类前可通过因子分析法或主成分分析法对多维驾驶风险指标降维。将驾驶风险分为低风险、中风险和高风险 3 级，可以更加直观地评估驾驶风险状态，也有利于驾驶风险预警系统与驾驶辅助系统的开发。

5.4.2　驾驶疲劳等级与驾驶风险阈值映射

驾驶风险的影响因素（驾驶员、其他道路使用者、道路环境等）众多，本节采用控制变量法，仅研究同一场景下由驾驶员的驾驶疲劳造成的驾驶风险大小。目前国内外针对驾驶疲劳、驾驶风险已有较多研究，但对驾驶疲劳造成的驾驶风险的量化评估还比较缺乏，研究驾驶疲劳与驾驶风险阈值的映射关系，可通过监测驾驶员当前的疲劳状态预测其驾驶风险，为提前防控驾驶风险提供相应措施。例如，在检测到驾驶员处于较低驾驶疲劳等级状态时进行相应的语音提醒，若驾驶疲劳等级较高，则进行相应的语音提醒以及嗅觉刺激，有效降低其疲劳程度，保证驾驶员能够安全地驾驶进入服务区等进行休息。

本研究团队进行了一项在模拟驾驶平台上完成的实验，采用斯坦福睡意量表（Stanford Sleepiness Scale，SSS）采集在驾驶过程中驾驶员根据自身疲劳情况进行的驾驶疲劳等级主观评价，并使用模拟驾驶器采集到的车辆数据离线评估驾驶风险，探究不同驾驶疲劳等级下的驾驶风险等级映射关系，量化不同等级驾驶疲劳的风险程度。

1）驾驶疲劳与驾驶风险阈值映射实验设计

（1）被试情况

本实验招募了 31 名在校研究生（男性 25 名，女性 6 名，年龄范围为 21～35 岁，平均年龄为 23.6 岁，平均驾龄为 3.4 年）作为被试人员参与实验。所有被试均持有中华人民共和国机动车驾驶证，视力正常或矫正视力正常，听力正常，在实验前 24 h 内正常作息，未饮用酒精类饮品或进行剧烈运动。

（2）模拟驾驶实验平台

实验采用美国 Realtime Technologies 公司的模拟驾驶实验平台，该平台主要包括视景仿真系统、模拟驾驶舱、数据采集电脑等（图 5.39）。其中，硬件系统包括交互

⑤正式试验。被试正常驾驶模拟车辆,实验限速为80 km/h,在实验过程中每隔5 min 主试询问被试人员当前的驾驶疲劳等级一次并记录,实验时长为1 h。

2)驾驶疲劳与驾驶风险阈值映射数据分析

(1)驾驶风险指标选取

为了研究疲劳驾驶过程中的驾驶风险,不同驾驶场景采用不同车辆数据(包括速度、加速度、距离等)评估驾驶风险,如果驾驶行为指标在各场景类型中的组间差异均一致且显著,则该指标在不同驾驶环境中对驾驶风险具有较强的分辨能力。

①绕行场景驾驶风险指标。在绕行场景中,发现路边停驶的车辆后驾驶员需要转动方向盘或踩制动踏板减速绕过故障车辆,根据绕行过程中车辆的运动情况,提出绕行场景下驾驶风险评价指标,见表5.2。

表 5.2   绕行场景驾驶风险指标

风险指标	一级指标	二级指标
驾驶风险		S_R
		$R_{b,smax}$
		反应时间 RT
		反应距离 RD
		纵向截距 Δd
	横向加速度 X_{acc}	最大值、标准差
	纵向加速度 Y_{acc}	最小值、标准差
	纵向速度 $\bar{v}$	最大值、均值、标准差

A. $R_{b,s}$ 及 S_R。

本研究选取由行车风险场计算所得的 $R_{b,s}$ 作为瞬时驾驶风险的度量指标。场景中障碍物静止,因此本研究可以借鉴与道路边界的风险场公式,其中 $r_{s,b}$ 为自车重心到抛锚车辆重心的距离,可通过车辆在模拟驾驶器中输出的坐标位置计算,$v_{s,b}$ 为自车速度 v_s 沿 $r_{s,b}$ 方向上的速度分量,可通过模拟驾驶器中输出的自车速度、偏航角计算。取 $k=0.5$,$M=1\ 000$ kg,$D=5/7$。车辆绕行过程中的行驶轨迹示意图,如图5.42所示。

在通过此场景时驾驶风险系数 $R_{b,s}$,如图 5.43 所示。由于车辆保持在最右侧车道,当自车与故障车在同一车道上时,随着与故障车辆的距离越来越近,且自车相对故障车辆的速度分量较大,$R_{b,s}$ 升高。随后自车换道绕行,与故障车辆重心连线上的

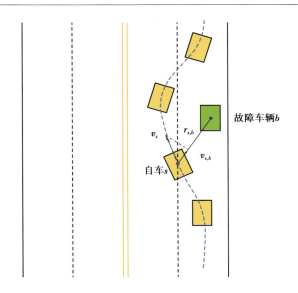

图 5.42　行驶轨道示意图

速度分量减小(甚至为 0),$R_{b,s}$ 下降。在从左侧车道回到右侧车道的过程中,自车在两车重心连线上的速度分量增大,驾驶风险 $R_{b,s}$ 上升。当完成绕行继续向前行驶时,自车与故障车辆的距离越来越大,$R_{b,s}$ 下降至 0。$R_{b,s}$ 的变化情况符合实际。

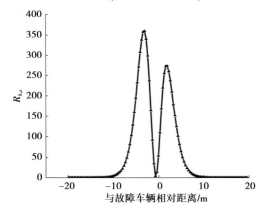

图 5.43　绕行过程中驾驶风险指标 $R_{b,s}$ 变化情况

　　由于要计算在某一疲劳等级下的驾驶风险大小,我们提出一个新的指标 S_R 来代表驾驶员在一段时间内的驾驶风险。S_R 为危险事件段内每个时刻的驾驶风险系数 $R_{b,s}$ 所围成的曲线下的面积,S_R 越大,这段时间内的驾驶风险越高。

　　B.反应时间 RT。

　　在绕行场景中,发现前方路段中的故障车辆时,驾驶员松开加速踏板踩制动踏板或转动方向盘进行避让,制动踏板力、汽车加速度、速度、方向盘角度等发生变化。从制动踏板力、加速度、方向盘转角等的曲线变化可以清晰地看出被试在绕行过程中做出的一系列反应。为了获得驾驶员在危险场景下的反应时间,必须从这些曲线中找出驾驶员的第一反应点。反应时间越快,驾驶员有越多时间对危险进行反应,驾驶风险越小。在驾驶员没踩制动踏板时,由于踏板预紧力等影响,制动踏板力输出值为0.064,当驾驶员在驾驶过程中踩制动踏板以调节车速时,制动踏板力上升,因此采用从被试到达故障车辆前 300 m 到制动踏板力达到 3 N 以上或方向盘转角大于 0.1 rad 的时间间隔作为被试在该危险场景下的反应时间。

C.反应距离 RD。

反应距离是指在反应时间内驾驶员操纵车辆在车辆前进方向上行驶过的距离。反应距离越短,与障碍物之间的距离就越大,车辆越不容易与故障车辆碰撞,驾驶风险越小。

D.纵向截距 Δd。

纵向截距 Δd 是车辆绕行过程中车辆重心第一次到达左侧车道线时自车重心与障碍物重心之间的纵向距离,如图 5.44 所示。Δd 可以体现在绕行避障过程中驾驶员的驾驶习惯和驾驶风格,例如,在发现障碍物后驾驶风格较为保守的驾驶员很早即开始执行变道操作,此时 Δd 较大,车辆与障碍物发生碰撞的可能性较小,因此驾驶风险较低。

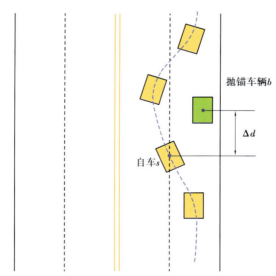

图 5.44　纵向截距 Δd

E.横向加速度 X_{acc}。

横向加速度值反映驾驶员控制车辆横向速度的稳定性,车辆最大横向加速度是指与车辆行驶方向垂直方向上的最大加速度,车辆横向加速度越大,驾驶员在横向位置上的车辆速度变化越剧烈,驾驶员对车辆的横向控制越差,驾驶风险越高。选取最大横向加速度和横向加速度标准差作为驾驶风险指标。

F.纵向加速度 Y_{acc}。

纵向加速度值反映驾驶员操作加速踏板和制动踏板的情况,纵向加速度的最小值代表最大纵向减速度,表示在绕行过程中驾驶员采取的最大减速度,能反映驾驶员的制动踏板反应剧烈程度。选取最大纵向减速度和纵向加速度标准差作为驾驶风险指标。

G.纵向速度 v。

研究表明,速度与碰撞事件发生的可能性和碰撞的严重程度有很强的相关性,速度越大,车辆越容易发生交通事故,与障碍物发生碰撞的能量越大,驾驶风险就越高。速度标准差反映了速度的离散分布,与事故发生率呈正相关。因此,选取最大纵向速度、平均纵向速度、纵向速度标准差作为驾驶风险指标。

②行人场景驾驶风险指标。在行人场景中,驾驶员主要通过减速方式,避免与行人发生碰撞。行人场景下驾驶风险评价指标见表 5.3。

表 5.3 行人场景驾驶风险指标

风险指标	一级指标	二级指标
驾驶风险		S_R
		$R_{b,smax}$
		反应时间 RT
		反应距离 RD
	横向加速度 X_{acc}	最大值、均值、标准差
	纵向加速度 Y_{acc}	最小值、均值、标准差
	纵向速度 $\bar{v}$	最大值、均值、最小值

$R_{b,smax}$ 与 S_R。R 的计算方式同绕行场景,但在行人场景中,行人以 2 m/s 的速度横穿马路,行人的坐标连续变化,在计算车辆与行人的相对位置及距离时,要考虑行人的运动。S_R 为危险事件段内每个时刻的驾驶风险系数 $R_{b,s}$ 所围成的曲线下的面积,S_R 越大,这段时间内的驾驶风险就越高。

③直线场景驾驶风险指标。在直线场景中,车辆需要一直保持在最右侧车道,并且车速限制为 80 km/h。研究表明,当驾驶员处于清醒状态时,方向盘转角幅值较小且变化频繁,随着驾驶员疲劳程度加深,方向盘转角的幅值及标准差明显增大。随着疲劳等级上升,驾驶员对车辆的纵向及横向运动的控制可能下降,因此构建直线场景下的驾驶风险评价指标体系,见表 5.4。

表 5.4 直线场景驾驶风险指标

风险指标	一级指标	二级指标
驾驶风险		S_R
		$R_{b,smax}$
		最大车道偏移量
		横向位置标准差
		方向盘回转次数
	方向盘转角	最大值、标准差
	横向加速度 X_{acc}	最大值、标准差
	纵向加速度 Y_{acc}	最小值、标准差
	纵向速度 $\bar{v}$	最大值、均值、最小值

（2）不同驾驶疲劳等级下的驾驶风险分析

①绕行故障车场景下的驾驶风险分析。

A.绕行场景下驾驶风险指标的数据描述。

我们称被试经过一个绕行故障车场景为一个试次，截取故障车辆前后 300 m 内的车辆数据，经过数据预处理，共提取出 301 个样本，计算驾驶风险指标并分析各指标在不同驾驶疲劳等级下的变化情况。绕行场景下驾驶风险指标描述性统计量见表 5.5，各驾驶风险指标在 1~7 级疲劳等级下的变化情况如图 5.45—图 5.50 所示。

表 5.5 驾驶风险指标描述性统计量

风险指标	N	均值	标准差	极小值	极大值
S_R	301	473.448 7	426.277 86	9.85	2 531.00
$R_{b,smax}$	301	87.097 8	86.339 99	2.00	524.89
反应时间	301	7.369 5	3.088 30	0.04	19.41
反应距离	301	157.757 4	60.289 32	1.47	296.71
纵向截距	301	81.108 7	51.043 38	0.97	296.96
最大横向加速度	301	0.929 1	0.611 79	0.15	4.28
横向加速度标准差	301	0.328 5	0.146 31	0.11	1.16
最大纵向加速度	301	1.046 6	1.978 68	0.00	9.39
纵向加速度标准差	301	0.368 5	0.487 26	0.01	2.63

续表

风险指标	N	均值	标准差	极小值	极大值
最大纵向速度	301	22.861 9	2.077 53	16.60	34.87
纵向速度均值	301	20.533 8	3.047 64	8.03	28.35
纵向速度标准差	301	1.507 2	1.810 00	0.01	9.13
疲劳等级	301	3.53	1.576	1	7

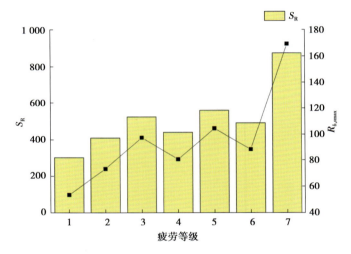

图 5.45 不同疲劳等级下的 S_R 及 $R_{b, smax}$

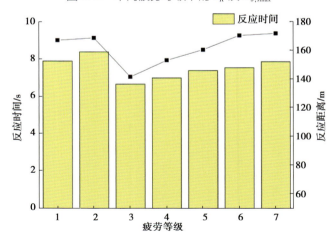

图 5.46 不同疲劳等级下反应时间及反应距离

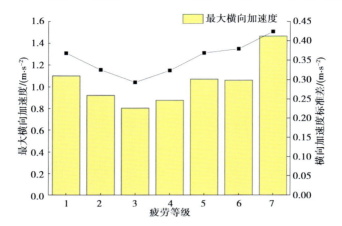

图 5.47　不同疲劳等级下最大横向加速度及横向加速度标准差

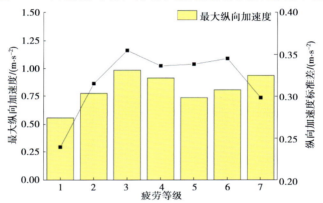

图 5.48　不同疲劳等级下最大纵向加速度及纵向加速度标准差

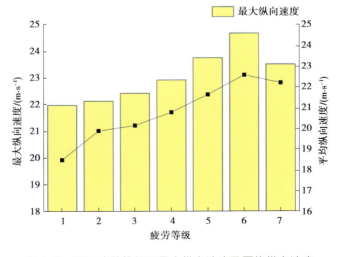

图 5.49　不同疲劳等级下最大纵向速度及平均纵向速度

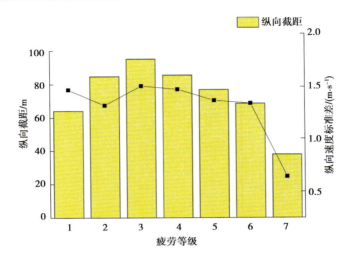

图 5.50　不同疲劳等级下纵向截距及纵向速度标准差

从图 5.50 可以看出，随着疲劳等级上升，S_R，$R_{b,smax}$ 上升，驾驶员的驾驶风险上升；反应时间、反应距离、最大横向加速度、横向加速度标准差先下降后上升，最大纵向加速度、纵向加速度标准差、纵向截距先上升后下降；最大纵向速度、平均纵向速度、纵向速度标准差先上升后下降，经初步分析得出，尽管让被试在适应性驾驶阶段提前适应模拟驾驶器的场景和操作，但在正式实验中，当处于 1 级疲劳等级时，实验往往处于驾驶的初始阶段，驾驶员对场景的熟悉度不高，因此反应时间、反应距离、横向加速度较大，而在后续的驾驶过程中，驾驶员会多次经过场景，对场景越来越熟悉，随着驾驶经验的积累，驾驶员的驾驶表现会更好，而随着疲劳的加深，驾驶表现又有所下降，此时驾驶表现下降真正代表了驾驶疲劳对驾驶行为的影响；最大纵向速度、平均纵向速度上升，在 7 级疲劳时最大纵向速度及平均纵向速度有所下降，经初步分析得出在高疲劳等级时，驾驶员会主动提高注意力来抵抗疲劳的影响。

采用 Kruskal-Wallis H 检验分析不同疲劳等级下的驾驶风险指标的差异性，结果见表 5.6。绕行故障车场景中驾驶风险指标 S_R、纵向截距、最大横向加速度、横向加速度标准差、最大纵向速度、平均纵向速度在 1~7 级驾驶疲劳等级下存在显著性差异（$p<0.05$），对驾驶疲劳具有分辨能力。

表 5.6　Kruskal-Wallis H 检验统计量

风险指标	χ^2	df	渐进显著性
S_R	13.169	6	0.040
$R_{b,smax}$	12.476	6	0.052
反应时间	11.513	6	0.074

续表

风险指标	χ^2	df	渐进显著性
反应距离	10.325	6	0.112
纵向截距	20.948	6	0.002
最大横向加速度	29.877	6	0.000
横向加速度标准差	29.082	6	0.000
最大纵向加速度	9.136	——	0.166
纵向加速度标准差	9.034	6	0.172
最大纵向速度	68.013	6	0.000
平均纵向速度	51.935	6	0.000
纵向速度标准差	10.559	6	0.103

B.绕行故障车场景下驾驶风险指标降维。

在对驾驶风险指标进行因子分析前,将所有数据进行 0~1 标准化处理,然后进行后续分析。为了划分驾驶风险等级,并将驾驶风险等级与驾驶疲劳等级进行对应,首先对具有显著性差异的 6 个驾驶风险指标进行因子分析,减少变量的数量,获得更有代表性的因子。

采用 SPSS 软件对直线场景下驾驶行为数据进行因子分析,首先要进行 Kaiser-Mayer-Olkin 度量(KMO)和 Barlett 球形度检验,见表 5.7,用以检验各变量间的相关性。如果变量彼此独立,则无法从中提取公因子,也就无法应用因子分析。当 KMO 大于 0.5 且 Barlett 球形度检验的 $sig.$ 小于 0.05 时,变量适合做因子分析。KMO 和 Barlett 球形度检验结果见表 5.7,KMO 的值为 0.505,Barlett 球形度检验的显著性为 0.000,各变量间具有相关性,可以使用因子分析对数据进行降维。

表 5.7　KMO 和 Bartlett 的检验

取样足够度的 Kaiser-Meyer-Olkin 度量		0.505
Bartlett 球形度检验	近似卡方	2 224.428
	df	15
	$sig.$	0.000

抽取特征值大于 1 的主成分,从表 5.8 可以看出,经过因子分析后提取出 3 个因子,解释的累积方差为 91.922%。

表 5.8　解释的总方差

成分	初始特征值			提取平方和载入			旋转平方和载入		
	合计	方差/%	累积/%	合计	方差/%	累积/%	合计	方差/%	累积/%
1	2.430	40.500	40.500	2.430	40.500	40.500	2.006	33.436	33.436
2	1.898	31.626	72.126	1.898	31.626	72.126	1.897	31.618	65.054
3	1.188	19.796	91.922	1.188	19.796	91.922	1.612	26.868	91.922
4	0.392	6.532	98.454						
5	0.090	1.498	99.952						
6	0.003	0.048	100.000						

提取方法:主成分分析法。

为了使降维后得到的公共因子更好地解释变量的含义,采用最大方差法对因子进行旋转,取消因子载荷绝对值小于 0.5 的小系数,得到表 5.9 旋转成分矩阵。因子 1 对应的变量主要是 S_R, $R_{b,smax}$,因此将因子 1 命名为"风险场强因子";因子 2 对应的变量主要是最大横向加速度、横向加速度标准差,因此将因子 2 命名为"横向加速度因子";因子 3 对应的变量主要是最大纵向速度、平均纵向速度,因此将因子 3 命名为"纵向速度因子"。

表 5.9　旋转成分矩阵

风险指标	成分		
	1	2	3
$R_{b,smax}$	0.989		
S_R	0.983		
最大横向加速度		0.976	
横向加速度标准差		0.968	
最大纵向速度			0.899
平均纵向速度			0.862

提取方法:主成分分析法。

旋转法:具有 Kaiser 标准化的正交旋转法。

a.旋转在 4 次迭代后收敛。

C.驾驶风险分级。

为了将绕行场景中的驾驶风险分为低风险、中风险、高风险 3 类,采用 K-means 算法对因子分析得到的 3 个因子进行聚类,最终聚类中心结果见表 5.10。因子分析提取的 3 个因子为标准化后的因子得分,即每个因子的均值为 0,标准差为 1。因此,可根据最终聚类中心在空间中的位置描述和命名各驾驶风险等级分组。表 5.10 为绕行场景下驾驶风险指标最终聚类中心,可以看出,聚类 1 为高风险,聚类 2 为中风险,聚类 3 为低风险,样本数分别为 40,84,177。

表 5.10   最终聚类中心

风险因子	聚类		
	1	2	3
风险场强因子	−0.166 76	0.871 85	−0.376 07
横向加速度因子	2.032 38	−0.347 06	−0.294 59
纵向速度因子	−0.321 09	−0.694 02	0.401 93

D.绕行故障车场景中驾驶疲劳等级与驾驶风险等级映射。

为了探究不同疲劳等级下的驾驶风险情况,需要将驾驶疲劳等级造成的驾驶风险等级进行映射。计算了各疲劳等级下的低风险、中风险、高风险出现的频率,用其表示不同疲劳等级下 3 种驾驶风险等级出现的概率。在绕行场景中不同驾驶疲劳等级下驾驶员的驾驶风险等级概率如图 5.51 所示。可以看出,在绕行场景中,随着驾驶疲劳等级上升,驾驶员出现低风险的概率下降,出现中风险及高风险的概率逐渐上升,驾驶疲劳增加会使驾驶员发生中高驾驶风险的概率增加。在 1 级疲劳等级时,车辆处于低风险状态的概率为 80%,发生中风险的概率为 13.3%,而发生高风险的概率仅为 6.7%;而在 7 级疲劳等级时,驾驶员处于低风险状态的概率为 40%,发生中风险和高风险的概率分别为 30%。

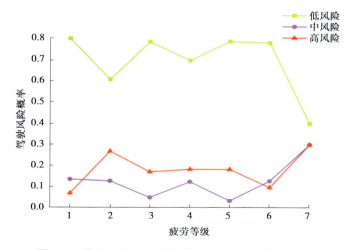

图 5.51   绕行场景不同疲劳等级下的驾驶风险等级概率

②行人避让场景下驾驶风险分析。

A.行人避让场景下驾驶风险指标数据描述。

行人避让场景下驾驶风险指标描述性统计量见表 5.11，在 1~7 级疲劳等级下各驾驶风险指标的变化情况如图 5.52—图 5.56 所示。经过数据预处理，共 189 个样本被提取。

表 5.11　驾驶风险指标描述性统计量

风险指标	N	均值	标准差	极小值	极大值
S_R	189	41.152 1	199.533 18	0.00	1 889.20
$R_{b,smax}$	189	14.153 9	75.959 03	0.00	737.34
反应时间	189	3.328 2	1.072 57	0.29	5.56
反应距离	189	71.644 6	23.611 20	6.43	129.81
最大横向加速度	189	0.178 5	0.131 03	0.00	0.72
横向加速度标准差	189	0.084 3	0.053 34	0.00	0.29
最大纵向加速度	189	4.236 1	2.056 68	0.25	10.53
纵向加速度标准差	189	1.692 0	0.867 10	0.01	4.32
最大纵向速度	189	21.767 8	1.266 01	16.36	26.13
平均纵向速度	189	17.593 4	3.083 20	9.22	25.70
纵向速度标准差	189	3.474 2	1.782 66	0.16	8.95
疲劳等级	189	3.56	1.543	1	7

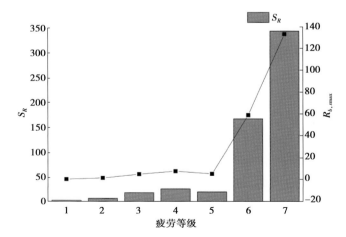

图 5.52　不同疲劳等级下的 S_R 及 $R_{b,smax}$

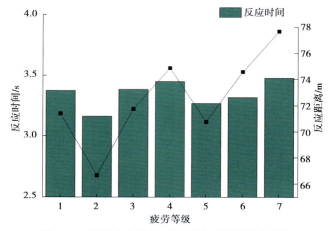

图 5.53　不同疲劳等级下的反应时间及反应距离

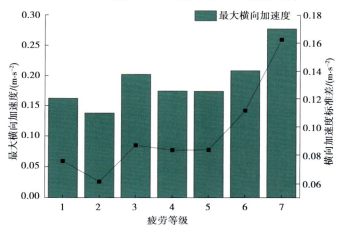

图 5.54　不同疲劳等级下的最大横向加速度及横向加速度标准差

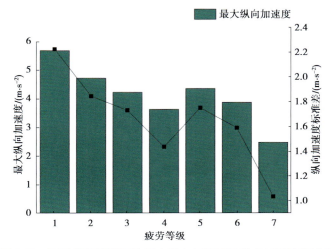

图 5.55　不同疲劳等级下的最大纵向加速度及纵向加速度标准差

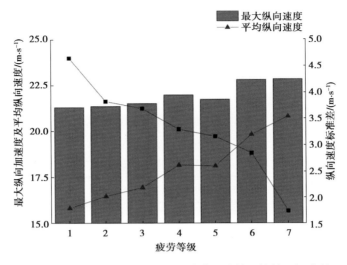

图 5.56　不同疲劳等级下的纵向速度最大值、均值及标准差

可以看出,随着疲劳等级上升,驾驶风险指标 S_R、$R_{b,smax}$、最大横向加速度、横向加速度标准差、反应时间、反应距离、最大纵向加速度、平均纵向速度上升,驾驶员对车辆横向运动和纵向运动的控制能力有所下降,驾驶风险上升;最大纵向加速度、纵向加速度标准差和纵向速度标准差下降。

采用 Kruskal-Wallis H 检验分析不同疲劳等级下驾驶风险指标的差异性,结果见表 5.12。行人避让场景中驾驶风险指标 S_R、$R_{b,smax}$、反应时间、反应距离、最大横向加速度、横向加速度标准差、最大纵向加速度、纵向加速度标准差、最大纵向速度、平均纵向速度、纵向速度标准差在 1~7 级驾驶疲劳等级下存在的显著性差异($p<0.05$)。

表 5.12　Kruskal-Wallis H 检验统计量

风险指标	χ^2	df	渐进显著性
S_R	64.333	6	0.000
$R_{b,smax}$	57.699	6	0.000
反应时间	23.848	6	0.001
反应距离	66.589	6	0.000
最大横向加速度	32.193	6	0.000
横向加速度标准差	39.317	6	0.000
最大纵向加速度	16.012	6	0.014
纵向加速度标准差	9.418	6	0.151
最大纵向速度	44.639	6	0.000
平均纵向速度	47.828	6	0.000
纵向速度标准差	3.815	6	0.702

B.行人避让场景中驾驶风险指标降维。

在对驾驶风险指标进行因子分析前,将所有数据进行 0~1 标准化处理,然后进行后续分析。为了划分驾驶风险等级,并与驾驶疲劳等级对应,明确不同疲劳等级下驾驶风险等级,首先对具有显著性差异的 6 个驾驶风险指标进行因子分析,减少变量的数量,获得更有代表性的因子。KMO 和 Barlett 球形度检验结果见表 5.13,KMO 的值为 0.502,Barlett 球形度检验的显著性为 0.000,各变量间具有相关性,可以使用因子分析对数据进行降维。

表 5.13　KMO 和 Bartlett 的检验

取样足够度的 Kaiser-Meyer-Olkin 度量		0.502
Bartlett 的球形度检验	近似卡方	1 970.334
	df	15
	$sig.$	0.000

抽取特征值大于 1 的主成分,从表 5.14 可以看出,经过因子分析后提取出 3 个因子,解释的累积方差为 96.770%。

表 5.14　解释的总方差

成分	初始特征值			提取平方和载入			旋转平方和载入		
	合计	方差/%	累积/%	合计	方差/%	累积/%	合计	方差/%	累积/%
1	2.561	42.685	42.685	2.561	42.685	42.685	2.002	33.363	33.363
2	1.844	30.728	73.413	1.844	30.728	73.413	1.982	33.030	66.393
3	1.401	23.356	96.770	1.401	23.356	96.770	1.823	30.377	96.770
4	0.176	2.936	99.706						
5	0.016	0.273	99.979						
6	0.001	0.021	100.000						

提取方法:主成分分析。

为了使降维后得到的公共因子能更好地解释变量的含义,采用最大方差法对因子进行旋转,取消因子载荷绝对值小于 0.5 的小系数,得到见表 5.15 所示的旋转成分矩阵。因子 1 对应的变量主要是 S_R,$R_{b,smax}$,因此将因子 1 命名为"风险场强因子";因子 2 对应的变量主要是反应时间、反应距离,因此将因子 2 命名为"危险反应因子";因子 3 对应的变量主要是最大横向加速度、横向加速度标准差,因此将因子 3 命名为"横向加速度速度因子"。

表 5.15　旋转成分矩阵

风险指标	成分		
	1	2	3
R_{max}	0.990		
S_R	0.988		
反应时间		0.991	
反应距离		0.982	
最大横向加速度			0.955
横向加速度标准差			0.949

提取方法：主成分分析。

旋转法：具有 Kaiser 标准化的正交旋转法，在 4 次迭代后收敛。

①驾驶风险分级。为了将行人避让场景中的驾驶风险分为低风险、中风险、高风险三类，采用 K-means 算法聚类因子分析后得到的 3 个因子，结果见表 5.16。可以看出，聚类 1 为中风险，聚类 2 为低风险，聚类 3 为高风险。样本数分别为 58，125，6。

表 5.16　最终聚类中心

风险因子	聚类		
	1	2	3
风险场强因子	-0.167 40	-0.144 62	4.631 21
危险反应因子	-0.623 73	0.294 44	-0.104 70
横向加速度因子	0.979 68	-0.468 09	0.281 60

行人避让场景中驾驶疲劳等级与驾驶风险等级映射。在行人避让场景中不同驾驶疲劳等级下驾驶员的驾驶风险等级概率如图 5.57 所示。可以看出，在行人避让场景中，随着驾驶疲劳等级上升，驾驶员出现低风险的概率下降，出现中风险及高风险的概率逐渐上升，驾驶疲劳增加会使得发生高风险的概率增加。在 1 级疲劳等级时，驾驶员处于低风险状态的概率为 70%，处于中风险的概率为 30%；而在 7 级疲劳等级时，驾驶员处于低风险和中风险状态的概率为 40%，发生高风险的概率为 20%。

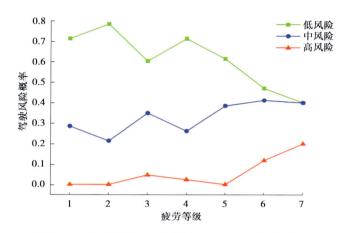

图 5.57　行人场景不同疲劳等级下驾驶风险等级概率

②直线行驶场景驾驶风险分析。

A.直线行驶场景下驾驶风险指标数据描述。直线行驶场景下驾驶风险指标描述性统计量见表 5.17,各驾驶风险指标在 1~7 级疲劳等级下变化情况如图 5.58—图 5.64 所示。经过数据预处理,共 571 个样本被提取出来。

表 5.17　驾驶风险指标描述性统计量

风险指标	N	均值	标准差	极小值	极大值
S_R	571	765.615 4	1 376.800 28	1.45	11 587.00
$R_{b,smax}$	571	7.702 3	19.331 60	0.01	189.30
方向盘回转次数	571	3.231 2	4.013 90	0.00	47.00
最大车道偏移量	571	1.125 1	0.719 49	0.28	6.42
最大横向加速度	571	0.270 1	0.305 30	0.02	4.67
横向加速度标准差	571	0.078 2	0.070 80	0.01	0.98
最大纵向减速度	571	0.290 4	0.536 04	0.00	8.43
纵向加速度标准差	571	0.140 6	0.137 18	0.00	1.70
最大纵向速度	571	23.180 4	1.986 74	15.31	37.56
平均纵向速度	571	21.798 9	1.565 52	13.69	33.36
纵向速度标准差	571	0.742 9	0.715 50	0.01	6.13
横向位置均值	571	0.420 8	0.350 14	0.00	4.10
横向位置标准差	571	0.277 0	0.168 54	0.07	1.34
最大方向盘转角	571	0.082 8	0.062 81	0.00	0.52
方向盘转角标准差	571	0.023 403	0.015 353 9	0.002 6	0.130 4
疲劳等级	571	4.12	1.813	1	7

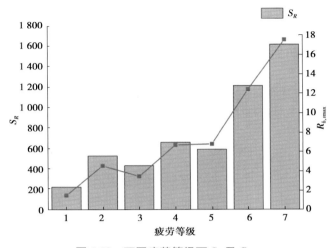

图 5.58　不同疲劳等级下 S_R 及 $R_{b,smax}$

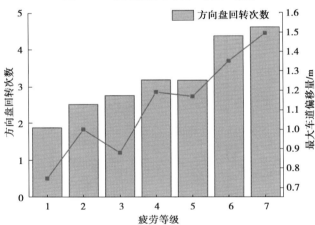

图 5.59　不同疲劳等级下方向盘回转次数及最大车道偏移量

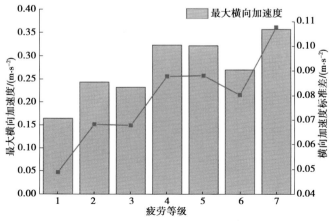

图 5.60　不同疲劳等级下最大横向加速度及横向加速度标准差

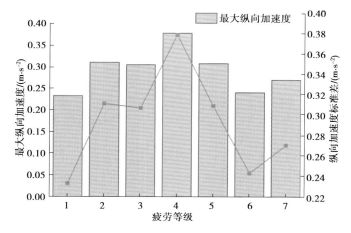

图 5.61　不同疲劳等级下最大纵向加速度及纵向加速度标准差

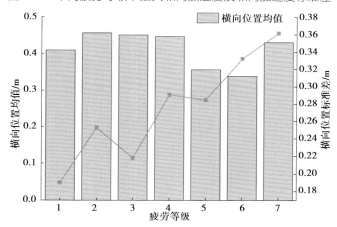

图 5.62　不同疲劳等级下横向位置均值及横向位置标准差

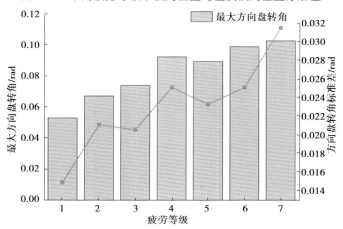

图 5.63　不同疲劳等级下最大方向盘转角及方向盘转角标准差

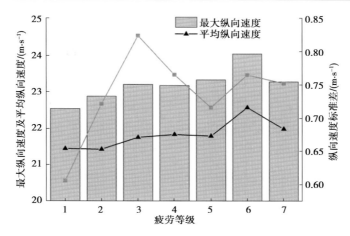

图 5.64　不同疲劳等级下纵向速度最大值、均值及标准差

可以看出，驾驶员长时间在直线道路上驾驶，随着疲劳加深，驾驶风险指标 S_R、$R_{b,smax}$、方向盘回转次数、最大车道偏移量、最大横向加速度、横向加速度标准差、横向位置标准差、最大方向盘转角、方向盘转角标准差上升，驾驶员对车辆横向位置和方向盘的控制能力有所下降，驾驶风险上升；最大纵向加速度、纵向加速度标准差、横向位置均值、最大纵向速度、平均纵向速度、纵向速度标准差先上升后下降，初步分析得出，在疲劳加深的情况下，驾驶员会主动提高自己的注意力来对抗疲劳，始终将车速保持在 80 km/h。

采用 Kruskal-Wallis H 检验分析不同疲劳等级下驾驶风险指标的差异性，结果见表 5.18。直线场景中驾驶风险指标 S_R、$R_{b,smax}$、方向盘回转次数、最大车道偏移量、最大横向加速度、横向加速度标准差、最大纵向减速度、最大纵向速度、平均纵向速度、横向位置均值、横向位置标准差、最大方向盘转角、方向盘转角标准差在 1~7 级驾驶疲劳等级下存在显著性差异（$p<0.05$），表明驾驶疲劳对驾驶员的纵向及横向运动控制能力有影响。

表 5.18　Kruskal-Wallis H 检验统计量

风险指标	χ^2	df	渐进显著性
S_R	64.333	6	0.000
$R_{b,smax}$	57.699	6	0.000
方向盘回转次数	23.848	6	0.001
最大车道偏移量	66.589	6	0.000
最大横向加速度	32.193	6	0.000
横向加速度标准差	39.317	6	0.000

续表

风险指标	χ^2	df	渐进显著性
最大纵向减速度	16.012	6	0.014
纵向加速度标准差	9.418	6	0.151
最大纵向速度	44.639	6	0.000
平均纵向速度	47.828	6	0.000
纵向速度标准差	3.815	6	0.702
横向位置均值	14.976	6	0.020
横向位置标准差	65.554	6	0.000
最大方向盘转角	29.815	6	0.000
方向盘转角标准差	44.144	6	0.000

B.直线行驶场景下驾驶风险指标降维。

在对驾驶风险指标进行因子分析前,将所有的数据进行 0~1 标准化处理。从表 5.19 可以看出,S_R 和 $R_{b,smax}$、最大横向加速度和最大横向加速度标准差、最大纵向加速度和最大纵向加速度标准差、最大纵向速度和平均纵向速度、最大方向盘转角和方向盘转角标准差之间的变化趋势相同,它们代表的驾驶风险信息相似,数据存在较高的相关性。为了划分驾驶风险等级,并与驾驶疲劳等级对应,明确不同疲劳等级下驾驶风险等级,对具有显著性差异的 10 个驾驶风险指标进行因子分析,减少变量的数量,获得更有代表性的因子。

表 5.19　KMO 和 Bartlett 的检验

取样足够度的 Kaiser-Meyer-Olkin 度量		0.773
Bartlett 的球形度检验	近似卡方	6 777.577
	df	45
	$sig.$	0.000

采用 SPSS 软件对直线行驶场景下驾驶行为数据进行因子分析,KMO 和 Bartlett 的检验结果显示,KMO 的值为 0.773,Barlett 球形度检验的显著性为 0.000,各变量间具有相关性,可以使用因子分析对数据进行降维。

抽取特征值大于 1 的主成分,从表 5.20 中可以看出,经过因子分析后提取出 3 个因子,解释的累积方差为 84.803%。

表 5.20　解释的总方差

成分	初始特征值			提取平方和载入			旋转平方和载入		
	合计	方差/%	累积/%	合计	方差/%	累积/%	合计	方差/%	累积/%
1	5.710	57.095	57.095	5.710	57.095	57.095	3.703	37.028	37.028
2	1.664	16.639	73.734	1.664	16.639	73.734	2.943	29.430	66.458
3	1.107	11.069	84.803	1.107	11.069	84.803	1.834	18.345	84.803
4	0.579	5.792	90.595						
5	0.408	4.081	94.676						
6	0.194	1.937	96.613						
7	0.183	1.825	98.438						
8	0.101	1.010	99.448						
9	0.035	0.349	99.797						
10	0.020	0.203	100.000						

提取方法:主成分分析。

　　为了使降维后得到的公共因子能更好地解释变量的含义,采用最大方差法对因子进行旋转,取消因子载荷绝对值小于 0.5 的小系数,得到表 5.21 所示的旋转成分矩阵。因子 1 对应的变量主要是 S_R、$R_{b,smax}$、最大车道偏移量、横向位置标准差,这些指标均与车辆相对车道边缘的距离有关,因此将因子 1 命名为"距离因子";因子 2 对应的变量主要是方向盘回转次数、最大横向加速度、横向加速度标准差、方向盘转角标准差,这些指标均与驾驶员对车辆的横向运动控制能力有关,因此将因子 2 命名为"横向运动因子";因子 3 对应的变量主要是平均纵向速度和最大纵向速度,这些指标均与驾驶员对车辆的纵向运动控制能力有关,因此将因子 3 命名为"纵向运动因子"。

表 5.21　旋转成分矩阵

风险指标	成分		
	1	2	3
S_R	0.885		
$R_{b,smax}$	0.861		
最大车道偏移量	0.856		
横向位置标准差	0.837		

续表

风险指标	成分		
	1	2	3
方向盘回转次数		0.841	
最大横向加速度		0.810	
横向加速度标准差		0.801	
方向盘转角标准差		0.755	
平均纵向速度			0.947
最大纵向速度			0.925

提取方法:主成分。

旋转法:具有 Kaiser 标准化的正交旋转法。

a.旋转在 5 次迭代后收敛。

C.直线行驶场景下驾驶风险分级。

为了将直线行驶场景中的驾驶风险分为低风险、中风险、高风险三类,采用 K-means 算法聚类因子分析后得到的 3 个因子,结果见表 5.22。因子分析提取的 4 个因子为标准化后的因子得分,即每个因子的均值为 0,标准差为 1。因此可以根据最终聚类中心在空间中的位置来描述和命名各驾驶风险等级分组。表 4.7 为直线行驶场景下驾驶风险指标最终聚类中心,可以看出,聚类 1 为中风险,聚类 2 为高风险,聚类 3 为低风险。样本数分别为 75,27,469。

表 5.22 最终聚类中心

风险因子	聚类		
	1	2	3
距离因子	−0.291 75	3.387 73	−0.148 37
横向运动因子	1.668 16	0.194 09	−0.277 94
纵向运动因子	−0.647 30	0.413 54	0.079 71

D.直线行驶场景中驾驶疲劳等级与驾驶风险等级映射。

在直线行驶场景中不同驾驶疲劳等级下驾驶员的驾驶风险等级概率如图 5.65 所示。可以看出,随着驾驶疲劳上升,驾驶员发生低风险的概率下降,发生中风险的概率上升。由于在直线行驶场景中驾驶员始终保持直线行驶,未严重偏离车道线,因此高风险的概率始终较低,但中风险的概率随着疲劳等级增加呈上升趋势。在 1

级疲劳等级时,驾驶员处于低风险状态的概率为 100%,而在 7 级疲劳等级时,驾驶员处于低风险状态的概率为 73.8%,发生中风险的概率为 25%,发生高风险的概率为 11.2%。结果驾驶员的驾驶表现由于驾驶疲劳而下降,驾驶员无法很好地控制车辆的横向及纵向运动。

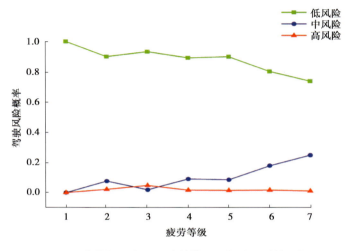

图 5.65　直线场景中不同疲劳等级下驾驶风险等级概率

5.5　汽车驾驶行为识别与安全出行防控方法

5.5.1　汽车智能视频监控与安全出行现状

智能车载设备及管理平台软件包括车载视频监控设备、车载摄像机、驾驶主动安全套件、司乘交互终端等,行业信息化解决方案涉及城市公交、网约出租、两客一危、渣土清运等商用车辆营运场景。2019 年我国车联网市场规模为 166 亿元,同比增长 16.90%,随着交通安全意识普及,未来 3 年我国商用车车联网市场预计保持约 28% 的复合增速,预计 2023 年市场规模将达到 432 亿元,其中前装市场占比约为 43%,后装市场占比约为 56%。针对商用车市场快速发展和安全出行迫切需求,交通运输部已出台多项宏观政策,明确网约车和出租车、公交、客车信息服务系统的发展方向,提高监管效率。自 2016 年 4 月交通运输部发布《交通运输信息化"十三五"发展规划》以来,"两客一危"视频监控相关政策陆续出台,2017 年 4 月《营运客车安全技术条件》正式实施,要求客车必须前装符合要求的视频监控系统,未来随着政策进一步趋严,两客一危相关产品渗透率有望进一步增大,催化市场。我国商用车视频监控相关政策法规汇总见表 5.23。

表 5.23 我国商用车智能视频监控相关政策法规汇总

类别	时间	政策	内容
公交	2019 年 9 月	《交通强国建设纲要》	优化交通能源结构,推进新能源、清洁能源应用,促进公路货运节能减排,推动城市公交交通工具和城市物流配送车辆全部实现电动化、新能源化和清洁化
	2019 年 6 月	绿色出行行动计划(2019—2022 年)	完善集指挥调度、信号控制、交通控制、交通执法、车辆管理、信息发布于一体的城市智能交通管理系统。统筹利用现有资金渠道,鼓励地方各级政府安排专项资金,加大对公交专用道、场站基础设施、新能源和清洁能源车辆购置运营、绿色出行信息化建设等方面的支持力度
	2018 年 12 月	《车联网(智能网联汽车)产业发展行动计划》	加快关键核心技术攻关:加快推动智能车载端等关键零部件的研发,促进新一代人工智能、高精度定位等技术在智能网联汽车的产业化应用。扩大车联网用户规模:支持公交、大货车、出租车、网约车等相关运营车辆提高联网率。发展综合信息服务:完善面向多种营运车辆的综合信息服务和远程监测系统,推进面向公安交通管理、商业运输车辆调度和道路运输监管等领域的交通服务
	2017 年 3 月	《城市公共汽车和电车客运管理规定》	国家鼓励推广新技术、新能源、新装备,加强城市公共交通智能化建设,推进物联网、大数据、移动互联网等现代信息技术在城市公共汽电车客运运营、服务和管理方面的应用
营运汽车"两客一危"	2018 年 12 月	《营运客运汽车安全监控及防护装置整治专项行动方案》	要求开展营运客车汽车安全监控及防护装置整治专项行动,推动城市公共汽电车和"两客一危"车辆安装智能视频监控装置,加快在用车辆视频监控的改造升级,实现驾驶员不安全驾驶行为的自动识别、自动监控、实时报警
	2018 年 8 月	《关于推广应用智能视频监控报警技术的通知》	决定在道路客货运输领域推广应用智能视频监控报警技术,鼓励支持道路运输企业在既有三类以上班线客车、旅游包车、危险货物道路运输车辆、农村客运车辆、重型营运货车(总质量12吨及以上)上安装智能视频监控报警装置,新进入道路运输市场的"两客一危"车辆应前装智能视频监控报警装置,实现对驾驶员不安全驾驶行为的自动识别和实时报警
	2017 年 4 月	《营运客车安全技术条件》	标准要求营运客车出厂时应装备车内外视频监控系统,即客车必须前装符合要求的视频监控系统
出租车	2018 年 12 月	《车联网(智能网联汽车)产业发展行动计划》	加快推动智能车载终端等关键零部件的研发,促进新一代人工智能、高精度定位等技术在智能网联汽车的产业化应用。支持公交、大货车、出租车、网约车等相关运营车辆提高联网率
	2018 年 5 月	《关于加强网络预约出租汽车行业事中事后联合监管有关工作的通知》	各部门在网约车行业事中事后联合监管过程中,要严格依照法定程序和职责开展工作。要结合行业特点,适应信息技术快速发展的趋势,探索利用互联网思维创新监管方式。运用网约车监管信息交互平台等信息化手段,实现部门间和各部门内部信息互通、资源共享,提升监管效能

　　随着上述国家政策出台,全国各省市纷纷制订详细实施方案,引导运输企业安装符合《道路运输车辆智能视频监控报警装置技术规范(试行)》的监控装置,加快新增车辆和既有车辆智能视频监控报警技术的应用,预防和减少道路运输安全生产事故。车载智能视频监控系统对驾驶员行为特征的识别和监控体现在驾驶疲劳、抽烟、手持接打移动电话、双眼长时间不注视前方、双手长时间不放在方向盘上、驾驶员不在驾驶座位上等,而因长途和长时间驾驶(每天超过 10 h),商用车司机驾驶疲劳成为引发交通事故的重要因素,降低驾驶疲劳成为车载智能视频监测与云端防控的重要任务。车载视频监控产品涉及电子、通信、计算机、控制等多领域的技术,随着上述技术不断发展和成熟,车载视频监控产品已经不仅仅满足于提供简单的视频监控功能,而且在获得监控视频的基础上通过智能图像识别、数据挖掘等技术实现对车辆安全出行的综合监控及信息化管理。车载视频监控产品正逐步从单一的视频监控向综合化监控发展,满足更多行业用户对道路交通安全、社会公共治安、驾驶行为规范等方面监控管理的需求。

　　在国家政策法规要求下,自 2019 年以来,越来越多的商用车安装智能视频监控系统,据互联网资料介绍,公交车安装率为 63%、出租车安装率为 25%,两客一危安装率为 50%,提供智能视频监控系统的代表性厂商有海康威视、大华股份、南京通用、惠视通、天迈科技、锐明科技、深圳有为等,商用车出行安全提升。除商用车外,乘用车自驾游越来越多,在长途驾驶中驾驶疲劳、分心、消极情绪等也成为引发交通事故的重要因素,因此,识别乘用车驾驶员行为与安全防控同样值得关注。现有汽车智能视频监控系统对驾驶员行为特征(驾驶疲劳、打电话、抽烟、分心等)识别都采用视频图像识别技术,尤其对驾驶员疲劳视频图像识别,是根据驾驶员面部疲劳特征(如打哈欠、闭眼、点头等)进行识别,识别依据是闭眼 1 s 或闭眼频率较高,缺少必要的生理指标和驾驶风险标定,即当驾驶员面部疲劳特征对应的驾驶员生理指标和驾驶风险等级,因此,驾驶疲劳的视频图像识别还缺少必要的科学依据。

　　针对目前汽车领域驾驶疲劳视频图像识别与风险标定的不足,作者以驾驶疲劳机理、生理指标识别、驾驶风险标定等方面的多年研究为基础,开展了汽车驾驶行为识别与安全出行云监管平台的研发工作,前期以驾驶疲劳识别为主,后期拓展到分心与消极情绪识别,并取得相应成果。

5.5.2　汽车驾驶疲劳行为识别与生理标定

　　基于图像的疲劳检测方法,关键在于识别眼部和嘴部的状态(根据研究,在疲劳时,人眨眼的频率会变低,一次眨眼的过程中,闭眼时间增加),然后根据 PERCLOSE 或者相应的疲劳判决方法来判定是否疲劳。PERCLOSE 指在某一特定时间段内眼睛闭合时间所占的百分率,一般情况下,它是通过统计单位时间内的眼睛开、闭的次数来求得,当 PERCLOSE 值大于某一阈值时,就认为司机疲劳。

作者采用深度学习方法,在驾驶员侧脸或正脸视频的基础上,融合嘴巴、眼睛、生理特征生成检测模型,使用海量数据学习图像的特征(训练模型),最后根据驾驶员侧脸或正脸视频分帧处理,即可以准确判断驾驶员是否疲劳。该方法兼顾实用性、安全性、准确性,其流程如下。

①预先训练好卷积神经网络模型。以眼睛分类为例,共设有 N 个训练样本,网络最后分类层第 i 个样本的输入特征为 x_i,其对应的真实标记为 $y_i \in \{0,1\}$,另 $h = (h_1, h_2)^{\mathrm{T}}$ 为网络的最终输出,即样本 i 的预测结果。交叉熵(cross entropy)损失函数,又称为 Softmax 损失函数,是目前卷积神经网络中最常用的分类目标函数。其形式为

$$L_{\text{cross entropy loss}} = L_{\text{softmax loss}} = -\frac{1}{N} \sum_{1=1}^{N} \log\left(\frac{\mathrm{e}^{h_j}}{\sum_{j=1}^{c} \mathrm{e}^{h_j}}\right) \tag{5.4}$$

②实时数据采集。利用车载摄像头,使用自适应红外摄像方法,白天为彩色模式,夜晚自动切换为红外模式,实时拍摄驾驶员车内信息。对采集到的图像进行预处理,$S(x,y)$ 是我们最终得到的图像数据,先由入射光照射,然后经由物体反射进入成像系统,最终形成我们所看到的图像。该过程以下公式表示:

$$S(x,y) = R(x,y) \times L(x,y) \tag{5.5}$$

式中 $S(x,y)$——相机接收到的图像信号;

        $L(x,y)$——环境光的照射分量;

        $R(x,y)$——携带图像细节信息的目标物体的反射分量。

将该式两边取对数,可以得到物体原本的信息

$$\log R(x,y) = \log S(x,y) - \log L(x,y) \tag{5.6}$$

在图像处理领域,将该理论用于图像增强,可以得到成像更好的图片。这时,$R(x,y)$ 表示图像增强后的图像,$S(x,y)$ 为原始图像。在处理过程中 $L(x,y)$ 为 $S(x,y)$ 高通滤波之后的结果。

③检测采集到的驾驶员正脸或侧脸图像,提取眼睛和嘴巴区域,在下一层网络中进行特征识别。

④提取眼睛和嘴巴特征后,使用预先训练好的神经网络模型对眼睛和嘴巴分别进行状态识别。

⑤识别神经网络,得到 PERCLOSE 相关阈值,与设置好的阈值(以近红外脑功能检测仪测试的生理指标来标定)比较,从而判定是否疲劳(图 5.66 和图 5.67)。

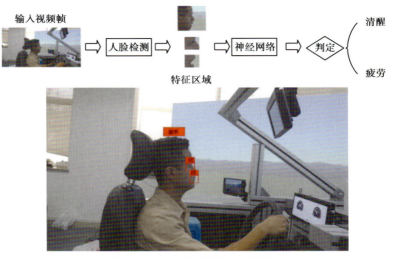

图 5.66　驾驶疲劳图像识别过程

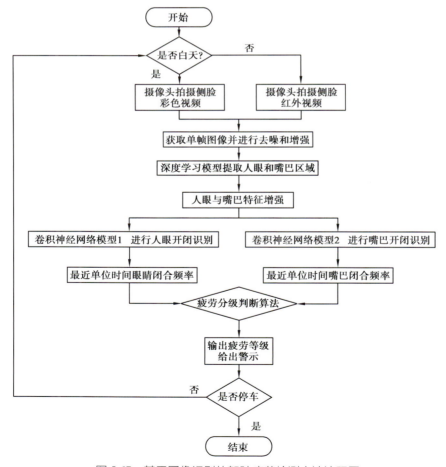

图 5.67　基于图像识别的驾驶疲劳检测方法流程图

5.5.3 汽车驾驶行为识别与安全出行云监管平台

在汽车驾驶疲劳行为识别与生理标定基础上,作者构建了汽车驾驶行为识别与安全出行云监管平台,其体系结构如图 5.68 所示。该系统由车载主机、前向摄像头、车内摄像头(红外和白光)、GPS/北斗定位、提神宝(疲劳嗅觉唤醒装置)、车联网(4G/5G)、云端监管平台、手机 App 等组成。

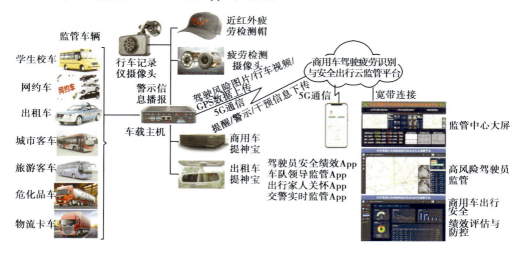

图 5.68　汽车驾驶行为识别与安全出行云监管平台体系结构

1)前向摄像头

负责拍摄汽车前方行驶路况和行车记录,当车内摄像头识别到驾驶员面部疲劳特征时,截取前向摄像头拍摄的行车记录视频中此疲劳时刻前后 5 s 的行车记录数据,如跟车距离、车道偏离、避障、加速、制动、转向等,并上传到云端平台供驾驶风险评估所用。

2)车内摄像头

车内摄像头设置有白光和红外两种,白光摄像头用于白天拍摄驾驶员面部疲劳特征和其他驾驶行为特征,红外摄像头用于拍摄夜间、隧道、车内光照不足情况下驾驶员面部疲劳特征及其他驾驶行为特征,并将拍摄的视频图像数据传输到车载主机进行驾驶疲劳识别或其他不安全驾驶行为识别。

3)GPS/北斗定位

车载主机中集成 GPS/北斗定位芯片和系统,将车辆行驶过程中的位置信息实时上传到云端平台,标识车辆实时行驶轨迹(路径)、出发始点、到达终点,结合驾驶疲劳识别,采用驾驶疲劳于驾驶风险映射数据,可在车辆行驶过的路径上用绿色、黄色和红色分别标识驾驶低风险、中风险和高风险,为安全出行监管和驾驶安全绩效评估提供帮助。

4）提神宝

提神宝是作者研发的驾驶疲劳嗅觉唤醒装置（图 5.69），该装置内置嗅觉唤醒剂，当车内摄像头拍摄到驾驶员面部疲劳特征并经车载主机识别后，主机触发提神剂释放信号，提神宝释放提神剂以快速衰减驾驶员疲劳等级，一段时间后驾驶员疲劳等级又上升，主机再次触发提神剂释放信号，根据本章第 3 节的驾驶疲劳与嗅觉唤醒实验结果，提神宝释放 3 次提神剂，在一定时间内（45～60 min）可使驾驶员的疲劳等级保持在 4 级（7 级斯坦福睡意量表）以下（低疲劳），如图 5.69 所示。

图 5.69　自主研发的车载提神宝

5）车联网

在车载主机中集成 4G/5G 通信卡或互联网通信模块，实现车载主机与云端监管平台软件系统间的通信和双向数据传输，上传数据有驾驶员身份识别信息、驾驶员疲劳时刻的面部照片、疲劳时刻行车记录前后 5 s 视频、GPS/北斗位置数据、主机 ID 数据、提神宝中提神剂余量数据、其他不安全驾驶行为数据、行车事故数据、出车任务开始/结束数据等；下载数据有安全驾驶提醒/警示数据、驾驶疲劳预测与前方服务区语音播报数据、驾驶安全绩效数据、车辆维修保养提醒数据、交通违章处理数据、出车任务数据、交通路况数据等。

6）车载主机

车载主机的处理功能主要有开机识别主机 ID 号上传云端，确认主机与车辆身份绑定；通过视频图像识别驾驶员身份，将驾驶员身份识别成功信息上传到云端；接收前向摄像头的行车记录数据和车内摄像头拍摄的驾驶员面部疲劳特征视频，根据标定的驾驶疲劳特征（闭眼、打哈欠、点头）截取驾驶疲劳照片和疲劳时刻前后 5 s 行车记录数据、GPS/北斗位置数据并上传云端，同时触发提神剂释放信号，将提神剂余量信息上传云端；接收云端下载的安全驾驶提醒/警示数据、驾驶疲劳预测与前方服务区播报数据、车辆维修保养提醒数据，进行语音播报；将其他非安全驾驶行为识别数据上传到云端,将相应提醒/警示信息下载到主机,进行语音播报;处理出车任务开始、暂停、继续、结束等信息;存储行车记录、驾驶疲劳特征照片、行车视频、提醒/警示、驾驶员身份识别、主机识别、车辆识别等信息。

7)云监管平台

汽车安全出行云监管平台 Web 端主要功能如下。

(1)车辆及驾驶员基本信息管理

按车队管理注册的车辆(车牌号)、载重吨位、类型、车长、品牌、车队名称及驾驶员姓名、年龄、健康状况、身份证号、登记照、紧急联系人姓名、电话、车载主机 ID 号、提神宝型号/出厂编号等基本信息,如图 5.70 所示。

图 5.70　车辆及驾驶员基本信息管理

(2)汽车安全出行监管

车载前向摄像头采集行车记录,车内摄像头采集驾驶员身份识别和面部驾驶疲劳特征、主机将 GPS/北斗位置、驾驶员身份、提神宝提神剂释放等数据,并将数据上传至云端监管软件系统,安全出行云端监管软件系统实时处理数据,形成行车路线图,并根据驾驶员疲劳等级,在行车路线图上标注绿色、橙色和红色,3 种颜色分别表示低疲劳(3 级以下)、中疲劳(4~5 级)、高疲劳(6~7 级),将监管的驾驶员按疲劳等级由高到低排列在界面右侧,这样安全监管员可以直观地看到疲劳等级最高的驾驶员并及时通过语音提醒/警示驾驶员停车休息或更换驾驶员,还可及时查看疲劳等级较高的驾驶员行车记录视频,评估驾驶风险,进行安全监管干预。汽车安全出行监管大屏和主要监管界面如图 5.71 和图 5.72 所示。

图 5.71　汽车驾驶行为识别与安全出行云监管大屏显示

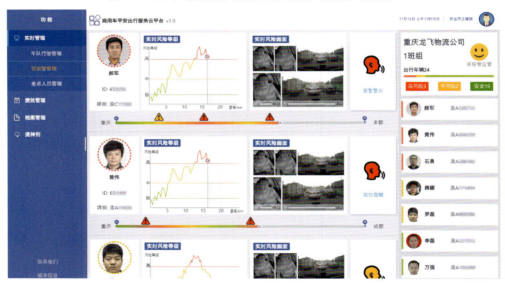

图 5.72　商用车安全出行云监管平台疲劳监管界面

（3）汽车安全出行绩效管理

记录车队、班组、驾驶员个人出车任务的行驶状态、单位里程驾驶疲劳等级、单位里程驾驶风险等级、提醒/警示次数、提神宝干预次数、违章、交通事故等信息，对出车队、班组、驾驶员个人每月、每季、每年安全绩效评分，安全出行绩效最高为 5 分，安全出行绩效最低为 1 分，车队对安全绩效评分高的班组、驾驶员个人进行奖励，对安全绩效评分低的班组、驾驶员个人进行批评教育，加强教育培训，提高其安全意识，不断提高商用车出行安全绩效,保障车辆行驶安全,其云端管理界面如图 5.73 所示。

图 5.73　汽车安全出行绩效评估界面

（4）出车任务与调度管理

对车队、班组、驾驶员个人每天、每次的出车路线、车型、车牌号、驾驶员姓名、出发时间、预计到达时间、货物保险、包装形式、防护要求、货物重量、装卸要求等进行任务计划安排与指派,出车任务指派后任务信息下载到对应车辆主机及驾驶员 App 上,班组、驾驶员可实时查看,驾驶员上车启动发动机时,车载主机自动开机工作,对驾驶员人脸身份识别,自动捆绑出车任务。调度员对已安排的出车任务或经车队领导、驾驶员申请需求变更的出车任务,可以重新调度安排,重新下发出车任务到对应的车载主机,如图 5.74 所示。

图 5.74　出车任务与调度管理界面

（5）车况与维修保养管理

由于商用车出行运输距离大、出行时间长、路况复杂，出行前车辆状况完好。因此，须建立每辆车的车况和维修保养记录，对于临近保养期的车辆，须自动提醒驾驶员、调度员及时安排车辆保养。车辆在出行过程中出现故障，驾驶员要及时通过手机 App 上传故障信息到云端，这便于车队及时安排维修保养，提高车辆安全保障，如图 5.75 所示。

图 5.75　车况与维修保养管理界面

（6）违章与交通事故处理

记录班组和驾驶员个人违章与交通事故处理信息，一是及时提醒驾驶员和车队处理违章和交通事故，二是将发生的违章和交通事故纳入班组和个人安全绩效评估体系，做到奖惩分明，如图 5.76 所示。

图 5.76　违章与交通事故处理界面

（7）提神剂余量显示与在线购买

车载提神宝中抗疲劳提神剂是消耗品，加满提神剂后能使用大约 2 个月，当提神剂只剩 10%时，提神宝自动显示余量信息并提示更换，同时将该车和提神剂余量信息上传到云端，云端汇总各车辆提神剂余量信息后，在线及时购买提神剂，然后下发给驾驶员，提神剂余量信息显示与在线购买如图 5.77 所示。

图 5.77　各车辆提神剂余量显示与在线购买

（8）安全出行大数据分析与数据服务

在车队、班组、驾驶员个人出行驾驶疲劳监管、安全绩效评估、违章与交通事故处理、出车任务与调度管理过程中，可以积累大量商用车安全出行数据，采用大数据分析工具，得出商用车出行疲劳、安全形势分布，过滤出高风险监管对象进行重点监管，对减少交通事故、保障商用车安全出行具有重要意义。因此，可以采取政府购买服务的方式，把商用车安全出行大数据提供给政府有关部门，如交通运输管理局等，也可以给商业车险、货险保险公司使用，使之产生更多社会价值，如图 5.78 所示。

8）手机 App 功能

（1）车队领导监管 App

由于开会、出差、现场视察等工作需要，车队领导经常不在办公室，但又需要实时监管和处理安全出行业务，因此，作者把车队领导安全监管常用功能移植到手机 App 上，功能和数据与安全出行云监管平台 Web 端同步，移植到手机 App 的功能有车辆及驾驶员基本信息管理、商用车安全出行监管、商用车安全出行绩效管理、出车任务与调度管理、车况与维修保养管理、违章与交通事故处理、提神剂购买审批、安全出行大数据分析等，手机 App 界面如图 5.79 所示。

图 5.78　基于大数据分析的商用车安全出行数据服务

（a）行驶安全监管　　　　　（b）预报警监管　　　　　（c）绩效监管

图 5.79　车队领导监管手机 App 界面

（2）驾驶员安全绩效 App

为提高驾驶员出行安全绩效,统计分析驾驶员个人信息、车辆状态、车辆行驶路径、安全行驶里程、疲劳状态、提神宝唤醒次数、违章与交通事故处理等实时数据,按出车任务、里程、疲劳程度、频率、风险高低等进行,每月对驾驶员安全绩效进行一次评估,并对车队驾驶员安全绩效高低排序,对安全绩效低的驾驶员进行安全教育、学习培训和处罚,让驾驶员实时了解自己的安全出行状态、绩效水平,对安全绩效低的驾驶员起到警示作用,对安全绩效高的驾驶员起到鼓励作用。在行驶途中驾驶员查看 App 会增加驾驶风险,因此,当车辆行驶时驾驶员 App 被禁用。驾驶员安全绩效管理 App 主要界面如图 5.80 所示。

图 5.80　驾驶员出行安全绩效 App 界面

（3）家人关怀 App

我国有物流卡车司机 3 000 万名,他们每次出车往返里程都在 3 000~5 000 km,吃住行都在车上,工作非常辛苦,每天驾驶时长都达 10 h 以上,驾驶疲劳经常发生。除车队安全监管员、车队领导提醒、警示外,驾驶员尤其需要家人关怀和提醒,因此,作者开发了家人关怀手机 App,将驾驶员出车路线、疲劳状态、风险等级、提醒警示情况、安全绩效评估、违章信息等开放给驾驶员指定家人,驾驶员家人通过手机 App 可实时了解驾驶员出车信息,对驾驶员进行关怀和提醒,提升驾驶员出行安全,其手机 App 界面如图 5.81 所示。

(a)历史任务　　　　　　　**(b)实时监控**　　　　　　　**(c)绩效信息**

图 5.81　安全出行家人关怀手机 App 界面

（4）交警安全监管 App

为提高汽车出行公共安全,作者开发的汽车驾驶行为识别与出行安全云监管平台将涉及公共安全的车辆行驶状态、驾驶员高风险驾驶行为、疲劳状态等,基于 GPS/北斗定位将高风险驾驶员和车辆信息发送给就近执勤的交警,提醒交警关注和执法干预,保障汽车出行安全和交通畅通,交警安全监管手机 App 界面与车队领导监管界面类似。

第 6 章　汽车驾驶员消极情绪影响、识别与干预

6.1　汽车驾驶员消极情绪对驾驶的影响

　　近年来,中国的汽车私人保有量稳步增长,国统局数据显示,2019 年年末全国民用轿车保有量 14 644 万辆,增加 1 193 万辆,其中私人轿车保有量 13 701 万辆,增加 1 112 万辆。汽车不断进入家庭,驾驶逐渐成为日常生活中必不可少的一部分,而随之出现的还有逐年增长的交通安全问题。交通事故的主要诱因可以分为主观因素和客观因素,客观因素主要是道路问题、天气等,主观因素主要是车辆故障、驾驶员行为等,大多数交通事故都由主观因素引发。驾驶员在驾驶活动中产生驾驶行为,情绪则是驾驶交互过程中的重要影响因素。驾驶员在驾驶中或多或少会经历情绪波动,比如在交通拥挤的下班高峰期遭遇"加塞"会使人感到非常愤怒。现有研究证实驾驶员情绪感知状态对行车安全会产生直接影响,其中不利影响会增加由驾驶员行为导致的驾驶风险,严重时则会造成交通事故。因此,研究不同情绪对驾驶行为的影响,从而进行干预与安全防控有助于降低交通事故的发生率。此外,研究驾驶员对不同情绪产生的驾驶行为是否存在差异,对更好地认识驾驶员情绪,提高个性化驾驶体验有重要意义。

　　本节主要介绍目前我们研究工作中关于中国驾驶员在不同情绪下对驾驶行为的影响。首先通过视频-音频的情绪诱导方法使驾驶员诱发目标情绪,并使用自我情绪评定量表(Self-Assessment Manikin, SAM)和情绪差异量表(Differential Emotion Scale, DES)让被试对诱发的情绪类型和强度进行自我报告。然后让驾驶员在驾驶模拟器的模拟道路上完成研究设计的驾驶任务,采集驾驶模拟器中的驾驶数据。最后分析本节在两种情绪模型下,不同情绪对驾驶员行为的影响,并尝试总结规律。

6.1.1　汽车驾驶员情绪诱导材料筛选

　　根据第 1 章介绍的情绪理论,情绪诱导是通过某些带有感情色彩的事件刺激个

体,使个体完成事件认知并产生情绪,从而达到诱导目标情绪的目的。目前研究的情绪诱发方法主要有以下几种:刺激诱导法,该方法给被试情绪刺激,如视频、音频等感官刺激材料来诱发被试产生既定情绪。如美国 NIMH 编制的情绪材料系统即国际情感图片系统(IAPS)和国际情绪数码声音系统(IADS);自我回忆情境法,是指让被试自行回忆自己曾经历的会激发强烈情感的事件从而产生某种情绪,或想象自己处在某个场景从而进入某种情绪状态。特定情境诱发法,主要靠模拟容易使个体产生需要被诱导情绪的真实情境,使个体处于该真实情景从而达到情绪诱导效果。

情绪诱导材料筛选分为线上刺激材料海选、内部成员筛选整理、被试打分与决定 7 种情绪诱导刺激材料 4 个步骤。

1)线上刺激材料选择

在线上平台对 7 种情绪诱导材料进行筛选,主要参考中国文化背景与生活场景。对网络视频进行海选,组内成员对 100 多组视频进行打分整理。针对网络视频长度、分辨率、亮度、声音等情况的不同,对筛选的 42 组视频进行剪辑重压,分别遵循以下几条原则。

①音频信息清晰。言语对话清楚完整,背景噪声低。

②视频亮度适中。对背景过暗与过曝进行调整,使易于辨识。

③视频长度控制。将视频长度控制在 $1\sim2$ min,防止诱导时间过长而出现厌烦情绪。在打分整理后最终选取 42 个视频(7 种情绪每种 6 个)进行下一步标注。

2)诱导材料标注实验

本次实验共招募被试 50 人,所有参与被试均以汉语为母语,认知、理解与判断能力正常。实验均在安静舒适环境下进行,且网络环境良好。被试在整个实验中可因主观或客观原因退出实验。实验使用 SAM 和 DES 让被试对诱导材料的情绪类型和强度进行自我报告,见表 6.1、表 6.2。

表 6.1　SAM 量表

情绪维度	李克特 9 点量表								
效价									
唤醒									

续表

情绪维度	李克特9点量表
掌控力	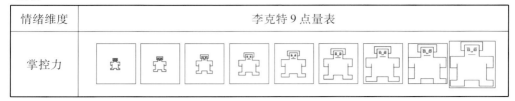

表6.2　DES量表

情绪	程度								
	李克特9点量表								
	一点也不				一般				非常
	1级	2级	3级	4级	5级	6级	7级	8级	9级
愤怒	○	○	○	○	○	○	○	○	○
中性	○	○	○	○	○	○	○	○	○
开心	○	○	○	○	○	○	○	○	○
悲伤	○	○	○	○	○	○	○	○	○
害怕	○	○	○	○	○	○	○	○	○
惊讶	○	○	○	○	○	○	○	○	○
厌恶	○	○	○	○	○	○	○	○	○
羞愧	○	○	○	○	○	○	○	○	○
兴趣	○	○	○	○	○	○	○	○	○
鄙视	○	○	○	○	○	○	○	○	○
内疚	○	○	○	○	○	○	○	○	○

3）诱导材料的选择

根据 SAM 和 DES 得分,从不同角度评估情绪信息。首先,使用 DES 量表得分分别计算每个诱导材料的命中率(选择目标情绪的被试比例)、强度值(选择目标情绪的强度分值)以及成功指数(命中率和强度值归一后之和),并根据成功指数的分数对每种情绪进行排序,选择成功指数最高的诱导材料。同时,根据 SAM 量表得分对 42 个视频进行 K-means 空间聚类。根据 DES 量表的统计结果与 SAM 量表中空间边界结果联合判断,最终确定用于 7 种情绪诱导的视频材料,如图 6.1 所示。

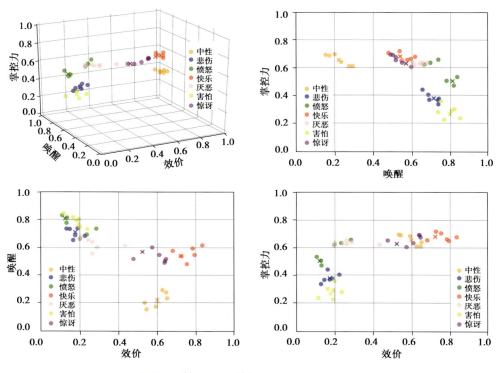

图 6.1　基于 SAM 数据的诱导材料聚类结果

6.1.2　汽车驾驶员情绪对驾驶行为影响的数据采集实验

1）被试招募

本次实验共招募被试 41 人，其中男性 32 名，女性 9 名。被试的年龄范围为 19~56 岁（平均值＝27.3，标准差＝7.7）。所有被试均有有效驾照，并且至少有一年的驾驶经验（平均值＝5.5，标准差＝5.8，范围＝1~30）。被试需有良好的理解和判断能力，无认知障碍且视力和听力正常。

2）驾驶场景

本次实验旨在研究不同情绪状态对驾驶员驾驶行为的影响，为减少复杂道路场景对驾驶员驾驶绩效的影响，研究设计了较为简单的道路场景。本次研究场景有 2 段，第一段为练习道路，在这段道路上被试掌握和熟悉模拟驾驶器；第二段为实验道路，被试在这段道路上进行基于模拟驾驶器的情绪对驾驶员驾驶行为的影响研究实验。实验场景为双向二车道直线路段，路段总长 3 km，房屋密度 2 栋/km，对向车道车流量约为 3 辆/km。在整个实验路段，被试被要求在最右车道进行驾驶，时速保持在 80 km/h 左右，如图 6.2 所示。所有被试均在同一路况和环境条件下进行本次实验。实验由 6 种情绪刺激和对照试验（中性情绪）组成。

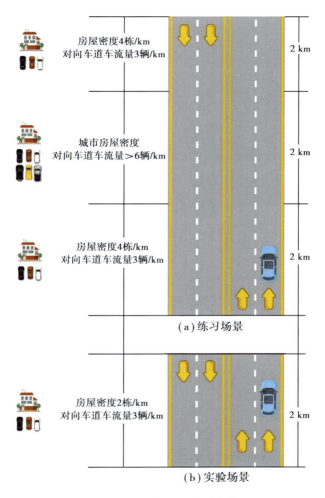

图 6.2　驾驶场景和驾驶任务

3）**实验流程**

①实验前准备。实验人员口头简要介绍本次实验,被试阅读用户知情书并签署知情同意书。签字后,被试填写用户健康状况调查书,以确保被试的身体条件能够完成本次实验。之后向被试介绍 SAM 和 DES 量表中选项的含义以及实验中驾驶要求,在确认无误后准备开始实验。

②实验设备熟悉。被试进行了练习试验以熟悉驾驶模拟器。被试驾驶通过具有 2 车道的 8 km 直线公路,以场景标记的车速行驶,熟悉驾驶模拟器;被试的车辆在右车道行驶;速度限制每两千米变化一次(80 km/h→50 km/h→80 km/h)。结束练习驾驶后,被试休息 2 min。

③被试观看情绪诱导视频并进行情绪驾驶。被试在被诱导情绪后在实验场景道路上以不超过 80 km/h 的速度行驶 3 km。

④被试完成驾驶过程中的情绪自我评估。被试完成情绪驾驶后填写 SAM 量表和 DES 量表。

⑤重复以上两步直到随机播放完 7 段视频刺激,被试完成相应的 SAM 量表和 DES 量表,实验者在实验中对数据进行数字记录和适当笔录。

⑥实验结束。

4)数据采集

实验通过 Real time 模拟驾驶平台实时采集了方向盘转速、制动踏板力、驾驶速度、横向速度、加速度、横向加速度 6 个指标及其特征值,对驾驶行为及驾驶风险进行评价,采样率为 50 Hz。

6.1.3　实验数据分析与讨论

1)离散情绪对驾驶行为的影响结果分析

对于 7 种情绪对驾驶员行为的影响的分析,结果显示在 7 种不同情绪下驾驶绩效有显著差异[最大加速度 $F(6,202)=3.23$, $p=0.005<0.01$, $\eta_2=0.088$;横向加速度标准差 $F(6,231)=2.377$, $p=0.03<0.05$, $\eta_2=0.058$;平均速度 $F(6,211)=2.649$, $p=0.017<0.05$, $\eta_2=0.07$;最大速度 $F(6,210)=3.125$, $p=0.006<0.01$, $\eta_2=0.082$],见表 6.3。

表 6.3　7 种离散情绪对驾驶员行为的影响

特征		差异性分析结果部分			平均值和标准差呈现部分						
		F	P	η_2	愤怒 $M(SD)$	中性 $M(SD)$	恐惧 $M(SD)$	厌恶 $M(SD)$	高兴 $M(SD)$	悲伤 $M(SD)$	惊讶 $M(SD)$
加速度 A	A 平均值	2.645	0.084	0.070	0.858 (0.125)	0.796 (0.093)	0.838 (0.126)	0.740 (0.173)	0.805 (0.144)	0.795 (0.090)	0.818 (0.076)
	A 最大值	3.230	0.005	0.088	4.189 (0.678)	3.314 (0.917)	3.282 (0.946)	3.226 (1.253)	3.556 (1.099)	3.747 (0.861)	3.742 (1.034)
	A 标准差	0.566	0.758	0.015	0.875 (0.304)	0.835 (0.261)	0.788 (0.297)	0.745 (0.331)	0.794 (0.328)	0.795 (0.262)	0.825 (0.279)

续表

特征		差异性分析结果部分			平均值和标准差呈现部分						
		F	P	η_2	愤怒	中性	恐惧	厌恶	高兴	悲伤	惊讶
					$M(\mathrm{SD})$	$M(\mathrm{SD})$	$M(\mathrm{SD})$	$M(\mathrm{SD})$	$M(\mathrm{SD})$	$M(\mathrm{SD})$	$M(\mathrm{SD})$
横向加速度 A_x	A_x 平均值	0.749	0.842	0.019	0.066 (0.199)	0.038 (0.024)	0.034 (0.024)	0.031 (0.026)	0.038 (0.026)	0.036 (0.021)	0.039 (0.026)
	A_x 最大值	0.435	0.855	0.011	0.156 (0.111)	0.187 (0.142)	0.164 (0.121)	0.144 (0.102)	0.171 (0.095)	0.171 (0.100)	0.174 (0.132)
	A_x 标准差	2.377	0.030	0.058	0.031 (0.022)	0.053 (0.034)	0.047 (0.034)	0.039 (0.022)	0.051 (0.033)	0.049 (0.028)	0.052 (0.034)
加速踏板 T	T 平均值	0.205	0.975	0.005	4.227 (3.930)	4.82 (3.793)	4.157 (3.825)	4.031 (3.396)	4.111 (3.761)	4.363 (4.647)	3.91 (3.564)
制动踏板 B	B 平均值	0.199	0.977	0.005	2.178 (2.995)	2.72 (4.002)	2.876 (4.441)	2.453 (3.386)	2.262 (2.552)	2.336 (2.593)	2.303 (3.297)
	B 最大值	0.395	0.882	0.010	30.204 (38.516)	42.363 (54.328)	47.516 (57.680)	46.95 (59.452)	45.268 (52.786)	43.912 (60.283)	45.135 (56.249)
	B 标准差	0.436	0.855	0.011	5.666 (9.538)	9.472 (17.358)	8.653 (13.535)	7.465 (11.223)	6.932 (9.543)	6.256 (10.067)	6.911 (10.788)
方向盘 S	S 平均值	0.217	0.971	0.006	1.368 (1.253)	1.203 (1.105)	1.398 (1.566)	1.169 (0.706)	1.413 (1.280)	1.376 (0.975)	1.343 (1.028)
速度 v	v 平均值	2.649	0.007	0.070	18.125 (1.911)	16.73 (2.525)	16.597 (2.830)	15.16 (4.193)	16.03 (3.714)	16.284 (2.716)	17.155 (1.819)
	v 最大值	3.125	0.056	0.082	24.706 (2.610)	23.549 (1.820)	24.043 (2.395)	21.59 (4.754)	23.102 (3.603)	23.091 (2.511)	23.905 (1.792)
	v 标准差	1.311	0.253	0.034	7.049 (1.178)	7.08 (1.083)	7.187 (1.315)	6.396 (1.659)	6.796 (1.298)	7.054 (1.110)	6.994 (0.906)
横向速度 v_L	v_L 平均值	0.210	0.973	0.005	0.003 (0.003)	0.004 (0.003)	0.003 (0.002)	0.003 (0.002)	0.004 (0.002)	0.004 (0.002)	0.004 (0.002)
	v_L 最大值	0.333	0.919	0.009	0.019 (0.012)	0.023 (0.027)	0.02 (0.014)	0.02 (0.015)	0.021 (0.014)	0.023 (0.017)	0.021 (0.012)
	v_L 标准差	0.254	0.957	0.007	0.005 (0.003)	0.006 (0.005)	0.005 (0.003)	0.005 (0.003)	0.006 (0.004)	0.006 (0.004)	0.005 (0.003)

事后比较发现,愤怒情绪驾驶在最大加速度、横向加速度标准差上显著高于中性情绪驾驶;厌恶情绪驾驶在速度最大值上显著低于中性情绪驾驶;愤怒情绪驾驶在横向加速度标准差上显著低于悲伤情绪驾驶,在平均速度上显著高于悲伤情绪驾驶;愤怒情绪驾驶在最大加速度上显著高于悲伤情绪驾驶,在横向加速度标准差上显著低于悲伤情绪驾驶;愤怒情绪驾驶在平均速度上显著高于悲伤情绪驾驶,在最大速度上显著高于悲伤情绪驾驶;愤怒情绪驾驶在横向加速度最大值上显著低于惊讶情绪驾驶;愤怒情绪驾驶在横向加速度最大值上显著低于高兴情绪驾驶;悲伤情绪驾驶在速度标准差上显著高于厌恶情绪驾驶;恐惧情绪驾驶在速度标准差上显著高于厌恶情绪驾驶。

综合上述分析,驾驶中的最大加速度、平均加速度、平均车速、最高车速、车道保持都与驾驶员情绪显著相关。就目前实验结论而言,积极情绪,如高兴等对驾驶员驾驶无显著影响;而消极情绪则有两类情况:一类使驾驶员情绪更“激动”,诸如愤怒、恐惧,这类消极情绪使驾驶员行为相对激进,具体体现在行驶速度、行驶速度加/减幅度、行驶加速度会更大;另一类使驾驶员情绪相对“低落”,诸如厌恶、悲伤会让驾驶员行驶速度、行驶速度加/减幅度、行驶加速度会更小。这会使驾驶员驾驶敏感性降低,从而降低警戒程度,在遭遇风险时无法及时做出正确应对反应。

2）连续情绪对驾驶行为的影响结果分析

（1）Valence 高、中、低三级对驾驶员行为的影响差异

首先进行差异性分析,对处于不同情绪效价水平的驾驶行为分析,结果显示低效价情绪、中效价情绪和高效价情绪驾驶有显著差异[横向加速度平均值 $F(2,259)=3.945, p=0.014<0.05, \eta_2=0.03$;横向加速度最大值 $F(2,264)=7.395, p=0.000<0.05, \eta_2=0.053$;横向加速度标准差 $F(2,262)=7.958, p=0.002<0.05, \eta_2=0.057$;加速踏板平均开合速度 $F(2,258)=6.575, p<0.001, \eta_2=0.048$],见表 6.4。

表 6.4　效价 3 种级别对驾驶员行为的影响

特征		差异性分析结果部分			平均值和标准差呈现部分		
		F	P	η_2	Valence 低 M(SD)	Valence 中 M(SD)	Valence 高 M(SD)
加速度 A	A 平均值	0.237	0.836	0.002	0.818(0.112)	0.820(0.085)	0.830(0.124)
	A 最大值	1.708	0.183	0.012	3.397(1.111)	3.638(1.106)	3.656(1.112)
	A 标准差	2.246	0.108	0.016	0.756(0.298)	0.840(0.299)	0.812(0.309)

续表

特征		差异性分析结果部分			平均值和标准差呈现部分		
		F	P	η_2	Valence 低	Valence 中	Valence 高
					$M(SD)$	$M(SD)$	$M(SD)$
横向加速度 A_X	A_X 平均值	3.945	0.014	0.03	0.029(0.015)	0.035(0.021)	0.035(0.018)
	A_X 最大值	7.395	0.000	0.053	0.133(0.073)	0.179(0.109)	0.171(0.087)
	A_X 标准差	7.958	0.000	0.057	0.036(0.020)	0.049(0.028)	0.046(0.022)
加速踏板 T	T 平均值	6.575	0.002	0.048	3.022(2.190)	4.496(3.713)	3.839(2.639)
制动踏板 B	B 平均值	0.495	0.610	0.004	1.809(2.445)	1.683(1.420)	1.496(0.948)
	B 最大值	0.165	0.848	0.001	39.452(51.346)	38.133(47.852)	42.873(50.654)
	B 标准差	0.554	0.575	0.004	4.553(6.362)	4.738(6.368)	5.656(6.998)
方向盘 S	S 平均值	0.204	0.815	0.002	1.134(0.747)	1.082(0.689)	1.149(0.757)
速度 v	v 平均值	1.407	0.247	0.01	16.123(3.219)	16.767(2.693)	16.677(3.029)
	v 最大值	0.747	0.598	0.006	23.576(2.040)	23.469(1.820)	23.921(2.937)
	v 标准差	0.616	0.517	0.005	7.135(1.044)	6.985(0.908)	7.001(1.294)
横向速度 v_L	v_L 平均值	2.086	0.136	0.016	0.003(0.002)	0.004(0.002)	0.003(0.002)
	v_L 最大值	1.978	0.140	0.014	0.019(0.012)	0.021(0.012)	0.023(0.014 8)
	v_L 标准差	1.565	0.211	0.012	0.005(0.003)	0.006(0.003)	0.006(0.005)

事后比较发现,低效价情绪驾驶在横向加速度平均值、横向加速度最大值、横向加速度标准差、加速踏板平均开合速度上显著低于中效价情绪驾驶;低效价情绪驾驶在横向加速度标准差、加速踏板平均开合速度上也显著低于高效价情绪驾驶。

(2)Arousal 高、中、低三级对驾驶员行为的影响差异

首先进行差异性分析,对处于不同情绪唤醒度的驾驶行为分析,结果显示在低唤醒度情绪、中唤醒度情绪和高唤醒度情绪下驾驶有显著差异[横向加速度最大值 $F(2,264)=7.395$, $p=0.014<0.05$, $\eta_2=0.027$;横向加速度标准差 $F(2,262)=7.958$, $p=0.016<0.05$, $\eta_2=0.03$],见表6.5。

表 6.5　3 种级别唤醒度对驾驶员行为的影响

特征		差异性分析结果部分			平均值和标准差呈现部分		
		F	P	η_2	唤醒度低 $M(\mathrm{SD})$	唤醒度中 $M(\mathrm{SD})$	唤醒度高 $M(\mathrm{SD})$
加速度 A	A 平均值	0.983	0.404	0.008	0.832(0.094)	0.822(0.094 8)	0.809(0.125)
	A 最大值	0.972	0.380	0.007	3.675(1.055)	3.537(1.121)	3.435(1.144)
	A 标准差	1.076	0.342	0.008	0.827(0.272)	0.810(0.313)	0.764(0.309)
横向加速度 A_X	A_X 平均值	1.278	0.339	0.01	0.035(0.021)	0.032(0.017)	0.030(0.015)
	A_X 最大值	3.667	0.014	0.027	0.180(0.106)	0.167(0.105)	0.141(0.074)
	A_X 标准差	4.018	0.016	0.03	0.048(0.028)	0.044(0.024)	0.038(0.020)
加速踏板 T	T 平均值	0.759	0.469	0.006	3.939(2.589)	3.544(2.740)	3.409(2.820)
制动踏板 B	B 平均值	2.168	0.218	0.017	1.895(1.664)	1.495(1.052)	1.579(1.098)
	B 最大值	0.219	0.804	0.002	41.266(52.221)	39.061(51.091)	43.889(53.375)
	B 标准差	0.547	0.580	0.004	5.141(6.861)	4.321(5.987)	5.208(6.757)
方向盘 S	S 平均值	1.564	0.211	0.012	0.998(0.646)	1.184(0.756)	1.104(0.624)
速度 v	v 平均值	1.666	0.191	0.012	16.929(2.593)	16.534(2.885)	16.084(3.326)
	v 最大值	2.98	0.053	0.023	23.906(2.034 7)	22.965(2.857)	23.597(2.535)
	v 标准差	1.856	0.158	0.014	7.265(0.914)	6.997(1.005)	6.987(1.074)
横向速度 v_L	v_L 平均值	1.205	0.235	0.009	0.003(0.002)	0.003(0.002)	0.003(0.002)
	v_L 最大值	1.459	0.234	0.011	0.022(0.013)	0.020(0.012)	0.019(0.012)
	v_L 标准差	1.165	0.254	0.01	0.006(0.005)	0.006(0.004)	0.005(0.003)

事后比较发现,低唤醒度情绪驾驶在横向加速度最大值、横向加速度标准差上显著高于高唤醒度情绪驾驶。

(3) Dominance 高、中、低三级对驾驶员行为的影响差异

首先进行差异性分析,对处于不同情绪掌控力的驾驶行为进行分析,结果显示在低掌控力情绪、中掌控力情绪和高掌控力情绪下驾驶有显著差异[横向加速度最大值 $F(2,264)=3.226$, $p=0.023<0.05$, $\eta_2=0.023$;横向加速度标准差 $F(2,262)=5.067$, $p=0.007<0.05$, $\eta_2=0.037$],见表 6.6。

表 6.6　3 种级别掌控力对驾驶员行为的影响

特征		差异性分析结果部分			平均值和标准差呈现部分		
		F	P	η_2	掌控力低 $M(SD)$	掌控力中 $M(SD)$	掌控力高 $M(SD)$
加速度 A	A 平均值	0.254	0.776	0.002	0.830(0.109)	0.817(0.102)	0.824(0.105)
	A 最大值	0.632	0.532	0.005	3.365(1.036)	3.570(1.110)	3.572(1.202)
	A 标准差	0.286	0.752	0.002	0.788(0.300)	0.794(0.296)	0.830(0.332)
横向加速度 A_X	A_X 平均值	1.453	0.236	0.011	0.029(0.016)	0.033 5(0.019)	0.030(0.016)
	A_X 最大值	3.226	0.023	0.023	0.140(0.073)	0.172(0.103)	0.141(0.085)
	A_X 标准差	5.067	0.007	0.037	0.037(0.020)	0.046(0.025)	0.035(0.022)
加速踏板 T	T 平均值	2.852	0.151	0.022	3.594(2.771)	3.387(2.503)	4.498(3.481)
制动踏板 B	B 平均值	0.44	0.644	0.004	1.605(1.187)	1.548(1.127)	1.392(0.897)
	B 最大值	1.157	0.226	0.008	46.272(60.883)	41.458(51.070)	30.337(40.193)
	B 标准差	0.789	0.348	0.006	5.272(7.345)	4.879(6.456)	3.655(5.041)
方向盘 S	S 平均值	1.88	0.065	0.014	1.059(0.704)	1.172(0.751)	0.949(0.497)
速度 v	v 平均值	0.406	0.642	0.003	16.483(3.015)	16.465(2.880)	16.905(2.952)
	v 最大值	0.288	0.75	0.002	23.778(2.212)	23.592(2.016)	23.820(1.677)
	v 标准差	2.737	0.067	0.021	7.384(0.859)	7.058(1.042)	6.886(0.840)
横向速度 v_L	v_L 平均值	1.366	0.257	0.01	0.003(0.002)	0.003(0.002)	0.003(0.001)
	v_L 最大值	1.366	0.257	0.01	0.018(0.012)	0.021(0.012)	0.019(0.012)
	v_L 标准差	1.955	0.144	0.014	0.005(0.003)	0.005(0.003)	0.005(0.002)

　　事后比较发现,低掌控力情绪驾驶在横向加速度最大值、横向加速度标准差上显著高于中、高掌控力情绪驾驶。

　　分析结果显示在不同维度情绪状态下驾驶行为存在差异。在效价维度上,高效价情绪对比中效价情绪对驾驶无明显影响,但低效价情绪对驾驶横向加速度的降低有显著影响;在唤醒度维度上,情绪唤醒度从低到高,横向加速度则逐渐降低。

6.2　汽车驾驶员情绪面部表情数据集

　　上文研究表明,驾驶员的消极情绪会对驾驶行为产生消极影响,从而产生一定的驾驶风险。为了有效地对驾驶员的消极情绪进行干预和防控,准确地识别驾驶员情绪是关键。驾驶员情绪识别通常是通过分析驾驶员的情绪表达来进行的。人类情绪的表达包括面部表情、言语、身体姿势和生理变化。到目前为止,在驾驶员情绪识别研究中采用了不同的行为测量方法(例如面部表情分析、语音分析、驾驶行为),生理信号测量方法(如皮肤电活动、呼吸)和自我报告的量表(如 SAM)。相比较而言,生理测量更为客观,可以连续进行测量。但是,此测量具有较高的侵入性,可能会影响测量结果;自我报告的测量方法可以正确应用参与者的主观经验,但是不能在研究过程中不间断地进行。为了研究驾驶员在驾驶环境中的情绪,使用非侵入性和非接触式测量方法非常重要。高度的介入可能会对驾驶员的情绪表达和实际情绪体验产生重大影响,因此应避免。同时,考虑到在驾驶环境下数据采集的连续性,在这个研究中我们通过面部表情数据来识别驾驶员情绪。

6.2.1　现有面部表情数据集

面部表情对驾驶员来说是表达情感的有力渠道。基于面部表情情绪识别的最新进展促使人们创建了多个面部表情数据库。公开可用的数据集是加速面部表情研究的基础,见表 6.7,我们总结了到目前为止所有包含面部表情的数据集。这些数据集已被用于通过面部表情来进行情绪识别,并获得了不同程度的成功。这些数据库的共同特征之一是在静态场景下采集被试的面部表情数据。尽管静态场景下采集到的面部表情数据可以研究通过面部表情来识别情绪状态,但是它将所提出的算法应用局限到了静态生活场景下。结果,如果将此类算法应用到动态驾驶场景下,可能无法得到可靠的识别效果。

表 6.7　基于面部表情的情绪识别公开数据集小结

数据集	年份	内容	情绪模型	被试数
JAFFE	1998	213 张图片 图像分辨率为 256×256	中立、悲伤、惊奇、幸福、恐惧、愤怒和厌恶	10 10 位女性
KDEF	1998	4 900 张图片 图像分辨率为 562×762	中立、悲伤、惊奇、幸福、恐惧、愤怒和厌恶	70 35 位女性和 35 位男性 年龄在 20~30 岁
MMI	2005	超过 2 900 个视频序列 图像分辨率为 720×576	悲伤、惊奇、幸福、恐惧、愤怒和厌恶	75 年龄在 19~62 岁

续表

数据集	年份	内容	情绪模型	被试数
BU-3DFE	2006	2 500 个 3D 面部表情模型 图像分辨率为 1 040×1 329	中立、悲伤、惊奇、幸福、恐惧、愤怒和厌恶	100 56 名女性和 44 名男性 年龄在 18~70 岁
Multi-Pie	2010	755 370 图片 图像分辨率为 3 072×2 048	中立、微笑、惊讶、斜眼、厌恶和尖叫	337 102 位女性和 235 位男性
CK+	2010	593 个视频序列 图像分辨率为 640×480 和 640×490	中立、悲伤、惊奇、幸福、恐惧、愤怒、蔑视和厌恶	123 年龄在 18~50 岁
RaFD	2010	8 040 图片 图像分辨率为 681×1 024	中立、悲伤、轻蔑、惊讶、幸福、恐惧、愤怒和厌恶	67 25 位女性和 42 位男性
DEAP	2012	880 个视频片段（22 个主题） 图像分辨率为 786×576 记录生理信号（32 位受试者）	效价、唤醒、掌控力	32 16 位女性和 16 位男性 19~33 岁
Belfast	2012	1 400 个视频剪辑 图像分辨率为 1 920×1 080 和 720×576	厌恶、恐惧、娱乐、沮丧、惊讶、愤怒、悲伤	256 119 位女性和 137 位男性
DISFA	2013	130 000 个视频帧 图像分辨率为 1 024×768	每个视频帧的 AU 强度（12 AU）	27 12 名女性和 15 名男性 年龄在 18~50 岁
RECOLA	2013	3.8 h 视频 图像分辨率为 1 080×720	效价和唤醒	46 27 位女性和 19 位男性 平均年龄 22 岁
CFEE	2014	5 060 张图像，对应于 22 种基本情感和复合情感 图像分辨率为 3 000×4 000	22 种基本情感和复合情感	230 130 位女性和 100 位男性 平均年龄 23 岁

续表

数据集	年份	内容	情绪模型	被试数
BP4D-Spontanous	2014	328 个 3D + 2D 序列 图像分辨率为 1 040×1 329	幸福、悲伤、惊讶、尴尬、恐惧、疼痛、愤怒和厌恶	41 23 名女性和 18 名男性 年龄在 18~29 岁
ISED	2016	428 个视频序列 图像分辨率为 1 920×1 080	悲伤、惊奇、幸福和厌恶	50 21 位女性和 29 位男性 年龄在 18~22 岁
FER+	2016	35 887 张图片 图像分辨率为 48×48	中立、幸福、惊喜、悲伤、愤怒、厌恶、恐惧、蔑视	约 35 887
Emotionet	2016	1 000 000 张图片 各种图像分辨率	23 种基本情绪或复合情绪	约 100 000
Aff-Wild	2017	298 个视频剪辑 各种图像分辨率	效价和唤醒	200 70 名女性和 130 名男性
RAVDESS	2018	7 356 个视频和音频剪辑 图像分辨率为 1 280×720	中立、平静、幸福、悲伤、愤怒、恐惧、惊讶和厌恶	24 12 位女性和 12 位男性 年龄在 21~33 岁
AffectNet	2019	手动注释的 450 000 张图像 各种图像分辨率	中立、幸福、悲伤、惊奇、恐惧、厌恶、愤怒、蔑视 效价和唤醒	约 450 000

相对地,驾驶汽车是一个复杂的认知过程,需要驾驶员动态地对视觉提示、危害评估、决策、战略规划等同时做出反应,这会占用驾驶员大量的认知资源,而认知过程对引起情绪反应来说是必需的。显然,驾驶会影响驾驶员的情绪表达,这种情绪表达和生活场景中相比是有差异的。因此,有必要采集专门针对驾驶场景下的驾驶员面部表情数据,并分析驾驶员在驾驶场景和生活场景中的面部表情差异。

6.2.2　DEFE 数据采集实验

为了解决现有驾驶员情绪分析数据库的局限性,在本文中,我们建立了一个驾驶员情绪面部表情(Driver Emotion Facial Expression, DEFE)数据集,以研究基于面部视觉数据的驾驶员情绪识别。在 DEFE 数据库中,首先,使用 6.1.1 中筛选出的诱导材料(愤怒/开心/中性)来激发不同的驾驶员情绪。接着,60 名驾驶员参加了DEFE 数据收集实验,在观看了 3 个选定的诱发特定情感的视频、音频片段后,每个参与者都在相同的驾驶场景中完成了驾驶任务,并从维度情绪模型和离散情绪模型两方面评估了他们在该驾驶过程中的情绪反应。

1)被试招募

研究共招募了 60 名(47 名男性和 13 名女性)被试参与了这个实验。被试的年龄为 19~56 岁(平均值=27.3,标准差=7.7)。他们都有有效的驾驶执照,并且至少有一年的驾驶经验(平均值=5.5,标准差=5.8,范围=1~30)。所有的被试都是健康的,视力或矫正视力正常,并且听力正常。

2)实验设备

本实验在照明被控制的驾驶模拟器中进行,如图 6.3 所示。该模拟器是由realtime 技术公司制造的,采用了固定基座的驾驶模拟器。前视图是用三台投影仪呈现的,后视图是用三个 LCD 屏幕显示的。两个 LCD 屏幕显示仪表板和车载计算机。发动机的环境噪声和声音通过扬声器发出。驾驶员座椅下方的低音扬声器模拟了车辆的振动。

图 6.3　DEFE 数据采集及驾驶场景

在实验过程中,研究使用可视相机连续对参与者的脸部成像。面部相机距离被试约 1.2 m,确保了对被试的面部覆盖。我们使用了一台 HD Pro Webcam C920,空间分辨率为 1 920 像素×1 080 像素,以 30 fps 的帧速率收集数据。

3)驾驶场景

驾驶场景发生在高速道路中,和 6.1 节的驾驶场景相同。实验场景有两个,第一个为练习场景,旨在帮助参与者实验前对模拟驾驶器进一步熟悉、掌握。如图 6.2所示,练习场景为四车道高速直线路段,总长约 8 km。两条车道专用于各个方向的交通,被试的车辆在右车道行驶,速度在 80 km/h→50 km/h→100 km/h 的范围内变化。第二个为情绪驾驶场景,被试需要在此场景下进行情绪驾驶实验。所有道路场景天气良好,可见度高。

4)实验流程

为了获取驾驶员情绪面部表情数据,我们设计了一个约 45 min 的实验方案。

①实验之前,每个参与者都签署了同意书并填写了基本信息调查表(性别、年龄、驾驶年龄等)。

②接下来,向被试提供了一组说明,以阅读形式告知他们实验方案以及用于自我评估的不同量表的含义。一位实验人员在场回答任何问题。参与者清楚指示后便被带入实验室。

③在调整了所有数据采集设备后,被试进行了一次 10 min 的练习驾驶。练习驾驶有助于被试适应驾驶模拟器的操作性能和运动性能,并消除他们的紧张感或不适感。练习驾驶结束后,被试可以休息片刻。

④接下来,参与者观看视频诱导材料。在观看刺激材料后,被试立即从预定路线的起点驾驶出发。在此过程中被试的面部表情数据将被记录下来。在每次情绪驾驶结束后,被试被要求填写自我报告量表(DES 和 SAM),报告他/她在刚刚结束的驾驶过程中的情绪状态。

⑤每次情绪驾驶后,被试休息(2 min)。研究人员将安排并记录实验的相关数据。

⑥最后,在被试完成三次情绪驾驶后,实验结束。

6.2.3　DEFE 数据标注与处理

1)数据标注

在每种驾驶情况下,参加者都必须完成 SAM 量表和 DES 量表,以评估他们在驾驶过程中的情绪体验。SAM 量表和 DES 量表由一个 iPad 呈现给被试。参与者被告知,他们可以单击数字正下方或中间的任意位置,从而使自我评估成为一个连续的标度。在 SAM 量表中,价标准从不高兴或悲伤到开心或喜悦。唤醒范围从平静或无聊到刺激或兴奋。主导级别从顺从或"不受控制"到主导或"在控制中"不等。在 DES 量表中,共有十个情绪维度,每个维度从"一点儿也不"到"极度"来评估情绪强度。SAM 量表和 DES 量表的每个维度都用李克特量表(从 1 到 9)表示。如果每个参与者的自我评估与诱导目标情感不一致,我们便使用参与者的自我报告作为标记面部视频数据的基本事实。

2)数据处理

在数据采集阶段,每个被试共完成 3 次情绪驾驶,平均采集时长为 405 s(平均每次采集时长为 135 s),因此,60 名被试共采集情绪驾驶数据 24 300 s。此外,我们整理了每位被试的自我报告数据,结果显示情感诱导总体上是成功的,56 名被试分别被成功诱导中性和快乐情绪,52 名被试被成功诱导愤怒情绪。我们使用被试的自我报告数据作为基本事实来标记驾驶员面部表情数据,并剔除了未成功诱导的数据。

研究截取驾驶员开始驾驶后的 15 s 面部表情视频片段作为最有效的数据。由于各种姿势、照明和遮挡(眼镜)因素,在驾驶环境中进行面部检测和对齐具有一定的挑战性。MTCNN(Multi-task Cascaded Convolutional Networks)是一种基于深度学习的级联结构,在多种姿势角度及不受约束的场景中检测面部时,它相对准确。因此,我们使用 MTCNN 从视频片段里跟踪并提取每一帧的驾驶员面部数据。在提取驾驶员面部数据之后,我们共获得了 17 310 帧的驾驶员人脸 64×64 像素图像。为了提高训练效率,研究人员将归一化的 RGB 图像转换为灰度图像。

6.3　基于面部表情的汽车驾驶员情绪识别与分析

6.3.1　基于面部表情的汽车驾驶员情绪识别

1)识别方案

在本节中,研究介绍了两种不同的方案,使用面部表情视频数据进行驾驶员情绪识别。

①方案一:为了研究基于离散情绪模型的驾驶员情绪分类结果,提出了 3 种情感分类方案,用于多类情感识别,即欢乐、愤怒和中立。此外,研究还分别讨论了针对愤怒和快乐情绪的强度识别。为此,将实验期间被试的 DES 评分作为基本事实。这些量表中的每种情绪强度(愤怒和开心)分为 5 级。

②方案二:为了研究基于维度情绪模型的驾驶员情绪分类结果,提出了 3 种不同的 9 分类问题:效价、唤醒、掌控力。为此,将实验期间被试的 SAM 评分作为基本事实。这些量表中的每个分类(效价、唤醒、掌控力)分为 9 级(1 = "一点儿也不",9 = "非常")。

值得注意的是,对于某些被试和规模,以上方式会导致类别不平衡。鉴于此问题,为了可靠地报告结果,我们报告了 F_1 分数,F_1 分数是情绪识别中的常用指标,同时考虑了模型的精度(P)和召回率(R),对阳性样本的正确预测进行量化。当类别 $R+P$ 不平衡时,F_1 会衰减。此外,我们还将准确性作为另一个指标。准确性量化了分类正确识别或排除条件的程度,对不平衡的数据具有鲁棒性。

本研究选择几种常用于情绪识别任务的最常见网络结构作为分类方法。对基于深度学习的分类方法,我们选取了 Xception,该网络被广泛地应用到情绪识别中。我们使用 Adam 优化器,其学习率为 10^{-3},权重衰减为 10^{-6},用于训练所有网络,并实时应用图像增强,例如随机水平翻转,随机裁剪和随机旋转,以有效地增加训练图像的数量。基于机器学习的分类方法,我们选取了 SVM,这是由于它在许多情绪识别任务中得到了应用。

除了 DEFE 数据集的情绪识别外,我们还选择了 DEAP 和 CK+数据集作为基线数据集。DEAP 数据集包含 32 个被试。32 个被试中的 22 个同时也记录了面部视频。本文采用了此数据库中的 22 个面部视频数据进行研究,调研基于维度情绪模型的情绪分类结果。CK+数据集包含 123 个被试。这个数据集是由多个被试表演出来的,他们的面部表情从中性开始达到顶峰。在 CK+数据集中,327 个片段有离散情绪的标签,这些标签分别为中性、悲伤、惊讶、开心、害怕、愤怒、蔑视和厌恶。本文选取了此数据库中的中性、愤怒、开心 3 种离散情绪数据进行研究,调研基于离散情绪模型的情绪分类结果。

2)离散情绪模型情绪识别结果

对于方案一,表 6.8 显示了使用方案一时情感类别(愤怒、幸福和中立)的平均准确度和 F_1 得分。该研究还比较了使用 SVM 和 Xception 时的分类结果,并在表 6.8 中进行了比较。结果表明,使用 Xception 时分类准确度最高(90.34%),F_1 得分最高(90.21%)。除 DEFE 上的情感识别结果外,表 6.8 还提供了使用相同识别算法时在 CK +数据集上的比较结果。结果表明,CK +数据集的识别结果高于 DEFE 数据集的识别结果。

表 6.8　DEFE 数据集离散情绪识别结果

数据集	方法	情感类别		愤怒强度		开心强度	
		ACC	F_1	ACC	F_1	ACC	F_1
DEFE	SVM	53.08	52.93	86.01	87.42	85.41	85.57
	Xception	90.34	90.21	97.60	97.12	97.88	97.59
CK+	SVM	82.70	71.45	—	—	—	—
	Xception	94.31	93.25	—	—	—	—

进一步地,表 6.8 显示了使用不同算法的方案一时,得到对应的愤怒和幸福情绪强度分类结果的平均准确度和 F_1 得分。根据面部表情数据将愤怒和幸福强度分为 5 类。结果表明,愤怒和快乐驾驶强度的最高分类准确率分别为 97.60% 和 97.88%。愤怒和快乐强度的 F_1 最高分别为 97.88% 和 97.59%。应该注意的是,在识别情绪强度时,该研究未将结果与其他数据集进行比较,因为当前尚无带有情绪强度标签的自发面部表情数据集。

3）维度情绪模型情绪识别结果

表 6.9 显示了在 DEFE 上使用方案一时,得到每个等级量表(效价、唤醒和掌控力)的平均准确度和 F_1 分数。同时,我们在 DEFE 数据集上比较了 SVM 和 Xception 的性能。通常,使用 Xception 方法时的准确率比使用 SVM 时的准确率至少高 30%。当使用 Xception 时,效价、唤醒和支配性的最高分类精度分别达到 86.00%、91.54% 和 88.17%。就 F_1 分数而言,使用 Xception 时的化合价唤醒和显性最高分分别为:83.73%、91.76% 和 79.55%。除了在 DEFE 数据集上的情感识别结果外,表 6.9 还显示了在使用相同识别算法时在 DEAP 数据集上的比较结果。结果表明,DEFE 数据集比 DEAP 数据集具有更高的识别精度和 F_1 分数,可能是因为参与者的脸部固定有电极板以收集 DEAP 数据集中的生理信号,从而影响了面部表情识别结果。

表 6.9　DEFE 数据集连续情绪识别结果

数据集	方法	效价		唤醒		掌控力	
		ACC	F_1	ACC	F_1	ACC	F_1
DEFE	SVM	53.39	54.79	59.49	63.04	59.49	63.04
	Xception	86.00	83.73	91.54	91.76	88.17	79.55
CK+	SVM	27.88	23.24	29.82	23.25	28.12	24.14
	Xception	24.10	21.41	21.41	31.80	31.00	24.24

DEFE 和其他 2 个数据集获得的可比较结果表明,在驾驶和生活场景中通过自然诱发的方式采集到的面部表情数据是有差异的。因为在驾驶场景中,受驾驶任务的影响,驾驶员在驾驶过程中的面部情绪表达可能会受到抑制,从而导致人类在驾驶中的面部表情表达是比较轻微的。因此,需要进一步讨论人类在驾驶场景和生活场景中的面部表情的差异性。

6.3.2　汽车驾驶和生活场景下面部表情差异分析

1）静态生活场景下的面部表情数据集选择

在本小节中,我们基于 2 个数据库对动态驾驶和静态生活条件之间的面部表情进行了差异分析。选择非驾驶数据库日本女性面部表情(JAFFE)作为生活场景。它由 10 位具有 6 个面部表情(快乐、愤怒、憎恶、恐惧、悲伤和中立)的东亚女性构成。该数据集中总共有 213 张灰度面部表情图像,每个图像的尺寸为 256 像素×256 像素。

考虑到相似的东亚文化背景,我们认为 JAFFE 数据集是数据库 DEFE 的最佳对照组,因为这样的差异分析排除了文化偏差。此外,由于 DEFE 数据集只有两种情绪(愤怒和开心)的面部表情,我们从 JAFFE 数据集中也只选取了愤怒和开心两种面部表情进行分析。同时,性别差异可能会导致对结果产生影响,从这个意义上说,我们也从最初的 DEFE 数据库中删除了男性驾驶员数据。

2) 差异分析方案

我们通过观察面部特征的细微变化来评估每个参与者的面部表情。面部动作编码系统或 FACS 是一种描述面部肌肉运动发生时面部表情的系统方法,索引了 44 个面部肌肉运动并将其命名为动作单位(Action Unit,AU)。FACS 代码描述面部运动的存在和强度。Ekman 提出所有面部表情都可以编码为几个 AU 的组合。图 6.4(a)和图 6.4(b)分别显示了愤怒和幸福的常见 FACS 代码。在这个研究,愤怒和幸福的动作单元代码(AUs)被作为比较人类不同条件下面部差异的基本单元。我们利用面部表情分析工具包 OpenFace 来检测 AU 的出现。对于检测到的 AU,我们将其编码为 1,否则编码为 0。

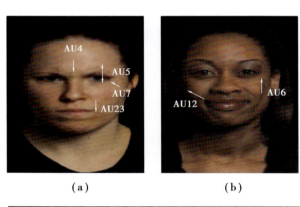

(a)　　　　　(b)

AU4	眉毛降低	
AU5	上眼皮提起	
AU6	脸颊提起	
AU7	眼睑收缩	
AU12	嘴角上扬	
AU23	嘴唇收紧	

(c)

图 6.4　FACS 可用于描述成人的面部表情

(a)和(b)分别显示常见的 FACS 愤怒和快乐编码;(c)呈现 AU 的愤怒和快乐的内容描述

为了研究在动态驾驶和静态生活条件下 AU 出现的差异,我们进行了统计分析以区分两个数据集中 AU 的出现。给定两个数据集中的相同情绪,如果表情在驾驶和非驾驶之间执行相似的面部表情,则不应观察到统计学差异。同时,两个数据集之间的平均差异可能无法完全反映出情绪变化。相反,它可能是由两个数据集的基线差异引起的。进一步地,为了研究这些 AUs 在两个数据集中分别对愤怒和幸福的影响,我们分别对两个数据集执行逻辑回归,开心编码为 1,愤怒编码为 0。如果 2 个数据集之间的系数显著,则可以得出结论,一些 AU 在动态驾驶和静态生活场景之间的表现都不同。

3)差异分析结果

（1）统计分析结果

AUs 出现的统计分析结果见表 6.10。对于开心情绪,结果显示在 JAFFE 和 DEFE 数据库中都可以观察到 AU6 和 AU12。但是和 JAFFE 相比,DEFE 中的 AU6 和 AU12 出现的频率较低并且有显著差异。对于愤怒情绪,结果显示在 JAFFE 和 DEFE 数据库中都可以观察到 AU4,AU5 和 AU23 并且有显著差异,其中,DEFE 中的 AU4 和 JAFFE 中的 AU23 变化都很微妙。此外,我们发现与愤怒相关的 AU7 没有出现在 JAFFE 中。

表 6.10　动态驾驶和静态生活场景下的 AU presence 差异分析

愤怒情绪下 AUs 的出现			AU4	AU5	AU7	AU23
愤怒	JAFFE	平均值	0.433	0	0	0.05
		标准差	0.5	0	0	0.22
	DEFE	平均值	0.066	0.351	0.467	0.157
		标准差	0.248	0.477	0.499	0.364
	T 检验		5.689^{***}	5.464^{***}	-76.378^{***}	-3.733^{***}
开心情绪下 AUs 的出现			AU6	AU12	—	—
愉悦	JAFFE	平均值	0.361	0.475	—	—
		标准差	0.484	0.504	—	—
	DEFE	平均值	0.177	0.18	—	—
		标准差	0.382	0.384	—	—
	T 检验		2.950^{***}	4.578^{***}	—	—

注:$p<0.001$:***;$0.001<p<0.01$:**;$0.01<p<0.05$:*。

整体上,我们发现与 JAFFE 相比,DEFE 在 AU4,AU5,AU6 和 AU12 上的频率较低,特别是与愤怒情绪高度相关的 AU4,在 DEFE 中的出现频率非常低。这可能是因为驾驶任务影响了情绪的面部表达。例如,由于驾驶需要注意力集中,这可能会影响驾驶员的 AUs(尤其是在眼睛附近)在驾驶过程中不太可能出现。另外,在 JAFFE 中,AU7 和 AU23 出现得确实很少,这可能是因为受到了日本文化的影响。有研究表明,日本人在表达消极情绪上是困难的。

(2)逻辑回归结果

逻辑回归结果见表 6.11。根据我们的回归结果,在 JAFFE 中,对于幸福情绪,AU6 和 AU12 的系数与 FACS 里的研究一致,并且 AU12 的结果显著。对于愤怒情绪,AU4,AU5 和 AU23 的系数与 FACS 里的研究一致,并且结果显著(愤怒与 AU4,AU5,AU7 和 AU23 有关),而 AU 的存在增加了愤怒的可能性。另外,AU7 与以前的研究不同。由于数据量的限制,我们未从 JAFFE 中找到重要结果。在 DEFE 中,只有 AU4 的结果显著,并且系数与 FACS 里的研究一致,表明 AU4 对愤怒情绪有明显的预测能力。其他 AU 没有发现有显著性的结果。

表 6.11　动态驾驶和静态生活场景下的 AU presence 回归分析

数据集	AUs	AU4	AU5	AU6	AU7	AU12	AU23
JAFFE	Coefficient	-1.156^{***}	-0.415^{***}	0.084	0.571^{***}	1.743^{***}	-0.450^{***}
	S.E.	0.1	0.039	0.066	0.038	0.101	0.055
DEFE	Coefficient	-1.6^{**}	0.373	33.442	31.959	-15.207	0.978
	S.E.	0.631	0.729	3 961.164	3 826.092	2 037.702	1.516

注:$p<0.001$:***;$0.001<p<0.01$:**;$0.01<p<0.05$:*。

6.3.3　分析与讨论

在上文 DEFE 数据集的基础上,本节分别从维度情绪模型(唤醒、效价、掌控力)和离散情绪模型(情感类别和强度)两方面对驾驶员情绪进行识别。分析结果表明,DEFE 数据集的识别结果要劣于 CK+数据集。为了探索出现这种结果的原因,本研究通过比较 DEFE 和 JAFFE 数据库中 AU 的出现,讨论了同一文化中驾驶和非驾驶场景之间面部表情的差异。

整体上,对于 AUs 的出现,AU4,AU5,AU6,AU7,AU12,AU23 在动态驾驶和静态生活场景下都有显著差异。AU4,AU5,AU6 和 AU12 的出现在静态生活场景下高,这表明动态驾驶场景下的 AU4,AU5,AU6 和 AU12 受驾驶主任务的影响,抑制了驾驶员情绪的面部表达,从而导致了这种差异。AU7 和 AU23 的出现在动态驾驶场景下高,可能是因为日本文化会抑制消极情绪的表达。对于逻辑回归结果,动态驾驶和静态生活场景下也有显著性差异。对于愤怒情绪,动态驾驶场景下的逻辑回归结果显示只有 AU4 和愤怒情绪相关且显著,而在静态生活场景下 AU4,AU5 和 AU23 都和愤怒情绪显著相关。对于开心情绪,动态驾驶场景下的逻辑回归结果显示没有任何 AU 和开心显著相关,但是在静态生活场景下的结果显示 AU12 和开心情绪显著相关。这可能是由于驾驶员需要在驾驶过程中保持专注,降低了面部肌肉运动的频率和幅度。由于 JAFFE 数据量的限制,这些结果可能需要进一步研究。

6.4　基于迁移学习的实车环境下驾驶员情绪识别

上文研究表明,通过面部表情进行驾驶员情绪识别是一种有效的驾驶场景下的情绪识别方法。然而,由于实车环境下驾驶场景存在天气、灯光等因素引起的光照变化,同时由于消极情绪会造成一定程度的驾驶风险,存在造成潜在交通事故的可能,这些都给实车环境下的驾驶员情绪识别造成了巨大的困难。为了有效地解决以上问题,本节尝试采用迁移学习的方法,结合实验室环境下的大样本数据采集和实车环境下的小样本数据采集来研究实车环境下驾驶员面部表情情绪识别。

迁移学习是机器学习领域中用于解决标记数据难获取这一基础问题的重要手段,通过减少源域和目标域之间的分布差异进行知识迁移,从而实现数据标定。从源域的大规模数据集中学习卷积神经网络的表示可以有效地迁移至新的目标域,其思想是学习目标和已有知识之间的关联性,把知识从已有的模型和数据中迁移至要学习的目标中。迁移学习能够学习到与领域无关的特征表达,与深度学习不谋而合,将两者结合可以充分利用神经网络图像表征的能力学习域不变的特征表示。

6.4.1　迁移学习的模型构建

1)迁移学习问题描述

迁移学习包含两个重要概念:领域(Domain)和任务(Task)。

定义 1(域):领域(Domain)由特征空间 χ 和边缘分布概率 $P(X)$ 组成,即

$$D = \{\chi, P(X)\}, X \in \chi \tag{6.1}$$

定义 2(任务):任务(Task)τ 由标签空间 y 与预测函数 f 组成,即

$$\tau = \{y, f\} \tag{6.2}$$

定义 3(迁移学习):迁移学习指对于给定的源域 D_S 与学习任务 T_S,目标域 D_T 与目标任务 T_T,迁移学习的目标是在 $D_S \neq D_T$ 或者 $T_S \neq T_T$ 的情况下,利用在源域 D_S 与源域任务 T_S 中学习到的知识来提高在目标域 D_T 中目标预测函数 f_T 的预测能力,降低 f_T 的泛化误差。

2)迁移学习的分类

迁移学习的分类方式有许多种,这里主要基于数据标签与特征空间进行分类如图 6.5 所示。迁移学习可以根据源域与目标域数据的标签存在情况分类,当目标域的数据标签存在时,即归纳式迁移学习;当源域数据标签存在但目标域数据标签不

存在时,即直推式迁移学习;当源域与目标域数据标签都不存在时,即无监督迁移学习。此外,迁移学习还可以根据源域与目标域的特征空间分布进行分类,当源域与目标域的特征空间一致,即同构性迁移学习;当源域与目标域的特征空间不一致,即异构性迁移学习。

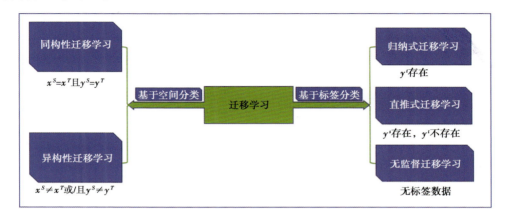

图 6.5　迁移学习的分类

3）模型选择

本研究选择 ResNet50 作为深度神经网络模型,模型主要结构如下。

ResNet 是残差神经网络（Residual Network）的简称,残差神经网络的提出背景随着卷积神经网络的不断加深,层数不断增加,其学习能力不会增加反而出现了一系列的问题,最直观的是模型训练时间变长,还会出现诸如梯度消失（Vanishing Gradients）、梯度爆炸（Exploding Gradients）等问题。残差神经网络的提出主要是为了解决以上问题,其核心结构是带有跳接连接的残差模块（Residual Blocks）,如图6.6 所示。

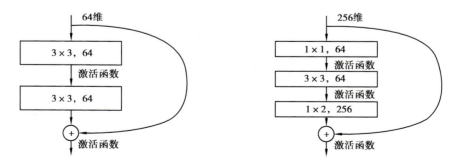

图 6.6　残差模块

其中,左侧是基础残差模块,主要包含两个 3×3 卷积、一个跳接和激活函数,基础残差模块用在浅层残差网络（如 ResNet18, ResNet34）中;右侧是"Bottleneck"模块,主要区别是利用两个 1×1 卷积降维、升维(主要作用是减少模型参数,提升计算性能),该模块主要用于深层残差网络,如 ResNet50/101/152。ResNet 网络的提出解决了深度神经网络的模型退化问题,提升了网络模型内部恒等映射的能力。

4)模型训练策略

Fine-Tune 是迁移学习应用在深度学习领域中常用的方式,目的是在参数量十分庞大的深度神经网络中,利用少量数据训练出一个较好的结果。显然,对于庞大的神经网络,少量数据不足以从头训练模型使权重参数对数据有较好程度的拟合,因为在数据过少的情况下无法完全训练数量如此庞大的网络。因此,Fine-Tune 方式便成了解决方式。首先在大数据集下(如很多研究常用的 Imagenet)对深度神经网络做大规模训练,而后保存训练好的模型参数;然后将原模型的分类器去除,增加目标域的分类器以使网络服务于目标域的学习任务;最后将在源域训练好的模型参数导入调整后的网络,按照指定的训练策略进行目标域的训练。

本研究使用的 ResNet 深度神经网络通过 Fine-Tune 的方式将网络在源域所学习到的知识迁移至目标域,即在驾驶员面部表情识别中,模型主要架构如下。

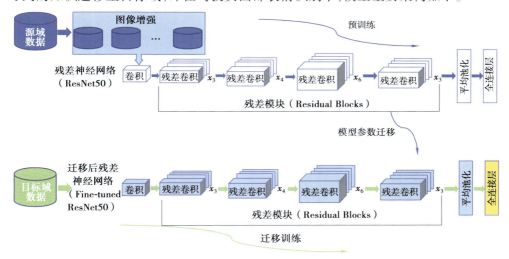

图 6.7　本研究提出的模型

图 6.7 中,柱体分别表示源域数据与目标域数据。白色的网络模块代表未训练的初始化模型;浅蓝色模块代表在源域数据下预训练的权重参数;黄色的模块代表目标域学习任务所添加的分类器。

6.4.2　用于迁移学习的驾驶员面部表情数据采集实验

首先选择面部表情数据集作为迁移学习的源域数据集,本研究选择 FER+与 CK+作为源域;对于目标域,则通过设计进行实车实验来采集驾驶员在真实驾驶场景中的面部表情,如图 6.8 所示。

（b）道路摄像头采集数据

（a）实验场景　　　　　　　　　　　　　　　　（c）人脸摄像头采集数据

图 6.8　实验场景

1）被试招募

招募 17 名自愿参与实车实验的被试,年龄为 22~40 岁(平均值=25.2,标准差=2.5),均已获得中华人民共和国驾照(C1/C2),并有 1 年以上的驾驶经验。所有被试视力正常,认知能力正常,为在校大学生或研究生。

2）实验场景

本实验采集实车环境下的驾驶员面部表情数据,具体实验场景如图 6.8 所示。

3）实验流程

①实验开始前主试人员向被试讲述实验流程,被试签署实验知情同意书与驾驶情况调查表。

②被试进入车辆驾驶室,主试陪同进入副驾驶室。准备就绪后,被试驾驶汽车在既定路线行驶,车辆按正常驾驶速度(不超过 60 km/h)行驶,行车记录仪将会在汽车发动时开始记录,在汽车停止时停止记录。

③整个实验过程所采集的都是被试的自然情绪数据,实验不存在情绪诱导部分。行车视频记录时长因被试的驾驶速度而异,为 15~20 min。

④实验结束后,被试将汽车安全停靠在指定的停车位置,结束该实验。

4）数据处理与标注

对于实验采集的驾驶员视频原始数据,其格式为 1 920×1 080 分辨率的 RGB 图像,视频格式为 MP4 格式。对于每位被试采集到的视频,都剪辑成时长为 3 s 的序列(例如,被试 a 的原始实验采集视频时长为 15 min,则剪辑后我们得到了 300 段长度为 3 s 的短序列视频),对每个序列进行情绪标定,标定为 0 = Anger,1 = Disgust,2 = Fear,3 = Happiness,4 = Sad,5 = Surprise,6 = Neutral。标定后的序列,按其视频帧率(30 fps)提取为相应数量的表情图片,一个序列下的图片标签为其序列的情绪标签。

6.4.3　实车环境下驾驶员情绪识别的结果

1)数据处理结果

本次实验最终收集到 17 位被试总计超过 15 h 的驾驶过程原始记录,如图 6.9 所示,并收集到 44 752 张面部表情有效数据。

图 6.9　驾驶过程原始记录(左侧驾驶员对应右侧道路场景)

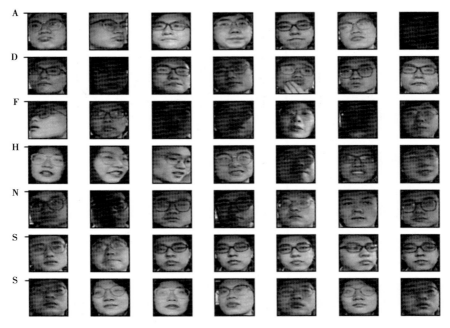

图 6.10 人脸数据

图 6.10 所呈现的是随机选取的实验采集的部分人脸数据灰度图,图中每一行代表的是一个情绪类别,其中,A 代表愤怒(Anger),D 代表厌恶(Disgust),F 代表恐惧(Fear),H 代表开心(Happiness),N 代表中性(Neutral),S 代表悲伤(Sad),s 代表惊讶(Surprise)。可以注意到在如图所示的驾驶员人脸表情中,存在同位驾驶员的多张图片,这是因为在数据采集中对所标定的短视频进行了帧采样,所以会采集到同位被试同一情绪的多张表情图片。

2)模型性能指标

从数据分类可以看出,各情绪类别的差异巨大,中性标签占据将近 90% 的样本量,这也反映了真实驾驶环境下驾驶员的情绪在大多数情况属于中性情绪,如图 6.11 所示,有限的实验时间与实验人员并不容易收集到大量非中性情绪,因此本次实验的数据是不平衡样本。对于不平衡样本而言,本实验采用 macro F_1-score 指标来衡量模型性能。

定义 4(混淆矩阵;多分类问题中,计算某一标签时,将其余标签归为负类)。

$$\text{True Positive}(TP) = 将正类预测为正类$$

$$\text{True Negative}(TN) = 将负类预测为负类$$

$$\text{False Positive}(FP) = 将负类预测为正类$$

$$\text{False Negative}(FN) = 将正类预测为负类$$

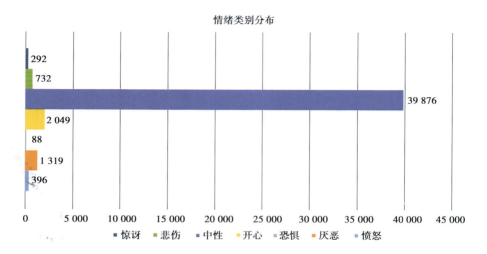

图 6.11　面部表情数据分布

定义 5（精确率 Precision）：

$$P = \frac{TP}{TP + FP} \tag{6.3}$$

定义 6（召回率 Recall）：

$$R = \frac{TP}{TP + FN} \tag{6.4}$$

定义 7（F_1-score）：

$$F_1\text{-score} = 2 \times \frac{R \times P}{R + P} \tag{6.5}$$

定义 8（macro F_1-score；多分类问题中，先计算 i 个类别下的 F_1，再求算术平均）：

$$F_1\text{-score}_i = 2 \times \frac{R_i \times P_i}{R_i + P_i} \tag{6.6}$$

$$\text{macro } F_1\text{-score} = \frac{1}{n} \sum_{i=1}^{n} F_1\text{-score}_i \tag{6.7}$$

3）模型训练及结果

训练策略，在目标域的实车驾驶员人脸表情数据训练中，将训练集与验证集按 80% 数据作为训练集，20% 数据作为验证集来划分数据，所有的实车驾驶员人脸图像输入为 160×160 的灰度图像，进一步裁剪为 64×64 分辨率的图像作为 Resnet 50 的网络输入，设置 Batch Size = 64，使用 Adam 优化器，学习率为 10^{-4}，训练 50 个 epoch。

　　在以上设置下,对照进行:①使用 Fine-Tune 迁移学习方式将在 Ferplus 与 CK+ 上进行预训练过的 Resnet 50 神经网络迁移至目标域下进行实车驾驶员数据训练;②使用Resnet 50 直接在实车驾驶员数据下进行训练。训练结果如图 6.12、图 6.13、表 6.12 所示。

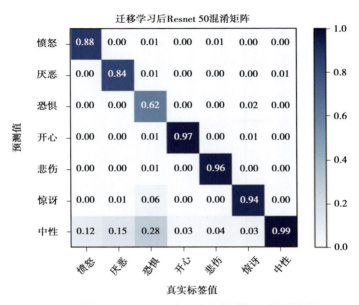

图 6.12　使用 Fine-Tune 后在实车表情数据下的训练结果

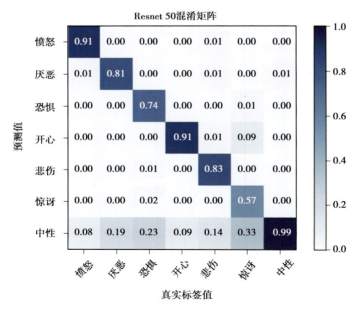

图 6.13　直接在实车表情数据下的训练结果

表 6.12 迁移学习与传统训练方式在实车驾驶表情数据训练下的表现对比

网络模型	数据集	分类精度(Acc)	Macro F_1-score
Fine-Tuned Resnet 50	实车数据集	98.7%	0.919
Resnet 50	实车数据集	97.5%	0.873

图 6.12 与图 6.13 分别是迁移学习方式下模型的混淆矩阵与直接训练下的训练结果的混淆矩阵,对角线值代表的是该类别的所有图像中预测值为正确标签的概率(Recall)。从图中可以直观看出,Fine-Tune 后的模型在实车数据训练中的表现在厌恶、开心、悲伤、惊喜中都优于直接训练的方式,其他几类情绪标签也比较接近。这说明迁移学习方式能够提高神经网络在实车驾驶员情绪识别任务上的识别精度。

从表 6.12 中可以看出,两种方式的训练表现正如前文所提到的,分类精度并不能在不平衡数据中反应模型的效果,因此主要比较的是宏 F_1 分数指标。可以看到,使用迁移学习进行 Fine-Tune 后的 Resnet 50 网络在实车数据集下的 Macro F_1-score 为 0.919,而未使用迁移学习而直接在实车数据集中做训练的 Resnet 50 网络的 Macro F_1-score 为 0.873。可见,通过迁移学习进行 Fine-Tune 的方式,提高了 Resnet 50 神经网络在实车驾驶员脸部表情数据集下的情绪识别水平。

6.5 基于视觉的汽车驾驶员愤怒情绪干预

愤怒是驾驶过程中最常见的负面情绪之一。愤怒的驾驶员更多地参与激进的驾驶行为,而这些激进的驾驶行为与碰撞事故概率的增加密切相关,甚至增加了 11.1 倍的撞车风险。因此,驾驶员愤怒已经成为一个严重的公共问题,会导致严重的伤害、死亡和相关费用。近年来,智能汽车的快速发展产生了许多新颖的驾驶员-自动化交互和协作系统。这些人机系统为检测驾驶员的愤怒状态,从而进行驾驶员愤怒情绪调节以确保安全提供了新的机会。

研究情绪干预策略的一种常用框架是情绪调节的过程模型。该过程模型解决了人们如何根据他们何时干预情绪发生序列将情绪调节策略分为 5 个家庭来调节,包括情景选择、情景修改、注意部署、认知变化和反应调节。基于此模型,驾驶员可以选择低交通路线而不是高交通路线(情景选择),或者尝试将其情感影响最小化(情景修改)。但是,驾驶是一种复杂的交互式情况,要求驾驶员动态响应驾驶任务,因此驾驶员通常无法控制每个变量。针对驾驶员愤怒的研究还提供了其他驾驶员愤怒调节的建议,比如改变行程,提高车辆舒适度,专注放松,生气时不要开车等,但这些看起来更像是关于静态驾驶准备的一般性建议,而不像动态驾驶环境下的复杂策略。因此,需要进一步研究动态驾驶环境下的愤怒情绪调节。

在智能汽车领域,智能座舱下的人机交互技术为动态驾驶环境下解决驾驶员愤怒情绪数字调节提供了新的机会。对于愤怒情感,自适应界面可能足以确保安全驾驶,因此在相关工作中一些研究人员提出了情绪自适应用户界面。但是,目前的研究对用户界面元素(例如布局、字体大小、颜色等)的更改,尚未进行足够的调查研究。

在本节中我们开展了两个研究,分别调查了 3 种视觉设计属性(表达、颜色和符号)的驾驶员愤怒情绪调节质量。

6.5.1　颜色和表达

研究 1 调查了调节类型和视觉元素对驾驶员愤怒情绪调节的质量,通过操纵视觉属性的颜色和情绪调节类型属性的表达(愤怒和快乐)来达到驾驶员愤怒情绪调节的目的。

1)被试招募

从重庆大学招募了 21 名年龄在 21~30 岁(平均值 = 23.29,标准差 = 2.38,21 名认为他们是中国人)的中国参与者(男 13 例)。每个参与者都具有至少 1 年的驾驶经验(平均值 = 2.71,标准差 = 1.87,范围 = 1~8)的有效驾驶执照。所有被试的视力正常或矫正后正常,听力正常。

2)实验材料和设备

(1)DES 和调节成功量表

DES 量表被用来测量被试的情绪体验,验证刺激材料是否已成功诱导出被试的愤怒情绪。除了 DES,被试还完成了调节成功测量。通过询问以下问题来评估被试感知到的情绪调节是否成功:"总体而言,您使用 1~10 的等级来表示您在改变情绪上的成功程度如何,其中 1 = 一点都不成功,10 = 非常成功。"

(2)调节材料设计

选择 emoji 图形作为基本的调节资料,这是因为至今 emoji 已经成为一种无国界的特殊语言,在世界范围内被广泛使用。在这个研究中,我们使用了 Apple 公司推出的 emoji 图形。有两种不同版本的表达设计可以操纵情绪。愤怒表达设计是在驾驶员愤怒时,显示驾驶员当前的愤怒情绪,提醒驾驶员进行自我调节。开心表达设计是在驾驶员愤怒时,显示积极的情绪(快乐),是驾驶员的愤怒情绪得到调节。研究选取了两种色调作为颜色设计来调节情绪,分别是冷色调和暖色调。根据 HSL

颜色模型,分别选取 H(色调)在 $0°$ 与 $180°$ 时的红色和青色作为冷暖色调的代表性颜色。因此,调节资料的设计具有 2 个视觉属性的变化:表达(愤怒或开心)和颜色(冷色或暖色)。使用所有可能的属性组合,共创建了 4 个设计方案,见图6.14。

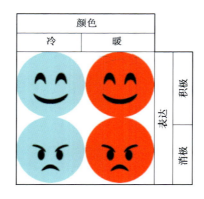

图 6.14　研究 1 的调节材料设计

(3)模拟驾驶器

本实验在照明被控制的驾驶模拟器中进行了实验。该模拟器是由 Realtime 技术公司制造的,采用了固定基座的驾驶模拟器。前视图是使用 3 台投影仪呈现的,后视图是使用 3 个 LCD 屏幕显示的。该模拟器使用两个 LCD 屏幕显示仪表板和车载计算机。发动机的环境噪声和声音通过扬声器发出。驾驶员座椅下方的低音扬声器模拟了车辆的振动。

(4)脑电仪

用于记录 EEG 的系统 EnobioNE,是一个精确而强大的 32 个通道使用氯丁橡胶的无线 EEG 设备。脑电帽将通道固定在所需的大脑位置。Enobio-32 系统记录头皮的脑电活动。借助支持软件,可以将频道动态关联到国际 10-10 定位系统中的可变位置。我们使用的位置是 AF_3,AF_4,F_3,F_4,F_7,F_8,FC_1,FC_2,FC_5,FC_6,FP_1 和 FP_2(图6.15)。这些位置的 alpha band(8~13 Hz)被直接通过 Enobio-32 系统输出到电脑(图 6.16)。

(5)D-Lab

为了同步存储所有数据,驾驶行为数据和 EEG 数据被集成到 D-Lab 中,因为使用 D-Lab 进行记录可以一次测量所有组件。此外,D-Lab 还负责实验管理和实验控制。

图 6.15　Enobio 32 脑电仪

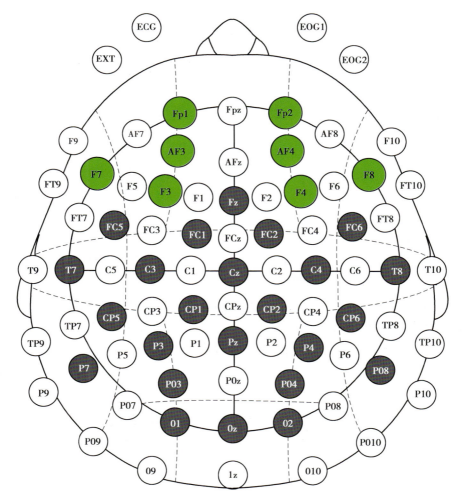

图 6.16　电极位置分布

3）实验流程

被试进行了 6 次模拟驾驶（熟悉驾驶、基线驾驶、WA 驾驶、WH 驾驶、CA 驾驶、CH 驾驶），每个驾驶之间都有短暂的间隔时间（3 min），在此期间他们完成了问卷调查。实验方案如下：完成知情同意书等问卷（10 min），熟悉驾驶（20 min）以及驾驶模拟疾病问卷，然后佩戴脑电仪和基线驾驶（3 min）（驾驶员愤怒情绪诱导材料如 6.1.1 所述）。然后，被试开车进行 4 次调节驾驶（WA 驾驶、WH 驾驶、CA 驾驶、CH 驾驶，每次 3 min）。每次调节驾驶的顺序是随机的，并且在驾驶后被试需要完成 DES 和调节成功问卷。整个实验耗时约 1.5 h。情绪调节画面和实验场景分别如图 6.17 和图 6.18 所示。

图 6.17　情绪调节画面

图 6.18　实验场景

4）分析指标选择

先前的研究表明，驾驶员在愤怒情况下会表现出更激进的驾驶行为，比如驾驶员操纵车辆的方向盘、加速踏板、刹车等会更加频繁和猛烈。因此在本研究中，驾驶员开始驾驶前 30 s 的方向盘转角标准差，加速踏板位置标准差，刹车力标准差被作为测量愤怒情绪调节质量的驾驶行为指标。以上指标的数值越大，则表明驾驶行为越激进，调节质量越差。反之，则表示调节质量越好。

研究表明,愤怒与前额叶脑活动的 α 电极不对称性有关。一些研究者指出,前额叶皮层不对称性可能是情绪调节过程的重要预测指标,发现相对的左侧基线额叶 α 激活与自愿抑制负面情绪的能力有关。因此,使用前额叶脑活动的 α 电极不对称性作为愤怒调节质量的脑电指标。左和右阿尔法活性($8 \sim 13$ Hz)来自相应的电极对:AF_4-AF_3,F_4-F_3,F_8-F_7,FC_2-FC_1,FC_6-FC_5,FP_2-FP_1。不对称指数是通过右半球 α 幂的自然对数减去左半球 alpha 幂的自然对数来计算的;ln [right alpha] − ln [left alpha],使用该微分公式来处理 α 功率的个体差异。根据发现,当要求参与者调节对高度消极场景的情绪反应时,左侧前额叶皮层激活增强。我们假设与左半球相比,右半球的 α 波段振幅相对较大(不对称系数的正值),表明左半球的皮质活动性相对较高(但 α 功率较低,这与大脑激活呈反相关),表明被试使用了更多的情绪调节,调节质量更好。另外,不对称系数的负值表示与左半球相比,右半球区域的皮层活动相对较高,调节质量较差。

5)分析结果

颜色和表达之间的交互效应首先被检查,分析结果显示颜色和表达之间没有交互效应 $F = 0.697$,$P = 0.733$,Wilks' lambda $= 0.836$;partial $\eta_2 = 0.164$。然后愤怒诱导成功被检查,最后我们研究了冷暖色调对愤怒情绪的调节质量。分别比较了在以上研究对象中,被试调节成功量表、驾驶绩效和 EEG 上的差异。需要指出的是,对于驾驶绩效,被试在驾驶过程中的平均制动踏板、标准差制动踏板、平均加速踏板、标准差加速踏板、平均方向盘转角以及方向盘的标准差被用作比较的指标。此外,对于 EEG 数据,前额叶的电极不对称性差异被用来比较不同情绪调节方案的调节质量,相应的电极对分别为:AF_4-AF_3,F_4-F_3,F_8-F_7,FC_2-FC_1,FC_6-FC_5,FP_2-FP_1。

(1)愤怒诱导成功检查

为了确定被试是否体验到了驾驶中的愤怒情绪,我们实施了愤怒情绪诱导成功检查。参与者自我报告的 DES 量表数据被作为愤怒情绪诱导成功的基本事实。结果显示,基线驾驶、WA 调节驾驶、WH 调节驾驶、CA 调节驾驶和 CH 调节驾驶成功诱发的驾驶员人数分别为 20 人、17 人、17 人、17 人和 17 人,并且每个被试自我报告的愤怒强度都大于 6 分($M = 7.029$,$SD = 3.725$)。需要注意的是,暖色调和冷色调的成功诱发人数分别为 34 人和 34 人。

(2)冷色调和暖色调的调节质量结果和讨论

在主观调节成功方面,冷色调的得分略高于暖色调,并且这种差异显著 $F(1,66) = 5.983$,$p = 0.017$,$\eta_2 = 0.083$。

驾驶行为分析结果显示,冷色调、暖色调和基线驾驶有显著差异。事后比较发现,冷色调在平均加速踏板、标准差加速踏板、平均方向盘转角上也显著低于暖色调。此外,冷色调和暖色调也分别与基线驾驶有差异,并且大部分指标显著(表6.13)。

脑电不对称性分析结果显示,冷色调、暖色调和基线驾驶只有在 AF_3-AF_4 上有显著差异。事后比较发现,在 AF_4-AF_3 指标上,冷色调和暖色调的调节质量无显著差异,但是冷色调的分数均显著高于基线驾驶(表 6.13),显示出更强的左脑活动。

表 6.13　冷色调、暖色调和基线驾驶之间的驾驶行为和脑电的比较

驾驶行为	冷色调	暖色调	基线驾驶	Cohen's d		
	M(SD)	M(SD)	M(SD)	da	db	dc
制动踏板力平均值	0.77(0.30)	0.97(0.54)	1.87(1.84)	0.437	0.834*	0.669
制动踏板力标准差	0.24(0.79)	0.73(1.25)	5.65(9.25)	0.463	0.824	0.746
加速踏板开合平均值	17.43(5.29)	21.75(4.71)	34.91(8.94)	0.863**	2.380***	1.840***
加速踏板开合标准差	9.20(7.53)	13.95(8.14)	33.54(6.37)	0.605*	3.490***	2.681***
方向盘转角平均值	0.017(0.011)	0.024(0.012)	0.026(0.071)	0.634*	0.992*	0.851*
方向盘转角标准差	0.028(0.020)	0.037(0.018)	0.135(0.151)	0.505	0.997*	0.912*
EEG						
AF_4-AF_3	0.41(0.40)	0.32(0.4)	0.07(0.29)	0.244	0.987*	0.713
F_4-F_3	0.23(0.42)	0.15(0.39)	−0.02(0.67)	0.196	0.439	0.303
F_8-F_7	0.40(0.81)	0.26(1.03)	0.05(0.68)	0.153	0.472	0.244
FP_2-FP_1	0.30(0.47)	0.01(0.52)	−0.16(2.06)	0.578	0.306	0.112

研究 1 的结果表明,在愤怒驾驶时冷色调和暖色调都会有情绪调节效果,特别是在驾驶行为指标上,有情绪调节的驾驶行为要比基线驾驶更加稳健。但是,冷色调的调节效果更加显著,比如在脑电 AF_4-AF_3 电极不对称性上。此外,我们发现和暖色调相比,冷色调在调节成功量表和一些驾驶行为指标上表现出了更加显著的调节效果。

6.5.2　符号和表达

研究 2 研究了扁平设计符号和拟物设计符号对愤怒情绪的调节质量。

1）被试招募

研究 2 和研究 1 招募的是同样的被试（平均值＝23.29,标准差＝2.38,21 名认为他们是中国人）的中国参与者（男 13 例）,被试被要求在参加完研究 1 一个月后来参与研究 2,为了减少因频繁观看刺激材料而可能造成的愤怒诱导成功率降低。

2）实验材料和设备

研究 2 和研究 1 使用的材料相同,包括 DES 以及调节成功问卷。设备与研究 1 中使用的设备相同,包括驾驶模拟器、EnobioNE 和 D-Lab。此外,在调节材料的设计上研究 2 和研究 1 也相似,研究 2 也使用了 emoji 图形作为基本的调剂资料,并且设计使用了消极表达和积极表达来操纵情绪。研究 2 和研究 1 的不同之处在于,研究 2 选取了 2 种符号作为符号设计来调节情绪,分别是扁平设计和拟态设计。拟态设计是对现实世界的模拟,而平面设计是对信息本身。此外,为了消除颜色对设计的影响,研究 2 的所有设计方案都选择了灰度色彩。因此,研究 3 调节资料的设计具有 2 个视觉属性的变化:表达（愤怒或开心）和符号（冷扁平和拟态）。使用所有可能的属性组合,共创建了 4 个设计方案,如图 6.19 所示。

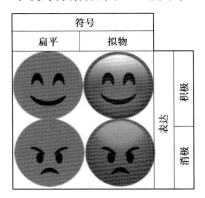

图 6.19　研究 2 的调节材料设计

3）实验流程

研究任务与研究 1 相似,研究 2 使用研究 1 中的基线驾驶数据。被试进行了 5 次模拟驾驶（熟悉驾驶、FA 驾驶、FH 驾驶、SA 驾驶、SH 驾驶）,每个驾驶之间都有短暂的间隔（3 min）,在此期间他们完成了问卷调查。实验方案如下:熟悉驾驶（20 min）以及驾驶模拟疾病问卷,之后佩戴脑电仪和基线驾驶（3 min）。然后,被试开车进行 4 次操纵（FA 驾驶、FH 驾驶、SA 驾驶、SH 驾驶,每次 3 min）。每次操纵的顺序是随机的,并且在驾驶后被试需要完成 DES 和调节成功问卷。整个实验耗时约 1 h 15 min。此外,熟悉驾驶和调节驾驶的场景设置和研究 2 相同。

4）分析指标选择

研究 2 和研究 1 使用同样的分析指标。

5）分析结果

和研究 1 相似,符号和表达之间的交互效应首先被检查,分析结果显示符号和表达之间没有交互效应($F = 0.559$, $P = 0.85$, Wilks' lambda = 0.872, partial $\eta_2 = 0.128$）。然后愤怒诱导成功被检查。最后,我们研究了符号对愤怒情绪的调节质量。和研究 1 一样,我们分别比较了在以上研究对象中,被试调节成功量表、驾驶绩效和 EEG 上的差异。

（1）愤怒诱导成功检查

和研究 1 一样,研究 2 也实施了愤怒情绪诱导成功检查。结果显示,基线驾驶、FA 调节驾驶、FH 调节驾驶、SA 调节驾驶和 SH 调节驾驶成功诱发的驾驶员人数分别为 20,20,17,19 和 18 人,并且每个被试自我报告的愤怒强度都大于 6 分（$M = 6.851$, $SD = 3.725$）。需要指出的是,研究 2 使用研究 1 中的基线驾驶数据。此外,扁平符号和拟物符号的成功诱发人数分别为 37 人和 35 人。

（2）扁平符号和拟物符号

对于主观调节成功,扁平符号的得分略高于拟态符号,但进行 ANOVA 时,两种调节方案的主观调节成功并无显著差异:$F_{(1,72)} = 0.495$, $p = 0.484$, $\eta_2 = 0.007$。

对于驾驶行为分析,结果显示扁平符号、拟态符号和基线驾驶有显著差异。事后比较发现,在以上有显著差异的指标上,扁平和拟物的调节质量无显著差异,但是扁平符号和拟态符号的分数均显著低于基线驾驶分数,见表 6.14。

表 6.14　扁平、拟物和基线驾驶之间的驾驶行为和脑电的比较

驾驶行为	扁平	拟物	基线驾驶	Cohen's d		
	$M(SD)$	$M(SD)$	$M(SD)$	da	db	dc
制动踏板力平均值	0.78(0.11)	0.80(0.11)	1.87(1.84)	0.137	0.838*	0.826*
制动踏板力标准差	0.15(0.07)	0.17(0.06)	5.65(9.25)	0.210	0.840*	0.838*
加速踏板开合平均值	19.65(3.78)	21.03(3.43)	34.91(8.94)	0.382	2.223***	2.050***
加速踏板开合标准差	11.89(5.27)	13.03(5.74)	33.54(6.37)	0.205	3.706***	3.386***
方向盘转角平均值	0.019(0.009)	0.022(0.009)	0.067(0.071)	0.255	0.948*	0.901*

驾驶行为	扁平	拟物	基线驾驶	Cohen's d		
	$M(SD)$	$M(SD)$	$M(SD)$	da	db	dc
方向盘转角标准差	0.029 (0.012)	0.034(0.012)	0.135(0.151)	0.344	0.988*	0.949*
EEG						
AF_4-AF_3	0.36(0.35)	0.33(0.45)	0.07(0.29)	0.059	0.899*	0.700*
F_4-F_3	0.16(0.25)	0.07(0.66)	−0.02(0.67)	0.179	0.350	0.132
F_8-F_7	0.41(0.82)	0.35(0.85)	0.05(0.68)	0.068	0.473	0.390
FP_2-FP_1	0.23(0.39)	0.15(0.59)	−0.16(2.06)	0.175	0.266	0.202

脑电不对称性分析结果显示,扁平、拟物和基线驾驶只有在 AF_4-AF_3 上有显著差异。事后比较发现,在 AF_4-AF_3 指标上,扁平和拟物的调节质量无显著差异,但是扁平符号和拟态符号的分数均显著高于基线驾驶分数(表6.14),显示出更强的左脑活动。

此次试验的结果表明,在愤怒驾驶时扁平符号和拟态符号都会有显著的情绪调节效果,特别是在驾驶行为和脑电的 AF_4-AF_3 电极不对称性指标上。有情绪调节的驾驶行为要比基线驾驶更加稳健。此外,有情绪调节的驾驶员表现出更强的左脑活动。和基线驾驶相比,说明它们使用了更多的情绪调节认知活动。但是,我们没有发现扁平符号和拟物符号有情绪调节质量上的差异。

6.5.3 积极表达和消极表达

结合研究 1 和研究 2 的实验数据,积极表达和消极表达的愤怒调节质量也被研究。在主观调节成功方面,积极表达的得分高于消极表达,并且这种差异显著 $F(1,138.534)=31.482,p<0.001,\eta_2=0.182$。

对于驾驶行为分析,结果显示消极表达、积极表达和基线驾驶有显著差异。事后比较发现,积极表达在平均刹车、标准差刹车、平均加速踏板、标准差加速踏板、平均方向盘转角、标准差方向盘转角上也显著低于消极表达。此外,积极表达和消极表达也分别与基线驾驶有差异,并且大部分指标差异显著,见表 6.15。

脑电不对称性分析结果显示,积极表达和消极表达只有在 AF_4-AF_3 上与基线驾驶有显著差异。事后比较发现,在 AF_4-AF_3 指标上积极表达比消极表达显示出更强的左脑活动。此外,积极表达也比基线驾驶显示出更强的左脑活动,见表6.15。

表 6.15　积极表达、消极表达和基线驾驶之间的驾驶行为和脑电的比较

驾驶行为	积极表达	消极表达	基线驾驶	Cohen's d		
	$M(SD)$	$M(SD)$	$M(SD)$	da	db	dc
制动踏板力平均值	0.70(0.09)	0.95(0.40)	1.87(1.84)	0.828***	0.899*	0.697
制动踏板力标准差	0.09(0.04)	0.53(1.01)	5.65(9.25)	0.625***	0.851*	0.778
加速踏板开合平均值	17.59(4.30)	22.24(3.62)	34.91(8.94)	1.169***	2.468***	1.858***
加速踏板开合标准差	6.31(2.39)	17.45(5.13)	33.54(6.37)	2.782***	5.662***	2.785***
方向盘转角平均值	0.012(0.003)	0.029(0.007)	0.067(0.071)	2.752***	1.102**	0.767
方向盘转角标准差	0.019(0.006)	0.045(0.011)	0.135(0.151)	3.017***	1.093**	0.845*
EEG						
AF_4-AF_3	0.51(0.34)	0.19(0.39)	0.07(0.29)	0.899***	1.424***	0.343
F_4-F_3	0.21(0.41)	0.09(0.48)	−0.02(0.67)	0.529	0.408	0.191
F_8-F_7	0.44(0.83)	0.27(0.91)	0.05(0.68)	0.202	0.520	0.275
FP_2-FP_1	0.22(0.49)	0.13(0.52)	−0.16(2.06)	0.180	0.254	0.193

研究 1 和研究 2 的结果表明,在愤怒驾驶时积极表达和消极表达都会有情绪调节效果,特别是在驾驶行为和脑电的 AF_4-AF_3 电极不对称性指标上。有情绪调节的驾驶行为要比基线驾驶更加稳健。积极表达在大多数指标上的调节效果更加显著,而消极表达在一些指标上则没有显著的效果(比如,在 AF_4-AF_3 电极不对称性指标上)。此外,我们发现和消极表达相比,积极表达在调节成功量表、驾驶行为和脑电 AF_4-AF_3 电极不对称性上都表现出更加显著的调节效果。

6.5.4　色调、符号和表达的结果讨论

本章调查了视觉设计属性(表达、颜色和符号)的驾驶员愤怒情绪调节质量。研究结果表明,和无调节的基线驾驶相比,不同视觉属性的调节驾驶(颜色、符号和表

达)都表现出了较好的驾驶员愤怒调节效果,这在驾驶行为和脑电不对称性上都表现出了一致性的结果,具体表现为驾驶行为更加稳健,有更强烈的左脑活动。对于颜色来说,冷色比暖色的调节效果更好,特别是表现在更高的调节成功量表得分上,以及更稳健的驾驶行为。这些发现与之前的研究一致,因为红色可能让被试感到危险,并引起负面情绪,导致更激进的驾驶行为,而冷色调则容易让被试冷静下来。对于符号来说,我们没有发现扁平符号和拟物符号有情绪调节质量上的差异,之前的研究表示扁平会有更好的情感体验。这种结果的不一致可能是因为在调节方案的设计中,为了尽可能地控制其他属性的影响,扁平和拟物方案我们都选择了灰色,而灰色可能影响了拟物元素(高光、渐变、质地)的呈现,从而让被试不能明显地识别扁平符号和拟物符号。因此,对于符号可能还需要进一步的研究。对于表达来说,我们发现,和消极表达相比,积极表达在调节成功量表、驾驶行为和脑电不对称性上都表现出更加显著的调节效果,具体表现为更高的调节成功量表得分、更稳健的驾驶行为和更强烈的左脑活动,这和之前的研究结果一致。之前的研究表明,表达可以通过一种被称为传染的效应来影响人们的情绪,而开心的驾驶员有更好的驾驶绩效。情绪传染是一种情绪传递机制,构成了一个很大程度上无意识的过程,该过程由观察和自动模仿其他人的表达线索所驱动。以上研究的结果如图 6.20 所示。

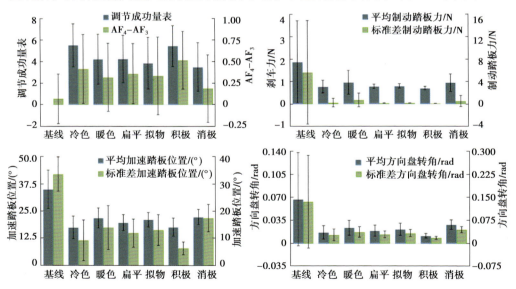

图 6.20　研究 1 和研究 2 的实验结果总结

需要注意的是,在脑电不对称性的分析中,所有视觉属性的情绪调节质量只在 $AF_4\text{-}AF_3$ 上有显著差异,而在 $F_4\text{-}F_3$,$F_8\text{-}F_7$ 和 $FP_2\text{-}FP_1$ 上无显著差异,可能是因为这些电极上的脑电活动受到了驾驶任务的影响(电极 F_4,F_3,F_7,F_8 靠近初级运动皮层,而初级运动皮层负责控制人的运动,完成驾驶任务需要驾驶员控制方向盘、加速踏板和制动踏板;电极 FP_2 和 FP_1 靠近人的眼睛,驾驶任务需要驾驶员动态响应视觉提示)。驾驶汽车是一个复杂的认知过程,要求驾驶员动态地响应驾驶任务,例如视觉提示、危险评估、决策、战略规划。因此,驾驶会占用很多驾驶员的认知资源,而这一过程可能影响了驾驶员的部分脑电活动。在驾驶员的脑电激活方面未来还需要进一步探索和研究。

第 7 章 汽车驾驶风格识别与风险防控

7.1 汽车驾驶风格研究体系框架

人的驾驶过程是一个人—车—环境闭环交互的过程,如图 7.1 所示,整个驾驶过程包括主任务和次任务 2 个模块,其中,驾驶主任务主要分为策略层、模式层、操作层以及场景感知层 4 个层次。策略层主要指驾驶人的路径选择等;模式层主要指驾驶人完成策略层目标所采取的具体驾驶模式,如换道、跟驰等;操作层主要指驾驶人完成各驾驶模式所采取的基本操作,反映到车辆状态上即车辆的速度、纵向和横向加速度等;场景感知层主要包括驾驶人对周边行车环境的危险认知行为。从时间层面上讲,场景感知层和操作层为毫秒或数秒级;模式层为数秒到分钟级;而策略层则隶属于更长的时间级别。除驾驶主任务外,驾驶次任务在驾驶过程中普遍存在并且会影响驾驶主任务的表现,主要包括打电话、发短信等(Li et al.,2017)。

驾驶风格可表现在图 7.1 所示体系结构中的任意层级。例如,驾驶风格反映在决策层表现为省时或短距抉择偏好;反映在模式层表现为近距离跟驰、频繁换道等行车偏好;反映在操作层表现为紧急加速、紧急制动等操作偏好;反映在场景感知层表现为视线长时间偏离行车路径、换道或进入交叉路口前不观察周围交通情况等认知偏好;反映在驾驶次任务方面表现为行车过程中打电话、发短信、抽烟、吃东西等偏好。

以往研究中对驾驶风格的定义无外乎"驾驶人在日常驾驶行为中形成的习惯性的驾驶方式"等表述,均为定性的概括或泛化定义,对驾驶风格的研究缺乏实际的指导意义。因此,可建立驾驶操作层和模式层的研究,将驾驶风格认定为驾驶人在驾驶操作控制方面所呈现的激进程度和在驾驶模式转移方面所呈现的决策偏好,从而对驾驶风格进行监测与评价,对提升道路行车安全等具有重要的指导意义。

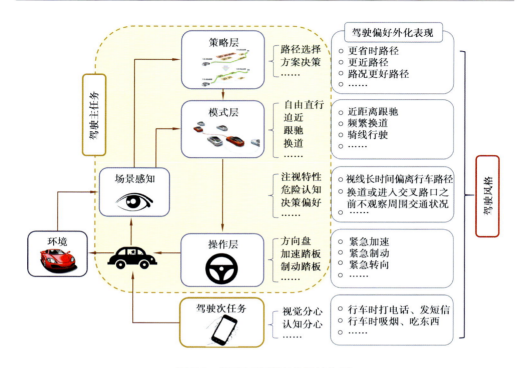

图 7.1　驾驶风格研究体系结构图

　　基于驾驶模式层和操作层对驾驶风格进行评测,建立了如图 7.2 所示的驾驶风格研究层级结构模型。驾驶操作构成了驾驶模式,驾驶模式表现出了驾驶偏好,驾驶偏好可直接反映出驾驶人的驾驶风格。对驾驶风格的研究可分为由底至顶分析(bottom-top analysis)和由顶至底分析(top-bottom analysis)两种思路。由顶至底分析方法主要应用于不同驾驶风格在各层级变现差异的对比分析。如激进型驾驶人与正常型驾驶相比,在驾驶操作方面更多地采取了紧急加速和紧急制动等操作;在驾驶模式方面表现出了更多的近距离跟驰和换道等模式;在驾驶偏好方面,当跟随前车行驶时更多地趋向于通过采取迫近—换道等驾驶模式转移决策,实现省时或刺激追求等心理预期。这种迫近—换道的驾驶决策即为一种驾驶偏好。以此类比可知,在驾驶风格研究层级结构中,任何针对上一层级的表现差异分析均可以从其下面层级中任一方面或多层综合方面作为切入点,观测不同风格类型在各方面的表现差异,实现由顶层风格属性对底层表现的深度解析,为建模和分类评测奠定基础。同理,由底至顶分析法主要应用于通过驾驶风格在不同层级的表现差异,提取出相应可表征驾驶风格的特征指标,实现对驾驶风格的有效评估或预测。如在驾驶操作方面,可通过紧急加速和紧急制动的次数来评测驾驶人的驾驶风格;在驾驶模式方面,可通过近距离跟驰和换道的频率实现对驾驶风格的评测;在驾驶偏好方面,可通过驾驶人表现出的迫近—换道决策的概率实现对驾驶风格的有效评测。以此类比可知,在驾驶风格研究层级结构中,任何针对上一层级的总结分类分析均可以从其下面层级中任一方面或多层综合方面作为切入点,提取典型的有效分类表征指标,实现由底层表现对顶层风格属性的分类评测(图 7.2)。

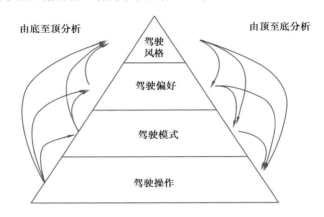

图 7.2　基于驾驶操作层和模式层的驾驶风格研究层级结构图

7.2　汽车自然驾驶实验数据采集

本研究基于装备了多传感器和摄像头的试验车辆,在高速工况下开展了 28 人的驾驶试验,并提取出了其中的驾驶模式事件数据,构成了本研究的基础数据库。

7.2.1　试验数据采集系统

实车道路试验的数据获取依托一辆改装试验车展开,该车搭载了 4.6 L 内燃机作为引擎驱动,变速器为 5 挡自动变速。为更清晰地掌握试验过程中实时的人—车—环境信息用于科研工作,该试验车除搭载了原装的 CAN 总线信息采集系统和与其同步的前方道路图像信息采集系统外,还加装了采集前方道路信息、跟驰时距信息、驾驶人面部信息、驾驶人脚部信息、左/右盲区环境信息的摄像头,用于获取实时的、全方位的人—车—环境信息,如图 7.3 所示。其中,加装的前方道路信息摄像头与车辆原装的摄像头功用相同,可用于同步原装数据采集系统与改装视频采集系统来获取数据。自行设计的数据同步软件操作界面如图 7.4 所示。数据的采样频率均为 10 Hz,视频的采样频率为 10 fps。

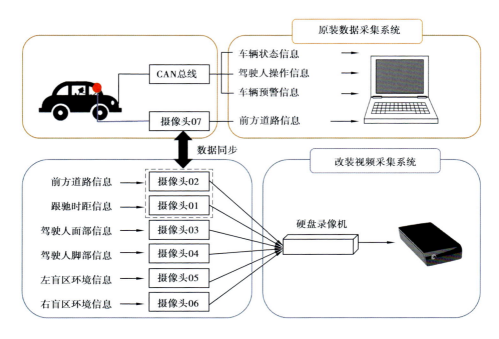

图 7.3　试验车数据采集系统

图 7.4　视频同步软件操作界面

在改装视频采集系统中,前方道路信息主要包括前方车辆的相对运动及道路环境信息;跟驰时距信息主要指由加装的车载 Mobileye 系统对跟驰时距(time headway，THW)进行监测并记录数据;驾驶人面部信息主要指其观测周围交通流的动作及其面部反应,如在驾驶人采取换道操作前会扭头观察目标车道盲区的交通环境情况等;驾驶人脚部信息主要指其操作加速踏板和制动踏板的动作;左/右盲区环境信息主要指车辆左、右、后方驾驶人较难观察到的区域内的环境信息。视频采集系统的数据图像示例如图 7.5 所示。

为了将原装数据采集系统采集到的数据与改装视频采集系统采集到的视频数据同步,本研究开发了如图 7.4 所示的数据同步软件,通过对摄像头 02 和摄像头 03 的视频画面进行同步标定以实现所有采集数据的同步操作。同步后的视频数据如图 7.5 所示。

图 7.5　视频采集系统示例

试验路径选择及被试基本信息。本研究选取由北京到河北廊坊之间的一段高速公路开展试验,从北京市朝阳区四方桥出发,沿京哈高速公路行驶,到达河北香河服务区后继续东行至新安高速公路出口,然后原路折返。整条试验线路全长约146 km,行车时间约 100 min,该段高速公路限速为 120 km/h,如图 7.6 所示。

为最大限度地还原驾驶人原生态的驾驶操作习惯,以最真实的数据基础开展驾驶行为的分析与危险度的评价工作,本试验中驾驶人只需按个人意愿及驾驶习惯完成规定路段的驾驶任务。

为获得更加可靠的试验效果,试验人群需选择符合中国驾驶人实际操作特征的群体。因此,本试验选定试验对象的具体要求如下。

图 7.6　试验道路

①年龄为 20~60 岁,基于安全因素考虑,不选择年龄太大或太小的驾驶人。

②具有两年及以上的驾驶经验。

③按照我国驾驶人群体的性别比例,将男女比例控制在约 2∶1。

④参与试验的驾驶人必须拥有属于自己的汽车,已长期持有驾驶执照但却较少驾车行驶的驾驶人,由于驾驶经验缺乏及驾驶技术不熟练不能作为本试验的招募对象。

遵照如上要求,本试验招募到 28 名驾驶人参与并顺利完成试验。其中,男性驾驶人 18 人,女性驾驶人 10 人。所有驾驶人平均年龄 42.4 岁,最小 27 岁,最大 59 岁。平均驾龄 13.0 年,最小 2 年,最大 33 年。其具体分布如图 7.7 所示,28 人累计行驶里程约 4 000 km。

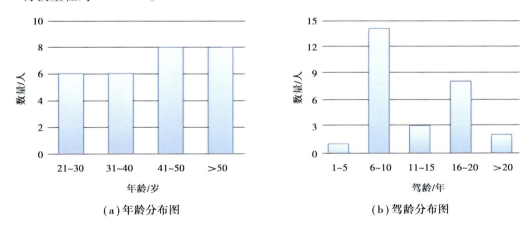

(a)年龄分布图　　　　　　　　　(b)驾龄分布图

图 7.7　参与试验驾驶人的年龄及驾龄分布图

7.2.2　汽车驾驶模式分解体系

驾驶人在行驶过程中的操作是随时间动态变化的,并且方向盘、加速踏板等操作与车辆运动状态表现耦合在一起,使得不同驾驶模式之间呈现出很大的相似性。因此,对驾驶模式进行层级化分解与辨识,深入细致地了解驾驶人都采取了哪些驾驶模式,各驾驶模式中的操作险态等级如何,对驾驶风格评测至关重要。而对驾驶模式进行层级化分解与辨识是对驾驶风格进行评测的基础。

对驾驶模式层进行分解,按照道路工况可将驾驶模式研究分为高速工况、城市工况和其他工况,如图 7.8 所示。高速工况相对较为简单,城市工况由于交叉路口和红绿灯等的存在,驾驶模式构成更为复杂。需要说明的是,如超速、闯红灯等驾驶行为从根本上触犯了法律、法规,不在本研究范畴之内。本研究主要针对高速工况下非违法的驾驶模式与操作开展驾驶风格评测的研究。

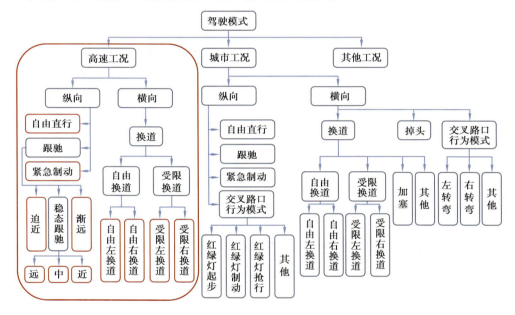

图 7.8　驾驶模式层级分解图

自由直行指自车在与相距最近的前车之间的距离大于最大相互作用距离的情况下,车辆处于自由驾驶的状态。迫近指自车与相距最近的前车之间的距离小于最大相互作用距离时,自车速度大于前车速度而逐渐接近前车的状态,该状态描述的是驾驶人由一种状态通过迫近前车过渡到另一种状态的过程(如由自由直行通过迫近前车过渡到稳态跟驰状态)。稳态跟驰指自车与相距最近的前车之间的距离小于最大相互作用距离,且在两车速度相差不大的情况下,自车跟随前车稳定行驶的状态,该状态描述的是驾驶人通过不断调整自车车速达到与前车保持稳定跟驰距离的过程。渐远是指在自车与相距最近的前车之间的距离小于最大相互作用距离时,自车速度小于前车速度,两车逐渐远离的状态,该状态与迫近类似,描述的是一种驾驶模式间的过渡过程。紧急制动指跟驰距离小于相应车速下的临界最小跟驰距离时,驾驶人采取制动操作避免碰撞发生的过程,如图 7.9 所示。

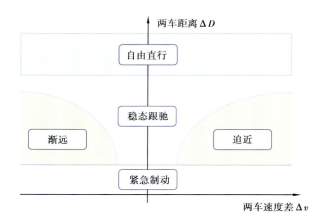

图 7.9　纵向驾驶模式分解示意图

　　关于迫近、稳态跟驰和渐远模式的定义,借鉴经典跟驰模型研究中的 Webers 法则(Brackstone et al.,1999),当前车在驾驶人视野中所成角度 α 变化率为 10% 时,驾驶人刚好可以认知到两车之间的距离减小,被判定为迫近模式;当 α 反方向变化率约为 12% 时,驾驶人刚好可以认知到两车之间的距离增大,被判定为渐远模式;当 α 变化率在两者之间时,被判定为稳态跟驰模式。但该标准在由人执行的过程中存在无法做到精确执行,因此在由人进行驾驶模式析取,构建驾驶模式数据库的过程中,由人根据视觉上对迫近、稳态跟驰和渐远模式的泛在感知进行驾驶模式切分。

　　在针对驾驶人稳态跟驰模式的研究中,跟驰时距(time headway,THW)被认为是最能表现跟驰危险程度的有效指标之一。不同的跟驰时距对应的危险度不同,近距离跟驰是当前国际范围内公认的激进驾驶行为,若驾驶人偏好于以很近的距离跟驰前车行驶,则其发生追尾事故的概率很高,将对行车安全构成极大的威胁。但目前国际范围内并没有一个统一、明确的定义来界定近距离跟驰。因此,在对跟驰模式进行精细化切分时,由人根据其对当前时刻跟驰时距的感知,判定当前的稳态跟驰隶属于远、中、近距离跟驰中的哪种模式。

　　针对横向驾驶模式,可将横向驾驶按照同车道前方有无前车和换道方向分解为自由左换道(free left lane change,FLLC)、自由右换道(free right lane change,FRLC)、受限左换道(constrained left lane change,CLLC)、受限右换道(constrained right lane change,CRLC)4 种模式,如图 7.10 所示。自由换道是指同车道前方车辆距离自车大于最大相互作用距离时,驾驶人由当前车道变换到其他车道的状态,该状态描述的是驾驶人凭借自由意志判定对当前车道行驶工况不满意而采取改变车道继续行驶的过程。受限换道指同车道前方车辆距离自车小于最大相互作用距离时,驾驶人由当前车道变换到其他车道的状态,该状态描述的是驾驶人因为前车干扰判定对当前车道行驶工况不满意而采取改变车道继续行驶的过程。若驾驶人更

倾向于离前车越近时换道,则其驾驶的危险程度也就越高,风格越激进。在相关的
交通法律、法规中,定义左侧车道为超车道,不鼓励右侧超车。若驾驶人越倾向于
右侧超车,则由于右侧车道平均速度低于左侧车道,其发生交通事故的可能性越
高,风格越激进。根据美国汽车工程协会标准 J2944 中对换道模式的定义
(J2944,2015),取换道是指车辆由一条车道内稳定行车状态转移到另一车道内
稳定行车状态的驾驶历程。

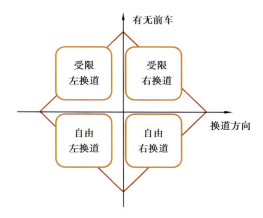

图 7.10　横向驾驶模式分解示意图

因此,基于以上纵向及横向分析,高速工况下的驾驶模式解析可分为以下 12
种,分别为:自由直行(FD)、迫近(AP)、远距离跟驰(FL)、中距离跟驰(MF)、近距离
跟驰(NF)、渐远(OP)、紧急制动(EB)、自由左换道(FLLC)、自由右换道(FRLC)、
受限左换道(CLLC)、受限右换道(CRLC)和其他(OT)。

本研究基于同步后的 6 路视频数据,由人按照以上驾驶模式的分解结构,基于
其主观泛在感知进行辨识,并对时间序列上的驾驶模式进行切分,得到自由直行、迫
近、远距离跟驰、中距离跟驰、近距离跟驰、渐远、紧急制动、自由左换道、自由右换
道、受限左换道、受限右换道和其他共计 12 种驾驶模式。驾驶模式切分的同时由人
根据各驾驶事件的危险程度对其激进度进行 0~6 分的 7 级评分(0:一点也不危险;
6:危险度极高,无法接受)。当评分取值为 0 或 1 时,认为该驾驶模式激进度为正
常;当评分取值为 2 或 3 时,认为该驾驶模式激进度为较激进;当评分取值大于等于
4 时,认为该驾驶模式激进度为激进。由于在进行单向评分(只评价激进度,不评价
保守度)时,专家极少选择最高等级的危险度评分,这是由人的社会性格决定的,因
此,取 0~1,2~3,≥4 作为激进等级的评级标准是合理的。

在数据库构建过程中,针对每种驾驶模式的析取,均采用了手动逐帧对各驾驶
模式的事件进行辨识和切分。该方法虽然工作量很大,但在基于自然驾驶数据库的
相关研究中被广泛采用,其结果可作为验证算法效度的有效标准。在得到切分模式

片段的基础上,基于以上所述的跟驰辨识阈值和紧急制动辨识阈值对切分结果进行修正,得到本研究的驾驶模式数据库。数据库中针对各驾驶模式的信息包括驾驶模式类型、起止时间、道路等级及线型、所在车道和激进程度等信息。

7.2.3　汽车驾驶模式数据库基本构成

高速工况下各驾驶模式的基本构成如图 7.11 和表 7.1 所示。其中,在各模式所占总行驶时长百分比方面,自由直行占 45.7%,包括迫近、稳态跟驰和渐远模式在内的跟驰大类占 43.0%,紧急制动占 1.8%,换道占 8.8%,受限换道时间占比及发生次数均为自由换道的 2~3 倍,以上驾驶模式总占比约 99.3%,可有效涵盖高速工况下几乎所有的驾驶模式。因此,本研究提出的驾驶模式层级解析是合理的。

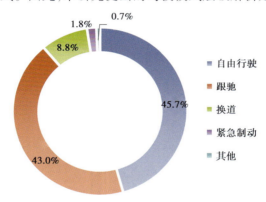

图 7.11　各驾驶模式在总行驶历程中的时长占比

表 7.1　各驾驶模式的基本构成信息

驾驶模式	总时长/%	次数	单次平均时长/s	最短时长/s	最长时长/s
自由直行	45.7	928	38	5	711
迫近	12.6	595	16	5	146
远距离跟驰	6.8	240	22	5	127
中距离跟驰	6.4	201	25	5	365
近距离跟驰	2.6	118	17	5	118
渐远	14.7	428	26	5	195
紧急制动	1.8	161	8	2	42
自由左换道	1.6	158	8	4	15
自由右换道	1.0	110	7	2	20

续表

驾驶模式	总时长/%	次数	单次平均时长/s	最短时长/s	最长时长/s
受限左换道	3.0	328	7	2	16
受限右换道	3.2	363	7	2	29
其他	0.7	36	15	6	60

7.3　面向汽车驾驶模式层的驾驶风格识别

当前对驾驶风格的研究普遍集中于驾驶操作层维度,主要关注驾驶操作强度与驾驶风格之间的量化关系。驾驶风格评测维度存在极大的局限性。驾驶模式结构如图 7.8 所示。少数基于驾驶模式层对驾驶风格开展的评测有以下两个特点:

①各驾驶模式单独计算,采用驾驶模式发生频次等特征进行评测;

②通过主观设置各驾驶模式的危险度系数,并通过经验设定各驾驶模式的权重系数,通过累加的方法得到一段时间内的危险度系数对驾驶风格进行评测。以上方法均只将驾驶模式独立于时间序列来考虑,忽视了各驾驶模式在时间历程上的相互关系,使得基于驾驶模式层的驾驶风格评测方法过于局限。本研究提出的采用驾驶模式间相互转移的特性来表征驾驶人的决策偏好,可实现对驾驶风格的有效评测。

1)驾驶模式转移概率特性

各驾驶模式之间的相互转移如图 7.12 所示,各驾驶模式既可以转移到其他模式,也可以实现自我转移(如连续换道等)。驾驶模式由 M_i 转移到 M_j 称为一种驾驶模式转移形态,例如,受限右换道模式转移到受限左换道模式组成了一次右侧超车形态。驾驶模式转移形态可表征驾驶人的决策偏好,从而反映出驾驶人的驾驶风格。

计算一定时间范围内,驾驶人的驾驶行为模式转移概率的方法如式(7.1)所示。

$$a_{ij} = p(q_{t+1} = M_j \mid q_t = M_i) = \frac{p(q_t = M_i, q_{t+1} = M_j)}{p(q_t = M_i)} \tag{7.1}$$

式中　$p(q_t = M_i, q_{t+1} = M_j)$ ——联合估计概率;

　　　$p(q_t = M_i)$ ——边缘概率。

根据大数定理,当统计量较大时,概率可用相对频数做估计,即

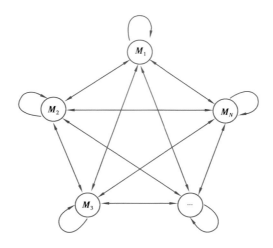

图 7.12　驾驶模式转移示意图

$$p(q_t = M_i, q_{t+1} = M_j) \approx \frac{w(q_t = M_i, q_{t+1} = M_j)}{\sum\limits_{i=1}^{N} w(q_t = M_i)}$$

$$p(q_t = M_i) \approx \frac{w(q_t = M_i)}{\sum\limits_{i=1}^{N} w(q_t = M_i)} \tag{7.2}$$

将式(7.2)代入式(7.1),可得

$$a_{ij} = p(q_{t+1} = M_j \mid q_t = M_i) = \frac{w(q_t = M_i, q_{t+1} = M_j)}{w(q_t = M_i)} \tag{7.3}$$

其中,q_t 为 t 时刻的驾驶模式,w 为驾驶模式从 M_i 转移到 M_j 的次数,$a_{ij} \in [0,1]$,为驾驶模式转移概率指标,$\sum\limits_{j=1}^{N} a_{ij} = 1$,$N$ 是驾驶模式的数量,$1 \leqslant i, j \leqslant N$。驾驶模式转换矩阵可以定义为 $\boldsymbol{A} = \{a_{ij}\}$。如果 a_{ij} 接近于 0,则表明其对应的两种模式之间的转移极少发生。M_i, M_j 为第 i 和第 j 种驾驶行为模式。

$$M_i, M_j \in \{M_1, M_2, M_3, M_4, M_5, M_6, M_7, M_8, M_9, M_{10}, M_{11}, M_{12}\}$$

↓　　↓　　↓　　↓　　↓　　↓　　↓　　↓　　↓　　↓　　↓　　↓

FD　AP　FF　MF　NF　OP　FL　FR　CL　CR　EB　OT

　　　　　　　　　　　　　　　　LC　LC　LC　LC

其中,FD 指自由直行,AP 指迫近,FF 指远距离跟驰,MF 指中距离跟驰,NF 指近距离跟驰,OP 指渐远,FLLC 指自由左换道,FRLC 指自由右换道,CLLC 指受限左换道,CRLC 指受限右换道,EB 指紧急制动,OT 指不在以上范围内的其他模式。

$$
\begin{array}{c}
\begin{array}{ccccc} M_1 & M_2 & M_3 & \cdots & M_N \end{array} \\
\boldsymbol{A} = \begin{array}{c} M_1 \\ M_2 \\ M_3 \\ \vdots \\ M_N \end{array}
\begin{bmatrix}
a_{11} & a_{12} & a_{13} & \cdots & a_{1N} \\
a_{21} & a_{22} & a_{23} & \cdots & a_{2N} \\
a_{31} & a_{32} & a_{33} & \cdots & a_{3N} \\
\vdots & \vdots & \vdots & & \vdots \\
a_{N1} & a_{N2} & a_{N3} & \cdots & a_{NN}
\end{bmatrix}
\end{array}
\tag{7.4}
$$

12 种驾驶模式之间的相互转移可构造出一个包含 144 个（12×12）转移概率值的驾驶模式转移概率矩阵，以其中每一个元素为一个候选特征指标，采用基于互信息的指标优选算法，有效表达驾驶风格激进程度，并将优选指标作为分类器输入，训练随机森林分类器，得到驾驶风格的评测模型，如图 7.13 所示。

图 7.13　基于驾驶模式转移特性的驾驶风格评测方法

2）驾驶风格评测比对标准的建立

基于数据库中 28 名驾驶人的试验数据，由 3 名经验丰富的专家分别对每名驾驶人在驾驶模式转移方面的激进程度进行评价（正常、较激进、激进），得到 E_A，E_B，E_C 3 个评价值。按式（7.5）中所述规则，综合 3 名专家的评分，得到每名驾驶人在驾驶模式转移方面所表现出的驾驶风格，并以此作为该驾驶人在驾驶模式转移维度驾驶风格的真值与所提出的算法评测结果进行对比。

$$
S_{DS} = \begin{cases}
E_A, & \text{如果 } E_A = E_B = E_C \\
E_A, & \text{如果 } E_A = E_B \neq E_C, |E_A - E_C| \leqslant 1 \\
E_A, & \text{如果 } E_A = E_C \neq E_B, |E_A - E_B| \leqslant 1 \\
E_B, & \text{如果 } E_B = E_C \neq E_A, |E_A - E_B| \leqslant 1 \\
\text{重新评价}, & \text{否则}
\end{cases}
\tag{7.5}
$$

式中　S_{DS}——主观评价的驾驶风格真值；

　　　E_A，E_B，E_C——3 名专家的评分值。

当 3 人评价结果完全一致时，以 3 人一致的评价结果作为该驾驶人驾驶风格的真值；当有 2 人评价结果一致，第 3 人与其他 2 人评价的驾驶风格等级之差不超过 1 级时，以 2 人的一致评价结果作为该驾驶人驾驶风格的真值；当 3 人评价结果均不一致或 2 人评价结果一致但第 3 人与其他 2 人评价的驾驶风格之差大于 1 级时，3

名专家重新对该驾驶人的驾驶风格进行评价,直至满足上述条件为止。

3 名专家的评价结果显示,其对驾驶风格的评价具有良好的一致性。针对 93% 驾驶人的驾驶风格评价结果完全一致或 2 人一致但与第 3 人的评价结果之差不超过 1,针对另 2 人的驾驶风格进行重新评价,并达成了一致意见。为检验 3 名专家激进度评分的可信度,本研究采用克朗巴哈系数(Cronbach's alpha)进行量化评测,当其大于 0.8 时,认为可信度较高。结果显示,3 名专家评分的克朗巴哈系数为 0.85,具有良好的可信度。

根据驾驶风格主观评价的结果对驾驶风格进行分类,得到正常型驾驶人样本 7 个,较激进驾驶人样本 13 个,激进驾驶人样本 8 个。

3)典型驾驶模式转移形态

采用基于互信息的特征指标优选算法选出最优的 5 种可表征驾驶风格的驾驶模式转移形态,如图 7.14 所示,分别为近距离跟驰→受限右换道(NF→CRLC)、受限右换道→受限左换道(CRLC→CLLC)、受限左换道→迫近(CLLC→AP)、迫近→受限右换道(AP→CRLC)、受限左换道→自由直行(CLLC→FD)。

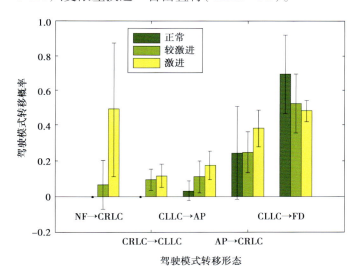

图 7.14　5 种最优驾驶模式转移形态

7.3.1　近距离跟驰到受限右换道转移形态

针对该驾驶模式转移形态的一个典型示例如图 7.15 所示。驾驶人通过频繁调整加速踏板开度值保持与前车在 90 km/h 的速度下近距离跟驰,在历经较短的时间后,驾驶人增大加速踏板开度,提升自车车速,同时转动方向盘,换到右侧车道高速行驶。换道过程中方向盘转角包括换道和回正两个阶段,纵向加速度随加速踏板开度的增大而增大,横向加速度与方向盘转角呈现类似变化趋势,但滞后于方向盘转角变化的相位。

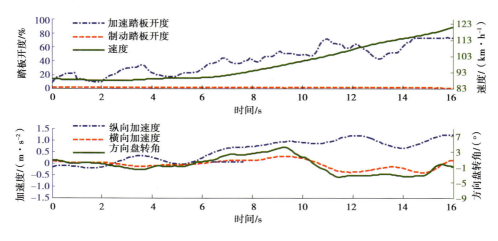

图 7.15　近距离跟驰到受限右换道转移形态示例

驾驶人由近距离跟驰转移到受限右换道发生的概率越高,驾驶风格越激进。如图 7.14 所示,正常型驾驶人该驾驶模式转移形态发生的概率基本为 0,较激进型驾驶人发生的概率为 0.07,激进型驾驶人发生的概率为 0.49,该驾驶模式转移形态的概率分布在 3 种风格类型驾驶人中差异显著($p<0.001$)。

7.3.2　受限右换道到受限左换道转移形态

针对该驾驶模式转移形态的一个典型示例如图 7.16 所示。驾驶人通过增大加速踏板开度实现车辆加速,同时转动方向盘,换到右侧车道高速行驶,当迅速超过前车之后,再降低车速,重新回到原始车道继续行驶。连续 2 次方向相反的换道模式构成了一次超车,2 次换道模式之间衔接非常紧密,多发生在同车道前车速度明显低于自车车速的情况下。一般情况下,驾驶人应选择从左侧超车,安全程度较高。驾驶人从右侧超车发生的概率越高,表明驾驶人对右侧超车的认知危险度越低,驾驶风格越激进。

驾驶人由受限右换道转移到受限左换道发生的概率越高,驾驶风格越激进。如图 7.14 所示,正常型驾驶人该驾驶模式转移形态发生的概率基本为 0,较激进型驾驶人发生的概率为 0.10,激进型驾驶人发生的概率为 0.11,该驾驶模式转移形态的概率分布在 3 种风格类型驾驶人中差异显著($p=0.001$)。

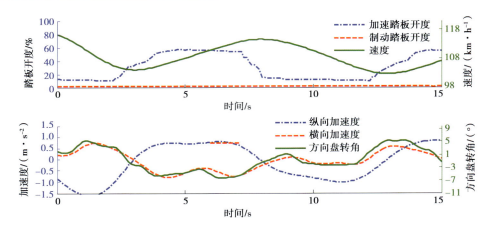

图 7.16　受限右换道到受限左换道转移形态示例

7.3.3　受限左换道到迫近转移形态

针对该驾驶模式转移形态的一个典型示例如图 7.17 所示。驾驶人通过增大加速踏板开度实现车辆加速,同时转动方向盘,换到左侧车道高速行驶,当驾驶人发现左侧车道的前车速度较低时,驾驶人松开加速踏板,以近乎匀减速迫近前车。经常性地换道后迫近前车会增加行驶的危险程度。

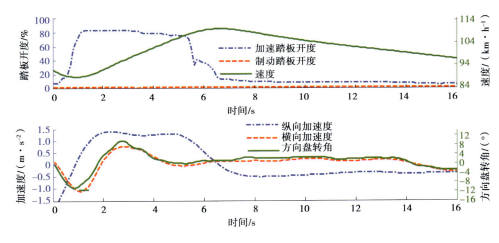

图 7.17　受限左换道到迫近转移形态示例

驾驶人由受限左换道转移到迫近发生的概率越高,驾驶风格越激进。如图 7.14所示,正常型驾驶人该驾驶模式转移形态发生的概率基本为 0.03,较激进型驾驶人发生的概率为 0.11,激进型驾驶人发生的概率为 0.17,该驾驶模式转移形态的概率分布在 3 种风格类型驾驶人中差异显著($p = 0.007$)。

7.3.4 迫近到受限右换道转移形态

针对该驾驶模式转移形态的一个典型示例如图 7.18 所示。驾驶人通过松开加速踏板,使车辆减速行驶,同时逐渐迫近前车,当与前车之间的距离达到驾驶人感知的危险距离时,转动方向盘,同时踩下加速踏板,使得车辆加速,完成换道操作。迫近驾驶模式与其后向驾驶模式组合在一起可进一步反映驾驶人的迫近决策和意图。根据对试验数据的分析,可将迫近决策和意图分为迫近跟驰、迫近换道和迫近制动三大类。如图 7.18 所示为一个典型的迫近换道操作。

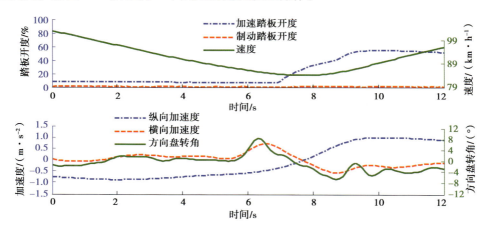

图 7.18 迫近到受限右换道转移形态示例

驾驶人由迫近转移到受限右换道发生的概率越高,驾驶风格越激进。如图 7.14 所示,正常型驾驶人该驾驶模式转移形态发生的概率基本为 0.23,较激进型驾驶人发生的概率为 0.23,激进型驾驶人发生的概率为 0.38。该驾驶模式转移形态的概率分布在 3 种风格类型驾驶人中差异并不显著($p=0.148$)。

7.3.5 受限左换道到自由直行转移形态

针对该驾驶模式转移形态的一个典型示例如图 7.19 所示。驾驶人通过转动方向盘,同时增大加速踏板开度,实现车辆加速换道,完成换道操作后,车辆保持较大的加速踏板开度,并保持方向盘在中间位置,使得车辆逐步以目标车速行驶。激进型驾驶人该驾驶模式转移形态发生概率较低的原因是,与激进度较低的驾驶人相比,其在受限左换道模式下由相对较大的概率转向了除自由直行之外的其他模式。

驾驶人由受限左换道转移到自由直行发生的概率越低,驾驶风格越激进。如图 7.14 所示,正常型驾驶人该驾驶模式转移形态发生的概率基本为 0.69,较激进型驾驶人发生的概率为 0.54,激进型驾驶人发生的概率为 0.47。该驾驶模式转移形态的概率分布在 3 种风格类型驾驶人中差异显著($p=0.048$)。

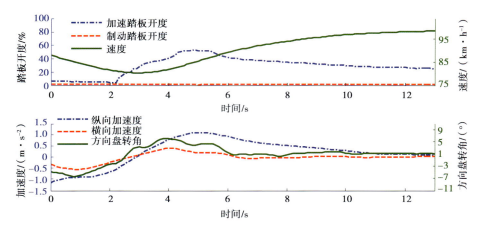

图 7.19　受限左换道到自由直行转移形态示例

由以上分析可知,驾驶风格越激进,驾驶人由近距离跟驰转移到受限右换道的概率越高,由受限右换道转移到受限左换道的概率越高,由受限左换道转移到迫近的概率越高,由迫近转移到受限右换道的概率越高,由受限左换道转移到自由直行的概率越低。直观可见,5 种驾驶模式转移形态均与受限换道模式相关,受限换道发生概率可直接表征驾驶人的驾驶风格。驾驶风格越激进,与换道相关的典型驾驶模式转移形态发生概率也就越高。此外,5 种典型驾驶模式转移形态中有两种与迫近模式相关,一种与近距离跟驰模式相关。迫近前车的速度过快或者迫近末段与前车距离过近都会严重威胁行车安全。近距离跟驰、迫近次数发生越多,代表驾驶人行为越激进。基于以上分析可得,对受限换道、迫近和近距离跟驰模式进行有效监测,可实现驾驶风格在驾驶模式转移特性维度的有效评测。

7.3.6　分类器设计及驾驶风格评测方法验证

由于受样本数量限制,本节使用 28 人的数据对本部分所提出的驾驶风格评测算法进行留一法交叉验证,结果如图 7.20 所示。纵坐标轴表示基于驾驶模式转移概率特性判定的该驾驶人隶属于激进型驾驶风格的概率,横轴表示专家评分确定的驾驶风格类型。所有正常型的驾驶人均被准确辨识为正常型,且所有激进型驾驶人也均被准确辨识为激进型,较激进驾驶人中有一人被辨识为正常型,一人被辨识为激进型。从所有驾驶人隶属于激进型驾驶风格的概率上看,本研究提出的基于驾驶模式转移特性的驾驶风格评测方法可实现对驾驶风格的有效评测,总体辨识精度为93%,见表 7.2。

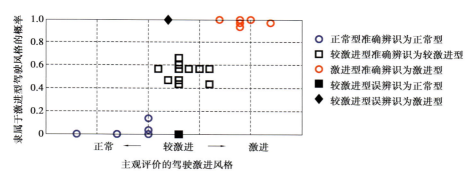

图 7.20　各驾驶人风格类型隶属于激进型的概率

表 7.2　基于驾驶模式转移概率的驾驶风格评测结果

真实驾驶风格	分类辨识		
	正常	较激进	激进
正常	7/7	0/7	0/7
较激进	1/13	11/13	1/13
激进	0/8	0/8	8/8

　　针对不同驾驶风格类型的驾驶模式转移概率进行分析,如图 7.21—图 7.23 所示,图中横轴表示前向驾驶模式,纵轴表示后向驾驶模式,对应色块表示由前向驾驶模式转移到后向驾驶模式的概率,色调越暖表示该驾驶模式转移概率值越高。以前向模式为受限左换道为例,正常型驾驶人受限右换道之后,极大概率会保持自由直行;而较激进驾驶人受限右换道之后,除有较大概率会采取自由直行外,还有较大概率会迫近前车行驶;对激进型驾驶人,受限右换道之后除了会采取自由直行和迫近模式外,还有较大可能会采取受限左换道模式。

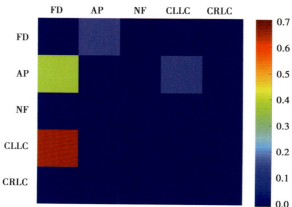

图 7.21　正常型风格驾驶人的典型驾驶模式转移概率
（FD：自由直行；AP：迫近；NF：近距离跟驰；
CLLC：受限左换道；CRLC：受限右换道）

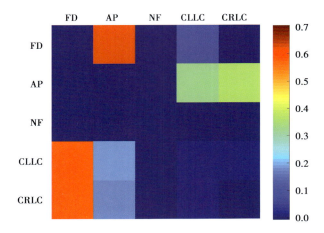

图 7.22　较激进型风格驾驶人的典型驾驶模式转移概率
（FD：自由直行；AP：迫近；NF：近距离跟驰；
CLLC：受限左换道；CRLC：受限右换道）

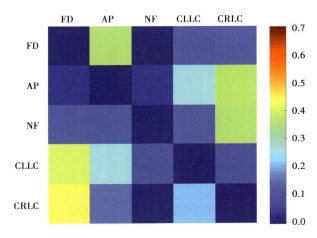

图 7.23　激进型风格驾驶人的典型驾驶模式转移概率
（FD：自由直行；AP：迫近；NF：近距离跟驰；
CLLC：受限左换道；CRLC：受限右换道）

由图 7.21—图 7.23 中展示结果可知，驾驶风格越激进，驾驶人由迫近模式转移到受限换道模式的概率越高，且正常型驾驶人较少采取受限右换道模式，而较激进和激进型的驾驶人则相对较多地采取受限右换道模式。

综上可知，驾驶激进程度越低，驾驶模式转移形态越单一，与人的常识认知相一致。驾驶激进程度越高，驾驶人保持同一种驾驶模式行驶的意向越弱，越倾向于通过模式间的不断转移达到减少行车时间以尽快到达目的地或者获得更大驾驶乐趣等目的。

传统意义上的驾驶模式层参数包括各驾驶模式时长占比、发生频次以及平均时长等特征。对各驾驶风格类型的驾驶人在各驾驶模式的总时长占比方面的表现差异进行分析,见表 7.3。激进型驾驶人更偏向于通过迫近、跟驰、受限换道等与道路交通流中其他参与者有交互的方式行驶,自由直行驾驶模式的总时长占比显著低于正常型驾驶人($p=0.003$),而迫近驾驶模式的总时长占比显著高于正常型驾驶人($p=0.022$),但激进型与较激进型驾驶人在这两种驾驶模式的总时长占比方面并没有明显差异。在受限换道方面,驾驶风格越激进,驾驶人行车过程中受限换道总时长占比越高,且在受限左换道($p=0.005$)和受限右换道($p<0.001$)两方面均呈现显著性差异。在其他模式的总时长占比方面,不同激进风格驾驶人之间并没有显著差异。

表 7.3　各驾驶模式总时长占比在不同风格驾驶人之间的对比

驾驶模式	总时长占比			
	正常	较激进	激进	p
自由直行	56.8(8.4)	35.2(13.3)	41.4(11.6)	0.003**
迫近	9.3(4.5)	15.6(5.5)	15.1(3.1)	0.022*
远距离跟驰	8.2(5.4)	8.6(3.6)	5.9(6.1)	0.465
中距离跟驰	5.0(5.3)	8.1(3.6)	5.4(2.6)	0.167
近距离跟驰	0.1(0.2)	2.5(4.2)	5.1(5.5)	0.087
渐远	9.6(5.8)	18(13.3)	8.2(6.5)	0.079
紧急制动	2.2(1.9)	1.9(1.1)	2.7(1.4)	0.483
自由左换道	1.7(1.0)	1.7(1.0)	2.6(1.3)	0.168
自由右换道	1.8(0.6)	1.4(1.5)	1.1(0.7)	0.449
受限左换道	2.3(1.2)	3.1(1.8)	5.3(2.0)	0.005**
受限右换道	1.9(1.1)	3.4(2.0)	6.6(2.4)	<0.001**
其他	0.9(1.3)	0.6(0.6)	0.6(0.4)	0.707

注: * 为在 0.05 水平上具有显著性差异;** 为在 0.01 水平上具有显著性差异。

对各驾驶风格类型的驾驶人在各驾驶模式的百公里发生频率的表现差异进行分析,见表 7.4。驾驶风格越激进,迫近模式的百公里发生频率越高,不同风格类型的驾驶人之间差异显著($p<0.001$)。中距离和近距离跟驰模式的百公里发生频率同样与驾驶风格激进程度呈正相关关系(中距离跟驰:$p=0.001$;近距离跟驰:

$p = 0.030$）。在受限换道方面，驾驶风格越激进，驾驶人在百公里内发生受限换道模式的频率就越高，且在不同驾驶风格间差异显著（受限左换道：$p = 0.002$；受限右换道：$p < 0.001$），可有效表征驾驶人的驾驶风格。以上在不同驾驶风格的驾驶人之间差异显著的驾驶模式百公里发生频率，均可考虑作为驾驶风格激进程度的有效表征指标。

表 7.4　各驾驶模式百公里发生频率在不同风格驾驶人之间的对比

驾驶模式	百公里发生频率			
	正常	较激进	激进	p
自由直行	27（5）	24（8）	33（7）	0.072
迫近	11（7）	23（7）	25（4）	<0.001 **
远距离跟驰	7（3）	9（4）	7（6）	0.469
中距离跟驰	3（2）	8（2）	6（2）	0.001 **
近距离跟驰	0（0）	3（4）	5（4）	0.030 *
渐远	8（5）	14（9）	7（5）	0.065
紧急制动	5（3）	5（3）	8（4）	0.234
自由左换道	5（3）	5（3）	6（3）	0.513
自由右换道	5（3）	4（5）	3（2）	0.492
受限左换道	7（5）	10（5）	16（5）	0.002 **
受限右换道	6（3）	11（5）	20（5）	<0.001 **
其他	3（2）	3（2）	3（1）	0.925

注：* 为在 0.05 水平上具有显著性差异；** 为在 0.01 水平上具有显著性差异。

对各驾驶风格类型的驾驶人在各驾驶模式的平均时长方面的表现差异进行分析，见表 7.5。驾驶风格越激进，驾驶人保持自由直行模式行驶的时长越短（$p < 0.001$），迫近前车所需的时间也越短（$p = 0.026$）。在换道表现方面，驾驶风格的激进程度只在自由左换道模式上呈显著性差异（$p = 0.001$）。驾驶风格越激进，自由左换道所需时长越长，但正常型和较激进型驾驶人在这方面并没有明显差异。这种表现很可能是由于在自由左换道模式下，激进型驾驶人的车速普遍较高，驾驶人为保证行车安全与舒适性，其换道的横向速度也就较小，导致其换道时间略长于正常型驾驶人的换道时间。

基于以上对传统驾驶模式层各特征参数的分析，选取各驾驶模式的百公里发生频率作为随机森林分类器的输入，与本研究提出的基于驾驶模式转移概率特性的驾驶风格评测方法进行对比分析。为了与本研究所提算法的输入参数数量保持一致，选取在各驾驶风格类型间表现差异最显著的 5 个特征作为分类器的输入，分别为迫近、中距离跟驰、近距离跟驰、受限左换道和受限右换道 5 种驾驶模式的百公里发生频率。

表 7.5　各驾驶模式平均时长在不同风格驾驶人之间的对比

驾驶模式	平均时长			
	正常	较激进	激进	p
自由直行	41.9(43.7)	33.4(27.1)	27.7(30.9)	<0.001 **
迫近	15.9(18.7)	15.2(10.8)	12.9(12.0)	0.026 *
远距离跟驰	22.6(16.6)	21.8(16.9)	20.2(14.5)	0.636
中距离跟驰	31.4(63.6)	23.7(20.6)	20.4(16.7)	0.210
近距离跟驰	8.7(2.1)	19.1(19.2)	20.1(18.2)	0.581
渐远	23.6(18.5)	29.0(26.3)	25.4(25.6)	0.170
紧急制动	7.6(4.5)	8.7(5.4)	7.5(5.2)	0.205
自由左换道	7.3(2.0)	7.2(2.0)	8.4(2.5)	0.001 **
自由右换道	6.8(2.6)	7.4(2.9)	7.1(1.8)	0.486
受限左换道	6.7(2.0)	7.1(2.0)	7.0(1.9)	0.457
受限右换道	6.6(2.2)	6.9(2.8)	6.9(2.3)	0.684
其他	5.4(6.2)	5.3(5.9)	4.9(5.6)	0.934

注：* 为在 0.05 水平上具有显著性差异；** 为在 0.01 水平上具有显著性差异。

使用与本节之前研究相同的 28 名驾驶人作为测试样本，由其在迫近、中距离跟驰、近距离跟驰、受限左换道和受限右换道 5 种驾驶模式的百公里发生频率组成特征向量作为分类器输入，采用留一法做交叉验证，得到各驾驶人隶属于激进型驾驶风格的概率如图 7.24 所示。所有正常型的驾驶人均被准确辨识为正常型，且所有激进型驾驶人也均被准确辨识为激进型。但在对较激进型驾驶人的分类辨识中，两人被辨识成了正常型，5 人被辨识成了激进型。总体辨识精度为 75%，见表 7.6。说明本研究提出的基于驾驶模式转移概率特性对驾驶风格进行评测的算法性能良好，取得了优于传统方法的辨识效果。

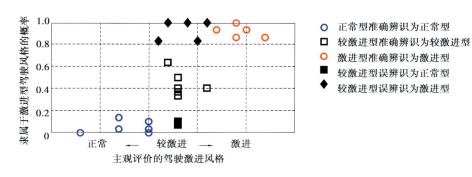

图 7.24　各驾驶人风格类型隶属于激进型的概率

表 7.6　基于各驾驶模式百公里发生频率的驾驶风格评测结果

真实驾驶风格	分类辨识		
	正常	较激进	激进
正常	7/7	0/7	0/7
较激进	2/13	6/13	5/13
激进	0/8	0/8	8/8

　　对比分析基于驾驶模式转移方法和基于传统方法在驾驶风格辨识方面表现出现较大差异的原因,由于两种方法采用的分类器设计完全一致,所以考虑在两种方法中输入特征参数之间的差异。驾驶模式转移概率方法更多地关注各驾驶模式在时间序列上的相互关联特性,而不只是将各驾驶模式作为独立对象来分析。

　　考虑特征参数之间的信息表达效度,对迫近、中距离跟驰、近距离跟驰、受限左换道和受限右换道 5 种驾驶模式百公里发生频率之间的相关性进行分析,结果见表 7.7。迫近模式与其他 4 种模式之间均存在显著相关性,相关系数为 0.41~0.55。近距离跟驰和受限右换道之间也存在显著相关性,相关系数为 0.43。此外,受限左换道与受限右换道之间的相关系数高达 0.88,且在 0.01 的水平下显著相关。较高且显著的相关特性说明这些特征参数之间存在较大信息冗余度,从而制约了驾驶风格的辨识精度。

表 7.7　5 种典型驾驶模式百公里发生频率之间的皮尔逊相关分析

相关系数	迫近	中距离跟驰	近距离跟驰	受限左换道	受限右换道
迫近	1	0.47 *	0.51 **	0.41 *	0.55 **
中距离跟驰	0.47 *	1	0.26	0.23	0.15
近距离跟驰	0.51 **	0.26	1	0.21	0.43 *

续表

相关系数	迫近	中距离跟驰	近距离跟驰	受限左换道	受限右换道
受限左换道	0.41*	0.23	0.21	1	0.88**
受限右换道	0.55**	0.15	0.43*	0.88**	1

注：* 为在 0.05 水平上具有显著性差异；** 为在 0.01 水平上具有显著性差异。

　　对 5 种典型的驾驶模式转移概率特征进行相关性分析，结果见表 7.8。近距离跟驰到受限右换道的转移形态与受限左换道到迫近的转移形态(0.47)和迫近到受限右换道的转移形态之间存在显著相关性(0.38)；受限右换道到受限左换道的转移形态与受限左换道到迫近的转移形态(0.42)和受限左换道到自由直行的转移形态之间存在显著相关性(−0.39)；受限左换道到迫近的转移形态与受限左换道到自由直行的转移形态之间存在显著相关性(−0.50)。综合来看，对比传统方法中各特征参数之间相关性分析可见，驾驶模式转移概率特征参数之间的相关性和显著性水平均较传统方法有所下降。特征参数之间相关性和显著性低意味着各特征参数之间的信息冗余度小，可更大程度地表达驾驶风格信息，有利于驾驶风格辨识率的提高。该结果也验证了本研究所采用的基于互信息的特征指标优选算法的有效性。

表 7.8　5 种典型驾驶模式转移形态发生概率之间的皮尔逊相关分析

相关系数	NF-CRLC	CRLC-CLLC	CLLC-AP	AP-CRLC	CLLC-FD
NF-CRLC	1	0.19	0.47*	0.38*	−0.33
CRLC-CLLC	0.19	1	0.42*	0.08	−0.39*
CLLC-AP	0.47*	0.42*	1	0.13	−0.50**
AP-CRLC	0.38*	0.08	0.13	1	−0.37
CLLC-FD	−0.33	−0.39*	−0.50**	−0.37	1

注：* 为在 0.05 水平上具有显著性差异；** 为在 0.01 水平上具有显著性差异。

NF-CRLC：近距离跟驰-受限左换道；CRLC-CLLC：受限右换道-受限左换道；CLLC-AP：受限左换道-迫近；AP-CRLC：迫近-受限右换道；CLLC-FD：受限左换道-自由直行。

7.4　面向汽车驾驶操作层的驾驶风格识别

　　本节联合驾驶操作数据、驾驶模式信息与驾驶危险度，基于描述驾驶风格的驾驶操作图搭建神经网络进行驾驶风格辨识，同时对比了不同神经网络与支持向量机在驾驶风格辨识上的优劣。此外,还从数据层面分析了不同驾驶危险度驾驶员的驾驶特点。

7.4.1　汽车驾驶操作图构建

驾驶风格通常表现在驾驶员的日常驾驶中,常见如转动方向盘的快慢和幅度、踩加速踏板和刹车的力度与急缓等,当前对驾驶风格的描述也是以相关操作的几个指标为主,如方向盘转角和加速踏板开度。然而,由于驾驶风格是一个驾驶操作长期累积的结果,其势必和时间序列行为有关联,单纯以某些操作行为去定义驾驶风格略显不足。如何既考虑驾驶员的瞬态驾驶操作行为又不疏漏长时驾驶行为成了一个需要解决的问题。本研究提出了一种嵌套时窗法,以时间连续的多个瞬态驾驶操作为基础,构建了一个具有长时累积效应的驾驶操作描述图。嵌套时窗法将连续瞬态驾驶操作指标映射成一张特殊的"图片"。该图片以操作特征和时间作为横纵轴,成功将瞬态特征与长时累积效应结合,完整地体现驾驶风格在多个时间长度上的特性,同时也为后续驾驶风格辨识带来了新的思路。嵌套时窗法的简明示意图如图7.25 所示。

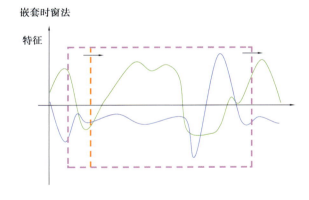

图 7.25　嵌套时窗法简明示意图

嵌套时窗法,顾名思义本质为利用时间窗的嵌套解析数据在时间轴上的特点。主要的要素包含大时窗、小时窗、步进。以大时窗为长时累积效应计算框体,以小时窗作为瞬态操作特征计算基础,通过步进将瞬态操作特征按照时间序列的方式排列,达到一种长时累积效应的效果,进而完整表达驾驶风格(Li et al., 2019)。下面对主要名词进行说明。

①大时窗(big time window, T_B):一个较长的时间窗口,用于在完整时间序列数据上框选出时间长度能够表征驾驶风格的长段数据,即长时累积效应,本研究选取的大时窗长度为 60 s。

②小时窗(small time window, T_S):一个较小的时间窗口,用于在大时窗框选出的数据段中进行短时间维度的计算,表征出较短时间内的数据变化,即瞬态操作特

征,本研究选取的小时窗长度为 2 s。

③步进:每次移动时间窗的长度,本研究选择的步进为半个时间窗长度(即大时窗的步进为 30 s,小时窗的步进为 1 s),提高数据平滑性,防止数据变化太大而造成结果失真。

④"像素":原指图片中的最小不可分割的单位/元素,具有明确位置和色彩数值,在本研究中指驾驶操作图中的最小不可分割的单位,具有特定的数值含义。

⑤基础特征(basic feature,BF):由 CAN 总线提取出来,经由或借助外在设备表现出来的驾驶员操作层上的特征,在本研究中具体为加速踏板位置、车速、制动踏板位置、方向盘转角、车辆横向加速度、车辆横摆角速度 6 个基础特征。

⑥统计学特征(Statistical Feature,SF):数据在统计学意义上的特征,本研究中选择了均值、最小值、最大值、中位数、25%分位数、75%分位数和标准差 7 个统计学特征。

通过嵌套时窗法,本研究在时间维度上将上述基础特征和统计学特征构建成了表征一段时间内驾驶员操作行为的驾驶操作图,具体构建流程如图 7.26 所示。

汽车驾驶操作图的构建步骤如下所述。

①大时窗框选。长时累积效应表达,即对时间序列数据使用大时窗进行框选,框选出的数据长度为大时窗长度 60 s,数据特征维度为 6 维,即 6 个基础特征,得到的数据格式为 6(特征)×60(s)。

②小时窗框选。瞬态操作特征表达,即在上述大时窗框选后的数据段上继续选取小时窗长度的数据段即 2 s 的长度,用以计算瞬态操作特征,此时数据特征维度依旧为 6 维,得到的数据格式为 6(特征)×2(s)。

③统计特征计算。对于小时窗长度的时间序列数据,针对每个基础特征计算 2 s时间长度的 7 个统计学特征,计算出 6×7=42 维的瞬态操作特征,组成向量形式,即数据格式为 42(特征)×1(小时间窗)。

④小时窗步进。步进 1/2 个小时窗长度,即 1 s,重复步骤②和步骤③,直至对整个大时窗内的时间序列数据全部计算完毕。

⑤特征向量组合。将这些计算得出的 60 个 42 维特征向量按照时间维度组合成 42(特征)×60(小时间窗)的特征矩阵,其横向为时间轴,纵向为特征轴。

⑥大时窗步进。步进 1/2 个大时窗长度即 30 s,重复步骤②至步骤⑤,直至计算完成整个时间序列数据。

归一化。将上述特征矩阵进行归一化,按比例缩放至(0,1)之间,如式(7.6)所示,从而得到最终的驾驶操作图(Driving Operational Pictures,DOPs)。

$$x_{norm} = \frac{x - x_{min}}{x_{max} - x_{min}} \tag{7.6}$$

式中　x_{max},x_{min},x_{norm}——对应数据的最大值、最小值和归一化之后的值。

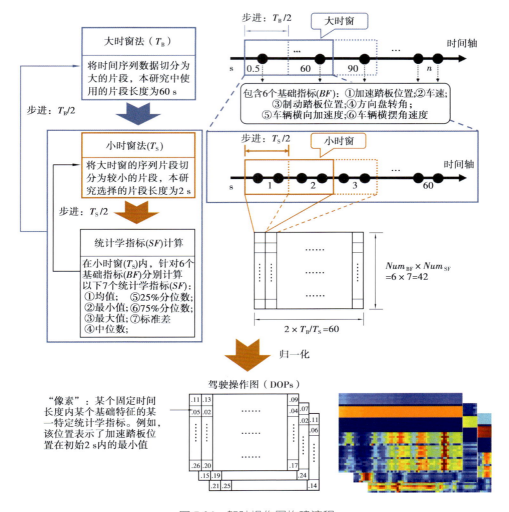

图 7.26　驾驶操作图构建流程

　　归一化后的特征矩阵即为本研究中基于瞬态操作特征实现对长时累积效应表达的驾驶操作图。图 7.26 中驾驶操作图横向为时间轴,纵向为特征轴。因此,每一对(时间,特征)对应驾驶操作图中的一个"像素",例如第一列第二行的"像素"则表示加速踏板位置在初始 2 s 内的最小值。

　　针对每一段行程,通过上述方法构建了驾驶操作图,并形成基于操作层的驾驶风格辨识研究数据库。在总计 27 名驾驶员的驾驶数据中提取了 3 634 张驾驶操作图,其中,低、中、高危险度分别有 798/1 683/1 153 张驾驶操作图,为下一步搭建神经网络模型,分类预测驾驶风格做好了前期数据准备。

7.4.2　神经网络模型简介

本研究采用了 3 种神经网络模型,基于上述嵌套时窗法构建的驾驶操作图对 3 种不同的驾驶风格(高、中、低危险度)进行分类预测。这 3 种神经网络分别是卷积神经网络(Convolutional Neural Network,CNN)、长短期记忆网络(Long Short-Term Memory,LSTM)以及预训练长短期记忆网络(pretrained-LSTM)。

(1)卷积神经网络

卷积神经网络最早来自多层感知机。经由局部连接与权值共享两种方式,使得卷积神经网络权值数量减少,模型的复杂度也显著降低,也因此过拟合风险相对更小且模型相对易于优化。和传统的基于统计学习理论的机器学习算法,如逻辑回归、支持向量机相比,卷积神经网络避免了复杂的特征提取和数据重建过程,在二维图像中具有很大的优势。因此,卷积神经网络被广泛应用在图像分类任务上。

卷积神经网络是一类至少在网络的一层中使用卷积运算来替代一般矩阵乘法运算的神经网络。和普通神经网络相同的是,卷积神经网络的网络架构也为输入层、隐含层和输出层。不同之处在于卷积神经网络的隐含层又可以分为卷积级、探测级、池化级。

卷积级是卷积神经网络的核心架构。卷积级依靠卷积运算达到对图像进行特征提取的目的。通过卷积运算,可以使得原始信号的某些特征加强,并降低噪声带来的影响。在通常形式中,卷积是对 2 个实变函数的一种数学运算,通常用星号($*$)表示。例如,将$(f*g)(n)$称为f,g的卷积。

连续形式的卷积定义为

$$(f*g)(n) = \int_{-\infty}^{\infty} f(\tau)g(n-\tau)\,\mathrm{d}\tau \tag{7.7}$$

离散形式的卷积定义为

$$(f*g)(n) = \sum_{\tau=-\infty}^{\infty} f(\tau)g(n-\tau) \tag{7.8}$$

在神经网络中,卷积运算的对象为 2 个张量。以二维张量(矩阵)为例,如图 7.27 所示,输入矩阵 I 经由过滤器(卷积核)F 通过点积运算(对应位置相乘,然后相加)得到输出矩阵 O。卷积核通常情况下为 1 个固定大小的方阵,常见的卷积核尺寸有 1×1,3×3 等。卷积核的个数用于产生想要的特征图数目,即对某一块数据反复提取有用数据,提高特征有效性。

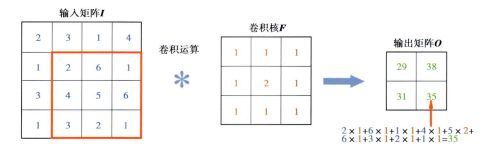

图 7.27　卷积运算示意图（以二维张量为例）

神经网络的卷积运算中有两个额外的参数。

铺垫（padding）：由于在进行卷积运算时，输入矩阵的边缘会比矩阵内部元素计算次数少，导致输入矩阵在卷积运算后变小，如图 7.28 所示。因此，在原输入矩阵四周补 0，可以使得经过卷积运算后的矩阵大小不变，将此操作称为铺垫（卷积核大小为 1 时不需要进行 padding）。

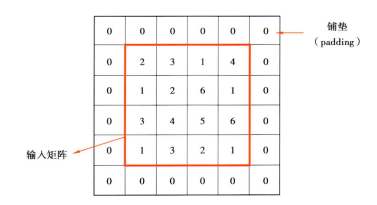

图 7.28　padding 示意图（红框为输入矩阵，四周的 0 为 padding）

步长（stride）：卷积核在输入矩阵上每次移动的长度记为步长，分为横、纵向步长。如图 7.29 所示，当步长为 1 时，卷积运算区域由红色框移至蓝色框的位置。

探测级一般指将卷积级的线性输出经过一个非线性激活函数。通过这个非线性激活函数，神经网络能够更好地拟合非线性的特征，因而具有更加强大的表达能力。常见的激活函数有 sigmoid 函数、tanh 函数、整流线性（Rectified Linear Unit，ReLU）激活函数及其改进等。

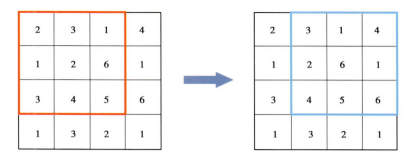

图 7.29　步长示意图（步长为 1 的情况）

sigmoid 函数定义如式（7.9）所示。

$$S(x) = \frac{1}{1 + e^{-x}} \qquad (7.9)$$

tanh 函数定义如式（7.10）所示。

$$\tanh(x) = \frac{e^x - e^{-x}}{e^x + e^{-x}} \qquad (7.10)$$

ReLU 函数定义如式（7.11）所示。

$$f(x) = \max(0, x) \qquad (7.11)$$

它们的曲线如图 7.30 所示。

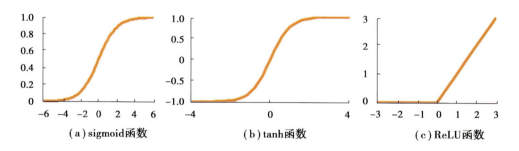

（a）sigmoid函数　　　　　（b）tanh函数　　　　　（c）ReLU函数

图 7.30　3 种激活函数示意图

（S 形函数：sigmoid；双曲正切函数：tanh；整流线性函数：ReLU）

池化级主要依靠池化函数进一步调整隐含层的输出。池化函数使用某一位置相邻输出的总体统计特征来代替网络在该位置的输出。池化函数的主要参数为尺寸和步长。尺寸即某一位置相邻区域的大小，常见如 2×2,3×3 等。步长与卷积级步长类似，为区域在卷积级输出上移动的长度。池化函数的主要作用为降采样和近似实现平移不变性。降采样不断地对特征进行降维，压缩数据和参数的数量，在降低过拟合风险的同时提高了模型的容错性。平移不变性是指，当输入做出少量平移时，池化级的大多数输出不会发生改变，从而使得某些重要的特征能够不受输入平移的影响而被保留下来。常见的池化函数有最大池化（max pooling）函数、平均池化（average pooling）函数、基于距中心像素的加权平均池化函数等。

卷积神经网络由多个上述卷积级、探测级、池化级组成的卷积-池化层加上全连接层组成全部的隐含层。全连接层将卷积-池化层的输出即众多提取出来的特征，通过加权线性的方式组合在一起连接到输出层，输出最终的结果。

本研究是一个三分类任务，根据输入驾驶操作图的大小和期望输出，对卷积神经网络架构进行了设计。由于输入的驾驶操作图在横向上为时间轴，在纵向上为特征轴，在纵向特征轴上的卷积无实际物理意义，因此采用一维卷积来对序列化数据进行学习。该卷积神经网络包含输入层、2 个卷积-池化层、1 个全连接层及输出层。第 1 个卷积-池化层采用 32 个 42×5 的卷积核，经过 ReLU 函数激活后，辅以 1×2 的最大池化；第 2 个卷积-池化层采用 64 个 1×3 的卷积核，经过 ReLU 函数激活后，辅以 1×2 的最大池化。然后，对第 2 个卷积-池化层的输出平铺，经由全连接层进行线性处理后传递给输出层。最后，在输出层采用 softmax 函数对分类结果进行概率输出。

softmax 是将多个神经元的输出映射到区间（0,1），在本研究中对应驾驶危险度类别的概率值，并对比各概率值确定最终类别。假定一个数组 V，v_i 表示 V 中的第 i 个元素（$1 \leq i \leq n, i \in N^+$），那么 softmax 值为

$$S_i = \frac{v_i}{\sum_{j=1}^{n} v_j} \tag{7.12}$$

图 7.31 为本研究所使用的卷积神经网络架构。

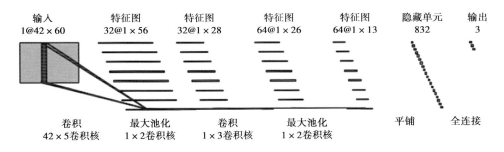

图 7.31　本研究卷积神经网络架构示意图

（2）长短期记忆网络

长短期记忆网络是循环神经网络（Recurrent Neural Network，RNN）的一个变种。循环神经网络是一类以序列数据为输入，在序列的演进方向上进行递归计算且所有节点（循环单元）按照链式连接的神经网络。循环神经网络的结构分为输入层、循环单元所在层、输出层。输入指将序列数据依次传入循环神经网络的输入层。输出则

是对下一个时刻的预测或者对当前时刻信息的处理结果。循环神经网络要求每个时刻都有输入，但不要求每个时刻都有输出。和卷积神经网络类似，循环神经网络在最后也需要接全连接层来完成将当前时刻的状态结果转化为最终的输出。

图 7.32 是一个典型的循环神经网络循环单元结构。如图所示，t 即时间序列中的某一时刻，s_t 表示 t 时刻的样本"记忆"，x_t 表示 t 时刻的输入样本，h_t 表示 t 时刻的输出，W，U，V 分别表示初始输入及后续传递的权重、当前时刻样本输入的权重、当前时刻样本输出的权重。

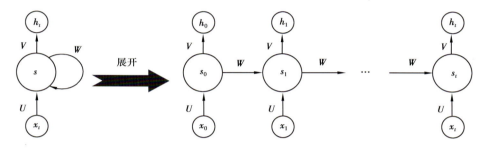

图 7.32　典型 RNN 循环单元所在层结构图

随着序列长度的增加，一般的循环神经网络会丧失学习到较远距离信息的能力，在训练中表现为梯度消失或梯度爆炸，因此引入了长短期记忆网络。LSTM 通过独特的"门"结构（门控单元）将长期信息保留，并通过 LSTM 的核心——细胞状态向后流动。"门"结构是一种让信息选择性通过的方法，包括 1 个 sigmoid 神经网络层和 1 个 pointwise 乘法（按元素相乘）操作。其示意图如图 7.33 所示。

LSTM 通过遗忘门、输入门、输出门 3 种"门"结构实现信息的保留和更新，并利用细胞状态实现"记忆"传递，如图 7.34 所示。

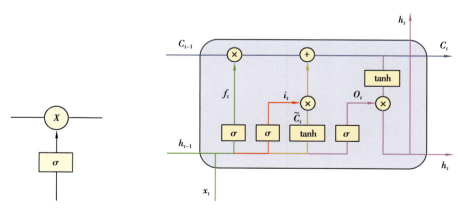

图 7.33　"门"结构示意图　　　　　图 7.34　LSTM 循环单元结构示意图

遗忘门（forget gate），即图 7.34 中绿色线标识的部分。遗忘门控制着上一时刻细胞状态被遗忘的程度。以上一时刻的输出 h_{t-1} 和当前时刻待输入的序列数据 x_t 为输入，通过 sigmoid 函数得到遗忘门输出 f_t。f_t 取值范围 $[0,1]$，表示上一时刻细胞状态被遗忘的概率，"1"表示完全保留，"0"表示完全舍弃，如式（7.13）所示。

$$f_t = \sigma(\boldsymbol{W}_f \cdot [h_{t-1}, x_t] + b_f) \tag{7.13}$$

输入门（input gate），即图 7.34 中红色线和橙色线标识的部分。输入门控制着保留新信息的程度。以上一时刻的输出 h_{t-1} 和当前时刻待输入的序列数据 x_t 作为输入，通过 tanh 函数得到当前时刻新信息 $\widetilde{C}_t$，即橙色线部分，如式（7.14）所示；通过 sigmoid 函数得到当前时刻新信息保留系数 i_t，取值 $[0,1]$，即红色线部分，如式（7.15）所示。

$$\widetilde{C}_t = \tanh(\boldsymbol{W}_C \cdot [h_{t-1}, x_t] + b_C) \tag{7.14}$$

$$i_t = \sigma(\boldsymbol{W}_i \cdot [h_{t-1}, x_t] + b_i) \tag{7.15}$$

细胞状态更新（cell state updating），即图 7.34 中蓝色线标识的部分。细胞状态贯穿整个长短期记忆网络的循环单元层，随时间流动，保留和更新着网络的"记忆"。上一时刻细胞状态 C_{t-1} 经由遗忘门保留历史信息，再和输入门选择的新信息结合，最终更新为当前时刻细胞状态 C_t 并输出，如式（7.16）所示。

$$C_t = f_t \times C_{t-1} + i_t \times \widetilde{C}_t \tag{7.16}$$

输出门（output gate），即图 7.34 中紫色线标识的部分。输出门控制着该单元的细胞状态被过滤的程度。以上一时刻的输出 h_{t-1} 和当前时刻待输入的序列数据 x_t 作为输入，通过 sigmoid 函数得到细胞状态过滤系数 o_t，然后与经过 tanh 函数处理后的细胞状态 C_t 相乘得到本时刻输出 h_t，如式（7.17）所示。

$$o_t = \sigma(\boldsymbol{W}_o \cdot [h_{t-1}, x_t] + b_o)$$
$$h_t = o_t \times \tanh(C_t) \tag{7.17}$$

式（7.13）至式（7.17）中，b_f，b_i，b_C，b_o 为对应偏置；$\boldsymbol{W}_f$，$\boldsymbol{W}_i$，$\boldsymbol{W}_C$，$\boldsymbol{W}_o$ 为对应权重矩阵。

LSTM 需设置的主要参数为数据维度和时间步。数据维度即特征维度，本研究中根据驾驶操作图大小设置为 42；时间步即所输入时间序列长度，根据驾驶操作图大小设置为 60。

（3）预训练长短期记忆网络

CNN 相对于其他网络，在提取新特征方面具有较大优势，通过多次卷积达到对特征进行重构和筛选的目的。因此，将这些新特征提取出来用作其他网络的输出是可行的。本研究将 CNN 和 LSTM 进行结合，首先将前述卷积神经网络第二个卷积-池化层的输出提取出来，然后对该输出重构，最后输入 LSTM，组成了本研究中的预训练长短期记忆网络（pretrained-LSTM）。图 7.35 为该网络的架构示意图。

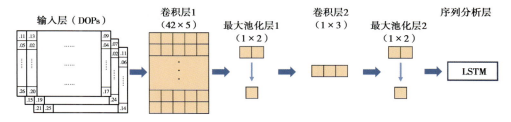

图 7.35　预训练长短期记忆网络架构示意图（LSTM：长短期记忆网络）

特征提取部分的网络架构与前述卷积神经网络的卷积-池化层一致，在此不作赘述。经由特征提取后的驾驶操作图尺寸已经发生变化，经过平铺后为 64×14，因此对后续的序列分析层（LSTM）的参数进行了重设。数据维度设置为 64，时间步设置为 14。

7.4.3　分类模型评估指标

在分类问题中，最常用的模型性能度量指标有错误率（error rate）和分类精度（accuracy）。错误率指分类错误的样本数占样本总数的比例；精度则指分类正确的样本数占样本总数的比例。对于模型 f，给定样本集 $D = \{x_1, x_2, x_3, \cdots, x_i, \cdots, x_n\}$，分类错误率定义为

$$E(f;D) = \frac{1}{n} \sum_{i=1}^{n} I(f(x_i) \neq y_i) \tag{7.18}$$

其中，$I(\cdot)$ 为指示函数，在括号内判别式为真和假时分别取 1，0，y_i 则是第 i 个样本的真实标签。

精度定义为

$$acc(f;D) = \frac{1}{n} \sum_{i=1}^{n} I(f(x_i) = y_i) = 1 - E(f;D) \tag{7.19}$$

根据不同的任务需求产生了其他一些性能度量指标，如查准率和查全率。这些指标可以基于"混淆矩阵"进行计算得到。混淆矩阵是表示精度评价的一种标准格式，一般用 n 行 n 列的矩阵形式表示。对于本研究的三分类问题，对比真实标签和模型预测标签，以低危险度作为真实正例标签为例，其混淆矩阵见表 7.9。

表 7.9　以低危险度为真实正例标签的混淆矩阵

真实危险度标签	预测危险度标签		
	低	中	高
低	TP	FN_1	FN_2
中	FP_1	TN_1	TN_2
高	FP_2	TN_3	TN_4

混淆矩阵中各变量的含义如下。

①真正例(True Positive,TP):真实为正,预测为正,即真实和预测均为低危险度。

②真反例(True Negative,TN):真实为负,预测为负,即真实和预测均为中、低危险度,$TN = TN_1 + TN_2 + TN_3 + TN_4$。

③假正例(False Positive,FP):真实为负,预测为正,即真实为中、高危险度,预测为低危险度,$FP = FP_1 + FP_2$。

④假反例(False Negative,FN):真实为正,预测为负,即真实为低危险度,预测为中、高危险度,$FN = FN_1 + FN_2$。

基于上述4个变量,可计算查准率和查全率。查准率,也称准确率,指正例预测正确的样本数目占全部正例样本的比例。查全率,也称召回率,指正例预测正确的样本占全部真实为正的样本的比例。查准率(Precision,P)和查全率(Recall,R)分别定义为

$$\text{Precision} = \frac{TP}{TP + FP}$$
$$\text{Recall} = \frac{TP}{TP + FN} \tag{7.20}$$

基于查准率和查全率,可以定义F_β度量,表达对查准率或查全率的不同偏好,其定义为

$$F_\beta = \frac{(1 + \beta^2) \times \text{Precision} \times \text{Recall}}{(\beta^2 \times \text{Precision}) + \text{Recall}} \tag{7.21}$$

由式(7.21)可知,$\beta = 1$时为标准F_1度量;$\beta > 1$时查全率有更大影响;$\beta < 1$时查准率有更大影响。

若需要综合考虑模型在不同任务下的"期望泛化性能",或者说,"一般情况下"泛化性能的好坏可以使用ROC(Receiver Operating Characteristic)曲线。基于真正例率(True Positive Rate,TPR)和假正例率(False Positive Rate,FPR)可以画出ROC曲线。曲线越靠近左上角则模型效果越好。对效果的量化一般使用AUC(Area Under Roc Curve)值,即曲线下方面积的值。AUC值越大,则模型效果越佳。针对多分类问题,ROC曲线目前有两种画法,分别是micro-average和macro-average方法。

真正例率为正例预测正确的样本数目占全部正例样本的比例,和查准率计算方式一致;假正例率为反例预测为正例的样本数目占全部反例样本的比例。具体定义为

$$\text{TPR} = \frac{TP}{TP + FP}$$
$$\text{FPR} = \frac{FP}{TN + FP} \tag{7.22}$$

7.4.4　模型训练与结果讨论

1）模型训练与对比

数据库中低、中、高危险度的样本分别为 798/1 683/1 153 张驾驶操作图,将这些样本按照 7∶3 划分为训练集与测试集。应用训练集对前述 3 种神经网络模型进行训练,并测试它们在测试集上的优劣。

为了比较神经网络模型与传统机器学习模型的性能优劣,本研究引入了支持向量机（Support Vector Machine,SVM）作为对比。支持向量机是一种监督学习模型,通过选定超平面并使样本距离超平面的间隔最大化来对待分类样本进行分类。由于一个驾驶操作图中包含 2 520（42×60）维特征而训练样本有限,极易造成过拟合问题（模型泛化能力差）。因此,本研究采用了一种基于条件最大似然的特征筛选算法对 2 520 维特征进行筛选,最终选取前 10 维特征作为样本描述特征。同样,应用训练集对支持向量机模型进行训练,然后测试训练好的模型在测试集的效果。

2）辨识结果展示

3 种神经网络模型与支持向量机在训练集和测试集上达到的效果分别见表 7.10、表 7.11。由表 7.10 可知,3 种神经网络模型在训练集上都达到了 95% 以上的精度,并且查准率、查全率和 F_1 度量值都超过了 90%,效果较佳,优于精度在 93% 的支持向量机。由表 7.11 可知,CNN 在测试集上效果最佳,精度达到了 98.5%,其查准率、查全率和 F_1 度量值也均达到了 95% 以上。LSTM 的效果排在第二,精度达到了 95.7%。这两种模型均优于 SVM 的 92.2% 精度。然而 pretrained-LSTM 的效果最差,精度仅有 47.5%。

表 7.10　4 种模型的训练集结果

模型	精度/%	查准率/%			查全率/%			F_1 度量/%		
		低	中	高	低	中	高	低	中	高
CNN	98.9	96.7	100	100	100	98.4	100	98.3	99.2	100
LSTM	98.3	94.9	100	100	100	97.4	100	97.4	98.7	100
pretrained-LSTM	98.9	96.7	100	100	100	100	97.7	98.3	100	98.8
SVM	93.4	94.6	91.0	96.5	83.5	95.5	97.1	88.7	93.2	96.8

注:CNN 为卷积神经网络;LSTM 为长短期记忆网络;pretrained-LSTM 为预训练长短期记忆网络;SVM 为支持向量机。

表 7.11　4 种模型的测试集结果

模型	精度/%	查准率/%			查全率/%			F_1 度量/%		
		低	中	高	低	中	高	低	中	高
CNN	98.5	100	96.9	100	93.6	100	100	96.7	98.4	100
LSTM	95.7	100	91.4	100	81.7	100	100	89.9	95.5	100
pretrained-LSTM	47.5	4.0	48.7	100	18.7	100	9.5	6.5	65.5	17.4
SVM	92.2	94.0	88.6	93.5	81.7	94.9	96.2	87.4	91.7	94.9

注:CNN 为卷积神经网络;LSTM 为长短期记忆网络;pretrained-LSTM 为预训练长短期记忆网络;SVM 为支持
向量机。

在测试集上的混淆矩阵见表 7.12。由该表可知,CNN 和 LSTM 均只分错了低危险度的样本。其中,CNN 仅将 16 个低危险度的样本错误分类为中危险度,而同样样本分类错误 LSTM 则是 46 个,占了全部低危险度样本的 18.3%。然而,pretrained-LSTM 则将大部分的高危险度(314/347)和低危险度(204/251)样本错误分类为中危险度。因此,在表 7.11 中,pretrained-LSTM 在低危险度样本上的查准率、查全率和 F_1 度量值分别为 4.0%,18.7% 和 6.5%;在高危险度样本上的查准率、查全率和 F_1 度量值则分别为 100%,9.5% 和 17.4%。作为对比的 SVM 则是在 3 种驾驶风格上均有少量样本分错,针对低、中、高危险度分别为 14,25 和 46 个,总计 85 个样本,占了样本总数的 7.8%。

表 7.12　测试集上的混淆矩阵

模型	真实标签	预测标签			精度/%
		高(347)	中(492)	低(251)	
CNN	高	347	0	0	98.5
	中	0	492	0	
	低	0	16	235	
LSTM	高	347	0	0	95.7
	中	0	492	0	
	低	0	46	205	
pretrained-LSTM	高	33	314	0	47.5
	中	0	492	0	
	低	0	204	47	

续表

模型	真实标签	预测标签			精度/%
		高(347)	中(492)	低(251)	
SVM	高	333	14	0	92.2
	中	12	467	13	
	低	0	46	205	

注：CNN 为卷积神经网络；LSTM 为长短期记忆网络；pretrained-LSTM 为预训练长短期记忆网络；SVM 为支持
向量机。

　　为了评估模型的"期望泛化性能"，3 种神经网络模型和支持向量机在测试集上
的 ROC 曲线如图 7.36 所示。

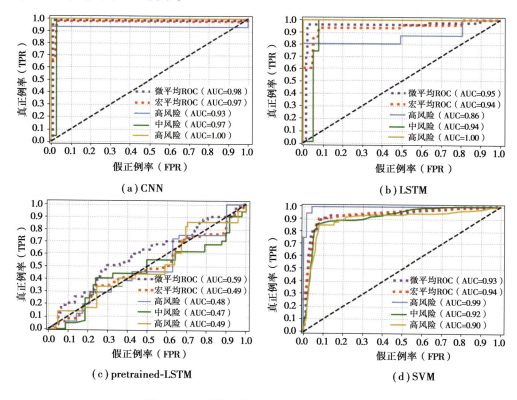

图 7.36　4 种模型在测试集上的 ROC 曲线图

（ROC：受试者工作特性曲线；AUC：曲线下面积）

　　由图 7.36 可知，CNN，LSTMM，pretrained-LSTM 和 SVM 的 macro-average ROC 曲
线的 AUC 值分别为 0.97，0.94，049，0.94，micro-average ROC 曲线的 AUC 值分别为
0.98，0.95，0.59，0.93。同时，CNN 在 3 种驾驶风格下的 AUC 值均高于 0.9，而

pretrained-LSTM 值均低于 0.5。可以看出，CNN 的"期望泛化性能"最佳，而 pretrained-LSTM 的"期望泛化性能"最差。

为了观测不同驾驶风格下操作层特征构建的驾驶操作图的区别，对不同驾驶风格的驾驶操作图进行可视化并画出其直方图，图 7.37 是部分驾驶操作图可视化和直方图的示意图。

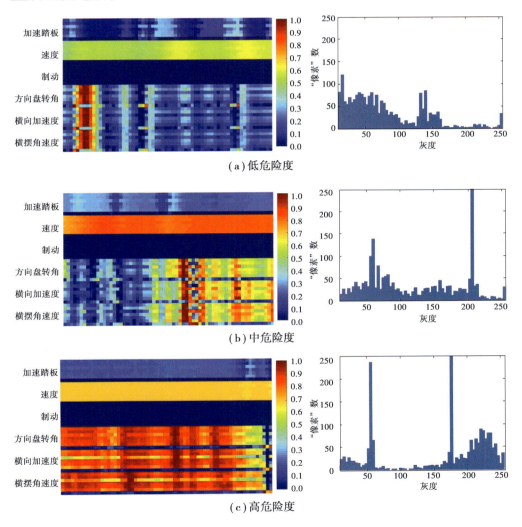

图 7.37　3 种驾驶风格下驾驶操作图及其直方图示例

如图 7.37 所示，深红色表示归一化后的驾驶操作图中对应"像素"的值为 1，深蓝色则表示值为 0。从图 7.37(a)可以看出，低危险度的驾驶员驾驶操作图以蓝色为主，速度栏为黄绿色，这表明低危险度驾驶员的横纵向操作不太频繁，且幅度也较小，同时速度也维持在不太高的水平；从图 7.37(b)可以看出，中危险度驾驶员的驾驶操作图蓝色和红色均占有一定比例,且速度栏显示为橙色,横向操作的后半段也出现了偏红色区域,这表明中危险度驾驶员速度较高,且横向操作增加;从图 7.37(c)可以看出,高危险度驾驶员的横向操作区域几乎均为橙红色,而制动踏板和加速踏板为较深的蓝色,速度栏仍为黄色,这表明高危险度驾驶员在横向操作上非常频繁,且速度保持在较高水平。从对应的灰度图也可以看出在不同驾驶危险度下,灰度值分布存在差异。总的来说,驾驶危险度越高,驾驶员越倾向于高速和更频繁的横向操作。因此,应当将上述区别应用到提升驾驶舒适度和安全性方面,为驾驶辅助系统(ADAS)和智能汽车设计提供帮助。

3)辨识效果分析

从样本分类结果来看,CNN 和 LSTM 都是将低危险度样本错误分类成中危险度。造成这种结果的可能原因有以下两点。

一是视频观测偏差。真实标签的确定来自专家们对驾驶视频的观察,缺乏对真实场景下驾驶员横纵向操作的感受,因此造成了部分中危险度和低危险度样本真实标签的判定错误。

二是类别界限模糊。高危险度驾驶员往往会有很明显的激进操作,例如快速迫近和突然换道,这些行为对确定高危险风格有较大帮助。然而,低危险度和中危险度的驾驶情况类似,界限较为模糊,即使经验丰富的专家也难以精准区分。

从模型分类精度来看,pretrained-LSTM 在测试集上的分类精度不到 50%,而在训练集上却达到了 98.9%。这一拟合现象的原因可能和前置卷积-池化层的输出有关。对第二个卷积-池化层的部分输出进行可视化及其直方图示例,如图 7.38 所示。

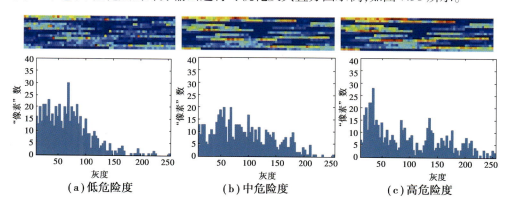

图 7.38　第二个卷积-池化层的部分输出及其直方图示例

如图 7.38 所示,第二个卷积-池化层的输出在不同驾驶风格下没有明显区别,不利于分类,这与图 7.37 中所展示的不同驾驶危险度的结果有较大差异。这是因为 CNN 在卷积-池化过程中虽然提取了适合分类器分类的特征,却破坏了原始驾驶操作图的时间序列信息。然而,LSTM 在处理序列数据上具有一定优势(原始驾驶操作图作为输入时,LSTM 达到了 95.7% 的分类精度)。因此,当时间序列信息被破坏,且引入噪声之后,后续的 LSTM 就无法进行准确判断,达不到预计的良好效果,造成 pretrained-LSTM 分类精度较低。

7.4.5　基于操作层数据的驾驶危险度显著性分析

由本节可知,不同驾驶风格下的驾驶员在操作层上有不同的操作特点,如驾驶危险度越高,驾驶员具有越高的速度和越频繁的横向操作。为了探索在不同驾驶危险度下操作层特征之间的差异程度,以驾驶危险度为自变量,分析前述 42 个统计学特征与驾驶危险度之前的显著性,显著性水平为 $p<0.05$。根据显著性分析结果,在不同驾驶危险度下,这 42 个特征均具有显著差异($p<0.01$),与前述中的结果一致,表明这些特征对分类驾驶危险度有效。

根据前述分析得知,不同危险度的驾驶员在横纵向操作上具有较大区别。为了进一步探究不同危险度的驾驶员在横纵向操作上的差异,选取典型驾驶模式作为基础,分析不同危险度下 42 个特征的显著性差异。

1)直行模式下的驾驶危险度显著性分析

直行驾驶模式是驾驶员在所属车道内前向行驶,为典型纵向驾驶模式。对前述 42 个特征的显著性分析见表 7.13。

表 7.13　直行模式下不同驾驶危险度的特征显著性分析结果

参数	统计方法						
	均值	中位数	最大值	最小值	25%四分位数	75%四分位数	标准差
加速踏板位置	0.003	0.003	0.003	0.004	0.004	0.003	0.785
车速	0.003	0.003	0.003	0.003	0.003	0.003	0.453
制动踏板位置	0.938	0.944	0.903	0.963	0.968	0.876	0.617
方向盘转角	0.994	0.991	0.997	0.962	0.935	0.983	0.173
横向加速度	0.985	0.988	0.999	0.955	0.850	0.989	0.214
横摆角速度	0.893	0.893	0.891	0.871	0.886	0.947	0.936

从表 7.13 可以看出,直行模式下,不同危险度的驾驶员仅在纵向操作上有显著性差异($p<0.05$),主要为加速踏板位置和车速的多数特征(除去标准差)。这表明,不同危险度的驾驶员在车道内行驶时,横向操作较为稳定,在纵向操作上偏好不同程度的车速。从制动踏板位置不存在显著性差异可以得出,驾驶员往往能够保持较为稳定的车速。

2）换道模式下的驾驶危险度显著性分析

换道驾驶模式则是驾驶员在行驶中进行车道更换的驾驶行为，为典型的横向驾驶模式。为了查看左、右换道的不同，分别以左、右换道为基础对前述 42 个特征进行显著性分析，见表 7.14 和表 7.15。

表 7.14　左换道模式下不同驾驶危险度的特征显著性分析结果

参数	统计方法						
	均值	中位数	最大值	最小值	25%四分位数	75%四分位数	标准差
加速踏板位置	0.261	0.261	0.256	0.270	0.268	0.253	0.890
车速	0.225	0.225	0.230	0.220	0.217	0.233	0.161
制动踏板位置	0.076	0.072	0.077	0.078	0.080	0.078	0.327
方向盘转角	0.455	0.248	0.342	0.257	0.170	0.156	0.049
横向加速度	0.344	0.284	0.224	0.248	0.224	0.262	0.199
横摆角速度	0.404	0.338	0.341	0.432	0.282	0.472	0.128

表 7.15　右换道模式下不同驾驶危险度的特征显著性分析结果

参数	统计方法						
	均值	中位数	最大值	最小值	25%四分位数	75%四分位数	标准差
加速踏板位置	0.022	0.022	0.020	0.025	0.028	0.019	0.250
车速	0.012	0.012	0.012	0.012	0.012	0.012	0.741
制动踏板位置	0.820	0.812	0.813	0.824	0.825	0.829	0.847
方向盘转角	0.049	0.014	0.111	0.129	0.143	0.049	0.006
横向加速度	0.179	0.187	0.220	0.272	0.284	0.257	0.020
横摆角速度	0.147	0.054	0.034	0.064	0.083	0.024	0.029

由表 7.14 可知，在左换道模式中，不同危险度的驾驶员仅在方向盘转角的标准差上存在显著性差异（$p = 0.049$）。这表明，不同危险度的驾驶员在进行左换道时速度无明显差别，方向盘的最大摆动幅度差异不大，但平均摆动幅度存在明显差异。

由表 7.15 可知，在右换道模式的纵向行为上，不同危险度的驾驶员在加速踏板位置、车速的大多数特征（除了标准差）上均存在显著性差异（$p < 0.05$），但是加速踏板无显著性差异。这表明，不同危险度的驾驶员在进行右换道时保持着有显著差别

的车速。此外,在横向操作中,方向盘转角的均值、最大值、75%四分位数和标准差以及横摆角速度的最小值、标准差存在显著性差异($p<0.05$)。这表明,不同危险度的驾驶员在操控方向盘进行右换道时,偏好不同大小的摆动幅度,且平均水平也存在显著差异。

从上述分析来看,驾驶员在左换道时,相较于右换道驾驶行为更为保守。

7.5　汽车驾驶风格干预与风险防控

7.5.1　离线反馈报告

研究证明,通过驾驶风格离线反馈报告的形式对驾驶人的不良驾驶行为进行监测和反馈教育,有利于提升其行车安全性。Falk 和 Montgomery 对 353 名年轻驾驶人的调查数据显示,诸如近距离跟驰和频繁换道等危险驾驶模式普遍存在于年轻驾驶人的日常驾驶行为当中。通过对他们的驾驶行为施加反馈干预,并进行后续追踪调查发现,恰当的反馈干预措施可有效提升驾驶人的行车安全性(Falk et al.,2007)。

研究认为,为实现有针对性地对驾驶人的不良驾驶风格进行纠正,实现有的放矢,必须要对驾驶行为进行深入分析,明确缺陷所在,并在此基础上对不同驾驶人群体所表现出的特征进行总结,以提升行车安全性。以色列的 Toledo 等采用类似方法,通过对驾驶人驾驶行为进行分析,并以反馈报告的形式告知其驾驶行为的缺陷所在,使驾驶人对其驾驶危险程度有更为详细的认知,从而有针对性地改进其驾驶行为,极大地提升了被试驾驶人的行车安全性,降低了发生事故冲突的概率(Toledo et al.,2008)。

本研究以前面所阐述的驾驶模式辨识方法和驾驶风格评测方法为基础,使用 MATLAB GUI 工具开发了驾驶风格离线反馈报告应用,如图 7.39 所示。

该报告包括对"历史行车记录及分析"和"行程详细信息"两部分,历史行车记录及分析主要包括对特定驾驶人在一段时间内发生的所有驾驶模式事件的激进度进行分析计算,并以图形化的方式直观地显示在报告中。行程详细信息主要包括行程概况、驾驶模式总结和驾驶模式明细 3 个部分。其中,行程概况主要包括出行日期、行驶时长、驾驶人主要存在的不良驾驶行为、超速时长及最大车速等基本信息;驾驶模式总结包括对驾驶历程内所发生的各驾驶模式的次数、激进度分值和危险等级等总结信息;驾驶模式明细包括对每一个驾驶事件及其前后各 2 个驾驶事件的速度均值、最大值、最小值以及各事件的激进度等级等信息。该报告可有效帮助对应驾驶人详细了解其驾驶风格概况及其驾驶行为中存在的主要问题,可以反馈教育的方式有针对性地改善驾驶人的不良驾驶行为,达到提升行车安全性的目的。该报告可应用于保险公司的精细化保险策略和团体式车队的运营风险管理等相关领域。

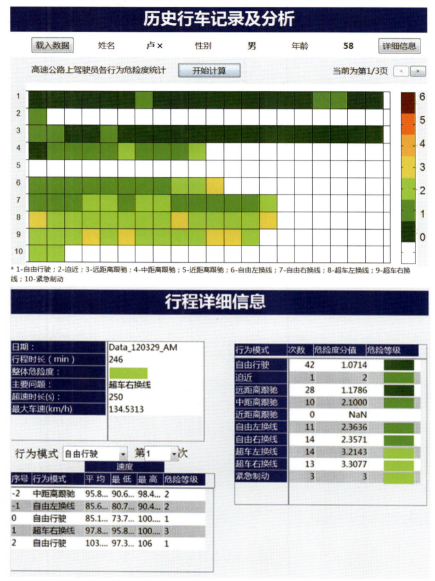

图 7.39   驾驶风格评测离线反馈报告应用示例

7.5.2   在线检测预警

通过对驾驶操作中的危险进行在线监测并在必要时给予预警,已经被证明可有效提升行车安全性,典型的代表便是 ADAS 系统的逐步普及应用。Adell 等针对一个在线的近距离跟驰危险预警系统的效度在实际道路工况下进行了评测,结果表明该系统可有效提醒驾驶人保持安全的跟驰距离,且不对驾驶人的正常驾驶行为造成明显影响(Adell et al.,2011)。且 Biassoni 等对 ADAS 系统中所包括的信息数量和质量与驾驶人接受度之间的关系进行了分析对比,结果显示,简洁明晰的设计风格有助于提升驾驶人使用过程中的情感体验,实用化的安全功能有助于提升驾驶人对系统的认可程度,两者是影响驾驶人对 ADAS 系统接受程度最重要因素(Biassonni et al.,2016)。

　　本研究在基于驾驶操作控制特性对驾驶激进度进行评测算法的基础上进行改进,采用加速度指标作为对实时驾驶安全性评测的输入参数,采用加速度的二次幂指数作为对激进度感知的量化模型,综合驾驶人在加速、制动、车距控制、换道控制和转弯控制 5 个维度上的激进度表现,得到实时的综合激进指数,并基于 MFC 编程实现了驾驶操作险态在线监测预警应用的开发目标,如图 7.40 所示。该应用主要包括道路线型分析、驾驶模式辨识、驾驶操作激进度可视化等功能模块。其中,道路线型通过对方向盘转角的简单分析实现对直线和弯道的识别,并及时地显示在交互界面中;驾驶模式辨识通过本研究所提出的基于同步多窗信息优化表达的驾驶模式辨识方法,实现对换道模式的准确辨识,并及时地实现在交互界面中的显示切换;驾驶操作激进度可视化通过历史激进度曲线和实时激进度柱状图两种方式显示,当激进指数高于设定阈值时,线条或柱状图的颜色可随之变化,以更好地提醒驾驶人注意即将发生的危险,两种显示方式均可根据驾驶人喜好实现两者之间的自由切换。

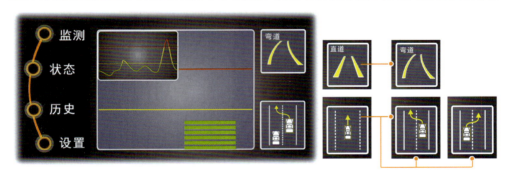

图 7.40　驾驶操作险态在线监测预警应用示例

参考文献

［1］ 中国汽车工程学会. 节能与新能源汽车技术路线图［M］. 北京：机械工业出版社，2016.

［2］ 袁保宗，阮秋琦，王延江，等. 新一代(第四代)人机交互的概念框架特征及关键技术［J］. 电子学报，2003，31(B12)：1945-1954.

［3］ MITHUN A M, BAKAR Z A. Analysis of human machine interaction design perspective—A comprehensive literature review［J］. International Journal of Contemporary Computer Research,2017(1):1-12.

［4］ 刘怀亮. 人机界面设计［M］. 北京：冶金工业出版社，2007.

［5］ 徐光祐，陶霖密，史元春，等. 普适计算模式下的人机交互［J］. 计算机学报，2007，30(007)：1041-1053.

［6］ WEISER M. The computer for the twenty-first century［J］. Scientific American，1991，265(3)：94-104.

［7］ ZHANG T, TAO D, QU X, et al. Automated vehicles acceptance in China：Social influence and initial trust are key determines［J］. Transportation Research Part C，2020,112(Mar.)：220-233.

［8］ VALLI A. The design of natural interaction［J］. Multimed Tools & Applications，2008，38(3)：295-305.

［9］ 谭征宇，戴宁一，张瑞佛，等. 智能网联汽车人机交互研究现状及展望［J］. 计算机集成制造系统，2020，26(10)：2615-2632.

［10］ LIANG Y, LEE J D, REYES M L. Real-time Detection of Driver Cognitive Distraction Using Support Vector Machines［J］. IEEE Transactions of Intelligent Transportation Systems，2007，8(2)：340-350.

［11］ MUÑOZ M, REIMERA B, LEE J, et al. Distinguishing patterns in drivers' visual attention allocation using Hidden Markov Models［J］. Transportation Research, Part F. Traffic psychology and behaviour，2016，43，90-103.

［12］ 许洋，李石坚，焦文均，等. 用户驾驶行为建模的研究和应用［J］. 计算机科

学，2015,42(9):1-6.

[13] 王宏雁，赵明明，Georges Beurier，等. 汽车驾驶人姿态监测系统研究综述[J].
中国公路学报，2019,32(2):1-18.

[14] 潘志庚，刘荣飞，张明敏. 基于模糊综合评价的疲劳驾驶检测算法研究[J].
软件学报，2019,30(10):2954-2963.

[15] PETERMEIJER S, BAZILINSKYY P, BENGLER K, et al. Take-over again:
investigating multimodal and directional TORs to get the driver back into the loop
[J]. Applied Ergonomics, 2017,62:204-215.

[16] 谈莉斌，唐敦兵，陈蔚芳，等. 大规模用户参与的开放式设计决策方法[J]. 计
算机集成制造系统，2020,26(4):1063-1071.

[17] PFLEGING B, RANG M, BROY N. Investigating user needs for non-driving-
related activities during automated driving [C]. Proceedings of the 15th
International Conference on Mobile and Ubiquitous Multimedia (MUM'16),
2016:91-99.

[18] PETERSEN L, ROBERT L, YANG X J, et al. Situational Awareness, Driver's
Trust in Automated Driving Systems and Secondary Task Performance[J]. SAE
International Journal of Connected and Automated Vehicles, 2019, 3(2): 1-13.

[19] MARTENS M H, van den BEUKEL A P. The road to automated driving: dual
mode and human factors considerations[C]. Proceedings of the 16th International
IEEE Annual Conference on Intelligent Transportation Systems (ITSC 2013),
2013: 2262-2267.

[20] 马均，谈行执. 车载人机界面可用性评估方法研究[J]. 上海汽车，2014(2):
16-19.

[21] 裴小丽. 汽车人机交互可用性评估规范研究[J]. 汽车实用技术，2017(15):
198-201.

[22] 常振廷，谢振东，董志国. 智能网联车路协同城市大脑建设框架研究[J]. 智
能网联汽车，2020(2):88-92.

[23] 张晓聪. 汽车智能座舱发展现状及未来趋势[J]. 汽车纵横，2019(8):42-45.

[24] SHINAR D. Traffic safety and human behavior[M]. Amsterdam: Elsevier Science
Ltd, 2007.

[25] 贾洪飞，司银霞，唐明. 基于认知心理学的驾驶员信息加工模式研究[J]. 中
国安全科学学报，2006, 16(1): 22-25.

[26] GERALD J S, WILDE. Critical issues in risk homeostasis theory [J]. Risk
Analysis, 1982, 2(4): 249-258.

［27］SUMMALA H, NÄÄTÄNEN R. The zero-risk theory and overtaking decisions［J］. Road User Behavior: Theory and Practice, 1988: 82-92.

［28］FULLER R. The Task-capability Interface Model of the Driving Process［J］. Recherche Transports Sécurité, 2000, 66(1): 47-57.

［29］RANNEY T A, SIMMONS L A, MASALONIC A J. The immediate effects of glare and electrochromic glare-reducing mirrors in simulated truck driving［J］. Human Factors, 2000, 42(2): 337-347.

［30］ZAHABI M, KABER D. Effect of police mobile computer terminal interface design on officer driving distraction［J］. Applied Ergonomics, 2018, 2(67): 26-38.

［31］GREENBERG J, TIJERINA L, CURRY R, et al. Driver distraction: Evaluation with event detection paradigm［J］. Transportation Research Record: Journal of the Transportation Research Board, 2003, 1843(1): 1-9.

［32］LEE V K, CHAMPAGNE C R, Francescutti L H. Fatal distraction: Cell phone use while driving［J］. Can Fam Physician, 2013, 59(7): 723-725.

［33］SALVUCCI D D, MARKLEY D, ZUBER M, et al. iPod distraction: effects of portable music-player use on driver performance［C］. Proceedings of the SIGCHI conference on Human factors in computing systems. ACM, 2007: 243-250.

［34］BERGMARK R W, GLIKLICH E, RONG G, et al. Texting while driving: the development and validation of the distracted driving survey and risk score among young adults［J］. Injury Epidemiology, 2016, 3(1): 7.

［35］PALINKO O, KUN A L. ［ACM Press the Symposium-Santa Barbara, California (2012.03.28-2012.03.30)］Proceedings of the Symposium on Eye Tracking Research and Applications-ETRA\12-Exploring the effects of visual cognitive load and illumination on pupil diameter in driving simulators［C］. 2012:413.

［36］LANSDOWN T C, BROOK-CARTER N, KERSLOOT T. Distraction from multiple in-vehicle secondary tasks: vehicle performance and mental workload implications［J］. Ergonomics, 2004, 47(1):91-104.

［37］CHOUDHARY P, VELAGA N R. Modelling driver distraction effects due to mobile phone use on reaction time［J］. Transportation Research Part C Emerging Technologies, 2017(77): 351-365.

［38］威肯斯, 霍兰兹, 威肯斯, 等. 工程心理学与人的作业［M］. 上海:华东师范大学出版社, 2003.

［39］IBRAHIM J K, ANDERSON E D, BURRIS S C, et al. State laws restricting driver use of mobile communications devices distracted-driving provisions, 1992-2010

[J]. American Journal of Preventive Medicine, 2011, 40(6):659-665.

[40] ZHANG Q, WU C, ZHANG H. Driving Fatigue Prediction Model considering Schedule and Circadian Rhythm[J]. Journal of Advanced Transportation, 2020, 2020(1): 1-10.

[41] YANG G, LIN Y, BHATTACHARYA P. A driver fatigue recognition model based on information fusion and dynamic Bayesian network[J]. Information Sciences, 2010,180(10): 1942-1954.

[42] ZHOU F, ALSAID A, BLOMMER M, et al. Driver fatigue transition prediction in highly automated driving using physiological features[J]. Expert Systems With Applications, 2020(147): 113204.1-113204.9.

[43] MESKEN J, HAGENZIEKER M P, ROTHENGATTER T, et al. Frequency, determinants, and consequences of different drivers' emotions: An on-the-road study using self-reports, (observed) behaviour, and physiology[J]. Transportation research part F: traffic psychology and behaviour, 2007, 10(6): 458-475.

[44] World Health Organization. Global status report on road safety 2015[R]. World Health Organization, 2015.

[45] JAMES L, NAHL D. Road rage and aggressive driving: Steering clear of highway warfare[M]. Prometheus Books, 2000.

[46] ROID E, FREHSE B, OEHL M, et al. The emotional spectrum in traffic situations: Results of two online-studies[J]. Transportation research part F: traffic psychology and behaviour, 2013, 18(May): 168-188.

[47] LAJUNEN T, DIANNE P. Are aggressive people aggressive drivers? A study of the relationship between self-reported general aggressiveness, driver anger and aggressive driving[J]. Accident Analysis & Prevention, 2001, 33(2): 243-255.

[48] BERDOULAT E, DAVID V, MARÍA T M S. Driving anger, emotional and instrumental aggressiveness, and impulsiveness in the prediction of aggressive and transgressive driving [J]. Accident Analysis & Prevention, 2013, 50 (1): 758-767.

[49] SCHWEBEL D C, SEVERSON J, BALL K K, et al. Individual difference factors in risky driving: The roles of anger/hostility, conscientiousness, and sensation-seeking[J]. Accident Analysis & Prevention, 2006, 38(4): 801-810.

[50] MURRAY N, SUJAN H, HIRT E R, et al. The influence of mood on categorization: A cognitive flexibility interpretation[J]. Journal of Personality and Social Psychology, 1990, 59(3): 411-425.

[51] EKMAN, PAUL. An argument for basic emotions[J]. Cognition & emotion, 1992, 6(3-4): 169-200.

[52] RUSSELL J A. A circumplex model of affect[J]. Journal of personality and social psychology, 1980, 39(6): 1161-1178.

[53] MEHRABIAN A. Pleasure-arousal-dominance: A general framework for describing and measuring individual differences in temperament[J]. Current Psychology, 1996, 14(4): 261-292.

[54] LI W, CUI Y, MA Y, et al. A Spontaneous Driver Emotion Facial Expression (DEFE) Dataset for Intelligent Vehicles: Emotions Triggered by Video-Audio Clips in Driving Scenarios[J]. IEEE Transactions on Affective Computing, 2021, 1(1): 1-14.

[55] EYBEN F, MARTIN W, TONY P, et al. Emotion on the road—necessity, acceptance, and feasibility of affective computing in the car[J]. Advances in human-computer interaction, 2010, 2010(1): 1-17.

[56] KATSIS C D, KATERTSIDIS N, GANIATSAS G, et al. Toward emotion recognition in car-racing drivers: A biosignal processing approach[J]. IEEE Transactions on Systems, Man, and Cybernetics-Part A: Systems and Humans, 2008, 38(3): 502-512.

[57] KATSIS C D, GOLETSIS Y, RIGAS G, et al. A wearable system for the affective monitoring of car racing drivers during simulated conditions[J]. Transportation research part C emerging technologies, 2011, 19(3): 541-551.

[58] CAI H, LIN Y. Modeling of operators' emotion and task performance in a virtual driving environment[J]. International Journal of Human-Computer Studies, 2011, 69(9): 571-586.

[59] HEALEY J A, PICARD R W. Detecting stress during real-world driving tasks using physiological sensors[J]. IEEE Transactions on intelligent transportation systems, 2005, 6(2): 156-166.

[60] RIGAS G, GOLETSIS Y, FOTIADIS D I. Real-time driver's stress event detection [J]. IEEE Transactions on intelligent transportation systems, 2012, 13(1): 221-234.

[61] SINGH R R, CONJETI S, BANERJEE R. A comparative evaluation of neural network classifiers for stress level analysis of automotive drivers using physiological signals[J]. Biomedical Signal Processing and Control, 2013, 8(6): 740-754.

[62] ZHANG M, IHME K, DREWITZ U. Discriminating drivers' emotions through the

dimension of power: Evidence from facial infrared thermography and peripheral physiological measurements[J]. Transportation research part F: traffic psychology and behaviour, 2019, 63(MAY): 135-143.

[63] GROSS J J. Emotion regulation in adulthood: Timing is everything[J]. Current directions in psychological science, 2001, 10(6): 214-219.

[64] NASOZ F, OZYER O, LISETTI C L, et al. Multimodal affective driver interfaces for future cars[C]. In Proceedings of the tenth ACM international conference on Multimedia, 2002: 319-322.

[65] NASOZ F, CHRISTINE L L, ATHANASIOS V V. Affectively intelligent and adaptive car interfaces[J]. Information Sciences, 2010, 180(20): 3817-3836.

[66] OEHL M, IHME K, DREWITZ U, et al. Towards a frustration-aware assistant for increased in-vehicle UX: F-RELACS[C]. In Proceedings of the 11th International Conference on Automotive User Interfaces and Interactive Vehicular Applications: Adjunct Proceedings, 2019: 260-264.

[67] JOHNSON. MARK B, SCOTT M. Warning drivers about potential congestion as a means to reduce frustration-driven aggressive driving[J]. Traffic injury prevention, 2009, 10(4): 354-360.

[68] 郭孜政. 驾驶行为险态辨识理论与方法[D]. 成都: 西南交通大学, 2009.

[69] ZHANG W, HUANG Y H, ROETTING M, et al. Driver's views and behaviors about safety in China—What do they NOT know about driving? [J]. Accident Analysis & Prevention, 2006, 38(1): 22-27.

[70] HUANG Y H, ZHANG W, ROETTING M, et al. Experiences from dual-country drivers: Driving safely in China and the US[J]. Safety Science, 2006, 44(9): 785-795.

[71] YANG J, DU F, QU W, et al. Effects of personality on risky driving behavior and accident involvement for Chinese drivers[J]. Traffic Injury Prevention, 2013, 14(6): 565-571.

[72] LINDGREN A, CHEN F, JORDAN P W, et al. Requirements for the design of advanced driver assistance systems-The differences between Swedish and Chinese drivers[J]. International Journal of Design, 2008, 2(2): 41-54.

[73] CARSTEN O, KIRCHER K, JAMSON S. Vehicle-based studies of driving in the real world: The hard truth? [J]. Accident Analysis & Prevention, 2013, 58(5): 162-174.

[74] SUMMALA H, RAJALIN S, RADUN I. Risky driving and recorded driving

offences: A 24-year follow-up study[J]. Accident Analysis & Prevention, 2014, 73(dec.): 27-33.

[75] TAK S, KIM S, YEO H. Development of a deceleration-based surrogate safety measure for rear-end collision risk [J]. IEEE Transactions on Intelligent Transportation Systems, 2015, 16(5): 2435-2445.

[76] SAGBERG F, PICCININI G F B, ENGSTRÖM J. A review of research on driving styles and road safety[J]. Human Factors, 2015, 57(7): 1248-1275.

[77] SIMONS-MORTON B G, KLAUER S G, OUIMET M C, et al. Naturalistic teenage driving study: Findings and lessons learned[J]. Journal of Safety Research, 2015, 54(41): 29-44.

[78] YANG J, DU F, QU W, et al. Effects of personality on tisky friving behavior and accident involvement for Chinese drivers[J]. Traffic Injury Prevention, 2013, 14 (6): 565-571.

[79] TOLEDO T, MUSICANT O, LOTAN T. In-vehicle data recorders for monitoring and feedback on drivers' behavior[J]. Transportation Research Part C: Emerging Technologies, 2008, 16(3): 320-331.

[80] 马艳丽, 裴玉龙. 基于实验心理学的驾驶员驾驶特性及其综合评价[J]. 哈尔滨工业大学学报, 2008, 40(12): 2003-2006.

[81] JUNG H. A comparison of driving characteristics and environmental characteristics using factor analysis and K-means clustering algorithm [D]. Virginia Polytechnic Institute and State University, 2012.

[82] BERRY I M. The effects of driving style and vehicle performance on the real-world fuel consumption of US light-duty vehicles [D]. Cambridge, MA, United States, Massachusetts Institute of Technology, 2010.

[83] 曾诚, 蔡凤田, 刘莉, 等. 不同驾驶操作方法下的汽车运行燃料消耗量分析 [J]. 交通节能与环保, 2010(2): 23-26.

[84] SHINAR D. Aggressive driving: the contribution of the drivers and the situation [J]. Transportation Research Part F: Traffic Psychology and Behaviour, 1998, 1 (2): 137-160.

[85] TAUBMAN-BEN-ARI O. The effects of positive emotion priming on self-reported reckless driving[J]. Accident Analysis & Prevention, 2012, 45: 718-725.

[86] ELVIK R. Risk of road accident associated with the use of drugs: A systematic review and meta-analysis of evidence from epidemiological studies[J]. Accident Analysis & Prevention, 2013, 60: 254-267.

［87］ CHO J H, NAM H K, LEE W S. Driver behavior with adaptive cruise control［J］. International Journal of Automotive Technology, 2006, 7(5): 603-608.

［88］ PAEFGEN J, KEHR F, ZHAI Y, et al. Driving behavior analysis with smartphones: insights from a controlled field study［C］. Proceedings of the 11th International Conference on Mobile and Ubiquitous Multimedia. ACM, 2012.

［89］ JOHNSON D A, TRIVEDI M M. Driving style recognition using a smartphone as a sensor platform［C］. The 14th International IEEE Conference on Intelligent Transportation Systems (ITSC), IEEE, 2011: 1609-1615.

［90］ EREN H, MAKINIST S, AKIN E, et al. Estimating driving behavior by a smartphone［C］. IEEE Intelligent Vehicles Symposium (v. 1), IEEE, 2012: 234-239.

［91］ COHEN A. Asymmetric information and learning: Evidence from the automobile insurance market［J］. Review of Economics and Statistics, 2005, 87(2): 197-207.

［92］ 李浩. 新产品非结构化需求转换、概念测试与初始配置方法研究［D］. 重庆: 重庆大学, 2012.

［93］ 李文博. 智能网联汽车 HMI 产品人机交互用户体验测试评价研究［D］. 重庆: 重庆大学, 2017.

［94］ 任宏, 谭宇鹏. 基于眼动实验的车载触控屏注视行为分析研究［J/OL］. 包装工程: 1-6［2020-10-12］.

［95］ 邝展鹏. 语音交互设计与研究［D］. 广州: 华南理工大学, 2019.

［96］ 彭永超. 基于 Android 的车载语音助手设计与实现［D］. 北京: 北京交通大学, 2019.

［97］ GRAICHEN L, GRAICHEN M, KREMS J F. Effects of Gesture-Based Interaction on Driving Behavior: A Driving Simulator Study Using the Projection-Based Vehicle-in-the-Loop［J］. Human Factors, 2020, 64(2): 324-342.

［98］ 钟亚鸣. 基于智能交互的车载导航仪界面设计研究［D］. 武汉: 湖北工业大学, 2016.

［99］ 徐彬. 手势控制技术在汽车上的应用［J］. 汽车维护与修理, 2016(4): 77-82.

［100］ 尤作, 谭浩. 手势操控车载信息交互系统研究［J］. 包装工程, 2019, 40(2): 50-54.

［101］ 王宇希, 张凤军, 刘越. 增强现实技术研究现状及发展趋势［J］. 科技导报, 2018, 36(10): 75-83.

［102］ 徐褘青. 基于增强现实技术的汽车导航系统界面设计研究［D］. 南京: 东南大

学，2019.

［103］刘镇波．视觉辅助车载导航关键技术研究［D］．西安：西北工业大学，2018.

［104］崔昊，周雨枭，刘卓，等．智能驾驶辅具及智能可穿戴车载智能设备［J］.中国高新区，2018（10）:29.

［105］于淑月，李想，于功敬，等．脑机接口技术的发展与展望［J］.计算机测量与控制，2019，27（10）:5-12.

［106］孟丽霞，陶霖密，孙富春，等．基于脑机接口与双激光雷达的移动车导航系统［J］.机器人，2012，34（4）：449-454，459.

［107］恒冲.产品设计的隐性需求分析探讨［D］.长沙：湖南大学，2009.

［108］MASLOW A H. A Theory of Human Motivation［J］. Psychological Review, Psychological review. 1943（50）：370.

［109］经有国，但斌，张旭梅，等．基于本体的非结构化客户需求智能解析方法［J］．计算机集成制造系统，2010，5（16）：1026-1033.

［110］周雪艳.人种志方法在用户研究中的应用初探［J］. 艺术与设计（理论），2008（5）：160-162.

［111］VIJAY K. User insights tool:a sharable database for global research［C］. The 6th international workshop on internationalization of products and systems, culture, trust, and design innovation, Vancouver, Canada, 2004:115-127.

［112］ZALTMAN G, COULTER R. Seeing the voice of the Couster：Metaphor—Based Advertising Research［J］.Journal of Advertising Research, 1995, 35（4）：35-51.

［113］CHOUDHARY P, PAWAR N M, VELAGA N R, et al. Overall performance impairment and crash risk due to distracted driving: A comprehensive analysis using structural equation modelling［J］. Transportation Research Part F: Traffic Psychology and Behaviour, 2020, 74（5）：120-138.

［114］SIMONS-MORTON B G, GUO F, KLAUER S G, et al. Keep your eyes on the road: Young driver crash risk increases according to duration of distraction［J］. Journal of Adolescent Health, 2014, 54（5）：61-67.

［115］YANNIS G, LAIOU A, PAPANTONIOU P, et al. Impact of texting on young drivers' behavior and safety on urban and rural roads through a simulation experiment［J］. J Safety Res, 2014（49）：25-31.

［116］CHOUDHARY P, PAWAR N M, VELAGA N R, et al. Overall performance impairment and crash risk due to distracted driving: A comprehensive analysis using structural equation modelling［J］. Transportation Research Part F: Traffic Psychology and Behaviour, 2020, 74（5）：120-138.

［117］ MA J, GONG Z, TAN J, et al. Assessing the driving distraction effect of vehicle hmi displays using data mining techniques［J］. Transportation Research Part F Traffic Psychology and Behaviour, 2020, 69(1): 235-250.

［118］ PAPANTONIOU P, YANNIS G, CHRISTOFA E. Which factors lead to driving errors? A structural equation model analysis through a driving simulator experiment ［J］. IATSS Research, 2019, 43(1): 44-50.

［119］ CHOUDHARY P, VELAGA N R. Performance degradation during sudden hazardous events: A comparative analysis of use of a phone and a music player during driving ［J］. IEEE Transactions on Intelligent Transportation Systems, 2019, 20(11): 4055-4065.

［120］ YAN W, XIANG W, WONG S C, et al. Effects of hands-free cellular phone conversational cognitive tasks on driving stability based on driving simulation experiment ［J］. Transportation Research Part F: Traffic Psychology and Behaviour, 2018(58): 264-281.

［121］ PAPANTONIOU P. Structural equation model analysis for the evaluation of overall driving performance: A driving simulator study focusing on driver distraction［J］. Traffic Injury Prevention, 2018,19(3): 317-325.

［122］ KOUNTOURIOTIS G K, MERAT N. Leading to distraction: Driver distraction, lead car, and road environment［J］. Accident Analysis and Prevention, 2016(89): 22-30.

［123］ YANNIS G, LAIOU A, PAPANTONIOU P, et al. Impact of texting on young drivers' behavior and safety on urban and rural roads through a simulation experiment［J］. Safety Res, 2014(49): 25-31.

［124］ MA J, GONG Z, TAN J, et al. Assessing the driving distraction effect of vehicle HMI displays using data mining techniques［J］. Transportation Research Part F Traffic Psychology and Behaviour, 2020, 69(1): 235-250.

［125］ MULLAKKAL-BABU F A, WANG M, HE X L, et al, Riender Happee, Probabilistic field approach for motorway driving risk assessment［J］. Transportation Research Part C: Emerging Technologies, 2020(118): 1-19.

［126］ STEINHAUSER K, LEIST F, MAIER K, et al. Effects of emotions on driving behavior［J］. Transportation Research, 2018, 59F(PT.A):150-163.

［127］ BRADLEY M M, LANG P J. Measuring Emotion: The Self-Assessment Manikin and the Semantic Differential［J］. Journal of Behavior Therapy and Experimental Psychiatry, 1994, 25(1): 49-59.

[128] IZARD C E. Basic emotions, natural kinds, emotion schemas, and a new paradigm [J]. Perspectives on psychological science, 2007, 2(3): 260-280.

[129] LAJUNEN T, PARKER D, SUMMALA H. The Manchester driver behaviour questionnaire: a cross-cultural study[J]. Accident Analysis & Prevention, 2004: 36(2): 231-238.

[130] EKMAN P, FRIESEN W V, HAGER J C. Facial Action Coding System: The manual[M]. Salt Lake City, Utah: Research Nexus, 2002.

[131] DINGUS T A, GUO F, LEE S, et al. Driver crash risk factors and prevalence evaluation using naturalistic driving data[J]. Proceedings of the National Academy of Sciences, 2016, 113(10): 2636-2641.

[132] GROSS J J. The emerging field of emotion regulation: An integrative review[J]. Review of general psychology, 1998, 2(3): 271-299.

[133] GROSS J J, JOHN O P. Individual differences in two emotion regulation processes: implications for affect, relationships, and well-being[J]. Journal of personality and social psychology, 2003, 85(2): 348-362.

[134] COAN J A, ALLEN J. Frontal EEG asymmetry as a moderator and mediator of emotion[J]. Biological Psychology, 2004, 67(1-2): 7-49.

[135] LI G, LI S E, CHENG B, et al. Estimation of driving style in naturalistic highway traffic using maneuver transition probabilities[J]. Transportation Research Part C: Emerging Technologies, 2017, 74(JAN.): 113-125.

[136] BRACKSTONE M, MCDONALD M. Car-following: a historical review [J]. Transportation Research Part F: Traffic Psychology and Behaviour, 1999, 2(4): 181-196.

[137] LI G, ZHU F, QU X, et al. Driving style classification based on driving operational pictures[J]. IEEE Access, 2019(7): 90180-90189.

[138] FALK B, MONTGOMERY H. Developing traffic safety interventions from conceptions of risks and accidents [J]. Transportation Research Part F: Traffic Psychology and Behaviour, 2007, 10(5): 414-427.

[139] TOLEDO T, MUSICANT O, LOTAN T. In-vehicle data recorders for monitoring and feedback on drivers' behavior [J]. Transportation Research Part C: Emerging Technologies, 2008, 16(3): 320-331.

[140] ADELL E, VÁRHELYI A, DALLA FONTANA M. The effects of a driver assistance system for safe speed and safe distance-a real-life field study [J]. Transportation Research Part C: Emerging Technologies, 2011, 19(1): 145-155.

［141］BIASSONI F，RUSCIO D，CICERI R. Limitations and automation. The role of information about device-specific features in ADAS acceptability ［J］. Safety Science，2016，85：179-186.

［142］杨延飞，徐映梅. 基于 Bootstrap 方法的统计数据质量对数正态分布检验［C］. 中国统计学年会，2010.

［143］亓莱滨.李克特量表的统计学分析与模糊综合评判［J］. 山东科学，2006，19 （2）：18-23.

［144］田峰. 基于概化理论的 40~65 岁妇女骨质疏松症危险因素和中医证候调查问卷 信度分析［J］. 中华中医药杂志，2012，27（1）：193-195.